TRAITÉ
DE
LOGIQUE GÉNÉRALE
ET DE
LOGIQUE FORMELLE

I

LIBRAIRIE ARMAND COLIN

CH. RENOUVIER

Essais de Critique générale, par CH. RENOUVIER :
  1ᵉʳ ESSAI. **Traité de Logique générale et de Logique formelle**. 2 volumes :
    Tome I. Un volume in-8 carré, broché. . . . . 8 fr.
    Tome II. Un volume in-8 carré, broché. . . . . 8 fr.
  2ᵉ ESSAI. **Traité de Psychologie rationnelle** d'après les principes du Criticisme. 2 volumes :
    Tome I. Un volume in-8 carré, broché. . . . . 8 fr.
    Tome II. Un volume in-8 carré, broché. . . . . 8 fr.
  3ᵉ ESSAI : **Les Principes de la Nature**. 1 volume in-8 carré, broché. . . . . 8 fr.

La Nouvelle Monadologie : La Monade. — L'Organisation. — L'Esprit. — La Passion. — La Volonté. — Les Sociétés. — La Justice, par CH. RENOUVIER et L. PRAT. Un volume in-8 carré de 546 pages, broché. . . . . 12 fr.

(Ouvrage couronné par l'Académie des Sciences morales et politiques.)

Manuel républicain de l'Homme et du Citoyen, par CH. RENOUVIER, publié en 1848, réédité par JULES THOMAS, professeur de philosophie au lycée de Pau. Un volume in-18, broché. . . 3 fr. 50

Victor Hugo, le Poète, par CH. RENOUVIER. Un volume in-18, broché. . . . . 3 fr. 50

Victor Hugo, le Philosophe, par CH. RENOUVIER. Un volume in-18, broché. . . . . 3 fr. 50

(Ouvrage couronné par l'Académie des Sciences morales et politiques.)

Les Derniers Entretiens de Ch. Renouvier, recueillis par L. PRAT. Un volume in-18, avec *deux portraits* de Renouvier, broché. 2 fr. 50

Correspondance de Renouvier et Secrétan. Un volume in-8 raisin, 2 phototypies hors texte, broché. . . . . 3 fr. 50

CH. RENOUVIER

ESSAIS DE CRITIQUE GÉNÉRALE

Premier Essai

TRAITÉ

DE

LOGIQUE GÉNÉRALE

ET DE

LOGIQUE FORMELLE

TOME PREMIER

LIBRAIRIE ARMAND COLIN
RUE DE MÉZIÈRES, 5, PARIS

1912

Droits de reproduction et de traduction réservés pour tous pays.

AVERTISSEMENT DES ÉDITEURS

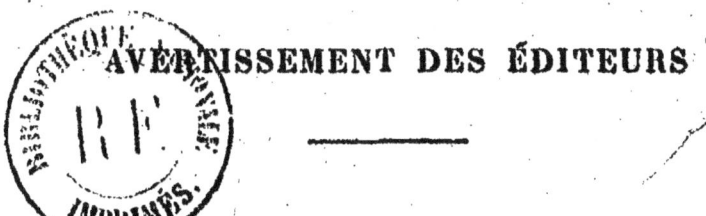

Les *Essais de critique générale* de Charles Renouvier forment un ensemble de cinq ouvrages dont la publication s'est espacée sur quarante-quatre années, de 1854 à 1897 :

Premier Essai : Analyse générale de la connaissance. Bornes de la connaissance. — Plus un Appendice sur les principes généraux de la logique et des mathématiques. Un vol. in-8, xii + 614 p. Librairie Philosophique de Ladrange. Paris, 1854.

Deuxième Essai : L'Homme. La raison, la passion, la liberté, la certitude, la probabilité morale. Un vol. in-8, xx + 696 p. *Ibid.* 1859.

Troisième Essai : les Principes de la Nature. Un vol. lxxviii + 238 p. *Ibid.* 1864.

Quatrième Essai : Introduction à la Philosophie analytique de l'Histoire. Un vol. in-8, 795 p. *Ibid.* 1864.

Un *Cinquième Essai* est constitué par la *Philosophie analytique de l'Histoire. Les idées, les religions, les systèmes.* Quatre vol. gr. in-8. Ernest Leroux, édit.

En 1875, Renouvier publia, au bureau de la *Critique philosophique*, 54, rue de Seine, une seconde édition du *Premier Essai*. Cette seconde édition, « revue et considérablement augmentée », présente avec la première de notables différences. D'une part, l'ouvrage a pour titre : *Traité de logique générale et de logique formelle;* — d'autre part, l'auteur a fondu dans le texte, ou dans les *Observations et*

Développements dont il a fait suivre les chapitres, tout ce qu'il voulait conserver du long Appendice sur les principes généraux de la logique et des mathématiques (le reste de l'appendice a été retranché). Cette deuxième édition du *Premier Essai* forme 3 volumes in-12 à 400 pages environ.

La même année, paraissait au bureau de la *Critique philosophique* la seconde édition, « revue et considérablement augmentée », du *Deuxième Essai*, sous ce nouveau titre : *Traité de psychologie rationnelle d'après les principes du criticisme* (3 vol. in-12 de 400 p. environ).

En 1892, une seconde édition du *Troisième Essai*, corrigée et augmentée, a été publiée à la librairie F. Alcan (2 vol. in-12).

Enfin, en 1896, une nouvelle édition, revue et considérablement augmentée, du *Quatrième Essai* a été publiée à la librairie Ernest Leroux (un vol. grand in-8 de 694 p.).

Toutes ces éditions sont épuisées, sauf la première édition du *Cinquième Essai* et la seconde édition du *Quatrième Essai*.

Nous croyons rendre service aux philosophes et honorer la mémoire d'un grand penseur, en rééditant d'après la seconde édition les trois premiers *Essais de Critique générale*, devenus à peu près introuvables en librairie, c'est-à-dire :

le *Traité de logique générale et de logique formelle*;

le *Traité de psychologie rationnelle d'après les principes du criticisme*;

et *Les Principes de la Nature*.

Juillet 1912.

AVANT-PROPOS

DE LA SECONDE ÉDITION (1875)

Les *Essais de critique générale*, dont je publie cette seconde édition augmentée et améliorée, étaient destinés à former un tout. Ils répondent à l'effort d'un esprit individuel pour se rendre compte de l'ensemble des problèmes les plus généraux abordables à l'esprit humain. Quoique liés entre eux par la succession méthodique des pensées, ils portent chacun sur un sujet déterminé, qui se trouve être celui de l'une des grandes divisions de l'élaboration philosophique à notre époque. Le *Premier Essai* est, à tout prendre, un traité de *Logique objective et subjective*, assujetti seulement aux exigences de la méthode critique. Le *Second Essai* est un traité de *Psychologie rationnelle*, avec les changements que le criticisme oblige d'apporter à l'ancienne doctrine de ce nom, à laquelle il n'est plus permis de reconnaître aucun caractère scientifique, ses fondements ayant été détruits avec ceux de l'*ontologie* scolastique et de la prétendue certitude d'évidence intellectuelle.

Je donne maintenant à ce *Premier* et à ce *Second Essais* les titres qui en désignent les sujets. Je n'introduis aucun changement de quelque importance dans l'esprit ni dans les preuves ou les conclusions de l'un ni de l'autre. Mais je les reproduis corrigés, autant qu'il est en moi, quant à l'expression claire et correcte de ma pensée. J'y joins des éclaircissements, des développements de plusieurs sortes, et j'ajoute, à la fin d'un grand nombre de chapitres, des explications et des critiques relatives pour la plupart à l'état actuel de la philosophie ou des systèmes. Il s'est produit un mouvement notable des esprits indépendants depuis vingt ans; mais surtout les travaux des philosophes anglais nos contemporains, qui retentissent aujourd'hui chez nous, à notre très grand profit, il faut le dire, doivent nous engager, dans l'intérêt commun, à renouveler la partie de nos études qui concerne les opinions d'autrui, les accords ou les dissentiments des écoles. J'espère avoir mis les thèses capitales de mon livre au courant des discussions actuelles.

Le *Premier Essai*, dans la première édition, était suivi d'un long appendice qui renfermait avec différentes autres explications de détail sur les théories que j'ai adoptées, une exposition d'une étendue peut-être exagérée de celles des *catégories* de la connaissance auxquelles se rattache la philosophie des mathématiques. J'ai fondu dans le texte, ou dans les *Observations et développements* dont j'ai fait suivre les chapitres, tout ce que j'ai cru devoir conserver de cet appendice. J'ai retranché le reste, et principalement celles des formules d'analyse mathématique qui prennent un caractère déductif et ne sont pas absolument indispensables pour l'intelligence des principes. Je ne pouvais pousser plus loin le sacrifice en faveur du lecteur non mathématicien sans nuire au caractère d'une doctrine dont l'idée « pivotale » a procédé chez moi d'une méditation prolongée sur le sens, et sur la seule justification rationnelle possible des méthodes transcendantes en géométrie.

Je n'aurais plus rien à dire ici, en guise d'introduction ou nouvelle préface, qui ne se trouve déjà mieux placé dans les additions faites à l'ouvrage. Je me contente de reproduire la préface de la première édition, et cette fois sans y rien changer : non que je n'y trouve du trop et du trop peu, eu égard à l'état actuel des partis en philosophie, mais simplement parce que ces sortes d'écrits ont une date qu'il n'est pas permis de changer.

ESSAIS
DE
CRITIQUE GÉNÉRALE

PRÉFACE
DE LA PREMIÈRE ÉDITION

La pensée d'une critique générale des connaissances est facile à comprendre et à justifier. Il est naturel, inévitable même, que l'homme se propose l'analyse et la coordination des principes du savoir en général, et de ceux que les sciences constituées placent dans leurs fondements sans se les expliquer. Les principes sont de certaines relations qui se trouvent engagées dans plusieurs, et que l'on ne parvient pas à réduire entièrement à d'autres.

En même temps que ce plan d'une science première est conçu, on se demande si un principe unique, supérieur, existe, commencement et condition de toute spéculation, et quel il est, et par quelle méthode on pourrait l'établir et en développer le contenu. On se demande si la science peut se terminer, et embrasser le monde, en assignant l'origine, le tout et la fin de ce qui est.

Ces questions renferment tout ce qu'on nomme philosophie. La critique les pose et les scrute. On est en suspicion contre une philosophie divisée, aux évolutions périodiques, qui compte deux mille ans d'impuissance. On n'opposera jamais raisonnablement une fin de non-recevoir à la critique. Elle s'inspire de l'esprit de la science; elle est cet esprit même. Elle n'est pas une théologie, une cosmogonie, un système de l'univers en soi. Elle n'a rien de cette ancienne métaphysique dont les poursuivants pénètrent la substance, mesurent l'infini, construisent l'absolu, affirment les contradictoires et ne se croient pas tenus d'entendre leurs propres hypothèses.

Si la philosophie avait ainsi procédé, si elle ne s'était pas créé des religions, si elle n'en avait pas suivi, si jamais elle n'avait été dominée par la passion de savoir au delà du possible et d'atteindre comme évidents de simples objets de croyance, quelquefois légitimes, plus souvent arbitraires, et qu'elle faisait chimériques en les touchant, ses annales constateraient un progrès régulier, une influence croissante, et l'émancipation de la raison du peuple aurait été avancée de plusieurs siècles.

Au contraire, dans le cas où un esprit positif n'aurait pu démêler, parmi les méthodes prétendues et les dogmes opposés des philosophes, l'analyse imparfaite d'un problème impérieusement posé, les germes d'une science des sciences, il ne paraît pas douteux que la philosophie eût enfin succombé sous le mépris des hommes qui savent, qui savent au moins penser.

C'est à peine si la philosophie existe encore. Là où la science est représentée et poursuit son œuvre infatigable, je ne vois plus rien qu'empirisme; cependant l'expérience a ses lois et ses principes dont on n'est pas dispensé de produire l'analyse et la preuve. Là où des principes ont une existence officielle, dans les rangs de ces philosophes que la science traite d'ignorants, je ne trouve ni méthode claire et suivie, ni bonne foi, ni rigueur. Qui sait seulement poser correctement un problème? Le soi-disant rationalisme, en France du moins, emprunte ses dogmes aux traditions théologiques, passées à l'état de hautes convenances; il a peur de la logique, et ne s'en cache pas, et on le soupçonne de n'avoir pas une foi très ferme dans les *nobles* objets de sa rhétorique usuelle. Ailleurs, je ne sais pourquoi les systèmes qui se disputent l'attention du public lettré auraient plus de valeur qu'on n'en accorde à ceux des philosophes plus anciens, dont ils offrent des reproductions diversement falsifiées.

Les partisans de l'autorité sont hors de cause. L'autorité doit-elle se fonder sur la raison, donnons-lui son vrai titre, et ne cherchons pas ici plutôt que là son siège inébranlable. A-t-elle sa sanction dans la tradition, alors, où sera la sanction de celle-ci, aujourd'hui plus que jamais ébranlée, divisée, niée? Si l'autorité ne s'appuie que sur elle-même en s'affirmant, encore faut-il qu'elle existe; et dès qu'elle n'existe point par tradition ou par raison, c'est donc par la force ou par la foi. Mais il n'y a jamais eu ni force ni foi suffisantes. Aujourd'hui la force est une tentative; la foi, indigne de ce nom, velléité chez plusieurs, fanatisme chez quelques-uns; et souvenons-nous que la rage est un attribut des faibles.

L'incertitude et le désordre des opinions sont extrêmes dans la société, et se révèlent dans la conversation, comme dans le journalisme, qui est la conversation agrandie. La discussion tend à s'établir sur le champ demeuré libre, et plus vaste qu'on ne paraît le croire; mais les principes de la discussion manquent. On les cherche sans méthode, on les affirme comme au hasard, ou même on les invoque sans les reconnaître. Comment une question serait-elle jamais résolue, quand jamais une question n'est posée? Et peut-on s'entendre avant d'être convenus d'une langue?

Il appartiendrait à la critique générale d'ordonner les éléments d'une grammaire et d'un dictionnaire universels propres à remplacer les livres usés ou déchirés qu'épelèrent les siècles précédents. Le temps est venu d'énoncer à nouveau les problèmes, d'en éclairer les termes en commençant par les premiers, et de ramener les esprits au fond de cette mine de la vérité rationnelle, qui peut bien paraître épuisée, mais qui n'a jamais été régulièrement exploitée.

Si le résultat de la critique est de formuler une méthode, une logique définitivement acquises, c'est beaucoup, c'est presque assez pour la science. Si cette logique pose une limite infranchissable aux prétentions chroniques du savoir, la limite établie rationnellement est vérité, science, et les conséquences en sont grandes. D'ailleurs, la critique ne s'arrête pas où s'arrête la raison démonstrative. Les probabilités commencent quand finissent les preuves. Les inconnus de l'ordre du monde appartiennent à la spéculation conjecturale, en tout comme en chronologie et en histoire.

Il est de la nature de l'homme d'exiger quelque chose au delà, et de vouloir à toute force *croire*, là où il n'aurait point la juste confiance de *savoir* maintenant, ni peut-être jamais. Je le pense du moins. Mais en présence d'une critique reconnue et d'une science qui ne se détruira pas de ses propres mains en élevant des édifices de chimères, l'homme saura que sa croyance peut s'étendre aux choses que la logique n'atteint point affirmativement, et non jusqu'à celles qu'elle déclare contradictoires. La critique contient à cet égard un principe de rupture avec le passé. Lorsque la philosophie luttait de transcendance et d'hypertranscendance avec la théologie, l'ordre prétendu rationnel, plus inintelligible que l'ordre mystique, ne pouvait servir à celui-ci de garde-fou; *et ambo in foveam...*

La limitation mutuelle et définitive de la science et des croyances est d'une importance majeure pour l'ordre et le progrès régulier des associations humaines. Les croyances sont du domaine individuel, libre, variable, mobile; les élans du sentiment, les efforts de l'éloquence, le magnétisme des assemblées, y peuvent plus que les vraisemblances dialectiques. Le jour où la liberté serait connue, et l'homme désaccoutumé de vouloir forcer l'homme à croire ou à ne pas croire, on verrait des églises se former, s'unir, se dissoudre et se reconstituer, sans que la science ou l'État s'y trouvassent intéressés. Mais la raison a pour champ le général, la communauté, la loi. Nul ne peut l'infirmer ni s'en affranchir; même on la dépassant par de certaines affirmations; car elle est le trucheman unique et universel du genre humain, l'homme intelligible à l'homme.

Socrate est le plus ancien critique connu. Il fut, durant un demi-siècle, sur l'Agora d'Athènes, ce que Descartes se sentit un moment dans la solitude d'un poêle d'Allemagne, une protestation vivante contre la science prétendue, l'explication du monde. Mais ni l'un ni l'autre, à ces deux grandes époques de la philosophie, ne put fixer la méthode, ou réduire le dogmatisme à l'unité, ou le vaincre, ou laisser après soi d'autres représentants de la critique que le scepticisme. Les sceptiques doutent de tout, et essentiellement d'eux-mêmes, et ainsi ouvrent la carrière au mysticisme, fût-ce le plus irrationnel et le plus arbitraire.

Kant ne semble pas d'abord avoir mieux réussi. Son premier disciple et contradicteur, malgré l'énergie métaphysique dont il fait preuve, s'extravase hors des limites du bon sens. Un autre est démenti par la nature, dont il révèle la philosophie, non moins que par la méthode qu'il avoue. Un troisième identifie le monde avec l'esprit de l'homme, et, forgeant le tout en système, croit posséder l'absolu, parce qu'il habille en façon de logique le rêve cosmogonique du vieil Orient.

Après cela, l'affirmation ou la négation arbitraires, et les petits arrangements dogmatiques, se partagent la scène de la philosophie. L'éclectisme est le bouffon qui occupe les intermèdes. Mais Kant est presque notre contemporain.

Le nouveau venu dans l'examen du grand problème doit annoncer de quelle doctrine ou de quel nom il entend relever, aujourd'hui surtout que l'histoire de la philosophie est partie intégrante de la philosophie aux abois. J'avoue donc nettement que je continue Kant; et, comme une ambition est bonne et nécessaire chez quiconque ose proposer ses pensées au public, la mienne serait de poursuivre sérieusement en France l'œuvre de la critique, manquée en Allemagne. Pour cela je voudrais m'exprimer plus clairement que ne fit ce grand homme, au moins quant à la clarté indépendante du fond des idées, la seule dont on dispose. Le moyen le plus sûr d'y parvenir est de se montrer méthodique, bref, radical, fidèle aux principes une fois posés. On peut espérer, sans trop de fatuité, de surpasser à cet égard celui dont on met à profit les leçons et les fautes. Mais c'est en vain qu'on s'efforcerait d'épargner au lecteur l'attention ou même le travail. Un vice de la philosophie, dans quelques livres, est une certaine fausse lucidité. Je ne connais pas de science qui soit claire en ce sens-là.

S'il arrive que des contemporains trouvent leur bien dans mon livre, et le revendiquent, je suis prêt à le leur reconnaître, ayant toujours eu quelque peine à comprendre la propriété intellectuelle, et n'y prétendant pas pour mon compte. Il me semble même que l'histoire me donne raison en cela, puisqu'il n'y a peut-être pas une découverte, je dis découverte, qu'on n'ait disputée à son auteur. Cependant je veux déclarer ici que j'accepte une formule fondamentale de l'*école positiviste* : la réduction de la connaissance aux lois des phénomènes. Ce principe, dont je dois faire un constant usage, la plus grande partie de ce *premier essai* est consacrée à l'établir par l'analyse de la connaissance elle-même; et je le crois conforme à la méthode de Kant, quoique ce philosophe, gêné par la tradition métaphysique, ne l'ait pas assez nettement dégagé ou suivi. Si d'ailleurs je ne puis avouer une école dont j'apprécie certaines tendances, c'est que l'absence ou même le dédain des premiers principes m'y semblent manifestes, à ce point que les notions premières de phénomène et de loi n'y sont pas l'objet d'une analyse exacte; c'est qu'elle professe, à l'égard des possibilités laissées à la croyance libre, une négation dogmatique à outrance que je ne crois pas justifiée; c'est enfin qu'elle a conservé de l'esprit de Saint-Simon, dont elle s'inspira d'abord, telles prétentions à l'organisation scientifique et religieuse de l'humanité, chimériques à mon gré, et peu libérales.

Un mot encore, et je finis cette préface d'un livre qui n'est lui-même que l'introduction obligée des questions qui seules intéressent le plus grand nombre. Les personnes au courant de mes premiers travaux, c'est-à-dire de mes premières études, pourront y démêler, si le sujet leur paraît en valoir la peine, une marche régulière vers des convictions maintenant arrêtées. Entre mes *manuels* historiques de la philosophie et l'ouvrage dont je commence la publication, l'anneau est un article *Philosophie*, tout un volume, admis dans l'une des encyclopédies de ce temps, malheureusement restée inachevée. Mon effort spéculatif a été constamment dirigé sur le principe de contradiction et sur la loi réelle ou prétendue des antinomies de la raison. Cette question capitale de toutes les doctrines, à peine entrevue autrefois, jette le trouble dans les intelligences, et je m'en suis ressenti. En adoptant résolument la solution conforme à l'esprit indéfectible de la science, il me semble que j'en poursuis les conséquences avec une rigueur nouvelle. Les difficultés abordées sans ménagement s'évanouissent.

Une logique que rien n'arrête est la raison même : elle simplifie tout, elle fait tout comprendre, et l'incompréhensible comme tel. Il est temps de s'en départir quand on arrive à l'ordre des choses pratiques ; encore n'est-ce qu'en apparence et parce que c'est elle qui le permet ou l'exige. En effet, les principes ne sont plus alors aussi simples, et l'expérience se fait une part plus grande.

Juillet 1854.

TRAITÉ
DE
LOGIQUE GÉNÉRALE
ET DE LOGIQUE FORMELLE

I

APERÇU DU PLAN DE CE TRAITÉ

Tout langage et toute science procèdent par composition et décomposition.

Mais que composons-nous ainsi, que décomposons-nous? Des *mots*? des *idées*? des *choses*?

Avant d'aller plus loin, je dois avertir le lecteur que la critique de la connaissance se meut dans un cercle inévitable. Quelque vérité, quelque rapport que j'entreprenne d'expliquer, de prouver, je suis contraint de proposer d'autres rapports que je n'explique pas. Comment expliquer en effet ce que supposerait une première explication quelconque? et que ne supposé-je point dès mes premières lignes?

Ou le *procès à l'infini*, qui est impossible, ou le *cercle* qu'on nomme *vicieux* : lisez les sceptiques.

Et ne dites pas qu'on se sauve du cercle, ou qu'on borne la progression, en rencontrant des vérités évidentes, car on retombe toujours dans les mêmes difficultés pour justifier de cette évidence ou vérité, si elle est contestée; et elle l'est.

Donc il faut tomber droit au milieu de la raison et s'y livrer. Quel est mon but, après tout? D'être compris, d'être approuvé. J'écris l'histoire de mes pensées pour que d'autres la vérifient par l'histoire conforme des leurs, en me lisant. Cette histoire est une méthode, et quand le cercle de cette méthode est fermé, la science est acquise. Je serai justifié si mon lecteur la possède avec moi, comme moi.

Je reconnaîtrai si mon opinion se nomme à bon droit science, en cherchant ce que c'est que science, et plus tard ce que c'est que certitude. La science m'apparaîtra d'elle-même, et en la pratiquant j'apprendrai à la définir. Quant à la certitude, mon unique ressource sera de m'attacher à démêler, après coup, ce que j'aurai posé de fondamental dans ma construction et à me rendre compte des titres de créance de ce que je penserai savoir.

Le chapitre de la certitude n'a pas sa place marquée dans ce *traité*. Il formera contre tout usage, mais en toute raison, la clef de voûte d'un édifice qu'il s'agit de fonder, et qu'une autre méthode peut seule achever; il n'en sera pas la première pierre. Ici je procède spontanément à l'analyse de la connaissance en tant que donnée.

Dans le cours de cette investigation préliminaire, il y a deux précautions à prendre; j'en préviens les jeunes philosophes, s'il en reste, qui pourraient être tentés de s'appesantir à tout propos sur mes pages; j'en préviens les lecteurs que l'âge et l'étude ont guéris des espérances métaphysiques, afin que, voyant de quel soin je m'attache à leur épargner les broussailles, ils m'accordent quelque attention et quelque indulgence.

La première précaution est de définir à la rigueur certains des termes que l'on emploie; la seconde est de ne supposer aucune définition précise de tous les autres. Je m'explique.

Il est des termes dont je dois faire un usage suivi, logique, et qui seront comme les nerfs de mes conceptions. Là des définitions expresses sont indispensables;

je dis expresses, mais non puérilement didactiques, car il faut savoir que toute définition première est une tautologie. Or j'espère être mieux entendu en avouant qu'en dissimulant les tautologies.

Il est d'autres termes qui servent en quelque sorte de ciment au discours, et ceux-ci, sous peine de ne pas avancer, il faut les prendre en un sens tout à fait vulgaire et sans système. L'emploi de ces termes non définis marque des traces dans l'esprit du lecteur, et le lecteur doit éviter de prêter à l'auteur aucune intention préalable de fixer ces traces en les appropriant à l'une quelconque des doctrines connues. Le mot *esprit* que je viens d'écrire est une trace de ce genre. Au contraire, les mots *fait* et *phénomène* me seront tout d'abord d'un grand usage, et j'aurai à en arrêter la signification.

Je procéderai comme pour la tentative d'une science toute neuve, et comme devrait procéder un philosophe à qui les contradictions de la raison ou des raisonneurs (je n'ai pas encore à décider lesquelles) n'auraient pas appris à se défier de lui-même, de ses premiers pas et de ses plus sûres découvertes. Néanmoins, je me plais à croire que j'aurai profité des erreurs passées, de celles d'autrui et des miennes propres : il serait difficile qu'une expérience de vingt-cinq siècles ne me fût d'aucune utilité.

Dans cette entreprise, en apparence naïve, j'accepterai simplement et naturellement, mais je prendrai avec une rigueur inaccoutumée les données de la raison qui passèrent toujours pour essentielles, et presque toujours pour infaillibles. J'avancerai jusqu'au point où les principes qui, jusque-là, m'auront guidé, me signaleront une limite à la spéculation. J'étendrai, s'il se peut, la critique au delà de ce point. Puis, arrêté définitivement, je me trouverai amené soit à m'enquérir des résultats différents ou plus complets que les philosophes croient avoir obtenus, soit surtout à revenir sur moi-même, afin de me rendre un compte plus assuré des vérités précédemment établies, et de découvrir quelque autre moyen d'en atteindre de nouvelles.

Ainsi je conduirai ce premier traité aussi loin que le terrain que j'aurai choisi me portera. Un second traitera de l'homme et de la certitude, et servira de point de départ à tout ce qui pourra suivre.

PREMIÈRE PARTIE

DE LA REPRÉSENTATION EN GÉNÉRAL

(LES PHÉNOMÈNES SONT LES ÉLÉMENTS DE LA CONNAISSANCE)

II

DÉFINITION DE LA REPRÉSENTATION ET DU FAIT OU PHÉNOMÈNE

Je reprends maintenant.

Deux séries de termes opposés, dont je n'ai pas encore à marquer les nuances, expriment une double opération essentielle au mouvement de la pensée. Distinguer, séparer, abstraire, signifient, pour moi, considérer à part; composer, réunir, généraliser, signifient considérer ensemble. Soit analyse le nom de l'opération divisive; synthèse celui de l'opération additive.

Quels sont maintenant les objets de l'analyse et de la synthèse? Que considérons-nous soit à part, soit ensemble? Des sensations, des notions, des volitions, des affections; ou encore des corps, des minéraux, des végétaux, des animaux, des hommes, des peuples, des astres, des mondes. Je veux dire, et je ne donne aucune importance à l'ordre ni aux termes de cette énumération grossière, je veux dire que nous considérons des *choses*.

Des *choses!* Voilà un mot d'une souveraine utilité en

philosophie. Les novices le dédaignent, et pourtant il est inévitable. Il est la première des synthèses, la plus complète et la plus claire en même temps que la plus vague, et tandis qu'il dit tout, il n'embarrasse l'esprit d'aucun système.

Or toutes les choses possibles, j'entends pour nous et pour notre connaissance, ont un caractère commun, celui d'être représentées, d'apparaître. S'il n'y avait point de représentation des choses, point d'apparence, en parlerais-je? Je n'exclus ici aucune sorte de représentation, je laisse à ce mot toute l'étendue qu'on voudra lui donner, mais alors on conviendra que des choses dont il n'existerait aucune sorte de représentation ne doivent pas, ne peuvent pas m'occuper, ne m'occupent pas en effet et n'occupent personne.

J'appelle représentation (c'est ma première tautologie) *cela qui se rapporte aux choses, séparées ou composées d'une manière quelconque, et par le moyen de quoi nous les considérons.*

Mais que dire de la chose elle-même? Rien de plus jusqu'ici. Et comment employer ce mot sans placer *autre chose* dessous? Faire ce que font journellement ceux qui l'emploient sans philosopher, l'étendre ou le restreindre indifféremment à tous les groupes et à toutes les parties de ce qu'on se représente. Si je dis : La pire *chose* que ce gouvernement ait faite, c'est de...; ou, la *chose* qui m'étonne le plus entre toutes, c'est la...; ou, la plus belle *chose* du monde est un lever de soleil; ou, l'eau, le fer, le feu, sont *choses* souverainement utiles à l'homme, on ne trouvera pas que je fais des hypothèses ou que je me crée des idoles. Non; je me borne à signaler des synthèses plus ou moins complexes de représentations que l'expérience nous donne à considérer à tous, sans recourir à aucune définition d'école.

Je puis donc provisoirement et jusqu'à plus ample informé n'envisager les choses que sous ce caractère commun qu'elles ont d'apparaître, de se manifester, de se représenter, d'être en un mot des représentations, et des représentations de fait, ou données par l'expérience.

Les choses en tant que représentations, conformément à ce que je viens d'exposer, je les nomme des *faits* ou des *phénomènes*.

Ainsi j'arrive à définir la *chose* par la *représentation* après avoir défini la *représentation* par la *chose*; et ce cercle est inévitable; et les deux mots *représentation* et *chose*, d'abord distingués, viennent se confondre en un troisième : *phénomène*.

Observations et développements.

Il faut entendre ici par *expérience* le caractère des modes quelconques de la connaissance, en tant que témoignée simplement à elle-même.

Au sujet du mot représentation, il n'est pas inutile d'observer que les philosophes l'ont parfois employé pour désigner une seule ou quelques-unes des formes que peut prendre ce que j'appelle ici *représentation* ou forme générale de toute connaissance. Le mot est trop utile avec son sens universel pour que je consente à m'en priver. On remarquera donc bien que par *se représenter* je n'entends pas plutôt dire *imaginer* ou *sentir* que *généraliser*, *comparer* ou même *désirer*, *vouloir*, etc.

« La connaissance n'est-elle que représentation? demande M. Vacherot dans son livre *la Métaphysique et la Science* (2ᵉ édition, t. III, p. 202), toute la question entre l'auteur des *Essais* et nous est là. Que la *représentation* soit le point de départ de la connaissance, je le conteste d'autant moins que c'est un des résultats de notre analyse. Que la représentation laisse dans la connaissance elle-même certains éléments qui lui sont propres, c'est encore une de nos conclusions. Point d'objections jusqu'ici. Mais *penser* n'est pas simplement *sentir* et *imaginer*; quand donc l'auteur exclut du domaine de la connaissance tout ce qui dépasse la représentation proprement dite, je trouve qu'il méconnaît certains éléments de la pensée irréductibles à l'expérience et mutile l'intelligence. C'est l'empirisme sous sa forme la plus exacte et la plus précise, mais c'est toujours l'empirisme. » L'auteur des *Essais* désirerait vivement que la divergence entre sa doctrine et celle de l'auteur de *la Métaphysique et la Science* pût se réduire à cette difficulté, car elle est toute verbale. Il répond qu'il n'a nulle part entendu par *représentation* la *représentation proprement dite* de M. Vacherot, mais bien aussi ce que M. Vacherot entend par *penser* et par *intelligence*. Il faut un terme général. Quand Descartes choisissait le mot *pensée* pour désigner ce que je désigne par le mot *représentation*, et qu'il s'exprimait ainsi (*Méditations*, II, 9) : « Qu'est-ce qu'une chose qui pense? C'est-à-dire une chose qui doute, qui entend, qui conçoit, qui affirme, qui nie, qui veut, qui ne veut pas, qui imagine aussi et qui sent »; Descartes usait du droit de définir. M. Vacherot et moi en usons à notre tour et ne saurions trop en user. L'objection tirée d'une définition contre une autre ne serait valable que si celle-ci n'était pas fidèlement observée. Il faudrait donc que M. Vacherot montrât qu'après avoir donné au mot *représentation* la grande généralité dont j'ai besoin pour expliquer mes vues, j'ai pris le même mot dans le sens plus étroit que lui-même préfère. Mais c'est ce qu'il ne fait point.

Le reproche d'empirisme que M. Vacherot m'adresse est fondé sur un malentendu tout pareil. Je pense que les phénomènes quelconques de l'ordre mental, y compris les notions *a priori*, que j'admets, et les idées rationnelles absolues qu'admet M. Vacherot, ont ou devraient avoir ce commun caractère de paraître dans la conscience en s'y offrant comme témoignées par son expérience propre. Il ne me semble guère possible que M. Vacherot entende ceci autrement que moi. Dès lors le mot *expérience* s'impose à nous avec le sens universel que je lui ai donné et que je formule au début de cette note. Ce sens universel correspond exactement à celui du mot *représentation* lui-même.

Au reste, je ne suis pas le premier à remarquer l'utilité du mot *représentation* pour exprimer la synthèse du sujet et de l'objet dans une conscience, et servir ainsi de point de départ à toute analyse de la connaissance. Un disciple de Kant, Reynhold, a fait la même remarque, à laquelle malheureusement il ne s'est pas tenu dans la suite, et qui d'ailleurs ne peut paraître entièrement satisfaisante que si l'on prend en même temps le parti de bannir des mots *objet* et *sujet* l'idée de substance qui les rend incompatibles entre eux.

J'ajoute en terminant que la rencontre des mots *représentation* et *chose* dans le mot *phénomène* ne doit nous faire rien préjuger sur la question de l'existence des choses elles-mêmes, pour elles-mêmes, en dehors de la représentation humaine. Il ne s'agit ici que d'une vérité de méthode, et elle ne saurait engager nos croyances touchant le monde hors de nous. D'ailleurs la réduction de toutes choses possibles, selon la connaissance, au phénomène, c'est-à-dire à la représentation, n'aura pas non plus pour effet de compromettre l'autorité de nos perceptions externes, car celles-ci laissent intacte la question de la nature propre des choses hors de nous.

III

PREMIÈRE ANALYSE DE LA REPRÉSENTATION

Ce qui frappe d'abord dans la représentation, ce qui en est le caractère déterminatif, c'est qu'elle est à double face et ne peut se représenter à elle-même que bilatérale. Ces deux éléments que toute représentation suppose, je les signale et ne les définis pas en les nommant l'un *représentatif* et l'autre *représenté*.

Ces deux termes de la représentation sont corrélatifs et tellement inséparables dans leur distinction que chacun à son tour les offre tous deux à l'analyse. Le représentatif est un représenté à soi plus ou moins distinct, et le représenté ne se comprend, le mot le dit, que par un représentatif correspondant. Pour user d'un autre langage, l'objet et le sujet sont essentiels à la connaissance ; l'objet qu'elle se propose est normalement, suivant elle, un sujet qui pour exister se passerait de lui être représenté, et le sujet qu'elle envisage pour son propre fondement lui est offert cependant comme son objet encore. Chacun des deux termes s'identifie donc en quelque manière avec son corrélatif : l'objet se subjective et le sujet s'objective.

Le représenté est très communément ce qu'on appelle un corps avec ses qualités, il s'entend de la nature et de tout ce qu'on désigne comme perçu, senti, etc. Le représentatif est plutôt ce qui rentre dans la classe courante de l'esprit, âme, intelligence, etc. ; il comprend ce que l'on qualifie de pensée, affection, volonté, etc. Et toutefois il faut que le représentatif et le représenté ainsi entendus se traduisent réciproquement l'un dans l'autre, afin que la représentation soit possible.

On voit donc que les corps et la nature entière arrivent à la connaissance sous des formes représentatives, et que, inversement, en vertu de la même nécessité, toutes les idées possibles assument des formes représentées. Mais ceci n'est avancé maintenant qu'à titre d'éclaircissement, car je n'entends pas dépasser le point de vue logique ou de la méthode.

La division des phénomènes en représentatifs et représentés a cela d'excellent qu'elle est essentielle au discours et, en quelque sorte, plus grammaticale que philosophique; qu'elle est inexpugnable, admise universellement, et nécessairement étrangère à tout système. Mais il faut pour cela s'abstenir d'ériger ces termes en entités et de faire dégénérer en idolologie la méthode.

Je comprends sous ce mot *idolologie*, que j'aurais voulu n'avoir point à forger, mais dont la suite de mon travail éclaircira le sens, certaines illusions très fortes auxquelles l'esprit est sujet dans son procédé nécessaire analytique ou synthétique, et qui semblent inséparables de ce procédé. Toutes les fois que certains éléments d'une représentation sont distingués par une analyse, ou groupés systématiquement dans une synthèse, un tout se forme et se pose; rien de mieux; mais on ne s'arrête pas là; on entend que les relations sous condition desquelles cette opération s'est faite, disparaissent comme l'échafaudage inutile d'un édifice achevé, et que le tout qu'on a constitué demeure à part, debout, comme de lui-même, en lui-même. Le but principal d'une bonne méthode est de reconnaître de telles illusions et de les dissiper.

Ainsi, l'utile généralité du mot *phénomène* nous permettra de le faire servir à la désignation des choses, non plus en tant que pleines représentations seulement, mais aussi en tant que représentées ou en tant que représentatives; cette distinction est nécessaire, mais nous ne permettrons pas que nos propres opérations nous trompent, nous ne nous ferons pas des idoles de nos mains.

Observations et développements.

Les mots *représentatif* et *représenté* ne sont pas proposés ici comme les meilleurs possibles, ou les mieux appropriés aux besoins de la critique philosophique. Le représenté est parfois équivoque, car il peut s'appliquer à la chose elle-même, au phénomène considéré comme en dehors de la propre représentation que nous en avons (l'*objet* de la nomenclature commune); et il peut s'appliquer au contraire à la chose en tant que représentée, au phénomène donné dans notre représentation particulière (n'avoir qu'une valeur *subjective*, au sens de la nomenclature commune). Le représentatif, à son tour, pourrait sembler convenable, non seulement pour désigner le caractère du phénomène apte à représenter, mais aussi les qualités aperçues dans les choses et grâce auxquelles les choses paraissent susceptibles d'entrer et figurer en une représentation. En somme les deux mots souffrent qu'on les échange l'un pour l'autre dans une certaine mesure. Il n'y a peut-être pas de moyen plus simple de parer à cette équivoque, dont j'avoue avoir éprouvé l'inconvénient, que celui de combiner l'emploi de ces mots avec d'autres d'un usage plus commun.

Mais le vice des termes les plus ordinairement usités aujourd'hui est encore plus grave. L'*objectif* et le *subjectif*, selon le sens fixé en Allemagne au dernier siècle et adopté par Kant, porteraient beaucoup mieux un sens qui est presque le contraire de celui qu'on leur donne, comme je le montrerai tout à l'heure; et, de fait, un sujet, un objet, sont souvent en français des termes mutuellement substituables. Les distingue-t-on? Il n'est rien de si aisé que d'envisager un objet comme tout mental, c'est-à-dire, peut-on dire alors, comme ne correspondant à aucun sujet externe, et d'envisager un sujet connu quelconque comme quelque chose qui s'offre à la connaissance en tant que son objet.

L'objet et le sujet, entendus conformément au langage courant, s'éloignent trop du sens purement logique qui convient au début de la philosophie comme critique générale; ce sont des noms d'idoles métaphysiques arrivées à se substituer à des termes imparfaitement définis. Le sujet, terme des plus généraux dans l'ancienne philosophie, a fini par ne se comprendre que du sujet particulier, pensant, qui fait de toutes choses *ses objets*. Et la généralité tend encore à descendre, l'intellect humain passant à l'intellect philosophique, et l'objet se trouvant naturellement à son tour n'être plus que la contre-partie du moi d'un philosophe. De là la doctrine dite de l'*idéalisme subjectif absolu;* le langage adopté la favorise et pousserait ses adversaires, s'ils voulaient se placer au bout opposé de la spéculation, à s'appeler des *objectivistes* purs, c'est-à-dire à n'admettre en tout que des objets ou (selon la rigueur des termes, et tout sujet se trouvant exclu) des choses qui ne sont les objets de rien!

Quand on réfléchit à la juste impopularité du système idéaliste pur ou égoïste, on est porté à penser que le criticisme kantien a trouvé dans l'emploi de la nomenclature dont je parle un des plus graves obstacles à sa propagation hors de l'Allemagne, et, en Allemagne même, un empêchement à l'intelligence de son véritable esprit, de ses conséquences les plus naturelles. Quant à moi, je vais jusqu'à me demander si les embarras amenés par ce fâcheux langage n'ont pas été la cause principale des hésitations et des tâtonnements qui sont tellement sensibles à la comparaison des 1re et 2e éditions de la *Critique de la raison pure*, et enfin de l'impénétrable obscurité dont cette partie de la pensée du novateur a dû dès lors rester enveloppée. Et c'est au moment où une nomenclature, si malheureuse à mon sens, a réussi, après un stage long et pénible, à se faire accepter jusqu'à s'imposer aux écoles les plus réfractaires, et jusqu'à venir sous la plume des simples gens de lettres, c'est à ce moment que s'offrent les raisons d'en demander le renversement.

Quoique les innovations dans le langage aient toujours des inconvénients, et rarement de passables chances d'aboutir, j'ose proposer une réforme qui intervertirait le sens des termes actuellement vulgarisés. J'appellerai *objectif* ce qui s'offre comme objet, a les qualités d'un objet, c'est-à-dire est pris pour objet, c'est-à-dire encore vient représentativement dans la connaissance; et j'appellerai *subjectif* ce qui est de la nature d'un sujet, soit d'un représenté quelconque, en tant que la connaissance y envisage quelque chose de distinct de son acte propre, et de supposé donné de quelque manière hors d'elle, sans elle. Ces définitions reviendront à leur place dans le chapitre suivant. Je voudrais ici les préparer et les justifier à propos du vocabulaire de la représentation et termes similaires.

Ce renversement de sens, outre les motifs intrinsèques à faire valoir, est loin d'être historiquement arbitraire, car il nous ramène en bonne partie à la nomenclature scolastique dont Descartes et Spinoza se sont encore servis. Exister *objectivement* signifiait être donné à la manière des objets de la connaissance, donc dans la connaissance et conformément à ses lois. Exister *subjectivement* signifiait plutôt être de soi un sujet, quels que puissent être les modes objectifs qui s'emploient à le poser. Les docteurs scolastiques échangeaient parfois comme nous les rôles du sujet et de l'objet; mais ils avaient fixé comme il suit le sens des mots *subjectif* et *objectif*. Je lis dans le *Lexicon philosophicum* de Goclenius, au mot *Objective* :

« Objective, per modum objecti; subjective, ut in subjecto, seu per modum quo quid est in subjecto... Ens rationis (fictum) in nulla re est subjective, id est ut in subjecto, sed totum est objective in intellectu, id est objectum est intellectus... habet esse objectivum (non reale) in intellectu. »

On voit comment l'objectif s'oppose au subjectif, et comment ce qui est *dans l'intelligence* est dit y être objectivement, tandis que ce qui n'est que là, dans l'intelligence, est dit n'être subjectivement *en aucune chose*. C'est littéralement l'inverse de l'usage actuel.

Descartes a parlé, conformément à la règle et à la tradition enregistrées par le lexicographe, de la « façon d'être par laquelle une chose est objectivement, ou par représentation, dans l'entendement par son idée », façon d'être ou « réalité objective », qui « appartient aux idées de leur propre nature », et qu'il a opposée à la « façon d'être formellement et en effet », laquelle appartient suivant lui aux causes de ces idées. (Voy. *Méditations*, III, 18.)

On lit de même dans Spinoza : « Vera idea Petri est essentia Petri objectiva, et in se quid reale, et omnino diversum ab ipso Petro... Cum itaque idea Petri sit quid reale habens suam essentiam peculiarem, erit etiam quid intelligibile, id est objectum alterius ideæ, quæ idea habebit in se objective omne id quod idea Petri habet formaliter... Vera methodus est via ut ipsa veritas, aut essentiæ objectivæ rerum, aut ideæ (*omnia illa idem significant*) debito ordine quærantur. » (Voy. *De emendatione intellectus*, éd. de 1677, p. 366.)

Ces philosophes opposent à ce qui est *objectivement*, ou en *idée* (et en *idée d'idée*), et qui est d'ailleurs réel dans son genre, ce qui est *formellement*, soit avec un autre genre de réalité. Or le mot *formellement* a pour sens, selon Goclenius (au mot *Formaliter*) le sens du grec ὡς ἐνυπάρχον τι, ut aliquid quod reipsa inest subjecto... inhæsive, intrinsecus, realiter, reipsa, τῷ εἶναι simpliciter, proprie, per essentiam, in seipso, essentialiter. C'est bien donc la manière réelle d'être subjectivement, c'est-à-dire comme en un sujet quelconque et au nombre des attributs de ce sujet. L'adverbe *subjective* peut être moins employé que son corrélatif *objective*, mais le sens du mot *subjectum* est là pour le fixer. Le sujet n'est jamais, pour les scolastiques ni pour les philosophes du xvii° siècle, un synonyme du moi, mais bien, généralement, ce à quoi inhèrent des propriétés, ce qui *embrasse la dépendance des accidents*, par exemple le composé physique, s'il s'agit des choses naturelles; l'individu, s'il s'agit des modes d'êtres humains. (Voy. Goclenius au mot *Subjectum*). La signification en est donc tirée de la grande relation logique du sujet avec les attributs qui le définissent, et c'est bien l'existence d'une relation de ce genre qui décide en effet de la thèse d'un sujet quelconque pour la connaissance.

Le retour à l'ancienne nomenclature aurait, selon moi, l'avantage de rendre l'application des termes plus naturelle, plus générale, plus rigoureuse, d'apporter plus de lucidité dans les analyses, de faire éviter les apparences vraies ou fausses de l'égoïsme philosophique, de donner au point de vue logique la prépondérance sur les hypothèses de l'ontologie, qu'il est si nécessaire d'écarter, enfin même de lever le principal obstacle qui s'est opposé jusqu'à ce jour à une vulgarisation sérieuse des termes les plus indispensables du vocabulaire des connaissances premières. Il ne fallait pas moins que toutes ces raisons pour que j'osasse risquer une réforme aussi scabreuse en elle-même, mais qui me permet d'introduire dans cette seconde édition des mots très utiles dont j'avais évité systématiquement l'emploi dans la première. Au demeurant, je conserve mon ancienne nomenclature à côté de la nouvelle, et je puis dire que je ne modifie en rien les thèses que j'ai d'abord soutenues, mais parfois seulement la manière d'en écrire les formules.

IV

DE LA REPRÉSENTATION EN MOI ET HORS DE MOI.

J'appelle *objet* ce qui, dans la représentation, s'offre comme le terme immédiat du connaître : le représenté, en tant que donné simplement dans la représentation. J'appelle *sujet* le représenté, en tant que jugé pouvoir exister, être donné, indépendamment de la représentation propre et actuelle où il paraît comme phénomène. Le sujet est donc par cette définition un phénomène, ou groupe de phénomènes, plus que transitoire et plus que pris pour objet dans une représentation de durée déterminée; il est représenté stable et permanent plus ou moins, donné pour soi et demeurant possible à l'égard de telles autres représentations qu'on voudra. Ceci soit dit d'ailleurs sans préjuger la question, qui viendra bientôt, de savoir si un sujet peut être, pour la connaissance, quelque chose encore au delà de ce qui vient d'être défini.

Les mots *objectif* et *subjectif* et les autres de la même famille, obtenus conformément aux analogies du langage, s'appliqueront d'après cette convention à tout ce qui s'offre comme objet ou comme sujet, à tout ce qui affecte la nature ou les qualités de l'objet ou du sujet.

Si maintenant je compare ces nouveaux termes avec les premiers définis, je trouverai que le représentatif est tout *ce qui sert à objectiver* (à offrir, à créer des objets); car toutes les formes mentales ou psychiques ont cet attribut commun de se proposer des objets, et, de plus, de pouvoir se rapporter à l'une d'elles, dont la nature est de se prendre elle-même pour objet. A son tour, le *représenté* est *tout ce qui est objectif ou objectivé* : tout objet et aussi tout sujet connu, puisque rien ne peut entrer, si ce n'est objectivement, dans la représentation.

J'ai posé des représentations, des phénomènes; on ne saurait me les contester. Ce n'est point en les définissant que j'ai pu m'exposer à être réfuté ou démenti par mon lecteur, puisque le but de mes définitions n'était pas tant de faire un système que de repousser tous les systèmes, afin de rester sur le terrain commun et universel.

Il n'en est pas moins vrai, et c'est à quoi maintenant je dois prendre garde, que la plupart de ceux qui ont traité des représentations, sous ce nom ou sous un autre, ne les ont pas entendues comme je les entends.

Le philosophe s'appelle *moi* et ne parle d'abord que de *moi*; les représentations à son gré sont les représentations *du moi*, et soit qu'il demeure ensuite enfermé dans ce *moi*; soit qu'il en sorte, il croit pouvoir commencer par s'y établir.

Je pose des représentations, rien que des représentations. Je ne les pose pas dans le moi, car ce serait déjà poser autre chose, et quoi? Qu'est-ce que le moi? Est-ce un sujet composé de représentations? J'ai raison alors de poser les représentations, avec leurs objets essentiels, avant et par-dessus le moi et indépendamment du moi. Est-ce quelque autre chose que cela? J'affirme que les représentations, sans lesquelles en tous cas ce moi n'est rien, offrent à la science un fondement plus profond, plus sûr, et le seul qui soit inébranlable. C'est ce que la suite et l'ensemble de mes études prouveront, si ce n'est déjà assez manifeste.

Mais on peut me dire : « En posant des représentations, et c'est un droit que nous sommes contraints de vous accorder, vous posez aussi vos représentations, vous qui pensez et qui nous parlez; vous admettez donc les représentations en vous. Sous cette condition d'*être en vous*, les représentations ne doivent pas vous paraître moins nécessaires. N'est-il pas vrai même qu'elles sont plus claires et mieux définies? Il semble bien que vous connaissez, ne vous en déplaise, antérieurement à tout, le moi comme sujet et ses représentations? »

Je réponds que dans ce moi qu'on m'oppose, je ne connais précisément rien de plus que des assemblages de représentations. Seules elles se prêtent à former un moi objectif, ou que je me représente, et, par suite, à me figurer le *sujet*. Ce qui fait que je les appelle miennes, c'est qu'elles sont liées entre elles (phénomènes de sensation, de conception, de mémoire, de raisonnement, etc.) et liées à certaines autres (phénomènes matériels et organiques), de manière à former un tout distinct et qui a ses lois propres. Ce tout est le moi, ou plutôt tel moi, le mien, que je ne confonds avec aucun autre; ce tout est un composé de phénomènes, dont il m'est permis de rechercher la nature, mais non de poser d'abord l'existence comme quelque chose de simple et de primitif; ce tout enfin ne m'est représenté que partie par partie, dans ses éléments, qui sont des *représentations* envisagées objectivement, puis assemblées, grâce à d'autres phénomènes, en forme de constitution d'un unique sujet durable. Il est vrai que ces représentations se signalent alors par un caractère commun, la *conscience*, où chacun peut être tenté de voir une suffisante définition de son moi propre; mais séparons cette conscience, et des perceptions, et de la mémoire, et de l'imagination, et des autres *facultés*, comme on les nomme, et de leurs objets, c'est-à-dire d'une foule de représentations différentes d'elle-même; et le moi propre aura disparu. La conscience et le moi, considérés d'une manière générale, ne *me* définissent pas, mais appartiennent séparément à toute représentation claire et complète, car toute représentation a deux faces, le représentatif et le représenté.

En résumé, lorsque j'ai défini la chose en tant que représentation, et que je l'ai nommée fait, ou phénomène, j'ai posé le fait sans distinction de *moi* ou de *non moi*; je l'ai posé *pour soi, en soi*, si l'on veut bien entendre par ces derniers mots dont il a été tant abusé, non pas l'existence absolue, je ne sais ce que c'est, mais l'existence relative sous des conditions quelconques.

Observations et développements.

Ce point de départ de la critique philosophique rappelle, quant au principal, celui qu'exprime la formule justement célèbre : *Cogito, ergo sum*. Il en diffère profondément en ce que le *saltus mortalis* ou passage du phénomène à la substance est évité. Et l'on verra que je l'évite jusqu'au bout. Ce *saltus*, ce paralogisme excusé chez Descartes par la longue habitude de l'école, aperçu toutefois par quelques-uns de ses contemporains, et éclairci définitivement par Kant, consiste à conclure de l'existence certaine du *je phénoménal*, qui se témoigne à soi dans la pensée actuelle, et dans le doute même (si cette pensée est un doute), à l'existence du *je substantiel* de la métaphysique, ou *substance qui pense*, et dont toute la nature n'est que de penser. Cette dernière, loin d'être certaine, est ce que Bacon nommait une *idole de théâtre*, une sorte de figure de parade inventée pour servir aux jeux des écoles, et que, suivant un sens plus clair et plus commun du mot, on peut dire être dénuée de substance.

Sans suivre Descartes dans sa spéculation, on pourrait accepter sa nomenclature, nommer la représentation *pensée* et les phénomènes des *idées*. Ces mots, quoique insuffisants, conviendraient encore aujourd'hui à quelques égards. Mais les mots sont souvent gênants par leur histoire. Je suis forcé d'exclure celui-ci pour n'avoir pas à craindre les fausses interprétations que suggéreraient les traces laissées dans les esprits par les systèmes de Platon, de Descartes, de Malebranche et de Berkeley.

Voici maintenant un autre point de vue. On peut remarquer que les phénomènes se posent en rapport les uns avec les autres, en toute représentation quelconque. C'est une vérité qui sera développée ci-après. A ce compte, on doit être tenté de dire que, comme ces phénomènes, liés dans l'esprit, y supposent des *propositions*, des *jugements*, le vrai point de départ de la critique philosophique se trouve dans certains jugements, soit donnés, soit spontanément formés, et qui deviennent parfois volontaires. Il s'agirait tout d'abord d'en reconnaître ou d'en chercher la nature et la valeur. Il faut encore remarquer que toute liaison de phénomènes, tout jugement, tout énoncé mental impliquent que *quelque chose est affirmé ou nié de quelque chose*, non pas seulement suivant une manière de constatation machinale, mais bien avec l'accompagnement plus ou moins accusé de cette adhésion qu'on nomme une *croyance*. D'après cela, le point de départ serait l'examen des titres de la croyance accordée à tel ou tel jugement porté, soit à l'existence ou à la non-existence de tels ou tels rapports. Mais vainement on se flatte d'atteindre ainsi l'extrême racine du sujet, quand on commence à spéculer sur les jugements ou croyances avant qu'on ait posé aucun principe moral. Les questions les plus complexes et les plus difficiles sont omises ou supposées résolues sans aucun droit, tandis qu'une autre méthode peut les mettre en réserve.

C'est ainsi que M. Herbert Spencer pense pouvoir remplacer l'ancien *inconcussum aliquid* du pur rationalisme par un *postulat universel* qu'il formule comme il suit : *L'existence des croyances est le fait fondamental; les croyances qui existent invariablement sont celles que, soit rationnellement, soit de nécessité, nous devons adopter; l'inconcevabilité de leur négative est le critère à l'aide duquel nous nous assurons si une croyance donnée existe invariablement ou non.*

Ce philosophe expose et fait valoir contre les critiques de Stuart Mill, et à l'appui du *postulat universel*, la raison que voici : Tout autre critère de certitude qu'on proposerait, et aussi tout argument dirigé contre le postulat, le supposent et le confirment. En admettant que ce critère fût imparfait et pût tromper, nos plus certaines croyances n'en comportent pas un meilleur; en sorte qu'il faudrait les mettre toutes en doute, si l'on doutait de l'une quelconque d'entre elles sur ce motif que l'autorité de ce critère est insuffisante. (Voyez *Principles of psychology*.) Au reste, M. H. Spencer accorde à Stuart Mill que des propositions dont la négative a longtemps passé pour inconcevable ont fini par être reçues pour vraies. L'un et l'autre, au fond, regardent l'expérience comme l'unique fondement des croyances invariables, et comme le critère de tout autre critère. C'est l'expérience, suivant eux, qui décide en somme et toujours de *toute vérité*, et qui établit définitivement ce qu'il faut croire, à l'encontre souvent de nos affirmations antérieures *les plus fortes*. Cette introduction de l'idée d'*évolution* jusque dans la question de la garantie suprême de nos jugements les plus nécessaires est sans doute préjudiciable à la recherche régulière des conditions actuelles de la certitude possible, et de la légitimité de nos jugements, car M. H. Spencer ne se demande pas :

1° Si l'inconcevabilité d'une proposition doit se juger, quand il s'agit de questions philosophiques, sur ce qui semble être l'opinion du genre humain, ou sur la manière de voir qu'expriment spontanément les esprits réfléchis, ou sur les thèses développées par les philosophes, ou sur plusieurs de ces témoignages à la fois et à quels degrés; 2° si, supposé qu'on reconnaisse que l'état de contradiction permanent des croyances de ces différentes classes d'hommes, et bien plus encore, la nécessité d'interpréter et de formuler sans équivoque les propositions dont il s'agit d'éprouver la concevabilité, nous obligent de borner en dernier ressort aux seuls philosophes la consultation touchant les questions philosophiques; si, dis-je, reconnaissant cela, il ne faut pas ensuite convenir que les philosophes de tous les temps et du nôtre ont coutume d'assurer la concevabilité de leurs propres thèses et l'inconcevabilité des thèses de leurs contradicteurs; 3° si les passions et la volonté n'exercent pas, concurremment avec l'expérience et la raison, une influence considérable sur les partis pris de croyance des hommes, et des philosophes et savants comme des autres; 4° si le doute sur ce point ne doit pas engager l'inventeur du nouveau postulat à traiter de prime abord les questions de la liberté et de la nécessité dans leur rapport avec l'adhésion donnée au vrai ou au faux. Cette dernière question obligerait inévitablement celui qui voudrait la traiter à chercher un autre critère, un autre postulat de croyance que celui qui repose sur une inconcevabilité nécessaire, supposée, mais non justifiée. On voit dans tous les cas quel nid de problèmes se découvre au moindre examen sous un critère qui a la prétention de trouver les titres de légitimité de la croyance dans le fait même de croire.

En fait, M. H. Spencer est conduit, faute d'une suffisante analyse historique et morale, à ne faire que des applications arbitraires de son postulat, car il prétend démontrer par *l'inconcevabilité de la négative* telles propositions dont ses adversaires estiment la négative et concevable et vraie. En droit, si l'on peut ainsi parler, il transporte à d'autres critères que le sien, et auxquels il se conforme à son insu, une autorité qui de sa nature est trop difficile à faire valoir; car il n'est rien de si malaisé à l'épreuve, quoi qu'on en puisse penser au premier coup d'œil, que de déterminer ce que les hommes ont ou non invariablement cru, au delà de quelques axiomes. C'est toujours, dans le fond, à ces axiomes que M. H. Spencer donne sa confiance, et non à l'*invariable* croyance. Par exemple, quand il cite comme type d'*inconcevabilité de la négative* cette proposition : *que, lorsque j'ai froid, je ne peux pas concevoir que je ne sente pas le froid*, il est facile de voir que c'est le principe d'identité ou de contradiction qui a tout le mérite de cet établissement d'inconcevabilité. En effet, je conçois très bien que je pourrais avoir d'autres sensations et ne pas sentir le froid. Ce que je ne peux pas concevoir, c'est que je puisse dans le même moment avoir froid et n'avoir pas froid. Or, toute la force de cette impossibilité réside dans le principe que j'ai nommé, qui est général, enveloppant toute expérience possible, et qu'il vaudrait mieux employer à découvert qu'ainsi déguisé, car aussi bien on le suppose constamment et partout, et les raisonnements qu'on apporte à l'appui d'un critère nouveau quelconque impliquent toujours celui-là.

La question de la certitude est toute psychologique et morale. J'ai déjà dit que dans l'économie de cet ouvrage elle ne devait pas venir en première ligne. On se ferait une grande illusion d'ailleurs si, parce qu'on la traiterait dès le début, on croyait pouvoir échapper au cercle inhérent à toute investigation des premiers éléments de la connaissance. Si cependant il ne s'agissait ici que de préciser un point de départ, je crois l'avoir fait en apportant tous mes soins à la position et définition du *phénomène*. S'il fallait mettre en relief, parmi tous les principes dont nulle méthode ne saurait éviter l'emploi dans une analyse et dans une exposition quelconque, un principe, une sorte de premier moteur dont l'importance prime tout, on verra que c'est pour moi le *principe de contradiction*. Je ne pouvais assurément en choisir un plus commun et plus inévitable. Mais l'usage rigoureux que je prétends en faire est quelque chose de moins banal.

V

LA REPRÉSENTATION N'IMPLIQUE RIEN QUE SES PROPRES ÉLÉMENTS

Pour que le philosophe eût le droit de poser un principe de la connaissance autre que la représentation, le phénomène, il ne suffirait pas qu'on pût trouver dans la représentation même un point d'appui pour établir intelligiblement quelque autre chose qu'elle : cette prétention, que nous verrons n'être pas justifiée, quand nous parlerons des doctrines ontologiques, permettrait un second pas à la science et ne tiendrait jamais lieu du premier. Il faudrait plus encore, il faudrait qu'une rigoureuse analyse de la représentation démontrât clairement que la représentation n'est elle-même intelligible qu'autant qu'elle suppose, soit en elle, soit hors d'elle, quelque autre chose qu'elle. Voilà ce que nous devons examiner maintenant avec plus d'attention.

Nous avons distingué dans la représentation ces deux éléments, le *représentatif*, le *représenté*; mais à l'exposition logique que j'ai donnée on peut substituer celle-ci, dont la portée semble d'abord tout autre.

Ou les objets s'offrent dans une certaine représentation comme étant unis à elle au point de ne pouvoir subsister ou continuer d'apparaître aussitôt qu'on les en sépare : ainsi ma volonté, ainsi mon plaisir; ou ils semblent s'offrir à cette même représentation comme des sujets divisés d'elle et existant pleinement à part elle, sans elle : ainsi l'espace et tout ce qu'il contient. La distinction du représentatif et du représenté, selon ce nouveau sens, semble nous forcer de poser, en posant la représentation, quelque autre chose que ce que nous nommions ainsi : à savoir le représenté absolument parlant, soit le sujet qu'on imagine réfléchi dans la représentation à la manière d'une image dans un miroir, soit celui qui serait en elle et la constituerait tout entière, comme un original redoublé et projeté en avant dans certains cas, soit enfin l'un et l'autre, l'extérieur et l'intérieur troquant leurs places pour former la connaissance.

Voilà donc trois systèmes! C'est assez pour donner à penser que la méthode à suivre est en dehors de tous trois. Ils se partagent et se sont toujours partagé la métaphysique, et c'est dire que la science est compatible avec eux.

Et en effet, ces objets que pose la représentation considérée généralement, ne sont tous et à titre égal que ses éléments, sans lesquels elle-même n'est pas. Si les uns s'offrent comme séparables d'avec elle, quand ils sont pris dans une représentation particulière, et les autres comme inséparables, c'est que les représentations ne sont pas isolées, et ne se suffisent pas à elles-mêmes indépendamment des formes qu'elles affectent en commun. Le caractère universel d'un phénomène est d'être relatif à d'autres phénomènes, et la relation assume des formes universelles. Tantôt le rapport est entre termes représentatifs, d'une part, et termes vus extérieurement les uns des autres, d'autre part. Ceux-ci s'offrent coordonnés, sous une forme de représentation et d'objectivité en général telle, que leur limitation à la représentation particulière est par là même exclue. De là la séparabilité de l'espace et de ses contenus, relativement à une représentation donnée. Tantôt le rapport est entre termes tous étroitement liés, dits intérieurs, et qui appartiennent en propre aux éléments représentatifs. Ces derniers ne sont pas séparables. Mais de ce qu'il y a des représentés que chaque représentation particulière peut envisager hors d'elle, il ne s'ensuit pas qu'il y en ait de donnés absolument sans une représentation quelconque.

De tels représentés séparables peuvent répondre à d'autres représentations données pour elles-mêmes ; ils peuvent aussi ne pas se rapporter à des sujets proprement dits, et comporter exclusivement une valeur objective, universelle à la vérité, ainsi qu'on le verra pour l'espace.

En somme, je me place au point de vue du connaître, non à celui de l'être sans le connaître, lequel m'échappe entièrement, je l'avoue, et de là j'oppose des fins de non-recevoir aux divers systèmes.

Aux uns, qui soutiennent la possibilité de l'*être en soi* de certain représenté, indépendamment de toute représentation, et même sans que nulle forme représentative existe, je réponds d'abord par la possibilité opposée que ce sujet absolu n'existe pas ; puis je demande ce que c'est qu'être en soi ; je fais remarquer que ce mot *représenté* qu'on est obligé d'employer, ou toute épithète équivalente attribuée au sujet, telle que *pensé, conçu, intelligible*, etc., témoignent de l'impuissance où l'on est de dépasser la représentation ; et j'ajoute que la conformité alléguée entre le sujet et l'objet, entre le représenté en soi et le représenté dans la représentation, démontre qu'en voulant poser autre chose que la représentation, c'est encore elle, elle seule que l'on pose.

Aux autres, qui tâchent d'établir, tout au contraire, une espèce de représentatif en soi, je dis que j'ignore entièrement ce que c'est que ce nouveau genre de sujet, une idée en soi et un représentatif à part de ce qu'il représente ; qu'il n'y a pas plus de raison d'admettre une *projection* du représentatif pour constituer le représenté, que d'admettre une *réflexion* du représenté pour constituer le représentatif ; mais qu'il y a des raisons de n'admettre ni l'une ni l'autre de ces imaginations singulières, et les voici : 1° l'une et l'autre ont leurs partisans et elles sont incompatibles ; 2° le représentatif et le représenté pris isolément sont d'*irreprésen-*

tables entités ; réunis, sont des termes de rapport qui, par la représentation et en elle, ont un sens, hors de là ne touchent personne.

La réfutation de l'idéalisme absolu, qu'on appelle aussi quelquefois l'égoïsme, n'est pas moins simple dans la méthode que je suis, car je commence par rejeter le moi théorique dont l'égoïste fait son idole. Reste le moi empirique, synthèse d'un certain ordre de représentations pour chaque homme et constituant chaque homme ; or, comment pourrais-je dire ce que *l'égoïste* dit, que *toutes les représentations sont moi*, lorsqu'il est de fait que les mots *soi, lui, autrui, non moi, hors de moi*, qui sont constamment dans ma bouche, désignent précisément des *représentations qui ne sont pas miennes* ?

Quant à ces dualistes qui admettent en dehors de toute représentation et l'entité représentative et l'entité représentée, je ne puis que leur opposer tout à la fois les objections faites aux deux systèmes contraires. Ces objections reviennent d'ailleurs à une seule, qui est une fin de non-recevoir : La connaissance ne reçoit point de représenté sans représentatif, point de représentatif sans représenté, et c'est dans une représentation qu'elle reçoit l'un et l'autre ; ailleurs jamais.

Je me proposais de prouver que *la représentation n'implique rien qu'elle-même*, et j'ai atteint mon but, si véritablement j'ai fait voir que la représentation ne sort d'elle-même que pour poser la représentation à d'autres titres, sous d'autres caractères, c'est-à-dire en d'autres rapports, mais encore, et toujours et partout, la représentation.

D'ailleurs, je ne saurais trop insister sur deux points : 1° que je ne me représente pas *la représentation* comme *ma représentation* seulement ; 2° que nulle représentation n'est sans un représenté de la même réalité qu'elle, quoique irreprésentable et par conséquent inconnaissable en dehors de toute représentation.

Observations et développements.

Une brève explication sur l'idéalisme en général ne sera peut-être pas ici hors de propos. Si l'on nomme idéalistes, ainsi qu'on le fait souvent, les philosophes qui, tels que Leibniz et Kant, n'accordent à l'espace et au temps qu'une réalité purement objective et regardent le sujet matériel pur des écoles matérialistes comme une fiction scientifique (une contre-partie de la fiction métaphysique indiquée plus haut, une autre idole de théâtre), alors les thèses que je pose et qu'on va voir se développer appartiennent à l'idéalisme incontestablement. Mais s'il plaisait de réserver la qualification aux penseurs dont la tendance marquée (on a pu la reprocher à Kant) est de supprimer l'existence des sujets réels dans le monde, autres que ceux qui sont aptes à philosopher, je pense être aussi éloigné de l'idéalisme qu'il est possible de l'être. C'est en partie pour en éviter jusqu'aux apparences, je l'ai dit, que je propose la généralisation du mot *sujet* et l'emploi du mot *objet* et de ses dérivés pour exprimer la forme et condition essentielle de tout phénomène aperçu.

VI

QU'IL N'EXISTE PAS DE CHOSE EN SOI POUR LA CONNAISSANCE. SENS DE CETTE PROPOSITION

Il faut s'expliquer et se répéter, car le matérialisme prétendu réaliste, et l'idéalisme dit subjectif, ont répandu de grands préjugés et faussé le langage de la science. Les propositions les plus simples et au fond les plus vulgaires, si je tente de les énoncer avec quelque rigueur, rencontrent des lecteurs prévenus qui comparent, qui interprètent, qui assimilent, alors qu'il ne s'agit naturellement que de comprendre. Une technologie quelconque est indispensable, et pourtant quel terme trouver qui ne rappelle un des anciens paradoxes de la philosophie? Vous êtes idéaliste, me dira-t-on, ou vous êtes matérialiste, c'est-à-dire vous êtes jugé.

J'oppose une fin de non-recevoir à tous les systèmes.

Une fin de non-recevoir, en philosophie, c'est l'inintelligibilité d'un sujet proposé, l'impossibilité bien établie d'une connaissance. En prouvant que la représentation n'implique rien qu'elle-même et ses propres éléments, liés comme elle les lie, j'ai prouvé aussi que ce qu'on croit pouvoir poser à part de toute représentation est cependant posé objectivement, c'est-à-dire n'est posé que représentativement; j'ai donc prouvé que les représentations seules sont données, seules peuvent constituer des sujets, au moins tels qu'il nous est possible de les concevoir, et que dès lors *les choses en soi n'existent pas*, si ce n'est que les représentations se nomment choses en soi.

Quand je dis *n'existent pas*, j'entends pour la connaissance au moins possible. S'il est une autre existence, en la négligeant, que négligeons-nous?

Quand je dis les *choses en soi*, je parle aussi bien de celles qu'il a plu aux philosophes d'appeler des *idées* que de celles qu'il leur a convenu de nommer des *atomes*. La pensée en soi, la matière en soi n'ont rien de représentable.

Je n'oppose pas la *représentation* au représenté réel, je n'en fais point la forme d'un moi séparé de son objet, ni une *espèce intermédiaire* entre ce moi et cet objet. Elle est, selon ma définition, la chose même, la chose quelconque accessible à la connaissance, double de sa nature, objet ou sujet, objet et sujet, selon le point de vue, divisée ou composée en éléments qui ont le même caractère, phénomène entier, unité et unique moyen de rapport du représentatif et du représenté, synthèse de l'objectif et du subjectif, c'est-à-dire de deux ordres de phénomènes distincts, réels sans doute, également réels, mais corrélatifs, mais inséparables, et inintelligibles hors de cette relation. Il en est ainsi dans la connaissance, et hors de la connaissance je ne sais rien.

Mais on veut que la conscience universelle pose le *noumène* en regard du *phénomène*. Si par ce mot *phéno-*

mène on entend le représentatif ou ce qui fait apparaître, et par ce mot *noumène* le représenté ou ce qui apparaît, et le tout pris au sens de la connaissance, il n'y a rien de plus vrai, et je l'ai dit; aussi ai-je tout d'abord défini et employé le mot *phénomène* dans une acception générale, sans opposition à quoi que ce soit, comprenant le représentatif et le représenté, le *noon* et le *noumenon*. Si quelqu'un prétend davantage, au philosophe qui ose assurer que la connaissance pose un *noumène absolument autre* que la connaissance, il n'y a qu'un mot à dire : Ou cet être noumenal est posé hors de toute connaissance, mais tel en soi que dans une connaissance possible; alors on a beau faire, il ne sera pas *absolument autre*, et de plus, cette division absolue conduit à des contradictions qui seront développées dans les chapitres suivants; ou ce quelque chose est posé hors de toute connaissance, et cela sans restriction aucune; en ce cas il ne sera, ni défini, ni connu, ni connaissable, et je n'en dispute pas; le prenne qui veut.

Observations et développements.

On voit que le mot phénomène obtient en philosophie une généralité déjà consacrée dans les sciences naturelles. D'ailleurs la séparation violente du noumène et du phénomène, admise par Kant, s'évanouit dans le résultat même de la *Critique de la raison pure*, puisque le noumène, comme Kant l'entend, s'y trouve exclu de la connaissance en fin de compte. De ce qui n'est en rien connu, il n'est possible de rien déterminer ni dire, pas même qu'*il* existe, car encore faudrait-il un peu concevoir ce que c'est que cet *il* dont on parle et qu'on dit exister. Le seul argument que je connaisse dans les œuvres de Kant en faveur de l'existence du noumène séparé de tout phénomène, c'est que *du moment que quelque chose apparaît* (phénomène), *il faut qu'il y ait quelque chose* (noumène) *qui apparaît*. Mais c'est un pur jeu de mots. L'unique sens que toute mon attention y discerne est celui-ci : Si des choses apparaissent, il faut aussi que quelque chose existe indépendamment des qualités et actes d'apparaître (tant de s'apparaître à soi que d'apparaître à autrui). Je comprends l'énoncé, à la vérité, mais c'est tout; je ne vois nul motif à l'appui, rien qui sollicite mon assentiment, et je me retrouve avec ma parfaite impuissance de concevoir le noumène à part du phénomène.

VII

SUITE. — PRINCIPES INVOQUÉS POUR LE DÉVELOPPEMENT DE LA DÉMONSTRATION

Il s'agit du point fondamental de la méthode. Après l'avoir établi d'une manière générale, il convient que, pour plus de clarté, nous reprenions la question par les détails et que notre démonstration s'appuie sur des raisons appropriées à chacune des formes de la représentation dont on serait tenté de faire la *chose en soi*.

Nous posons toujours des représentations, car les partisans des choses en soi ne nous les contestent pas. Nous posons de plus, comme ils veulent, des *choses*, et notre but est de faire apparaître l'absurdité, l'impossibilité de cette dernière hypothèse, si elle est posée en dehors de toute sphère de connaissance supposable.

Nous raisonnons d'abord ainsi :

Ou les choses n'ont aucun rapport avec des représentations quelconques. — Mais il faudrait alors les tenir pour non avenues, étrangères à nous, et, même existantes, pour non existantes, de sorte que tout se bornerait de fait, du fait à nous, à des représentations. C'est ce que nous disons.

Ou plutôt, les choses ont quelque rapport avec les représentations. — Alors ce rapport est donné dans les représentations mêmes, car autrement il serait encore comme non existant, et les choses avec lui comme non existantes.

Le rapport des choses avec les représentations, donné dans les représentations, ne peut se définir que de deux manières, attendu que la nature de ce que nous appelons représentation nous est bien connue : Ou le rapport de la chose avec la représentation est donné dans celui du représenté avec le représentatif (c'est-à-dire que le représenté est comme la chose, et le représentatif comme la représentation); ou il l'est dans celui du représentatif avec le représenté (c'est-à-dire que la chose est comme le représentatif, et le représenté comme la représentation).

Commençons notre examen par la première hypothèse, et cherchons si la chose peut être conforme au représenté. Posons nos principes.

Et d'abord, point de représenté qui ne s'offre à nous sous quelque relation. Nous transporterons à la chose en soi le rapport une fois constaté dans le représenté, sans nous demander encore comment il se peut faire qu'il y ait du relatif dans un absolu : mais du moins nous serons en droit d'exiger que le représenté correspondant à la chose ne disparaisse pas tout entier quand nous essayerons de mettre celle-ci à part de ses relations.

En second lieu, si les relations sont telles que l'existence d'une chose en soi entraîne celle de plusieurs autres également en soi, nous raisonnerons ainsi sur ces choses :

Ou ces choses composent actuellement, toutes ensemble, un tout, ou elles ne composent pas un tout; mais si ces choses ne composent pas un tout, il est donc des choses qui sont et qu'on ne saurait considérer, sous le simple rapport de l'existence, conjointement avec d'autres choses qui sont. Cette conséquence est incompatible avec la représentation, donc ces choses composent un tout.

Or, avec un tout donné, un nombre est toujours donné. Des choses qui sont, ou des parties quelconques de ces choses, formeront toujours des nombres, c'est-à-dire des nombres déterminés, différents de tous autres nombres. Sans cela, point de représentation, ni effective ni possible, d'un tout.

L'application de ce principe du nombre, ou du déterminé, du fini, comme on voudra le nommer, nous interdit de prendre pour choses en soi les représentés suivants, tous d'une importance majeure : espace, temps, matière, mouvement. C'est ce qu'il faut prouver.

Observations et développements.

Ce n'est pas le lieu de s'étendre sur le *principe de contradiction*, ni sur les propriétés d'une notion ou catégorie comme celle de nombre, et sur la contradiction où tombe tout philosophe qui tente de dépasser ces sortes de notions fondamentales dans l'usage de la raison. Mon intention, dans ce qui précède et dans ce qui va suivre, est de ne compter que sur la force naturelle d'une intelligence non prévenue pour distinguer des thèses absurdes et se refuser aux théories qui les impliquent. Si j'eusse traité de la logique et des catégories avant de passer au sujet qui m'occupe ici, je n'aurais pas échappé pour cela à la nécessité de supposer connus et avoués, en les employant, les principes mêmes que j'aurais visés à établir.

Cependant, au moment où j'emploie sous le nom de *principe du nombre*, nom créé ici pour la circonstance, une des *catégories* qui seront exposées plus loin, et où je montre qu'on ne peut sans absurdité s'affranchir d'une loi que cette catégorie prescrit à l'entendement, on peut se demander si je prétends que le défenseur d'une doctrine contraire *se contredit*, ou si j'ai en vue quelque autre genre d'absurdité, sur la nature duquel, en ce cas, j'aurais à m'expliquer. En effet, la contradiction est à peu près universellement estimée la pierre de touche des opinions et des arguments, et même on croit souvent, quoique à tort, que toute autre espèce d'absurdité doit pouvoir se ramener à celle-là.

C'est bien à la contradiction que je prétends réduire la doctrine que je combats, mais avec une circonstance particulière dont il sera utile de se rendre compte. Le penseur qui, à bout de formules, arriverait à poser un tout comme formé d'un *nombre sans nombre* de parties, se heurterait assurément contre ce qu'on s'accorde à regarder comme une contradiction, savoir une contradiction dans les termes. Aussi évite-t-on soigneusement ces sortes d'énoncés, même quand on y est poussé par la logique de la double position mentale qu'on a prise. Le penseur sur ses gardes qui considère un tout naturel, le monde, l'ensemble des astres, un morceau quelconque de matière, comme un *tout d'assemblage*, différent d'un *tout numérique* en ce qu'il a des parties sans fin (c'est une thèse de Leibniz)[1], celui-là ne se contredit pas dans les termes. Mais ne se contredit-il pas au fond? C'est une autre question. Pour ne se pas contredire, il faudrait ou qu'il cessât de parler, et qu'il lui fût permis de refuser toute explication à son interlocuteur et à lui-même sur le sens des termes qu'il emploie (sur le mot *assemblage* et aussi sur le mot *tout* dans l'exemple que j'ai cité); ou qu'il pût se soustraire à la nécessité de penser conformément à la loi mentale même, ou catégorie, à laquelle il veut se dérober (qu'il pût, dans ce même exemple, échapper à la nécessité interne d'appliquer à tout ce qu'il se représente de multiples réels, les idées d'unité composante, de pluralité définie et de totalité accomplie); ou, enfin, qu'il se fît de sa défaite une théorie, et soutînt bravement que des attributs contradictoires conviennent à un même sujet.

La première de ces alternatives, à moins qu'on ne veuille l'interpréter au sens de l'opinion sceptique de l'inintelligibilité du sujet, cesse d'être tenable, après que l'analyse est arrivée d'école en école à reconnaître au moins la portée des mots. La seconde alternative est une gageure impossible, et nous pouvons poser en fait que tout discours mental s'évanouit, en dehors des catégories. Il n'est pas plus difficile à un corps de se mouvoir sans milieu ni résistance qu'à un entendement de surpasser les lois de l'exercice de l'entendement. Reste donc la troisième alternative, c'est-à-dire la contradiction érigée en méthode. Nous trouverons, dans la suite, des occasions d'apprécier ce système, et nous étudierons, d'une part, la nature du principe de contradiction; de l'autre, les fondements sur lesquels repose son application hors de l'entendement. Qu'on me permette, en attendant, le libre usage d'un postulat, s'il faut le nommer ainsi, sans l'emploi duquel les philosophes, même qui prétendent en infirmer la valeur, ne parviendraient pas à exposer leurs propres conceptions.

VIII

SUITE. — PREUVE QUANT A L'ESPACE

L'espace envisagé dans la représentation a pour caractère essentiel la divisibilité; l'espace, chose en soi, doit donc avoir des parties, et des parties effectives qui sont

---

1. Voy. l'*Année philosophique*, par F. Pillon, 2º année, 1868, p. 81.

aussi des choses en soi : la conformité de la chose et du représenté l'exige. Mais l'espace est aussi toujours et partout homogène, de sorte que s'il a des parties, ses parties elles-mêmes en ont. Donc, la division de l'espace est sans terme, et cela, soit qu'il s'agisse de l'espace total ou de ce qu'on appelle une étendue finie. Donc, tout nombre assigné ou assignable en fait des parties de l'espace, est impropre à nous donner le nombre effectif de ces parties. Donc enfin, l'espace, chose en soi, se compose de choses sans nombre, et il existe des choses réelles, actuelles, qui ne sont pas en nombre déterminé, ce qui est absurde.

On dit quelquefois que l'espace est indivisible, n'a point de parties. Cependant, quand il nous est représenté comme le lieu des corps, il nous est par là même représenté comme divisé. Autrement, que serait-ce que la *place* que tel corps occupe? Une idée de rapport, une imagination, une forme de la sensibilité? Mais soutenir de semblables thèses, c'est abandonner, avec la division en soi, l'étendue en soi, et tout enfermer dans la représentation, ce qu'on ne veut pas. D'ailleurs, il est facile de voir que l'espace total doit partager le sort des étendues partielles, être divisé quand celles-ci sont divisées, et ces mots mêmes, *espace total, étendues partielles*, inévitables ici, se trouvent inscrits en faux contre toute supposition contraire. Si les étendues partielles ne sont pas en soi, si l'espace total, très mal nommé dès lors, est au contraire en soi, un, indivisible, absolu, il n'y a rien de commun entre ce dernier et l'espace représenté qui est essentiellement composé, divisible, relatif. L'espace a cessé d'être le lieu des corps, et, d'étendue devenu point, il est désormais étranger à la représentation de la nature.

Il reste une ressource aux partisans de l'espace absolu. Un compromis semble possible, chose singulière! entre les thèses de l'unité et de la multiplicité quant à l'étendue en soi. L'étendue partout et toujours divisible, dit-on, n'est pas pour cela partout et toujours divisée ; ses parties actuelles forment sans doute un nombre déterminé, mais ses parties *en puissance* ne forment aucun nombre, ce qui n'a rien de contradictoire. Je reconnais que toute la difficulté serait levée si nous n'avions pas à sortir de la représentation, car il est certain qu'on ne saurait arguer d'un nombre de représentations possibles, mais qui actuellement ne sont point. On oublie qu'il s'agit ici des choses en soi, que l'espace est supposé en être une, et que la question est de savoir s'il en est de même de ses parties. Or, que fait-on maintenant? On avoue qu'une étendue partielle existe en soi dans le cas de la division, on le nie dans le cas de la simple divisibilité. Et qu'est-ce à dire? que la place occupée par un corps ne commence d'être qu'à l'instant où ce corps vient à l'occuper, qu'auparavant elle n'était rien en soi, et qu'aussitôt après elle s'anéantit? Comme si la représentation, qui exige un nombre indéfini de représentés possibles d'étendue, tous antérieurs à l'expérience et indépendants d'elle, pouvait se prêter à ce que certains d'entre eux soient ou ne soient pas, deviennent ou cessent d'être des choses en soi, par un fait étranger, tandis qu'elle les envisagerait indistinctement et les prendrait pour ses objets au même titre! Comme si un *mètre cube*, portion du sphéroïde terrestre mesuré, existait actuellement, était là, présent, effectif, différent de toute autre étendue, au passage de la terre en ce lieu de son orbe, et n'y existait pas avant que la terre passât! Il faut prendre un parti, il faut choisir entre l'hypothèse d'une *infinité actuelle des choses en soi* et celle d'un *nombre infini de représentations possibles*. Véritablement il est à croire qu'ils tenaient au fond pour cette dernière théorie, les premiers qui ont résolu le problème de la division de l'espace en distinguant l'acte de la puissance. Mais quoi qu'il en soit, c'est l'unique sens sérieux que leur opinion comporte.

Enfin si quelque doute pouvait rester sur la vanité

d'une telle distinction appliquée à l'étendue en soi, il serait définitivement levé dans la question du mouvement, que nous aborderons à son tour.

Le *principe du nombre* sur lequel toute mon argumentation repose est de telle nature que nul tout d'abord ne le contesterait, mais après en avoir aperçu les conséquences, le partisan de l'étendue en soi peut revenir et tenter de le retirer. Alors il soutiendra qu'il existe une *infinité* de choses, et une *infinité actuelle*. Sur ce, on lui fera seulement remarquer que l'*infinité en nombre* signifie *un nombre plus grand que tout nombre assignable de fait et en idée, un nombre qui n'est déterminable en aucune façon selon la pensée, un nombre qui n'est pas déterminé en soi, un nombre qui n'est pas nombre*; de sorte que la thèse qu'il adopte étant expliquée et développée, devient contradictoire, même dans les termes. Nous examinerons plus tard, et la valeur du principe de contradiction pour la science, et celle du système moderne des antinomies. Ici bornons-nous à poser en fait que la doctrine de l'étendue en soi conduit l'entendement à se mettre en contradiction avec lui-même.

Observations et développements.

Les mathématiciens de nos jours aussi bien que ceux d'autrefois, répudient *mathématiquement* le nombre infini. Comme savants, physiciens ou métaphysiciens, ils peuvent bien admettre un sujet matériel divisible à l'infini, ou un monde composé d'une infinité actuelle, effective, d'éléments. C'est ce que faisait Leibniz, ainsi que je l'ai déjà remarqué. Il en était quitte pour écrire : *Il faut savoir que l'agrégat infini n'est ni un tout un, ni une grandeur, ni un nombre*. (Voy. Opp. Dutens, tome I, 1re partie, p. 267). Et il affirmait en toute occasion : *Il n'y a aucune partie de la matière qui ne soit, je ne dis pas divisible, mais actuellement divisée, et par conséquent la moindre particelle doit être considérée comme un monde plein d'une infinité de créatures différentes.* (Voy. id., p. 243). Voilà Leibniz physicien; mais le même Leibniz à un même endroit (p. 267-8), *parlant en philosophe*, c'est-à-dire ici, je pense, en mathématicien (*philosophice loquendo*), rejetait, lui aussi, ce même infini qu'il recevait à un autre titre : effet indubitable des exigences logiques d'une science qui ne souffre rien de vague et soumet toutes ses notions à une rigoureuse analyse. Il disait alors n'*établir de grandeurs ni infinies ni infiniment petites, mais les regarder les unes et les autres comme des fictions de l'esprit faites pour le calcul, tels que sont les racines imaginaires en algèbre, très utiles pour l'abréviation de la pensée, par suite pour l'invention, n'exposant point à l'erreur*, etc., etc., et tout cela était parfaitement vrai.

La raison du mathématicien pour rejeter le nombre infini, plus généralement la quantité infinie, abstraite ou concrète, est celle que Locke a développée (voy. les *Essais* de Locke, II, 17) et que Leibniz a résumée en l'approuvant (Opp., t. I, 1re partie, p. 220) : « Je crois avec M. Locke qu'à proprement parler on peut dire qu'il n'y a point d'espace, de temps ni de nombre qui soit infini, mais qu'il est seulement vrai que, pour grand que soit un espace, un temps ou un nombre, il y en a toujours un autre plus grand que lui sans fin, et qu'ainsi le véritable *infini* ne se trouve point dans un tout composé de parties. » Développons ceci : un nombre est une somme d'unités ; un espace, un temps, comme quantités, sont des sommes d'espaces égaux pris pour unités d'espace, des sommes de temps égaux pris pour unités de temps ; en sorte que cet espace et ce temps sont assimilés à des nombres. Or toute somme d'unités peut être augmentée d'une unité, et par conséquent tout nombre peut être suivi d'un autre nombre. Donc la suite des nombres possibles n'a pas de terme, n'a pas d'existence déterminée ou actuelle, et le nombre infini actuel est un nombre qui n'est pas nombre, un concept contradictoire.

En d'autres termes encore, la réalisation du nombre infini suppose l'épuisement des nombres finis, et cet épuisement est incompatible avec le concept du nombre. La supposition d'un nombre plus grand que tout nombre assignable, et cependant réalisé (c'est la forme habituellement donnée à l'idée du nombre infini), est contradictoire, puisque l'assignable est la même chose que le possible, et qu'il n'y a pas de nombre plus grand que tout nombre possible, puisque tout nombre peut être augmenté.

Telles sont les notions mathématiques, les seules que comporte la science des grandeurs, et auxquelles il est impossible de rien opposer. Maintenant il serait aisé d'ajouter à cette démonstration directe des preuves indirectes, ou par voie de réduction à l'absurde, et susceptibles de plusieurs formes. Telles sont, par exemple, celles qui résultent de ce que le *nombre infini* ne peut exister sans qu'il existe aussi des nombres infinis plus ou moins grands les uns que les autres, puis infiniment plus grands que d'autres nombres infinis, puis infiniment plus grands que ces infiniment plus grands, et cela sans fin. Je signalerai encore un argument bien topique qui remonte à Galilée [1] (voy. *Dialoghi delle scienze nuove*, éd. 1638, p. 32) : il y a des nombres carrés et des nombres qui ne sont pas carrés. Si donc la série des nombres est donné actuellement, ce qui doit être s'il y a un infini actuel, le nombre total de ces nombres tant carrés que non carrés est plus grand que celui des carrés. Mais d'un autre côté considérons cette série entière des nombres; chacun d'eux a son carré qu'on peut former en le multipliant par lui-même; donc il y a autant de nombres carrés qu'il y a de nombres en tout, ce qui est contradictoire. On peut ajouter que cette série a plus de nombres qu'elle n'en a, puisqu'elle les contient premièrement tous avec leurs carrés, qui les égalent en nombre, et en outre les nombres non carrés. Les absurdités s'accumuleront et prendront différentes formes, en considérant le nombre infini soit comme dernier terme de la série, soit comme un terme entre les autres, car il n'y a pas d'autre alternative; puis en imaginant d'autres puissances que le carré, etc., etc.

IX

SUITE. — PREUVE QUANT AU TEMPS

L'analogie du *temps* et de l'*espace*, de la *durée* et de l'*étendue*, de la *succession* et de la *position*, de l'*époque* et du *lieu*, quant aux représentations de grandeur, de quantité, de tout et de partie, a été reconnue de tous les philosophes. Tous ont tenu compte de cette analogie dans leurs doctrines, et pour eux le *temps* a presque toujours suivi la destinée de l'*espace*.

Nous ne ferons donc ici que nous répéter, mais nous abrégerons et nous serons peut-être plus clairs.

A la représentation du temps se joint la représentation

---

[1]. Il ne faudrait pas croire pour cela que Galilée répudiât la notion et l'usage de l'infini, car il se servait de la géométrie dite des *indivisibles*, dans laquelle on considère une ligne comme formée d'une infinité de points. Il se refusait seulement à appliquer aux infinis les notions d'égalité et de grandeur.

de sa divisibilité; si du moins, comme nous le supposons, la chose en soi est conforme à la représentation, si le sujet est soumis à la loi de l'objet. Si donc le temps est une chose en soi, il a des parties en soi, qui sont des durées. Or ces durées se composent d'autres durées, puisque leurs formes objectives sont divisibles; et ainsi de suite sans fin. Donc il n'est pas de nombre déterminé de durées partielles qui puisse reproduire le véritable et dernier nombre des durées du temps ou de la moindre durée quelconque. Ainsi des durées seraient en soi et ne seraient pas en nombre déterminé, ce qui est absurde. Donc enfin le temps, le temps divisible, n'est pas en soi.

La supposition d'un temps en soi, un, indivisible, absolu, supprime tout rapport entre le temps et la représentation du temps. D'une part, le temps ainsi conçu n'est pas plutôt l'*éternité* que l'*instant* ou que le *néant de temps*; de l'autre, les durées déterminées ne sont plus des *durées partielles*, n'ont plus rien de commun avec le temps en soi; et l'on ne sait comment les considérer. Si alors on prend celles-ci pour de simples rapports, elles entraînent le temps, le seul temps représentable avec elles; et que reste-t-il pour le temps en soi?

Enfin, la supposition de durées en puissance, excellente s'il s'agit de la représentation, équivaut à celle de durées actuelles, quand on considère le temps comme en soi; ou bien, il faut dire que l'intervalle de deux phénomènes successifs n'a d'existence qu'à la condition que ces phénomènes soient effectivement produits, et que la durée d'oscillation d'un pendule à secondes n'était rien avant que ce pendule fût construit. Cependant la représentation nous donne le temps comme *s'écoulant*. Veut-on qu'il ne s'écoule, en effet, qu'autant qu'un mouvement ou une pensée le mesurent? Alors il faut convenir que ses parties successives ne sont pas quelque chose en soi, et il en est du tout comme des parties.

Considérer les continus, espace et temps, comme des sortes d'entiers, uns, cohérents, solidaires, *essentielle-*

ment indivisibles, suivant un point de vue qui paraît avoir été familier aux anciens à cause de la composition de leur mot *sunéchès*; admettre ensuite une divisibilité *accidentelle*, amenée dans ces mêmes continus par l'existence des corps ou des idées qui les occupent ou qui les traversent en y prenant des positions indéfiniment multipliées entre des limites quelque rapprochées qu'elles soient; contester avec cela qu'il y ait une composition intrinsèque, une formation du continu par la répétition d'une aliquote homogène, indéterminée de grandeur, aussi petite que l'on veut, c'est de deux choses l'une : ou nier que la loi des continus soit la loi de leur représentation, car celle-ci n'envisage point la continuité sans la divisibilité indéfinie; et de fait, les deux idées sont devenues inséparables dans l'usage moderne; ou c'est convenir au fond que l'essence aussi bien que les propriétés des continus appartiennent réellement à l'intuition de l'objet, dans la représentation, et ne doivent pas se chercher dans des sujets en soi, où elles impliquent contradiction (voy. l'addition au § XI ci-dessous). En prenant le premier de ces deux partis, on pose arbitrairement un sujet inintelligible. En prenant le second, on est tenu aujourd'hui d'en avoir clairement conscience. L'obscurité de la question chez beaucoup de philosophes, et chez tous les anciens, s'explique par l'absence de la distinction entre les deux éléments corrélatifs de la connaissance, l'objectif et le subjectif.

X

SUITE. — PREUVE QUANT A LA MATIÈRE

Si l'on entend par matière une *chose en soi*, étendue, figurée et divisible, la matière n'existe pas.

En effet, si l'on admet que la divisiblité de la matière est sans bornes, et qu'il n'y a pas d'atomes, il faudra dire de la matière ce que nous avons dit de l'espace et du temps. Les parties de la matière sont en nombre infini, nombre qui n'est pas nombre, ce qui est contradictoire.

Comme l'absurdité est ici très sensible, à cause de la facilité que nous avons à nous objectiver des parties effectives de la matière, je confirmerai, en passant, ce que j'ai dit ci-dessus de l'espace, par une simple remarque : c'est que la matière diffère principalement de l'espace par la résistance ou impénétrabilité; or, cette propriété donne bien *un corps* aux parties de l'espace, mais ce n'est pas elle qui les fait concevoir en tant que parties; donc l'argumentation qui portait sur le nombre des parties de l'espace est aussi probante que celle qui porte en ce moment sur le nombre des parties de la matière.

Si, au contraire, on admet des atomes, il est certain qu'on échappe à la difficulté tirée de l'infini, si, d'ailleurs, le nombre des atomes est borné. Mais alors il s'en présente une autre.

En effet, les parties effectives et dernières des corps ne peuvent se soustraire, quant à la représentation, à ces mêmes conditions d'étendue, de figure et de divisibilité, qui s'appliquent à leurs ensembles. Les atomes sont dans l'étendue et ils sont étendus, sans quoi on composerait, ce qui est absurde, une matière étendue avec des éléments qui ne sont pas étendus. Or, le propre de ce qui est objectivé dans l'espace est de diviser l'espace, et le propre de l'espace est de renfermer, de mesurer en quelque sorte tous les degrés possibles de divisibilité de ce qui est objectivé en lui. L'atome, tout insécable qu'on le pose, est donc représenté divisible, de cela seul qu'il est représenté étendu. Donc enfin, si la chose en soi est ici conforme à la représentation, l'atome a des parties effectives, actuelles, quoique non divisées, et ces parties en contiennent d'autres, et nous arrivons à cette propriété impossible de la composition infinie qui nous a déjà fait rejeter l'espace et le temps comme choses en soi.

La solidité fondamentale attribuée à la matière dans le système atomistique ne modifie en rien ce résultat. Au contraire, elle le rend plus manifeste, en ce que l'étendue solidifiée est une étendue dont la composition s'étant déterminée d'une manière invariable dans l'atome, ne s'imagine que plus clairement, et implique la divisibilité. Et si quelqu'un veut essayer de se représenter l'atome sans composition, il ne tardera pas à voir qu'il doit être aussi sans solidité et se réduire au point mathématique. Mais alors la matière est composée d'éléments inétendus auxquels nul état physique n'est attribuable, et nous sortons de l'hypothèse.

Enfin l'atome fluide, si c'est ainsi qu'on veut l'envisager, n'échappe nullement à la difficulté, car la représentation d'un fluide implique celle de parties composantes non invariablement liées. Si ces parties sont elles-mêmes étendues, nous ne faisons que reculer le problème. Si au contraire nous préférons concevoir leur jeu, pour la constitution de l'atome, comme réduit à une combinaison de forces localisées en des points mathématiques, nous sortons de l'hypothèse encore une fois. La matière ainsi conçue n'est pas celle dont je réfute ici l'existence.

XI

SUITE. — PREUVE QUANT AU MOUVEMENT

Le temps, l'espace et la matière, pris pour choses en soi, se composent d'un nombre sans nombre de parties; tel serait le sens de la *continuité de la quantité*. Cette vérité (vérité si l'existence de la chose en soi en est une), nous l'avons démontrée en nous fondant sur le principe de conformité du sujet avec l'objet représenté. On peut s'en assurer par une simple réduction à l'absurde : admettons, en effet, que le temps, l'espace et la matière se résolvent en premiers et derniers éléments dont la répétition en nombre déterminé les constitue : ces éléments ne sont ni temps, ni espace, ni matière, puisqu'ils ne sont pas divisibles; en d'autres termes, ils ont pour mesure à la rigueur *zéro temps, zéro espace, zéro matière;* donc, dans notre hypothèse, un sujet qui est quantité se composerait par la réunion de sujets qui ne sont point quantités, et plusieurs néants formeraient un nombre concret, ce qui est inintelligible, quelque grand que soit ce nombre de néants.

L'existence en soi du continu est absurde à son tour et par la même raison, car le continu nous est représenté comme composé, et tout composé en soi exige corrélativement des éléments en soi. Or, que peuvent être ces éléments en soi, dans l'étendue par exemple? Des étendues? Ce ne sont pas là les éléments cherchés, et d'ailleurs, un nombre sans nombre d'étendues égales, si petites soient-elles, ne peut jamais produire une étendue déterminée. Des zéros d'étendue? Alors l'étendue se compose d'un nombre sans nombre de zéros d'étendue, ce qui est doublement inintelligible.

La considération du mouvement achèvera de mettre en évidence l'impossibilité du continu en soi. Le mouvement nous est représenté, en effet, comme une application successive de quelque portion de matière aux parties juxtaposées de l'espace. Nulle difficulté quant à la représentation, parce que les étendues parcourues et les durées écoulées, en tant que représentées, sont toujours mesurables, toujours déterminées par comparaison à d'autres durées, à d'autres étendues également représentées. Mais il en est tout autrement si l'on fait du temps un continu en soi, de l'espace un continu en soi. On se demandera comment un nombre sans nombre de parties d'étendue peuvent être parcourues en fait, et un nombre sans nombre de parties de durée s'écouler en fait. A cette question indiscrète les partisans de la chose en soi n'ont jamais répondu. Il y a contradiction dans les termes.

On voit que je parle de l'espace et du temps relativement au nombre : de l'un, comme simplement parcourable (sans parler d'aucun rapport au temps), et de l'autre, comme s'écoulant simplement (sans aucun rapport à l'espace). Ce n'est donc pas résoudre la difficulté, mais c'est ne la pas comprendre, que de faire aux prétendus sophismes de Zénon d'Élée cette réponse banale : *Le temps se divise indéfiniment dans le même rapport que l'espace, en sorte qu'une étendue finie, même avec ses parties considérées à l'infini, peut être effectivement parcourue dans une durée finie, dont les parties suivent la même loi.* Encore une fois, la question porte séparément sur l'espace et le temps, ces sujets en soi continus et composés, infinis actuels qui forment des touts finis, nombres sans nombre qui se comptent, qui sont comptés; et l'inintelligibilité du temps en soi ne remédie pas à celle de l'espace en soi.

La contradiction que Zénon exposa dans ses mythes ingénieux peut donc se réduire à ces termes très simples : l'infini est fini, l'indéterminé est déterminé, ce qui n'est pas nombre se compte; plus vulgairement, l'inépuisable s'épuise.

En résumé, si le mouvement local, pour exister, réclamait l'existence du temps en soi et de l'espace en soi, tous deux divisibles et continus, il faudrait conclure : le mouvement local implique contradiction et se trouve inintelligible.

Observations et développements.

Les deux arguments les plus justement célèbres de Zénon d'Élée sont *la flèche qui vole* et *l'Achille*. Les voici traduits textuellement d'après la version la plus autorisée, celle d'Aristote :

1° Si toujours une chose est en repos qui est dans un espace égal à elle-même, et si toujours un mobile est à chaque instant dans un espace égal à lui-même, la flèche qui vole est immobile.

2° Le plus lent dans sa course ne peut à aucun moment être atteint par le plus rapide, car il faut auparavant que celui qui poursuit, soit arrivé là d'où celui qui fuit s'est déjà élancé; de sorte que le plus lent aura nécessairement toujours quelque avance.

La mauvaise humeur que les écrivains ont en général manifestée contre ces fables dialectiques témoigne de l'embarras qu'elles ont causé au dogmatisme, car autrement leur forme aimable et volontairement enfantine eût obtenu grâce pour leur profondeur. Mais il n'est guère de philosophe de renom qui ne se soit arrêté au moins un moment devant elles, hommage bien fait pour étonner, s'il est rendu à de simples sophismes. Le fait est que ces *sophismes* occupent, dans l'histoire de la philosophie ancienne, une place analogue à celle que les antinomies de Kant ont prise de nos jours; et, dans l'ordre de la vérité philosophique, selon moi, une place plus importante qu'ils ne perdront jamais. Il n'est donc pas hors de propos de les interpréter régulièrement et d'accorder quelque attention aux réfutations qu'on en a essayées.

Les deux arguments me paraissent destinés à se compléter l'un l'autre en démontrant l'impossibilité du concept du mouvement, l'un par rapport aux instants ou limites du temps, l'autre par rapport aux intervalles ou durées, bien entendu quand on envisage comme en un sujet en soi les objets de l'intuition, traités selon les règles de l'entendement.

1er argument. *Toujours une chose est en repos quand elle est dans un espace égal à elle-même*. C'est le concept même du repos, puisque le concept contradictoire, celui du mouvement, s'applique à une chose qui n'est pas toujours à la même place, qui n'est pas, en tant que mue, dans un espace égal à elle-même, comme parlait Zénon. Le sens de cette proposition : *Toujours une chose*, etc., est donc parfaitement clair en lui-même. Il est de plus le seul clair à l'égard de celle qui va suivre. On est cependant obligé, pour l'obtenir, de supprimer après ces mots : *en repos*, ces mots : *ou en mouvement*, qui semblent avoir été interpolés dans l'antiquité par un copiste inintelligent. L'état où nous est parvenu le texte d'Aristote est tel, que la hardiesse n'est pas très grande de retrancher deux mots grecs (sans se permettre la moindre altération d'ailleurs), quand leur présence a embarrassé tous les commentateurs, comme c'est le cas, et quand leur retranchement suffit pour tout éclaircir[1]. Continuons maintenant :

Et si toujours un mobile est à chaque instant (à tout *maintenant*, dit le grec) *dans un espace égal à lui-même.* Il faut voir ici un appel à l'intuition naturelle. Lorsque d'une part on pense à l'instant, ou limite pure apposée dans l'écoulement du temps, ce qui nous est une idée nécessaire et familière ; lorsque d'une autre part on se représente la position d'un mobile relativement à cet instant, on est forcé de convenir que cette position est fixe, et que le mouvement s'envisage, non dans l'instant, mais par la différence des positions vues à un instant et à un autre instant.

La flèche qui vole est immobile. La conclusion, pour être légitime, veut qu'on ajoute : *à tout instant fixé dans le temps.* Mais Zénon, qui vise à la forme paradoxale et troublante, abuse peut-être de ce qu'il est impossible, en effet, quand on considère les limites du temps, et en quelque nombre qu'on les multiplie, de prendre jamais pour ainsi dire le mouvement sur le fait, en abuse, dis-je, pour faire entendre que n'ayant lieu en aucun instant, il n'a point lieu du tout. Il se garde pourtant bien de formuler l'argument comme le fit plus tard Diodore dit Kronos (dans Sextus Empiricus, éd. de Fabricius, p. 649) : « Ce qui se meut, se meut à la place où il est ou à la place où il n'est pas, mais l'un et l'autre est impossible, donc rien ne se meut. » Ceci est un vrai sophisme auquel il est aisé de répondre avec Stuart Mill

---

[1]. On peut soupçonner que les deux mots faussement introduits, ἢ κινεῖται, sont provenus de la préoccupation causée plus tard par les sophismes de Diodore Kronos. Celui qui concerne le mouvement, et que je citerai tout à l'heure, a été plus souvent rapporté par les compilateurs que l'argument de Zénon. Ce dernier, avec les mots controuvés, tendrait à se confondre avec celui de Diodore, puisqu'il admettrait l'hypothèse qu'un mobile *se mût à la place où il est ; si toujours une chose est en repos* ou en mouvement *quand elle est dans un espace égal à elle-même.* Mais en même temps la prémisse ainsi conçue serait contradictoire avec la conclusion, qui suppose qu'une chose ne se meut pas quand elle est dans un espace égal à elle-même : *La flèche qui vole est immobile.* Il me paraît on ne peut plus clair que la prémisse doit être corrigée de manière à concorder avec la conclusion sur l'exactitude de laquelle on n'a point de doute. Je m'étonne que cette remarque ait échappé aux commentateurs. Le plus intelligent de tous et le moins prévenu, Bayle, paraît bien s'en être aperçu ; mais les objections d'Aristote l'ont induit en erreur sur un autre point, et il a attribué à Zénon la doctrine des indivisibles, qui eût fait de ce disciple de Parménide un dogmatiste en matière de physique. (Voy. *Dictionnaire critique*, art. ZÉNON D'ÉLÉE.)

(dans *la Philosophie de Hamilton*, trad. de M. Cazelles, p. 523), et déjà avec les anciens, que le mouvement n'est pas dans un lieu, mais d'un lieu à un autre. Stuart Mill se trompe en l'attribuant à Zénon. Le sens de l'argument de ce dernier est l'inintelligibilité du sujet en soi du mouvement, aussi longtemps qu'on l'envisage dans le corps, en tant qu'occupant un lieu dans l'instant, à tout instant quelconque; car alors ce lieu est, à tout instant, invariable.

Mais ce n'est pas l'unique point de vue possible. Aristote objecte à Zénon : Votre argument serait concluant si le temps était composé d'instants, c'est-à-dire d'indivisibles. Il n'en est rien, et c'est dans le continu de la durée, correspondant au continu de l'espace, qu'il faut envisager le mouvement. (Voy. Aristote, *Physique*, VI, 1 et 14.) Il n'est pas difficile d'imaginer la réplique tenue en réserve par Zénon : Vous renoncez à comprendre le mouvement relativement aux limites du temps; vous vous rejetez sur les intervalles de ces limites, et vous les demandez continus, c'est-à-dire divisibles sans fin, puisque autrement nous reviendrions nécessairement aux indivisibles; eh bien ! c'est là que je vous attendais. Alors se présente l'*Achille*. Interprétons-le à son tour.

2° argument. *Le plus lent dans sa course ne peut à aucun moment être atteint par le plus rapide.* Il est à peine utile de remarquer qu'il s'agit au fond d'un mobile abstrait, tel qu'un point géométrique, porté dans l'espace indéfiniment divisible, entre une limite et une autre limite apposée à l'étendue. On soutient que cet intervalle quelconque ne sera *à aucun moment* franchi.

Car il faut auparavant que celui qui poursuit soit arrivé là d'où celui qui fuit s'est déjà élancé. Quelque faible que soit l'avance de ce dernier, estimée sur une ligne abstraite à parcourir, pendant le moindre temps que le poursuivant emploiera à la combler, le poursuivi en gagnera une nouvelle; et le poursuivant devra toujours arriver au bout d'une de ces avances avant d'entamer le parcours de la suivante; et cela se continuera ainsi indéfiniment, en vertu de l'hypothèse de la division indéfinie de l'espace et du temps. L'énoncé de cette loi, en forme abstraite, était, suivant Zénon lui-même, que dans le parcours d'une ligne continue, la moitié doit toujours être parcourue avant le tout, puis le quart avant la seconde moitié, puis le huitième avant le troisième quart, et ainsi de suite sans fin. En forme *tragique*, ainsi qu'Aristote le dit plaisamment, Zénon affirmait qu'Achille aux pieds légers, luttant à la course avec la tortue, devrait d'abord parcourir l'intervalle qui le séparait d'elle avant de songer à entamer un intervalle nouveau.

De sorte que le plus lent aura nécessairement toujours quelque avance, et que le concept d'une quantité continue étant le même que celui de l'addition des parties indéfinies, ou de la soustraction des parties inépuisables, il est absurde de supposer que l'indéfini a une fin, que l'inépuisable s'épuise, que l'innombrable se compte, ou enfin que l'imparcourable se parcourt, car tout cela est la même chose.

Ainsi l'*Achille* nous interdit la continuité ou infinité du quantum, envisagé dans un sujet en soi, et nous oblige à revenir aux atomes de temps et aux lieux fixes, invariables, occupés en autant d'instants. Mais alors revient *la flèche qui vole*, qui nous prend ainsi hors d'état de nous représenter le passage d'une station du mobile à une autre station, et achève notre défaite en nous condamnant à ne voir que des repos dans les différentes déterminations ou limites de durée. Ni la division prolongée des intervalles, ni la multiplication des instants ne nous conduisent à concevoir un élément subjectif en soi du mouvement. L'objectivité seule en est intelligible et se fonde sur l'intuition sensible.

On doit voir par cette exposition combien peu valable est l'objection commune prétendant que Zénon, dans l'*Achille*, porte son attention sur la divisibilité infinie de l'espace, et néglige la divisibilité toute parallèle du temps. Bien au contraire, l'argument deviendrait impossible sans cette dernière hypothèse autant que sans l'autre. Comment concevrait-on que la série indéfinie des avances, successivement comblées par le poursuivant et reprises par le poursuivi, ne fût pas accompagnée de la série des temps correspondants employés par l'un ou l'autre mobile? Mais cela n'aurait aucun sens! il est manifeste que Zénon présente l'espace et le temps comme deux inépuisables concomitants, en suite de l'hypothèse de la continuité, équivalente à celle de l'inexhaustibilité.

Aristote a dit contre l'*Achille* (voy. *Physique*, VI, 1) qu'il fallait tenir compte de la division du temps, laquelle suit indéfiniment la division de l'espace; que cette double division n'ôte rien du caractère fini des quantités divisées; qu'en un certain sens Zénon niait à tort la possibilité de parcourir un infini, que c'était là confondre l'infini de quantité, c'est-à-dire obtenu par l'idée de multiplication, et pour lequel en effet cette possibilité n'existe pas, avec l'infini de division, pour lequel elle existe, puisque les deux extrémités sont d'avance données. Cet appel au fait des extrémités posées, que nul ne conteste, vaut tout juste la logique de Diogène, dont l'argument en pareil cas était de marcher devant témoins; et cette distinction entre le multiplier et le diviser reste indifférente à la question, qui porte dans les deux cas sur l'interminabilité d'une opération du genre de celle de nombrer.

Mais Aristote a retiré plus tard ce mode de réfutation. (Voy. *Physique*, VIII, 12.) Voici les curieuses explications qu'il donne à ce sujet : il commence par rappeler, en l'énonçant très clairement, l'argument zénonien des parties d'une droite indéfiniment sous-divisée à parcourir. Il faudrait ainsi, dit-il, que *le mobile arrivé au but eût nombré un nombre infini; or ceci, d'un commun accord, est absurde;* et il ajoute : « Dans nos premiers écrits sur le mouvement, nous résolvions la difficulté en alléguant les infinis que renferme le temps, car il n'y a rien d'impossible à franchir des infinis dans un temps infini. Mais cette solution est bonne pour la discussion. On discutait alors la question de savoir s'il est possible de franchir les infinis dans le fini. Quant à la chose même et à la vérité, la raison n'est pas bonne. En effet, si quelqu'un laisse là et la ligne parcourue et la question de traverser des infinis dans le temps fini, et porte la difficulté sur le temps lui-même, qui admet les divisions infinies, la solution ne vaut pas. » Aristote met alors en avant une solution nouvelle que nous verrons en finissant. Remarquons bien seulement que, selon la teneur de l'*Achille*, Zénon lui-même avait le droit d'être ce quelqu'un dont parle Aristote et qui porte la difficulté sur le temps aussi bien que sur l'espace.

Descartes a fait valoir en faveur de la possibilité de terminer le sans terme une raison analogue à la première d'Aristote, et moins bonne encore (*Lettres* de Descartes, t. I, l. 118) : analogue en ce que le fait de l'existence d'une somme finie de tous les termes d'une série indéfinie y est alléguée, ainsi que la distinction de deux sortes d'infinis; moins bonne, car il s'agit ici de sommer une progression par quotient formée de toute la suite des *avances de la tortue sur Achille*, et Descartes, dans sa démonstration géométrique, d'ailleurs très ingénieuse, confond la détermination (possible et facile) de la limite vers laquelle tend la somme d'un nombre croissant de termes, avec une sommation effective, qui impliquerait contradiction. C'est la limite seule qu'il détermine en réalité, et cependant, lui qui couvre ordinairement du mot *indéfini* des opinions semblables à celles de beaucoup d'autres philosophes sur l'*infini*, s'oublie en cette occasion jusqu'à demander que l'opération à l'aide de laquelle il construit la droite égale à la somme cherchée *ait été faite un nombre de fois actuellement infini !* La pétition de principe est flagrante.

Leibniz a esquivé encore plus lestement, non pourtant sans la laisser percer par un mot qui donne beau jeu à l'adversaire. On lit dans une de ses lettres (Opp. Dutens, I, p. 238) : « Ne craignez point, monsieur, la tortue que les pyrrhoniens faisaient aller aussi vite qu'Achille. Vous avez raison de dire que toutes les grandeurs peuvent être divisées à l'infini. Il n'y en a point de si petite dans laquelle on ne puisse concevoir une infinité de divisions qu'on n'épuisera jamais. Mais je ne vois pas quel mal il en arrive, ou quel besoin il y a de les épuiser. Un espace divisible sans fin se passe dans un temps aussi divisible sans fin. » On peut répondre à ce grand philosophe que le *besoin de les épuiser*, à savoir de quelque manière intelligible à l'entendement qui les pense inépuisables, résulte de la supposition qu'il fait lui-même de leur épuisement accompli dans l'ordre de la nature; et encore que si un espace *se passe*, quoique posé tel, par hypothèse, qu'il ne se puisse passer, le mystère n'est nullement amoindri par cette remarque qu'il se passe en même temps un temps qui ne se peut passer, c'est-à-dire qu'il se nombre un autre nombre qui ne se peut nombrer.

Après les illustres philosophes qui n'ont pas tenu assez grand compte des arguments de Zénon, il est juste d'en citer un moderne qui leur a accordé l'estime méritée. C'est Hamilton. Mais ce penseur est loin d'avoir tiré de ce qu'il reconnaissait de fondé des conséquences correctes (voy. Stuart Mill, *la Philosophie de Hamilton*, p. 520); et son exemple n'a pas porté tout le fruit désirable. A la vérité, G. Grote, le grand historien, apprécie la dialectique de Zénon à la plus haute valeur (quoique l'exposition qu'il en donne ne me paraisse pas irréprochable, ni assez voisine des sources). (Voy. *Plato and the other companions of Sokrates*, t. I, p. 96 et suiv.) Mais Stuart Mill, le grand logicien, reproduit contre l'*Achille* l'objection ordinaire, et cela en termes qui la rendent particulièrement invalide. « Le sophisme, dit-il (p. 522), consiste dans l'affirmation que cette opération peut se continuer à l'infini. » L'opération, c'est la sous-division de la ligne à traverser, ou, si l'on veut, la prise d'avance nouvelle de la tortue sur Achille. « L'infini ici est ambigu. La conclusion du raisonnement est que l'opération peut se continuer pendant une *durée infinie du temps*. Mais la prémisse n'est vraie qu'au sens que l'opération peut se continuer pendant un *nombre infini de divisions du temps*. » On devine la suite : l'argument prouve seulement que pour traverser un espace divisible à l'infini il faut un temps divisible à l'infini, et ce n'est pas là ce qu'il s'agissait de prouver, etc. Mais si l'on veut bien relire l'*Achille*, on verra de suite que la conclusion ne porte ni explicitement, ni implicitement sur une *durée infinie*, comme le croit Mill; elle est prise au même sens que la prémisse. Bien plus, le temps et l'espace lui-même n'ont d'autre emploi dans l'argument que celui que pourrait y prendre une quantité continue quelconque ; et tout ce que la démonstration prétend, c'est de faire ressortir la contradiction entre l'indéfinité des intermédiaires et la possibilité de les épuiser.

Il faut donc chercher d'autres moyens d'échapper. Le meilleur ou plutôt le seul est toujours celui qu'Aristote, à la fin mieux inspiré, trouva dans la distinction de l'acte et de la puissance : « A celui qui soulève la question de savoir s'il est possible de traverser les infinis, soit dans le temps, soit dans la longueur, on doit répondre que d'une manière c'est possible, et que d'une autre ce ne l'est pas. S'il s'agit de ce qui est accompli en acte, c'est impossible, mais c'est possible s'il ne s'agit que de la puissance. Ce qui se meut avec continuité, parcourt les infinis par accident, mais à parler simplement, non. Il arrive par accident à la ligne d'admettre des moitiés à l'infini, mais son essence est autre, ainsi que son être. » (Voy. Aristote, *Physique*, VIII, 12.) De quelque façon qu'Aristote comprenne l'*être* et l'*essence* de la ligne continue (ce sont des idées bien obscures pour moi), il a raison de n'y vouloir compter de divisions ou fractions qu'autant qu'elles sont effectuées. Mais l'*accident* unique auquel elles puissent devoir naissance, en tant qu'elles n'existent pas dans la ligne à *parler simplement*, c'est l'acte de la représentation qui les objective. Cet acte seul permet de supposer des possibles infinis, qui, réalisés par avance dans l'essence d'un sujet tel que le continu en soi, impliqueraient contradiction. Ainsi la distinction de l'acte et de la puissance donne bien la vraie solution du problème de la division du quantum; mais il faut savoir qu'elle ne vaut qu'objectivement et devient vaine à l'égard d'un sujet en soi. C'est ce que j'ai montré en traitant de l'espace et du temps (ci-dessus, § VIII et IX).

XII

SUITE. — PREUVE QUANT AUX REPRÉSENTÉS QUELCONQUES SOUS DES CONDITIONS D'ESPACE ET DE TEMPS

Puisque ni le temps, ni l'espace ne sont choses en soi, nul représenté, non plus, n'est chose en soi, en tant que donné sous des conditions de temps ou d'espace. C'est donc à d'autres caractères de la représentation que la chose en soi se fera reconnaître, si elle est.

Je trouve d'abord parmi les représentés sous des conditions d'espace et de temps les *qualités sensibles* : *qualités secondes*, *qualités premières de matière*, ainsi qu'on les nomme : odeurs, saveurs, sons, couleurs, degrés de chaleur ou de froid, etc., impénétrabilité ou résistance.

Les *qualités secondes*, ou du moins certaines d'entre elles, deviennent des objets de science et en cela se déterminent, mais c'est exclusivement au moyen des propriétés d'étendue et de mouvement qui se lient à leur production. Réduites à leur spécificité stricte, c'est-à-dire abstraction faite de l'étendue et du mouvement, elles se trouvent si difficiles à saisir, à définir, et parfois même à dénombrer, varient tellement avec d'autres faits plus ou moins obscurs qui sont aussi des conditions de leur représentation, qu'on a dû renoncer successivement à les considérer comme des choses en soi, ou même comme les attributs fixes de certains sujets spéciaux (*fluides calorifique*, *lumineux*, etc.) dans lesquels il fût possible d'en constater la présence indépendamment des rapports propres à l'organisme et à la sensibilité. En un mot, certaines relations ôtées, il ne reste rien de déterminé et de constant dans les qualités secondes, comme sujets. Le côté objectif sera examiné plus loin.

Les *qualités premières* des philosophes et des physiciens sont au nombre de deux seulement : l'étendue, dont nous avons assez parlé, et l'impénétrabilité. Celle-ci peut s'envisager de deux manières : proposée à l'imagination comme une sorte de durcissement de l'espace, c'est-à-dire de certaines de ses parties, elle ne saurait non plus que lui constituer de chose en soi, nous l'avons reconnu à l'article de la *matière*; mais la notion de résistance, sans laquelle l'impénétrabilité ne se comprend pas bien, est un peu moins simple.

S'il est vrai que la résistance suppose quelque chose en soi, nous devons, pour trouver cette chose, faire abstraction : 1° de son objectivation dans l'espace, en la concentrant en un point mathématique, afin d'éviter les difficultés insolubles attachées à la divisibilité ; 2° de sa représentation à l'aide de quelque autre forme sensible, et notamment dans le toucher : soit qu'il s'agisse de la dureté ressentie par pression, choc ou froissement, soit de quelque impression analogue liée aux modifications organiques plus profondes. Et en effet ces sensations, variables et relatives comme les qualités secondes, ne nous donnent rien en dehors des phénomènes très complexes dont elles font partie. Que nous reste-t-il de la résistance, une fois ces éliminations faites? Il nous reste encore un représenté, la force.

Mais qu'est-ce que la force? *Toute cause propre à altérer l'état de repos ou de mouvement d'un corps est une force.* Sous un autre point de vue, *la force est ce quelque chose d'indéfinissable que chacun connaît par sa conscience.* Or, il nous faut encore ici supprimer tous les caractères tirés de cette matière et de ce mouvement qui n'ont rien à démêler avec la chose en soi, et nous voilà réduits à la cause et à la force, notions représentatives, ou du moins à ces sortes de représentés qui ne paraissent dans l'espace et dans le temps que par leurs effets, et en eux-mêmes s'y évanouissent. Nous en traiterons à propos du représentatif, considéré quant à la possibilité de l'être en soi.

Ce que j'ai dit des qualités et des forces représentées sous des conditions d'espace et de temps s'applique à tout le surplus du contenu de la représentation, et encore plus manifestement. Ainsi le plaisir et la douleur, l'amour et la haine, toutes les affections, toutes les passions se rapportent également à des objets envisagés dans l'étendue et la durée ; mais, ces relations mises à part, il ne reste rien qui semble séparable des représentations elles-mêmes. Et les idées, les notions, les principes, tout ce que d'ordinaire on comprend sous les titres de l'esprit ou de l'entendement, se lient par des rapports intimes et de plus d'un genre à la représentation de l'espace et à celle du temps; isolés autant qu'ils peuvent l'être, ils appartiennent essentiellement à celui des deux éléments de la représentation que nous avons distingué sous le nom de représentatif.

XIII

PREUVE QUANT AUX FAITS REPRÉSENTATIFS

Nous avons admis pour cette analyse deux sortes d'objets de la représentation, et cela d'accord avec les partisans de cette chose en soi que nous poursuivions : les uns (représentés proprements dits), qui tout d'abord semblent s'offrir à la représentation comme existant pleinement à part d'elle et sans elle; les autres (plutôt représentatifs), qui ne peuvent subsister, continuer d'apparaître aussitôt qu'on tente de les en séparer.

Les premiers de ces objets sont l'espace ou le temps même, ou s'y rapportent; nous avons reconnu que nous ne pouvions sans contradiction les poser comme choses en soi. Les suivants ne sont étrangers non plus ni au temps, ni à l'espace, mais ils s'en laissent abstraire, et s'offrent à nous alors comme les éléments formels de la représentation objectivante. Il s'agit de savoir si, considérés à leur tour comme des représentés et comme des sujets (grâce au redoublement qui est le caractère propre à la représentation), ils nous révéleront enfin l'existence et la nature de la chose en soi.

Afin de poursuivre ici mon analyse, je suis obligé de diviser et de classer les espèces de l'objectivation, ce qui serait, si la tentative était plus systématique, essayer de jeter les fondements d'une *psychologie*. Mais cette classification sera de ma part tout empirique; elle me suffira, et me sera d'un usage irréprochable, s'il est vrai que par le fait aucun philosophe n'a proposé de chose en soi de l'ordre représentatif, qui ne se rapporte à quelqu'une ou à plusieurs de mes divisions. C'est de quoi il sera facile de juger.

Je distinguerai donc dans l'objectivation, abstraction faite des objets eux-mêmes, quand ils soutiennent des rapports dans l'espace, les principaux attributs suivants, quoique étroitement unis les uns aux autres selon l'expérience.

1° L'attribut sensitif et intellectif, qui est la forme générale de la représentation en tant qu'appliquée à des objets quelconques. Sous cet attribut elle se représente elle-même à soi, ou se représente ses représentés ; elle est dite alors, en divers sens, *sensation, perception, conscience, jugement, entendement, raison* ; et ses objets sont les rapports diversement nommés *choses, images, idées*, puis *concepts, notions, principes*.

2° L'attribut actif, qui est la représentation considérée comme productive ou d'elle-même, c'est-à-dire de ses modes, ou de quelque représenté. On la nomme alors *cause, force* et *volonté*. La force est quelque chose d'éminemment représentatif, selon la définition de ce dernier mot, car les philosophes qui ont essayé de l'envisager autrement qu'avec quelque chose de la conscience d'elle-même, à l'instar de la volonté, de l'envisager par exemple dans l'espace, et hors de tout sujet sentant, ont été forcés à la fin de reconnaître qu'il n'en reste rien de directement représentable, sauf les effets qu'on lui prête.

3° L'attribut affectif, auquel la représentation doit les noms de *joie, tristesse, attrait, répulsion, passion*, etc., tous dénués de sens, s'ils ne s'appliquent à elle représentativement, quoique relatifs d'ailleurs à des représentés.

Ces divisions posées, nous remarquerons que ce n'est point dans les *forces* particulières ou dans les *affections* particulières qu'on peut trouver des sujets en soi : il est trop manifeste que ces représentations sont relatives à d'autres, tant de même ordre que d'ordres différents, et s'évanouissent aussitôt qu'on les met à part de leurs relations. Nous devons en dire autant des *sensations* et des *idées* particulières.

Restent les idées générales et les facultés : les facultés, c'est-à-dire les attributs que j'ai nommés, considérés dans les divers ensembles ou dans l'ensemble total de ce qu'ils contiennent.

Quant aux idées générales, alors même que les partisans des *genres en soi* seraient parvenus à rendre compte des rapports de ces genres entre eux et avec les représentations particulières, et c'est à quoi tous leurs efforts ont échoué, il faudrait encore que l'on pensât quelque chose en pensant à une idée générale, abstraction faite de tous rapports : alors seulement elle pourrait passer pour un sujet en soi. Je m'arrêterai tout à l'heure sur certaines de ces idées.

Voici le moment de prononcer un grand mot, le mot *substance*. On a nommé la chose en soi *substance* (de *sub stare*), parce qu'elle est, dit-on, sous les phénomènes : elle n'est rien qui paraisse, elle est le support de tout ce qui paraît.

On a donc pris pour substance, d'une manière absolue, *ce qui pense;* on a pris ou pu prendre encore *ce qui veut,* ou *ce qui sent,* ou *ce qui aime;* on a pris, d'une manière composée, *ce qui a en soi force, appétit et perception*. Nous n'entrerons pas ici dans le détail des systèmes; opposons seulement aux défenseurs de la substance leurs propres aveux.

Premier aveu : la substance n'est connue que par son attribut; dans *ce qui pense*, par exemple, le connu est l'adjectif *qui pense,* et le *ce* demeure ignoré. Si *substance* et *chose en soi* sont synonymes, on peut dire que rien en soi n'est connu, non plus que rien de connu n'est en soi. L'unique définition de ce singulier *ce,* comme pronom général de la substance, est d'être impropre à toute définition, ce qui ne suffit point.

Quant au *support*, à la nécessité alléguée d'un *support*, je ne vois là qu'une comparaison; et elle se retourne contre ses auteurs, attendu que les sujets et les substantifs, ces supports exigés par la grammaire, les seuls aussi qui soient donnés à la représentation, selon l'expérience, expriment des groupes de phénomènes définis et n'aboutissent point à des choses en soi.

Second aveu : l'attribut lui-même ne se manifeste que par ses modes; c'est-à-dire que nous connaissons bien *nos pensées*, mais non pas séparément *notre pensée*, encore moins *la pensée*, et que l'adjectif *qui pense* ne se montre qu'avec accompagnement de certaines conditions tant d'objet que de sujet. En effet, comment la pensée se pense-t-elle jamais, si ce n'est qu'elle soit en même temps la *pensée de tel* et *la pensée de ceci?* Dans ces mots *tel* et *ceci*, une multitude de phénomènes divers sont expliqués et entremêlés. Il en est de même de l'*appétit*, de la *force*, et de tout ce dont on peut vouloir faire un attribut principal de la substance. Rien de tout cela n'est intelligible que par rapport aux objets d'action ou de tendance, d'une part, et que lié, d'une autre part, avec les autres propriétés du sujet de la représentation, telles que sentir, penser, etc. Donc l'attribut n'est pas connu en soi, non plus qu'il ne fait connaître une chose en soi différente de lui-même.

Enfin les modes, par leur définition même, sont dans la substance et ne sont pas en soi, et il ne reste dès lors aucun moyen de fixer comme en soi quelque sujet que ce puisse être, sachant ce que c'est que ce sujet.

On peut, il est vrai, regarder les attributs comme assez connus en qualité d'idées générales, telles que *penser*, *vouloir*, etc., indépendamment de tel ou tel des rapports que ces idées mènent à leur suite; mais on ne doit pas moins avouer que tous ces rapports ne sauraient être supprimés à la fois sans que ces idées elles-mêmes se trouvent anéanties pour la représentation. Et alors, qu'affirme-t-on en affirmant le penser en soi, le vouloir en soi ? Parmi les rapports dont nous parlons, il en est un, celui du sujet à l'objet dans le penser ou dans le vouloir, dont la séparation est radicalement impossible, et ce rapport en implique nécessairement d'autres, attendu que le *penser du penser* ou le *vouloir du vouloir*, toute détermination exclue, sont des conceptions vides et ne nous représentent rien. Le *général* n'existe pas plus sans le *particulier* que le *particulier* n'est intelligible sans le *général*. On voit que de proche en proche on arrive à rétablir dans la prétendue chose en soi, et comme ses indispensables éléments, tout cela précisément dont il faudrait qu'on pût la séparer.

La plus générale de toutes les idées, l'idée d'*être*, est aussi l'exemple le plus frappant qu'il soit possible de citer à l'appui de l'impossibilité de concevoir une chose en soi. Qu'on dépouille cette idée de tout caractère impliquant relation, par conséquent de toute qualité, de toute quantité, et voilà que dans l'état d'indétermination et de vacuité où on la pose, elle n'a plus rien en soi, et c'est alors vraiment qu'elle *est* en soi ! Elle n'a, dis-je, plus rien qui la distingue de l'idée du néant.

En résumé, je puis dire :

Tout représentatif, aussi bien que tout représenté, implique des relations. Si donc nous posons la chose en soi, la substance, à part de toutes relations, la chose en soi, la substance, n'ont rien de commun avec la représentation, car celle-ci n'objective quoi que ce soit qu'à la faveur de relations envisagées dans l'objet. Alors la substance n'est pas, ou est pour nous comme n'étant pas. Si, au contraire, nous posons des relations dans un sujet en soi, ce qui ne se conçoit point, nous ne sommes pourtant pas plus avancés, car alors, dans la chose en soi, ce n'est pas la chose en soi, mais les relations posées que nous connaissons.

Je dis que dans la chose en soi les relations ne se

conçoivent point; en d'autres termes, que de même qu'il n'y a pas de représentation sans quelque relation envisagée, de même aussi, réciproquement, il n'y a pas de relation sans quelque représentation supposée. Et, en effet, les seules exceptions qu'on pourrait objecter à cette dernière loi se tireraient ou du temps, de l'espace et du mouvement, que j'ai prouvés n'être rien d'intelligible en dehors de la représentation, ou de tels autres objets qu'il n'est possible de définir que relativement à ceux-là. On ne peut donc mettre des relations en un sujet, à moins d'établir corrélativement une représentation quelconque, et alors ce sujet n'est pas en soi, mais bien relatif, à la représentation supposée. Donc enfin nous ne connaissons que des phénomènes.

XIV

SUITE ET FIN. — PREUVE QUANT A LA SOMME TOTALE DES PHÉNOMÈNES

L'impuissance où les philosophes se sont vus de fixer pour la connaissance aucune chose en soi, tant dans l'esprit que dans l'espace, les a jetés dans un parti violent : « Puisque tout est lié, semblent-ils s'être dit, et que rien n'est à la rigueur séparé de tout le reste, considérons la totalité des *attributs* et *modes* qui nous sont connus, et rapportons-les à une substance unique qui sera la vraie chose en soi, principe, nature et fin de tous les phénomènes. »

Ainsi se produit la plus étrange de toutes les doctrines, et pourtant la plus vivace. Plutôt que d'abandonner la substance, son idole, le métaphysicien embrasse l'organisation de la contradiction, que voici en deux mots ;

D'une part, ce sont des phénomènes, tous les phénomènes qui ont été, qui sont ou qui seront, la multiplicité, la diversité, la relativité universelles; d'autre part, on pose la chose une, simple, absolue. Puis, dans celle-ci, on met tout cela; de celle-ci, on tire tout cela. Rien de ce qui est pour la représentation n'est en soi; au contraire, tout est dans ce qui pour la représentation n'est rien! Et *ce qui est en soi* n'est ni connu ni connaissable que par *ce qui n'est rien en soi!* et, pour achever, *ce qui n'est rien en soi* renferme tous les contraires; ce sont eux qu'il faut envisager pour connaître *ce qui est en soi*, autant qu'il peut être connu.

Pourquoi ces solutions qui ressemblent à des énigmes? Parce qu'il plaît aux philosophes de rapporter les phénomènes comme attributs ou modes à des choses en soi, ce qui non seulement n'est pas nécessaire, mais ce qui n'est pas même intelligible. Soit, en effet, qu'on prenne pour substance le sujet de telle ou telle représentation ou celui de toutes, il demeure impossible de se rendre compte et des relations dans la chose en soi et de la chose en soi sans relations.

En outre, quand il s'agit de la substance universelle, on suppose tous les phénomènes indissolublement liés. Mais, s'il est prouvé que chaque phénomène est relatif, il ne l'est pas qu'il existe entre tous une chaîne de dépendance telle que chacun soit rigoureusement déterminé par quelque autre ou par l'ensemble des autres. Nous traiterons ailleurs cette question avec toute l'étendue qu'elle comporte.

Autre chose est considérer l'ensemble actuel des phénomènes, synthèse à laquelle on ne peut en aucune façon se refuser, autre chose les englober dans une contradictoire unité dont toute représentation est impossible. Puisque des phénomènes sont, ils forment une somme, ceci n'est pas douteux, et les phénomènes passés forment une somme aussi; mais que cette somme soit une série unique, et cette série un infini, et cet infini le développement de quelque chose d'inconnu, un et absolu, autre que la série; autre que tout phénomène ou composé de phénomènes, et enveloppant l'avenir même qui n'est point donné : voilà une proposition dont le sens m'échappe, loin que je puisse en admettre la vérité. Pourtant cette somme que vous reconnaissez, dira-t-on, ne peut pas être en une de ses parties; elle ne peut pas être en soi, puisqu'elle n'est pas même simplement et se trouve toujours en voie de formation; elle est donc dans la substance, et la substance seule est en soi. Je réponds que la somme est donnée quant au présent et au passé seulement, et que jusqu'ici j'ignore si l'avenir est donné par cela seul. Or, en tant que la somme existe à la manière des phénomènes, elle est véritablement en soi, dans ce sens qu'elle ne peut pas être en autre chose, étant elle-même la somme et le tout; elle n'est pas en soi, si par ces mots l'on entend que la multiplicité s'évanouit dans l'unité, la diversité dans l'identité, et que tous les phénomènes s'engloutissent dans ce qui n'est point phénomène; et elle n'est point dans la substance, car où est la substance et en quoi est-elle?

Je reviendrai sur ces questions pour les traiter avec les développements nécessaires quand elles seront mieux posées.

XV

RÉCAPITULATION. — LE FÉTICHISME EN PHILOSOPHIE

La conclusion à tirer de cette longue analyse, c'est que s'il existe des choses en soi, indépendamment de toute représentation, ces choses nous sont inconnues, ne sont rien pour le savoir, rien pour nous, et que, en conséquence, il n'existe pour le savoir que des représentations.

Je dis *des représentations* et non *mes représentations*,

puisque je ne sais rien de *moi* ni de *mes représentations* que par *des représentations*; je dis mieux des *phénomènes*, ou des *choses en tant que représentatives et représentées*, considérées les unes et les autres soit *objectivement*, soit *subjectivement*. La chose exclue comme en soi reparaît comme phénomène.

Et cette analyse n'était pas même nécessaire; quelques mots bien compris la contiennent et la remplacent : ou *nous parlons des choses* (de quoi parlerions-nous?) *en tant qu'elles représentent et sont représentées, sous forme objective ou subjective d'ailleurs; ou nous parlons des choses en tant qu'elles ont de tout autres rapports, ou qu'elles n'en ont aucun; mais en tant qu'elles représentent et sont représentées, les choses se confondent avec les représentations;* et en tant qu'elles ont de tout autres rapports ou qu'elles n'en ont aucun, elles n'apparaissent pas et sont comme n'étant pas; donc les choses sont des phénomènes quant à la connaissance, et les phénomènes sont les choses.

Ainsi, nous avons commencé par distinguer les choses des phénomènes, et dans cette hypothèse que l'ancienne métaphysique nous imposait, nous avons démontré que les choses ne sont pas données à la connaissance. Cela fait, les mots *chose* et *phénomène* deviennent pour nous synonymes, et nous nous retrouvons à notre point de départ. Mais nous possédons une méthode, et notre esprit est débarrassé de l'obsession des fausses doctrines.

Je sais que l'appareil dialectique des pages précédentes peut sembler en un sens couvrir des vérités très claires, très évidentes, presque puériles une fois saisies, et, en un autre sens, donner lieu à des accusations de bizarrerie, de paradoxe, de sophisme. Ma justification est dans ce contraste même; il faut passer par les jeux d'une métaphysique nébuleuse, et lutter contre des ombres que la philosophie a douées d'un corps, avant d'aborder au pays de la lumière et des réalités toutes nues. L'idole qu'on doit abattre offusque d'abord la vue; son antiquité, sa divinité prétendue imposent aux plus hardis, et telle est la force du préjugé que chacun s'attend à voir la nature entière s'abîmer quand tombera le dieu. Les coups mêmes qu'on lui porte ont quelque chose de fantastique et rendent des sons étranges. Mais l'œuvre de démolition n'est pas plutôt accomplie qu'un étonnement tout nouveau se produit : L'idole est connue pour ce qu'elle est, on touche le bois qui est vermoulu, et lorsque enfin elle tombe en poussière, il se trouve que rien n'est changé autour d'elle ; chaque chose a conservé sa place et son nom, il ne s'est point fait de vide dans la réalité.

L'esprit comme le cœur a ses idoles. L'idolâtrie de la pensée, l'idolâtrie de la matière, l'idolâtrie du temps, l'idolâtrie de l'espace, l'idolâtrie de la substance, qui résume les autres, composent le fonds légèrement varié d'une religion à l'usage des philosophes, religion bien ancienne, que l'on comparerait au fétichisme volontiers si elle avait des dieux moins abstraits. Ainsi presque toute la philosophie n'est qu'idololgie. Sans doute, on ne peut sans quelque trouble se sentir conduit par la logique à rejeter un espace en soi, une matière en soi ; car l'autorité de la coutume est grande. Mais on se rassure en songeant que les motifs d'affirmer ces sortes de substances sont les mêmes qui ont fait aux uns poser des *idées* en soi, aux autres des *esprits purs* et des *forces pures*, à ceux-ci des *monades* en nombre infini dans la moindre place, à ceux-là des *atomes* étendus et finis dans l'espace vide, et puis des *qualités réelles*, des *espèces intentionnelles*, des *formes substantielles*, des *formes plastiques*, des *archées*, et des *âmes* au nombre de trois ou quatre espèces. On se rassure surtout lorsque après avoir banni la méthode idolologique, on voit les éléments naturels de la science apparaître et se classer d'eux-mêmes.

DEUXIÈME PARTIE

REVUE ÉLÉMENTAIRE DES PHÉNOMÈNES

(LES LOIS DES PHÉNOMÈNES SONT LES FINS DE LA CONNAISSANCE)

XVI

DÉFINITION DES MOTS RÉALITÉ ET VÉRITÉ

Les phénomènes sont, tel est donc le principe de la connaissance : *les phénomènes sont*, proposition tautologique équivalente à celle-ci : *les phénomènes sont les phénomènes*, dans laquelle on doit n'attacher à ce mot *sont* qu'une signification copulative, une signification de rapport. Toute proposition intelligible exprime une relation, et la relation, ici, c'est l'identité, parce que le phénomène pris en général n'a de terme de comparaison que lui-même.

Gardons-nous d'opposer le mot *phénomène* au mot *réalité*. Les écoles idologiques assurent que le réel n'apparaît point et que l'apparent n'est point réel. Cette erreur est uniquement fondée sur le dogme de la substance; et dès qu'il est prouvé que la chose est identique avec le phénomène, quant à la connaissance, on n'a point à chercher d'essence réelle autre que cela qui seul existe pour nous, puisque seul il nous apparaît de quelque manière, ou peut nous apparaître. Sans doute, l'apparence d'un instant ne remplit pas l'idée que nous avons de la réalité; mais conçoit-on rien de plus réel que ce qui apparaîtrait, non pas seulement longtemps, mais constamment, toujours?

Le mot *réalité* se prendra pour nous en deux sens : généralement, il sera synonyme de chose, ou d'être comme phénomène, c'est-à-dire en un mot de phénomène; il est alors également applicable à tout ce qui se manifeste à un titre et sous des modes quelconques, et nous ne parviendrions point à l'entendre autrement. Particulièrement, il sera susceptible de plus et de moins, et se dira de certains phénomènes ou ensembles de phénomènes comparés à d'autres, lorsque ceux-là se font remarquer par des caractères de durée, de constance, de nécessité, de cohérence mutuelle, et que ceux-ci sont fugitifs, variables, accidentels, isolés, ou du moins nous semblent tels. (Au delà du phénomène actuel et de ses dépendances immédiates, c'est la constatation d'une loi fixe, c'est la vérification des éléments de cette loi les uns par les autres qui nous enseignent la réalité, au seul sens intelligible du mot.)

Il en est de la *vérité* comme de la *réalité*, à cette différence près que le second de ces deux termes se dit plutôt des phénomènes ou de leurs ensembles considérés comme des sujets, tandis que le premier s'applique aux phénomènes objectifs qui posent de certaines relations. Les rapports que nous pouvons affirmer sont qualifiés de *vrais* ou de *faux* selon qu'ils s'accordent ou non avec des lois que nous constatons ou croyons constater, c'est-à-dire selon que ces lois les impliquent ou qu'elles les excluent, dans les sujets où elles paraissent.

L'étude des notions d'être et de loi apportera un éclaircissement, nécessaire peut-être, à ces définitions que j'ai cru devoir jeter en avant (voy. le § xx).

Observations et développements.

On dit ordinairement que la *vérité est la conformité de l'idée avec son objet*. L'*idée*, suivant le style adopté ici, c'est la représentation; l'*objet*, c'est le sujet ou ensemble de phénomènes et de rapports, donné d'une part objectivement dans une représentation, et donné, d'autre part, d'une manière plus ou moins stable, indépendamment de cette même représentation; subjectivement, comme je m'exprime. Enfin, la *conformité*, c'est l'identité des rapports objectifs avec les rapports subjectifs, ou avec la réalité, comme elle est entendue ci-dessus. On voit que ma définition ne s'éloigne pas du sens de la définition commune. On voit aussi que ma terminologie réussit à élucider ce sens qui a été souvent trouvé obscur. Et on reconnaît en même temps la nécessité et le moyen de s'expliquer comment l'*idée* peut n'être pas *conforme* avec l'*objet*, lorsque l'un et l'autre appartiennent à quelque représentation qui les identifie en déclarant ce qui paraît *la vérité*, et qu'aucun *objet*, aucun phénomène, aucun rapport ne peut être connu hors d'une représentation. La solution de cette difficulté, qui trouble, quand on y réfléchit, la clarté apparente de la définition commune, se découvre dès que celle-ci est développée en un langage analytique. Il suffit de distinguer, entre une représentation particulière quelconque et la représentation en général, ou représentation possible, affranchie de l'intervention de certains phénomènes variables ou perturbants. La *vérité* est en somme une *conformité* de la représentation particulière avec la représentation en général supposée à son tour conforme avec elle-même, et tend à se confondre avec la *réalité*. L'étude des *perturbations* doit être la méthode la plus profonde pour conduire à la science des moyens et critères de vérité, puisque ce sont elles seules, ou du moins la partie la plus variable et la plus mobile des phénomènes, qui composent des relations objectives pures, et par là causent l'incertitude ou écart possible de la vérité apparente et de la réalité.

XVII

COMPOSITION DES PHÉNOMÈNES. PRINCIPE DU RELATIF.

Un point nous est acquis : *Le phénomène est l'élément de la connaissance; le phénomène sous sa double face est donné par la représentation et en elle.* Cette vérité, déjà posée dans la définition du phénomène, a été confirmée par l'étude du représentatif et du représenté pris à part et en soi, comme l'ancienne métaphysique le voulait. Or, toute représentation implique deux éléments, et comme ni l'un ni l'autre n'existent isolément, ne subsistent absolument pour la connaissance, il est permis de dire, de ce chef seulement, que le phénomène est toujours composé.

Cependant nous donnons aussi le nom de *phénomène* à chaque élément que l'analyse découvre dans un tout quelconque : les divers modes de l'objectivité, puis ceux que nous distinguons dans un sujet, même sans les en séparer, sont, dans notre langage, des phénomènes, aussi bien que les représentations où ils s'unissent. Nous devons dire alors que *le phénomène est relatif à d'autres phénomènes*. A cet égard, un phénomène peut être dit simple, mais comparativement à d'autres qui sont plus composés. Un phénomène pourrait même être dit *absolu*, s'il ne s'agissait toujours que de le comparer à d'autres et d'exprimer par là qu'il est soustrait à tel genre de relations où d'autres sont engagés.

La composition et la relation sont deux propriétés qui s'accompagnent. On dit qu'il y a composition, quand la représentation d'une chose entraîne celle de certaines autres qui s'offrent comme ses parties, ses membres, ses éléments, ou réciproquement quand on ne comprend quelque chose que par la conception d'un tout où elle entre; et on dit d'une chose qu'elle est relative, quand on la comprend soit comme composée, soit comme composante à l'égard d'une certaine autre chose. L'idée de composition étant prise ainsi dans son acception la plus large, établir une relation, définir un rapport, c'est définir une chose à l'aide de la composition par laquelle elle se lie à d'autres. Un phénomène peut évidemment tantôt se lier de cette manière, et tantôt non, avec tels autres phénomènes déterminés;

mais un phénomène se lie toujours avec quelques autres ; si nous nous le représentons hors de telle relation, c'est pour le placer dans telle autre, en sorte qu'il ne cesse pas d'être relatif. Voilà le principe que je m'attache ici à élucider.

Le phénomène exclusivement considéré ou comme objectif ou comme subjectif, si simple qu'on le prenne, ne laisse pas de s'offrir composé. Toute donnée véritable est synthétique. En d'autres termes, tout est sujet d'analyse ; or, l'analyse sépare d'un composé des éléments comparativement, non point simplement simples, parce que nul des éléments séparés ne saurait s'objectiver sans condition et à part de tout autre : si bien que dans chaque *partie* on peut toujours retrouver un *tout*.

La nature composée des phénomènes est évidente s'il s'agit des objets représentés extérieurement, car l'espace, le temps et le mouvement, qu'on dit être ou de leur essence ou parmi leurs conditions générales d'existence, ont toujours été regardés comme des synthèses, et, de fait, se définissent explicativement par des analyses. L'objet, de quelque manière qu'on le comprenne, participe à la composition que le lieu, la durée et le changement nous font envisager dans tout ce qui est matière d'intuition sensible.

Passons aux formes représentatives. Personne assurément ne proposera comme simples les phénomènes désignés par les noms de *perception*, de *mémoire*, de *comparaison*, de *jugement*, de *raisonnement*, etc. ; il est trop clair que toute opération intellective, même en ne tenant nul compte des sujets externes qu'elle suppose plus ou moins explicitement, renferme plusieurs éléments, et, par exemple, elles impliquent toutes le sentiment avec un degré quelconque de conscience. Nous en dirons autant des phénomènes affectifs et des phénomènes volitifs. La conscience, du moins, sera-t-elle un phénomène simple ? Nous ne le dirions même pas alors que nous admettrions une *substance du moi*, car encore faudrait-il que la conscience se trouvât rapportée à cette substance, qui jamais ne nous est proprement donnée; mais on avoue que *rapporter à la substance* n'est rien de plus que *rapporter aux attributs et modes de la substance*. Celui qui n'admet que des phénomènes doit conclure à plus forte raison, et regarder comme le plus complexe de tous les phénomènes représentatifs, cette conscience dont la fonction est de rapporter à une représentation unique, à tous moments, un nombre indéfini d'autres représentations agglomérées de toute nature.

Les sensations les plus simples, si elles sont accompagnées d'aperception, rentrent dans le cas précédent; sinon, supposées sans conscience, elles figurent des objets placés dans le temps ou dans l'espace, et composés à ce titre : une couleur a de l'étendue; un son a de la durée, etc. Dira-t-on que le rouge, en tant que rouge, n'est pas étendu? Il est vrai que l'abstraction peut se faire et se fait effectivement; mais qu'on essaye de se représenter le rouge sans superficie aucune! L'analyse qui distingue deux phénomènes liés ne fait pas que leur synthèse ne soit inévitable.

Enfin, voulons-nous chercher les phénomènes simples dans ces objets éminents du mode représentatif, qu'on appelle *idées générales, formes essentielles de l'entendement, concepts, catégories*, etc.? La thèse n'est soutenable à aucun point de vue. En effet, si les idées générales sont obtenues *par voie de généralisation après expérience préalable*, elles se trouvent relatives, de fait, aux idées particulières dont elles sont des synthèses. Si on les suppose *innées, données a priori* (l'innéité contestée de l'idée ne diffère pas tant qu'on croit de l'incontestable innéité de la puissance de former l'idée), les mêmes relations ne laissent pas de leur incomber; et de quelque façon qu'on se rende compte de ces dernières, il est constant qu'on ne saurait faire abstraction de toutes sans supprimer leur sujet commun. Qu'est-ce que l'idée de *grandeur*, et dans un autre genre, qu'est-ce que l'idée du *bien*, indépendamment des phénomènes, déjà composés, au classement desquels ces idées président? Qu'est-ce que la *cause* à part des faits d'activité, et de la conscience appliquée à ces faits? Qu'est-ce que l'*être*, cette idée générale entre toutes, sans les attributs et modes de l'être, en un mot, sans une série de phénomènes?

En rejetant la chose en soi, la substance, nous avons aussi et par là même rejeté l'*un pur*, l'*absolu* et le *simple*; et toute notre démonstration pouvait se résumer en deux mots qui s'appliquent ici : *Ce n'est jamais qu'en posant des relations qu'on arrive à définir cette chose même qu'ensuite on affirme contradictoirement n'être point relative*.

On vient de voir que la thèse du *relatif* est claire, appliquée aux phénomènes. Si nous envisageons ceux-ci dans l'espace et dans le temps, ils sont relatifs et composés; si nous les prenons dans la pensée, ils peuvent encore se trouver définis par des rapports du même genre, et si enfin nous éloignons ces rapports, il nous reste des idées relatives à d'autres idées, des facultés relatives à d'autres facultés et à des objets divers. Qu'est-ce que penser, sinon poser des relations; vouloir, désirer, sentir, si ce n'est en faire, en supposer et en être?

Mais tout rapport a ses termes. Si les termes sont composés, sont des rapports, devons-nous donc aller à l'infini de relation en relation? Non, mais la composition est circulaire, et, sans jamais nous conduire à l'absolument simple, elle a ses bornes pourtant. L'analyse aboutit à certaines synthèses irréductibles et, par exemple, s'il s'agit de l'abstrait, à des termes corrélatifs, comme le *multiple* et l'*un*, la *partie* et le *tout*, le *simple* et le *composé* (puisque ces derniers termes eux-mêmes ont un sens clair et acceptable, quand on ne prétend pas les poser hors de la corrélation qui les détermine). Voulons-nous parler des quantités? si elles sont discrètes, la division s'arrête à l'unité, qui sous ce point de vue pose une borne infranchissable en une chose numériquement simple, quelle que soit à d'autres égards sa nature composée. Si elles sont continues, la composition va à l'indéfini, mais de cela même nous avons tiré la conclusion que cette forme de la quantité est purement objective. C'est la représentation actuelle qui borne la division, tandis que la divisibilité répond seulement à la représentation possible; et les concepts s'obtiennent comme on le verra plus loin par le jeu des notions corrélatives de limite, d'intervalle, et de synthèse de l'intervalle et de la limite, notions que l'analyse ne dépasse pas. Parlons-nous des qualités, ou en un mot de tout ce qui permet qu'on le range sous cette rubrique? Les qualités ont toutes des points d'arrêt dans l'établissement de certaines spécificités nettement définies. Celles-ci sans doute ont leurs relations entre elles, et forment un grand nombre d'assemblages, en se prêtant aussi à l'attribution de la quantité. Mais toutes ces relations multipliées, loin de se ranger suivant un ordre linéaire indéfini, reviennent certainement sur elles-mêmes, et finissent par ramener au point de départ celui qui les suit. Les rapports s'assemblent ensuite en rapports plus généraux qui sont des lois; les synthèses grandissent en même temps, et cependant tout cela n'est intelligible qu'au moyen de quelques rapports premiers et synthèses premières, croisés en divers sens et auxquels on est ramené au bout de toutes les analyses. Ces premières lois rayonnent pour ainsi dire en plusieurs directions, les unes sur les autres et vers les sujets particuliers qu'elles embrassent : le système général qu'elles forment est celui des éléments abstraits de la connaissance. Tout ceci sera développé plus tard.

Il ne faut pas objecter que tout rapport, impliquant des termes, implique par là quelque chose qui n'est point relatif; tout au contraire, les termes ne sont intelligibles que dans leurs rapports. Et il ne faut pas dire que le *relatif* suppose l'*absolu* et le démontre, car l'*absolu* lui-même n'est que le corrélatif du *relatif*. Ces deux termes sont la négation l'un de l'autre, et tous deux se conçoivent *relativement, par rapport à des rapports* qu'on peut affirmer ou nier. Abstraits et généraux, ils s'opposent entre eux comme s'opposent l'affirmation et la négation en général, comme s'opposent l'être et le néant des partisans de la substance. Ceux-ci pensent-ils que l'existence de l'être entraîne l'*existence du néant*?

Je conclus : Les phénomènes sont simples et composés, mais seulement les uns par rapport aux autres; enveloppants et enveloppés mutuellement, ils s'enchaînent et se déroulent selon de certains ordres; rien ne nous est donné que par synthèse et rien ne nous est éclairci que par analyse. Je conclus encore : Tout est relatif pour la connaissance. *Tout est relatif*, ce grand mot du scepticisme, ce dernier mot de la philosophie de la raison pure dans l'antiquité, doit être le premier de la méthode moderne, et par conséquent de la science, dont il trace la voie hors du domaine des illusions.

C'est pour n'avoir pas connu ce principe, ou en avoir manqué l'application, que les plus fortes écoles de la Grèce se sont vues arrêtées par des difficultés très simples. Le génie de l'analyse s'est tourné contre lui-même, et les mêmes hommes qui nous ont laissé des chefs-d'œuvre de dialectique (la philosophie depuis n'a que balbutié) ont épuisé tous leurs efforts contre de ridicules sophismes. Aujourd'hui nous méprisons les argumentations captieuses, au point de les tenir pour réfutées sans prendre seulement la peine de les étudier, mais nous oublions trop souvent le principe qui en rend la solution aisée.

Observations et développements.

On est frappé en effet, à la lecture des compilateurs anciens, et même des plus profonds penseurs de cette période, de voir s'étaler, auprès des cruelles antinomies qui ont fait de tout temps le désespoir de la métaphysique, une quantité d'équivoques faciles à dissiper par ce simple procédé : exiger de celui qui propose une difficulté l'expression nette des relations qu'il a lui-même en vue et la définition des mots destinés à les rendre, afin que 1° une proposition ne soit pas énoncée, un terme attribué d'une manière absolue, quand le concept ou le jugement ne sont intelligibles que moyennant quelque relation ; 2° que chaque relation spécifiée et dénommée, chaque mot fixé dans sa portée comme l'entend l'argumentateur, et non point abandonné à l'appréciation spontanée que chacun peut faire d'un sens qu'il aurait par soi et comme en vertu de quelque mystère des choses; 3° qu'un terme défini à l'égard d'une relation ne soit pas entendu de quelque relation différente, arbitrairement ou faute d'attention. L'observation de ces règles eût réduit à peu le bagage des écoles critiques de l'antiquité et le contenu de livres tels que ceux de Sextus dit Empiricus. Mais ce peu se serait imposé fortement. Les écoles dogmatistes ont cru suivre ces règles, mais, en fait, elles n'en ont appliqué que la partie la plus superficielle, de manière à dissiper des équivoques tout à fait grossières. Elles ont à l'envi attribué à certains mots un sens tantôt absolu et par suite inintelligible, tantôt du moins indépendant de ce qu'il plaît aux hommes d'entendre, et que le devoir des philosophes est de déterminer pour leur compte plus rigoureusement. Elles ont continuellement transporté les concepts hors des relations qui servent à les définir, et là où il cesse d'être possible de leur attacher un sens. C'est un genre d'équivoques sous lequel se range presque toute la suite des spéculations métaphysiques, depuis Aristote, inventeur de la pensée absolue, jusqu'aux théologiens qui ont entassé les volumes sur la personnalité infinie, et sans oublier la plus creuse de toutes les philosophies, la philosophie de la matière pure.

Le principe de relativité, qui est destiné à mettre fin à ces fausses méthodes, remonte principalement, quant aux temps modernes, à Hobbes, et à David Hume en son *Traité de la nature humaine*. Kant a donné à la même vérité un autre aspect en montrant par une analyse profonde la dépendance où se trouvent les objets de la connaissance à l'égard de la connaissance même ou de ses lois nécessaires. Hamilton a présenté le nouveau principe sous le nom de *philosophie du conditionné*, quoique sans vouloir en avouer toutes les conséquences. Enfin Auguste Comte y est arrivé par un autre chemin, le chemin de la philosophie des sciences, mais n'a pu que le professer dogmatiquement sans le justifier, car une philosophie des sciences réclame pour fondement une philosophie de l'esprit et des méthodes, et Auguste Comte n'a rien mis de pareil dans sa *Philosophie positive*. Aujourd'hui, des écoles de génie contraire, les unes qui n'admettent point qu'aucune connaissance nous aborde autrement que par la voie de l'expérience; les autres, qui font à l'apriorisme une part constamment parallèle, estimant que nulle expérience n'est possible sans quelque forme de connaissance donnée antérieurement, arrivent à s'accorder sur le principe de relativité, et il est permis de croire que toute construction vraiment rationnelle à l'avenir le reconnaîtra.

Les idées de conditionnement et de dépendance ont la même signification que l'idée de relativité. Puisque j'ai défini la relation par la composition, et fondé la notion du phénomène, comme relatif, sur ce qu'il est toujours représenté comme tout ou partie, ensemble ou élément eu égard à d'autres phénomènes, il est clair que la nécessité de penser toujours à telle ou telle composition (je ne dis pas à telle constamment) entraîne cette conséquence que des phénomènes quelconques dépendent toujours de certains autres pour la connaissance, ou encore que la connaissance de ceux-ci est une condition de la connaissance de ceux-là.

Au reste, il est aisé de voir que la manière dont j'ai envisagé le principe de relativité comprend toutes les manières possibles. Je ne puis mieux faire ici que d'emprunter l'énumération à Stuart Mill dans sa *Philosophie de Hamilton*.

Premier sens : tout fait de conscience exprime une différence; une chose n'est connue que comme distincte d'une autre. Ce sens est contenu dans mon énoncé, car en disant que tout phénomène est connu en composition et dépendance (encore que variables), je suppose manifestement qu'il est distingué des autres éléments qui forment avec lui une connaissance. Mais cette distinction ne suffit pas. Je serais bien étonné qu'il existât une doctrine pour en contester la nécessité. Les partisans de l'absolu et de tous les infinis ne doivent pas, ce semble, être embarrassés de convenir que l'absolu et les infinis qu'ils pensent connaître ne leur sont connus qu'à la faveur d'une différence, et en tant que distincts de toute chose finie et relative : distincts et opposés, l'opposition étant une espèce de la distinction.

C'est donc pour moi une énigme incompréhensible que Mill ait regardé cette acception du principe comme la meilleure et la plus importante, et qu'il l'ait réduite à ces termes (*Examen*, p. 5 et 59-60 de la trad. franç.) à l'endroit même où il la traite d'observation psychologique profonde, due à Hobbes premièrement, et dont M. Bain et M. Spencer ont fait d'admirables applications. Je trouve dans les œuvres de Hobbes une doctrine tout autrement considérable qui consiste à définir toutes les notions possibles suivant lui, c'est-à-dire les sensations et images de sensations, comme des sommes ou différences d'autres notions, lesquelles ne sont jamais constituées que par le fait de les apercevoir dans les composés où elles se trouvent et de leur donner des noms. Voilà bien cette fois le principe de relativité, quoique joint à une opinion qui en est séparable touchant l'origine des connaissances. (Voy. Hobbes, *Computatio sive logica*, c. I et II, et conf. *Leviathan*, c. IV.)

Deuxième sens : Ici, la relation qu'on a en vue n'est pas entre la chose connue et d'autres objets différents d'elle, mais entre la chose connue et l'esprit qui connaît. Il entre des différences dans ce sens, selon que le philosophe n'admet dans l'esprit que des sensations et *idées de sensations*, comme Hobbes, Hume, Berkeley, Mill, M. Bain et toute l'école de la psychologie *associationniste*, ou qu'il reconnaît en outre certaines *catégories* ou lois générales de l'entendement (sans lesquelles d'après lui la sensation ne saurait se former, tant s'en faut que la sensation en soit le fondement), comme Kant, auteur de la forme définitive qu'a revêtue à cet égard la doctrine de Descartes, de Leibniz, de Spinoza et de Malebranche. Il y a encore une autre distinction, qui dépend de ce qu'on veut ou supposer ou nier, au delà des phénomènes, *sous* les phénomènes qu'envisage l'esprit, des *noumènes* ou sujets en soi. Seulement, si l'on suppose de ces noumènes, ainsi que le voulait Kant, il faut comme lui aussi les tenir pour complètement inaccessibles, et c'est ce que Hamilton n'a pas fait d'une manière suffisante. Autrement le principe de relativité doit en souffrir.

Mais ces distinctions ne me paraissent nullement nécessaires pour l'intelligence du principe, quelque importance qu'elles aient d'ailleurs. Il ne faut que généraliser l'énoncé du rapport de l'esprit avec les phénomènes, laisser là les sensations, les catégories et les noumènes, parler des représentations, puisque de toutes façons et quelle que puisse être la nature des représentations, elles sont toujours le nom indubitablement légitime de tout ce que l'esprit connaît immédiatement. Or dès que l'esprit est un composé de représentations, et que nulle chose n'est pour la connaissance rien de plus qu'une partie de ce composé, il est clair que toute connaissance est relative à l'esprit qui connaît. La conséquence résulte du simple rapprochement de la définition de l'esprit et de celle de la relation. On voit donc que le second sens du principe de relativité, selon Mill, se déduit avec la plus grande facilité du principe unique que j'ai formulé. Et il s'en déduit avec cet avantage de présenter d'une manière plus générale, soit relativement à une intelligence concevable quelconque, ce que d'ordinaire on applique à l'*esprit humain seul*, et alors bien moins clairement, on va le voir.

En effet, au lieu des distinctions rappelées par Mill, distinctions vraies sans doute, mais non essentielles ici, on peut introduire les suivantes dans l'énoncé du principe de relativité. L'*esprit qui connaît* s'entend : 1° de l'esprit conçu avec la plus grande généralité possible, c'est-à-dire de la représentation, de ses matériaux et de ses lois, telle que je viens de l'envisager; 2° de l'esprit de l'homme, autre généralisation moins élevée que la précédente et qui est un échelon pour l'atteindre; 3° de l'esprit particulier siège d'un jugement quelconque; 4° de ce même esprit à un certain moment et sous des circonstances données. La relativité de la connaissance à l'esprit qui connaît, sous la dernières de ces acceptions, pose une question de psychologie et de morale d'une extrême importance, mais de laquelle il ne s'agit point ici. Nous nous occupons des relations dont l'existence est en tout cas constante et ne dépend d'aucune détermination accidentelle. Restent les troisième et seconde acception. Je crois bien que la relativité à leur égard n'est contestée de personne, si en l'énonçant on veut dire ceci : que la connaissance d'un esprit particulier est relative à la constitution de cet esprit particulier, en dépend, la suppose pour condition; que la connaissance de l'esprit humain est relative à la constitution de l'esprit humain, en dépend, la suppose pour condition. Aussi sont-ce là des espèces de truismes. L'assentiment qu'on ne leur a jamais refusé sous cette forme est une marque de leur complète insignifiance, qui ne le cède point à l'insignifiance fort bien relevée par Mill lui-même, de cet autre énoncé auquel suivant lui certaines opinions de Hamilton réduiraient la relativité : Nous ne pouvons connaître que ce que nos facultés nous permettent de connaître, et dans la mesure où elles nous le permettent. (*Examen*, p. 24-28.) Insister sur la relativité de la connaissance à sa propre constitution ne nous offrirait quelque intérêt que si nous supposions cette constitution pouvant aller contre son but et nous faisant connaître autre chose ou le contraire de ce qui est à connaître. Mais un tel doute ne mène à rien; il faudrait avoir déjà passé par-dessus pour commencer à l'examiner.

La véritable relativité de la Connaissance, ce qu'il faut entendre par là, porte sur sa nature représentative en général, qui la soumet à des lois d'objectivation, toujours les mêmes de la part du sujet connaissant, quel que soit un sujet à connaître, et sur la composition inévitable des représentations essentielles pour constituer la définition d'un sujet quelconque. Nous n'avons aucune raison de supposer que la nécessité des relations ainsi comprises soit plus étroite, ou que les conséquences en soient autres, quand il s'agit d'un esprit particulier que quand il s'agit de l'esprit de l'*Homme*, ou quand nous parlons de l'esprit humain que quand nous pensons à l'intelligence universellement. Chacun croit que son propre esprit (sous la réserve indiquée ci-dessus quant aux déterminations particulières) n'est pas autrement conditionné que l'esprit humain, ni celui-ci que la faculté de connaître, ou représentation en général. Dès lors il n'est pas bon d'énoncer le principe de relativité en termes tels que le lecteur soit contraint d'en borner le sens et l'application plus que de besoin, et de mettre en saillie des doutes qui porteraient sur la légitimité des relations en elles-mêmes, des doutes qui au fait n'existent pas. Il est préférable de s'attacher directement à l'idée de composition. Toutes les autres formes du principe en dépendent, et c'est elle qui mène le mieux aux conséquences qu'on va voir maintenant se dérouler.

Je terminerai par une observation que beaucoup de philosophes auraient besoin de méditer, adversaires ou non de cette partie du principe de relativité qui fait dépendre la connaissance de ses propres formes objectives quel que soit un sujet à connaître. Si ces formes ou lois valent universellement, comme nous devons le supposer, elles ne sont pas seulement vraies, savoir conséquentes avec elles-mêmes et conformes en leur exercice avec la constitution invariable donnée de la faculté de connaître ; elles sont en outre réelles et, pour ainsi dire, ouvrières de réalité par leur emploi et dans leurs produits, en ce sens qu'elles font connaître, dans les *objets*, les *sujets* eux-mêmes, de la seule manière dont des sujets puissent être connus. Un sujet n'arrive pas autrement à la propre connaissance de soi ; il se fait objet et subit les lois de l'objectivité, mais cela aussi est de sa nature. Il y a grande illusion et même illogicité à concevoir autrement une connaissance possible. Que les lois de la connaissance des sujets par eux-mêmes et les unes par les autres soient constantes, les mêmes toujours et pour tous, au degré de conscience près, c'est tout ce que le plus complet *réalisme* est en droit d'exiger, si sa propre pensée lui est intelligible ; car de vouloir qu'un sujet se connaisse comme sujet, c'est demander que la connaissance ne soit pas la connaissance.

XVIII

DÉFINITION GÉNÉRALE D'UNE LOI DE PHÉNOMÈNES. ORDRE OBJECTIF.

Ainsi les phénomènes sont multiples, composés, liés, entrelacés; certains ordres d'enveloppement et de développement les agrégent et les désagrégent, les assemblent en groupes définis et les désassemblent. La relativité des phénomènes est réglée et permanente en ses modes de composition, et de changement de composition; et cela même est un phénomène que l'expérience constate, autant qu'elle est consultée, dans toutes les sphères possibles : un phénomène que l'ensemble de la représentation suppose, car chacun des éléments d'une représentation qui existe ou qui se forme est déjà une relation, c'est-à-dire implique un ordre; et ces éléments rapprochés et liés forment de nouvelles relations, des ordres nouveaux de plus en plus complexes, qui ne seraient rien s'ils n'étaient permanents.

Je parle ici d'une permanence apparente, la seule que les phénomènes comportent, et je ne cherche pas à dépasser les phénomènes. Mais précisément comme apparente et comme représentée d'une part fragmentairement, suivant l'expérience, comme représentative, de l'autre, et alors d'une manière universelle, la permanence de l'ordre, inséparable de l'ordre lui-même, est un phénomène élevé au-dessus de tous les phénomènes, un *phénomène général* pour ainsi dire.

Phénomène général, ce terme peut sembler bizarre à ceux qui bornent le nom de phénomène aux seules données de l'expérience sensible et fragmentaire; il s'explique pourtant sans difficulté quand on songe aux phénomènes objectifs, au nombre desquels sont les abstractions et les idées de genre. Le phénomène de *l'ordre objectif* peut très bien alors se qualifier de général : les représentés que l'expérience donne sont toujours particuliers, mais ils viennent à la représentation en de certains ordres, l'ordre leur est inhérent tout d'abord, et se vérifie ensuite en eux progressivement, d'une manière croissante, de sorte que leurs synthèses figurent un *ordre subjectif* que l'expérience sensible confirme partiellement et indéfiniment sans pouvoir le reproduire dans son ensemble. Il en est ainsi de toutes les lois de la nature : en un sens l'expérience les donne et en un autre non.

Tout ordre qu'une relation constitue, s'il est constant ou supposé tel, prend le nom de *loi*. C'est pourquoi *relation* et *loi* sont souvent synonymes. Nous pouvons poser cette définition :

Une loi est un phénomène composé, produit ou reproduit d'une manière constante, et représenté comme un rapport commun des rapports de divers autres phénomènes.

Toute loi est donc une synthèse, toute loi se vérifie par analyse. La synthèse est plus ou moins complexe, en sorte qu'il y a des lois de lois et, pour ainsi dire, des phénomènes de phénomènes.

J'éclaircirai cette définition par des exemples empruntés successivement à l'ordre objectif et à l'ordre subjectif.

L'ordre objectif tout entier n'est qu'une synthèse de rapports, une synthèse de lois. L'application de cette vérité à des exemples est très facile. Les actes particuliers, les passions, les sentiments actuels, les perceptions, les faits d'imagination, de réminiscence, de jugement, de raisonnement, même réduits à leur plus simple expression, s'objectivent tous en des rapports, à l'aide desquels ils se définissent, et les termes ou éléments de ces rapports sont eux-mêmes des rapports, rapports de temps, rapports d'espace, et beaucoup d'autres diversement déterminés, et liés régulièrement dans leurs genres respectifs. A ce titre, les moindres phénomènes objectifs manifestent déjà des lois, *des rapports, et des rapports communs de phénomènes, reproduits d'une manière constante.*

Si des actes ou impressions nous passons à ce qu'on appelle des facultés, que seront pour nous la *volonté*, la *sensibilité*, la *mémoire*, l'*entendement*, la *raison*, pour nous qui savons qu'on ne sort pas des phénomènes? Quoi, si ce n'est des phénomènes enveloppant les précédents, des rapports de leurs rapports, des lois de leurs lois? La volonté, par exemple, est l'ensemble des rapports de vouloir, la mémoire, l'ensemble des rapports de souvenir, sous d'autres conditions données que l'expérience fait connaître. Ces deux ensembles se réunissent à d'autres sous une loi commune, la conscience. Ainsi réunis, ils ne renferment pas seulement les phénomènes accomplis ou en voie de s'accomplir, mais s'étendent à d'autres, que l'on dit être en puissance, qui se déroulent ultérieurement d'une manière prévue ou imprévue, et c'est ce *pouvoir être*, siégeant dans un ensemble déjà donné qui le conditionne, qu'on nomme *faculté*. De telles sommes de faits soit actuels, soit passés, soit même futurs, ou virtuellement donnés ou simplement possibles, composent l'homme intellectuel et moral, qui n'est pas encore tout l'homme. Le dernier rapport et la dernière loi de cet ordre définissent l'un des deux éléments de la représentation dans sa plus haute généralité, en ce qui concerne l'individu humain : j'ai déjà nommé la conscience. Or, la conscience est bien le *phénomène composé, produit ou reproduit d'une manière constante et représenté comme le rapport commun des phénomènes dans l'homme.*

Je me proposais d'étudier la notion d'une loi générale de l'ordre objectif. Le résultat auquel je parviens est, sous forme de la définition d'une telle loi, la définition réelle de ce que les doctrines spiritualistes ont supposé sous les noms d'esprit ou d'âme, comme le sujet de toutes les représentations. Il n'en pouvait être autrement. L'investigation d'un sujet en soi, tel que la conscience à part des formes, fonctions ou lois objectivantes à l'aide desquelles seules on convient qu'elle *se manifeste*, est si bien impossible, que, sans rappeler ici l'aveu universel sur la nature cachée de la substance, un des métaphysiciens qui ont fait le plus grand usage de l'*âme*, Malebranche, est arrivé à dire que nous ne la connaissons pas. En revanche, il est tout naturel que le philosophe qui, s'enfermant dans les phénomènes, parvient à donner une formule générale de la fonction représentative où ils s'assemblent; en d'autres termes, de la manière dont ils se présentent comme objectifs, parvienne en cela même à concevoir le sujet âme ou conscience. C'est la seule façon dont il soit concevable; et c'est ainsi que la conception d'un ordre objectif conduit à celle d'un sujet.

XIX

SUITE. — ORDRE SUBJECTIF.

La loi est donc la forme essentielle de la représentation; représenter c'est rapporter, rapporter c'est le nom du phénomène composé, du phénomène de phénomènes, de la loi.

Ainsi, nul représenté défini, nul sujet comme connu n'est sans loi. Définir, en effet, suppose abstraire et généraliser, et les idées générales sont des lois. Que seraient les sciences consacrées à l'investigation des sujets, sans l'emploi du langage et de l'écriture, c'est-à-dire des signes, c'est-à-dire encore de l'abstraction et de la généralisation? On voit que les lois propres du monde objectif sont indispensables à la conception d'un ordre de sujets, et comment ne le seraient-elles pas, puisqu'elles sont de l'essence de la représentation?

Mais il convient de montrer, par un exemple, comment se groupent les phénomènes donnés par l'expérience, comment se font les lois.

Je tiens une pierre entre deux doigts, je l'abandonne, elle tombe ; cette chute est un phénomène déjà complexe, mais relativement simple si je ne l'approfondis point. Je répète plusieurs fois l'expérience, et la chute se renouvelle : ce résultat constant devient pour moi l'un de ces phénomènes généraux dont j'ai défini le sens. C'est une loi.

Je soumets à la même épreuve un morceau de fer, une plume, une plante, un animal vivant, etc. : mêmes effets. Le phénomène appelé dès lors *gravité* se lie invariablement aux divers ensembles de phénomènes appelés *corps* : la loi se généralise.

Je construis le baromètre et j'apprends que les fluides aériformes sont, à l'égard de la gravité, des corps comme les autres : la loi se généralise encore, grâce à l'intervention du raisonnement, qui la rapproche de certaines autres lois connues.

Je prends des corps qui tombent dans l'air avec des vitesses inégales et je les soumets à l'action de la gravité dans un tube d'où j'ai retiré l'air ; je les vois alors sensiblement précipités dans le même temps. Toutes les parties des corps quelconques reçoivent de la gravité la même impulsion, lorsque rien ne fait obstacle à leur chute : autre loi, développement de la précédente.

J'observe la direction de la gravité en divers lieux de la terre et je la trouve partout perpendiculaire à la surface des eaux tranquilles. Les mouvements dus à la pesanteur aboutissent tous au centre du globe, que je sais d'ailleurs être à peu près sphérique : nouveau développement de la loi.

Je mesure la vitesse de la chute des graves et je reconnais que le corps qui tombe librement parcourt un espace trois fois plus grand durant le second temps de sa chute que durant le premier qui lui est égal, et puis cinq fois, sept fois, neuf fois, etc., plus grand, durant des temps égaux consécutifs. Les vitesses croissent donc proportionnellement aux temps écoulés, et les espaces parcourus, comptés de l'origine, croissent proportionnellement aux carrés de ces mêmes temps.

Je connais d'ailleurs des lois de figure et de mouvement observées dans les révolutions de certains astres. Je rapproche ces lois de celle de la chute des graves, qui, modifiée selon les masses et les distances des corps en présence, et étendue au soleil, aux planètes, aux comètes, et par induction jusqu'aux étoiles fixes, devient enfin aussi vaste que la nature.

Ainsi se fait la science, sans quitter les phénomènes, autant du moins que le permet l'expérience et que les hypothèses peuvent s'éviter. Quant aux *forces* qu'on fait intervenir dans l'énoncé ordinaire des lois du système du monde, la considération n'en est point indispensable; on les remplace aisément par leurs effets, qui seuls nous sont connus. Au plus haut degré de cette échelle de généralisation des phénomènes, la loi, c'est-à-dire, selon ma définition, *le phénomène constant représenté comme l'ensemble des rapports des autres phénomènes*, peut se formuler de la manière suivante :

Tous les éléments des corps placés à des distances sensibles ont, les uns vers les autres, un mouvement dit de gravitation, qui, considéré à part de tout autre mouvement, modifie leurs positions relatives de telle sorte que si deux quelconques d'entre eux existaient seuls, chacun s'avancerait vers l'autre avec une vitesse proportionnelle à la masse de celui-ci, proportionnelle à la sienne propre, et qui croîtrait continuellement suivant les mêmes rapports que décroissent les carrés de leur distance mutuelle.

Il est bon de remarquer que la découverte de ces lois graduellement ramenées à une seule, suppose une double étude des phénomènes : 1° l'observation proprement dite des faits particuliers; 2° la constatation des rapports généraux des objets : temps, espace, matière et mouvement, envisagés dans la représentation. Cette dernière étude est l'objet des sciences mathématiques. En outre, on doit faire abstraction des mouvements qui n'appartiennent pas à la gravitation, jusqu'à ce qu'on arrive à la connaissance d'une loi plus vaste, enveloppant avec les phénomènes de la pesanteur, d'autres phénomènes encore. Jusque-là l'expérience vérifie sans doute la loi, mais modifiée selon les cas, et seulement dans la mesure où les abstractions faites pour la poser le permettent.

Si d'autres exemples étaient nécessaires pour éclaircir le sens du mot *loi* dans l'ordre subjectif, il serait aisé de montrer que les théories de l'électricité, de la chaleur, de la lumière, celle des combinaisons chimiques et des proportions quantitatives des éléments combinés, celles de la biologie enfin, n'ont d'autre objet positif que de rapprocher et de grouper divers ordres de phénomènes, de manière à obtenir, dans chaque sphère distincte, l'énoncé du phénomène qui embrasse, sous un point de vue, les rapports de tous les autres.

Ce qui précède se rapporte exclusivement au sujet externe; je le nomme sujet et je nomme subjective la loi que je viens de formuler, quoiqu'elle porte sur des rapports de temps et de lieu, essentiellement objectifs par conséquent. C'est qu'il s'agit de phénomènes observés dans les corps, c'est-à-dire observés dans leur liaison à des groupes on ne peut plus séparables et permanents eu égard à toute représentation particulière (ce qui est selon ma définition le caractère des sujets), et en outre constatés par l'expérience seule, entièrement étrangers au contenu objectif propre de la représentation; car celle-ci ne se connaît aucun motif quelconque, en dehors du fait observé, de regarder la pesanteur comme liée aux autres attributs sans lesquels elle ne peut elle-même s'appliquer aux corps : je veux dire à l'étendue, à la figure et au mouvement.

Mais le sujet interne peut non moins que le sujet externe être pris en exemple d'éclaircissement d'une loi de phénomènes. Bien plus, on l'a vu, c'est seulement en l'envisageant sous cet aspect, inconnu de l'ancienne philosophie, qu'il est possible d'arriver à la définition d'un sujet de représentations, ou même de se faire d'un tel sujet une idée quelconque. En effet, en considérant les lois objectives, ou suivant lesquelles la représentation possède et distribue ses objets, je suis arrivé dans le chapitre précédent à me retracer la loi totale qui constitue un sujet de conscience. J'arrive maintenant à formuler une loi subjective et à constituer un sujet externe, c'est-à-dire permanent et indépendant de toute conscience actuelle semblable à la mienne, en appliquant aux données de l'expérience cette partie des lois objectives qui les conditionne dans la représentation. L'investigation d'aucun sujet, entendons des lois d'aucun sujet, n'est possible que sous la forme d'une recherche portant sur les modes objectifs de la représentation. (Voy. ci-dessus, § xvii, à la fin.)

Il faut à présent se rendre compte de la notion grammaticale et logique du *sujet*, et achever d'éclaircir l'idée de loi, à laquelle elle se réduit philosophiquement.

XX

DÉFINITION DU SUJET ET DE L'ATTRIBUT. DÉFINITION GÉNÉRALE DE LA FONCTION.

Lorsque deux groupes de phénomènes sont, par définition, établis dans une relation déterminée entre eux, ils deviennent, considérés dans leurs circonscriptions relatives, ce qu'on appelle un *sujet* et un *attribut*. Ces derniers termes sont corrélatifs et doivent s'entendre ainsi : le phénomène, constitué en synthèse régulière, est dit le sujet de ses composants quelconques, et ceux-ci réciproquement sont dits les attributs de leur composé. Le sujet une fois formé reçoit les phénomènes nouveaux qu'on peut avoir à lui rapporter accidentellement, ou dont il n'est pas la synthèse constante ; ces derniers se nomment des *modes* ou des *accidents*. Les exemples seraient superflus sans doute.

Comment les modes et attributs prennent aussi le nom de *qualités* ; en quoi les qualités sont genres, espèces, différences ; et ce que c'est qu'une propriété, et de quelle manière un sujet se transforme en attribut, ou un attribut en sujet, c'est ce que j'exposerai plus tard. Ici les définitions les plus générales me suffisent.

Ces définitions, purement logiques et grammaticales, renferment tout ce qui peut subsister pour nous de l'ancien dogme de la substance. Le langage constitue des sujets à volonté, et souvent la science fait comme le langage. Entre le sujet et l'attribut, la composition offre un double sens : chacun des deux peut figurer comme un groupe auquel un autre groupe se rapporte, mais non de même. Le groupe attribut, convenablement analysé, présente, en général, un nombre de choses diverses parmi lesquelles est le groupe sujet ; celui-ci, analysé sous un autre aspect, est une chose dont la composition admet, avec d'autres relations, la relation commune afférente à toutes les parties du premier. Exemples : *l'homme est animal, la vertu est aimable*. L'homme est du nombre des animaux, mais l'animalité est du nombre des caractères qui se rencontrent dans l'homme. De même la vertu fait partie des aimables dans une acception, et, dans l'autre, c'est l'aimable qui fait partie de la vertu. (Voy. § XXXIII.)

Entre plusieurs phénomènes liés, on peut en distinguer un comme attribut de l'ensemble des autres, auquel ensemble on conserve le nom qu'il portait avant que la séparation se fît. On dira, par exemple, que la résistance est un attribut de la matière, l'étendue de même ; qu'est-ce pourtant que la matière, abstraction faite de ces attributs ? On appellera l'imagination, la raison, etc., des facultés (propriétés ou attributs) de l'esprit; mais on ne connaît cet esprit dont on parle que comme une synthèse de ces mêmes facultés, ou des phénomènes enveloppés sous leur nom. Ainsi un phénomène quelconque a pour sujet logique le composé dont il fait partie. Cet arbitraire est levé par la connaissance des lois, quand elle est assez avancée pour que l'ordre des phénomènes à un point de vue donné soit invariablement fixé.

Nous avons donné le nom de *loi* à tout phénomène enveloppant les rapports de plusieurs autres. Nous envisagions ainsi les relations en elles-mêmes, pour ainsi dire à l'état d'immobilité. Il y a cependant un autre point de vue. Les mathématiques ont consacré le terme précieux de *fonction* aux lois qui lient les phénomènes objets de leur étude, en tant que certains des rapports embrassés par ces lois sont variables, et que entre ceux-ci, les uns varient et se déterminent en raison de la variation et de la détermination des autres. Or, les lois de la quantité abstraite ne sont pas les seules à présenter ce caractère; les relations de qualité ou de force, les relations soit logiques, soit causales, le présentent au plus haut degré. Il est donc permis, et il est aisé d'étendre à tous les phénomènes et à tous les rapports cette conception mathématique, et de transporter le mot *fonction* dans le domaine général des sciences.

On parle quelquefois des *fonctions physiologiques*, des *fonctions intellectuelles*; on dit, si je ne me trompe, *fonction de circulation*, *fonction de respiration*, et l'on a dit *fonction de la sensibilité*, *fonction de l'entendement*. Que signifient ces expressions, si ce n'est une détermination régulière de certains phénomènes à la suite de la détermination de certains autres, et cela conformément à une loi propre de chaque ordre et que l'expérience fait connaître? C'est dans ce même sens que nous dirons *fonction de la mémoire, fonction de la volonté*;

et que nous parlerons aussi des *fonctions de la matière*. S'il s'agissait spécialement de physique, en admettant que cette science pût se borner enfin à l'étude des phénomènes et se passer d'un certain genre d'hypothèses, nous proposerions une *fonction de l'électricité*, une *fonction de la lumière*, etc.

Toutefois, on doit faire une distinction importante entre la fonction, au sens mathématique du mot, et la fonction généralisée telle que nous l'entendons ici. Les relations qui appartiennent à la science de la quantité et de la mesure sont toujours dans le fond des relations numériques : elles sont exprimées par des équations entre des quantités évaluées, ou rapportées à leurs unités respectives, c'est-à-dire entre des nombres. Il suit de là que la détermination des phénomènes les uns par les autres dans ces sortes de fonctions se définit toujours numériquement, et c'est ce qui ne peut avoir lieu lorsque la nature des relations que l'on envisage exclut toute évaluation exacte au moyen d'une unité. Nous devrons donc borner l'emploi du mot *fonction* à la signification la plus générale du *phénomène-loi* dans les deux cas suivants :

1° Le cas d'un phénomène subjectif externe, en tant que produit, reproduit, ou persistant, mais diversement modifié selon ses rapports avec une multitude d'autres phénomènes que l'observation et l'expérience font connaître comme liés avec le premier. Telles sont les fonctions physiques, chimiques et physiologiques.

2° Le cas d'un phénomène objectif interne, en tant que produit, reproduit ou persistant, mais diversement modifié selon ses rapports avec d'autres phénomènes de même ordre ou d'ordre différent. Les fonctions intellectuelles, actives et affectives, sont comprises dans cette catégorie. Mais les fonctions actives suscitent un grand problème que j'aborderai en son lieu.

L'espace et le temps sont des fonctions générales de tous les phénomènes en tant que sujets à des lois de quantité. C'est par l'intermédiaire de ces fonctions que certaines autres peuvent se présenter, sous un point de vue, comme des fonctions mathématiques : la physique et la chimie, et avant elles la mécanique et l'astronomie en offrent de continuels exemples.

Il y a des fonctions essentiellement dépendantes les unes des autres : la mémoire et le temps, l'imagination et l'espace; toutes les facultés supposent la conscience, qui, elle-même, n'est rien sans la mémoire, etc., etc.

On pourrait appeler toute conscience une *fonction de fonctions* de phénomènes objectifs. De même la nature est une *fonction de fonctions* de phénomènes. Ces deux grandes fonctions sont corrélatives, et leur corrélation générale se vérifie à tous les degrés de l'échelle : c'est ainsi que les mouvements réglés de l'air et de l'éther ont une relation constante avec les sensations de l'ouïe et de la vue, avec les sons et les couleurs.

XXI

DÉFINITION DE L'ÊTRE ET DES ÊTRES

J'ai posé des phénomènes, des lois et des fonctions de phénomènes. J'ai réduit toute la connaissance à ces termes. Mais, la substance bannie, il reste l'*être*, dont on peut me parler, et dont je parle moi-même comme tout le monde. En quel sens devons-nous poser l'être et les êtres? La réponse à cette demande sera l'objet d'une déduction des principes que j'ai établis.

Acceptons pour un moment la signification confuse du mot dont nous nous occupons, et, dans cette donnée, essayons successivement deux hypothèses :

1° *Qu'il y ait être et qu'il n'y ait pas loi dans les choses :* Avec toute loi, tout rapport disparaît; avec tout rapport tout objet, et par suite tout sujet, puisqu'il n'y en a que de relatifs, au moins pour la connaissance; il ne nous reste donc que l'*être* inconnaissable, c'est-à-dire rien pour nous. L'être n'est rien pour nous.

2° *Qu'il y ait loi et qu'il n'y ait pas être dans les choses*: La loi amène les rapports; les rapports expriment des objets et, dans leur constance, représentent des sujets. Avec les objets et les sujets, la possibilité, la nécessité d'appliquer le mot *être* se fait sentir, tant pour lier entre eux les éléments dont ils se composent (emploi de l'*être* comme *copule*) que pour énoncer le fait de la constance ou permanence plus ou moins grande que leur accorde la représentation (idée générale de l'existence). En ce sens, la loi elle-même *est*, les rapports et les termes de ces rapports *sont*, faute de quoi la loi demeure comme suspendue, inapplicable, la loi n'est rien.

Chacune des deux hypothèses est donc impossible à maintenir, d'où il suit qu'*être sans loi* et *loi sans être* sont des mots dénués de sens.

Pour éviter l'*être sans loi*, nous devons dire que l'*être* dénomme les phénomènes en tant que relatifs, et sert de signe à tous les rapports sans exception. Ce mot exprime l'idée de rapport dans sa plus entière généralité. C'est de quoi la langue fait foi, comme nous le verrons.

Et pour éviter la *loi sans être*, il faut ajouter que l'*être* s'applique absolument à ces mêmes rapports et à leurs termes, c'est-à-dire à tous les phénomènes que peut distinguer l'analyse, *en tant qu'ils apparaissent, existent, se posent, viennent d'une manière quelconque à la représentation, et enfin s'y présentent, en certains cas, comme plus ou moins indépendants de ses données actuelles ou particulières.*

L'être semble donc avoir un sens absolu aussi bien qu'un sens relatif; mais le premier séparé du second est entièrement vain, ce qui nous a permis d'affirmer ailleurs que *tout est relatif*. En effet:

L'absolu est en quelque sorte donné dans le phénomène en tant que simplement présent, ou posé; mais, aussitôt que posé, le phénomène apparaît dans une relation qui peut bien n'être pas *telle ou telle*, mais qui est nécessairement *quelque*. Ainsi le phénomène est, et l'absolu disparaît; ou l'absolu est et reste, et le phénomène n'est plus, et rien n'est. On dira donc *absolument* d'une pierre, d'un homme, d'une idée, etc., qu'*ils sont*, mais en même temps on supposera *ce qu'ils sont*, sous peine *absolument* de ne rien dire. On dira absolument *je suis*, et l'on pensera *je suis homme*, ou *je suis esprit*, ou *je suis corps*, etc.; car de cela seul qu'on dit : *telle chose est*, on se représente certaines déterminations attributives dont *cette chose* figure le sujet. Enfin, si l'on dit *absolument*, mais avec une généralité sans limite cette fois, *le phénomène est, l'être est*, on énoncera une proposition absolue, sans doute, et qui paraît avoir un sens, puisqu'elle exprime la représentation de toutes les représentations (*quelque chose existe*); et pourtant, ici comme partout, on est en droit de demander de *ce qui est* : *Qu'est-il?* et la seule réponse possible en ce cas : *L'être est l'être*, ne sera que l'abstraction de toutes les relations.

La proposition *l'être est*, qui ne va pas au delà d'elle-même, vide en tant que jugement, équivaut à l'exclamation : être! représentation! phénomène! Elle énonce le grand mystère que nulle représentation n'a pénétré et ne pénétrera; mais ce mystère même, si l'être n'était pas déterminé, si les relations n'étaient pas, se poserait-il?

La proposition *l'être est l'être*, dont les termes demeurent indéterminés, est l'énoncé du rapport abstrait et général, le phénomène universel de la relation, la forme suprême de toute représentativité; mais elle est vide aussi, en tant que jugement. La même proposition, lorsque l'*être* est déterminé, mais le même de part et d'autre, est l'identité, ce rapport du même au même dont la stérilité est connue. Enfin, quand l'être déterminé est différent des deux parts, nous avons la relation intelligible et féconde, la relation d'un phénomène à un autre phénomène, et nous sommes ramenés au sens relatif de l'être, le seul dont il soit affecté dans les représentations déterminées.

L'*être*, au sens générique, est donc *un mot, un signe, exprimant relation entre des phénomènes*. C'est ainsi que la grammaire l'envisage. Grammaticalement, *être* énonce toutes les relations possibles, et de là vient qu'il peut suppléer tous les verbes, si un attribut l'accompagne. Réciproquement, et sauf l'usage, qui est arbitraire, on supprimerait sans inconvénient l'*être* dans toutes les propositions, en y substituant des verbes connus ou faciles à forger. Et en effet, les langues varient sur ce point, et ce que l'une interdit, l'autre le permet. On dit donc indifféremment, avec ce signe unique et pour les rapports les plus divers : *la neige est blanche, il est aimé, l'homme est menteur,* etc., et l'on peut dire à volonté : *les corps pèsent* ou *les corps sont pesants, je crois* ou *je suis croyant, amor* ou *je suis aimé,* etc., etc. On a enseigné à tort que le verbe *être* était essentiel et devait être sous-entendu dans tous les autres verbes, car pourquoi ces derniers ne suffiraient-ils pas pour exprimer des relations particulières sans que l'existence générale de la relation soit posée par l'intervention de la copule? Toute la différence est là. Si l'on avait seulement voulu parler d'un sous-entendu tel que celui d'une idée générique quelconque dans les différentes applications déterminées qui peuvent en être faites, alors la remarque eût été vraie, mais inutile. Chaque verbe énonce un rapport défini, et la copule : *est*, énonce le rapport en général, c'est-à-dire l'idée générale du rapport, qui les renferme tous. L'énoncé a lieu sous cette forme, qui est celle de tout élément du discours dans notre langue, et qui ne laisse pas de sembler un peu bizarre : *un phénomène est un autre phénomène.* La bizarrerie ne disparaît que devant une bonne définition de l'*être*.

En résumé, l'*être*, au sens générique, est le nom

vulgaire du *rapport*, et s'il est aussi le nom du *phénomène*, c'est qu'il n'y a ni phénomène sans rapport, ni rapport sans phénomène. C'est un fait éminemment digne d'attention que l'emploi nécessaire d'un signe unique pour exprimer le relatif et pour exprimer ce qu'on veut être l'absolu. Quelle preuve plus concluante chercherait-on de cette vérité que le relatif et l'absolu, comme le multiple et l'un, le composé et le simple, sont des termes inintelligibles l'un sans l'autre?

Mais le langage ne se sert pas seulement de l'*être* au sens générique, il mentionne aussi *des êtres*, et en particulier *tels ou tels êtres*. Le sens et la valeur du mot *être* employé de la sorte est un nouveau problème qui se présente à nous.

Je dirais simplement que *les êtres* sont de *certains ensembles de phénomènes liés par des fonctions déterminées*, que d'après toutes les considérations précédentes je devrais être compris; mais il sera bon de spécifier davantage, afin de rendre palpable la pensée qui exige l'application d'un nom particulier aux principales fonctions que l'expérience fait connaître.

XXII

DES ÊTRES QUANT AUX PHÉNOMÈNES MATÉRIELS

Parmi les objets qui sont ordinairement qualifiés d'*êtres*, je ne m'arrêterai ici qu'à ceux du domaine de l'expérience, *êtres inanimés, êtres vivants, êtres pensants*; les autres se composent par analogie sur le modèle des premiers, et se forment de parties qui en sont extraites (ex. : les *anges*, les *démons*, les *dieux*), ou, comme *Dieu*, l'*Esprit* et la *Matière* en général, appartiennent aux doctrines et à leurs variations plutôt qu'à la raison commune de l'humanité.

J'appelle *phénomènes matériels* les phénomènes subjectifs, en tant que liés invariablement à des phénomènes objectifs de l'ordre de la sensation. Cela posé, les corps sont pour moi des *fonctions distinctes de phénomènes matériels*.

Les physiciens ont coutume de définir le corps *tout ce qui affecte nos sens*, ou encore *tout ce qui produit la sensation*. Mais ce qui affecte immédiatement nos sens, c'est la couleur, l'odeur, la saveur, le son, la chaleur, la résistance; sont-ce là des corps? Ces qualités nous sont présentes aussi dans l'hallucination et dans le rêve. D'autre part, ce qui *produit* la sensation ou affecte nos sens d'une manière seulement médiate participe de la vanité de la *substance* et de l'obscurité de la *cause*. Ou si c'est encore d'une qualité qu'on croit parler, on applique donc à une qualité occulte le nom commun de ce qu'il y a au monde de plus vulgaire et de plus connu? Mais les physiciens, il faut bien le dire, définissent ici par manière d'acquit et ne réfléchissent guère à ces sortes de choses. Ils méprisent la métaphysique et sont métaphysiciens sans le vouloir.

Développons notre définition :

1° Comme représentés objectivement, les corps sont des fonctions de l'espace et du temps, conditions d'existence de tous les phénomènes; et ces fonctions sont mathématiques, c'est-à-dire exactement mesurables et traductibles en équations. C'est à ce titre qu'appartiennent aux corps les *propriétés générales* suivantes : *étendue, figure, divisibilité, mobilité*, qui leur sont communes à tous et en sont inséparables. On y joint l'*inertie*, c'est-à-dire l'indifférence au repos et au mouvement; mais il faut alors faire abstraction des principaux éléments des fonctions matérielles autres que ceux que je viens de nommer. C'est le point de vue propre de la mécanique, applicable seulement, en toute rigueur, à des corps de convention.

2° Les phénomènes matériels, comme relatifs à la

sensation d'une manière générale, et plus particulièrement à celle du tact, et venant ainsi tomber sous l'expérience, voient leurs fonctions déjà nommées se diviser en se différenciant les unes des autres. De nouvelles propriétés générales, mais susceptibles de degrés, apparaissent : la *porosité*, la *compressibilité*, l'*élasticité*, la *résistance*; il faut y joindre les trois *états*, phénomènes généraux qu'un seul et même corps (*même* à d'autres égards) présente en divers temps, et que tous probablement peuvent présenter : *gazéité, liquidité, solidité*. Jusque-là, les corps ne se classaient que suivant des lois de temps et de lieu ; maintenant, les fonctions qui les constituent se spécifient davantage.

Je ne mentionne pas l'impénétrabilité, cette propriété absolue, chimère des anciens atomistes. Je me tiens dans les limites de l'expérience et des sens, et je parle des corps, non d'une matière que personne n'a touchée. Or l'impénétrabilité relative au tact physiologique, aussi bien qu'au contact, à la pression ou au choc d'un corps par un autre corps quelconque, se nomme *résistance*, et la résistance varie. La résistance n'est certainement que l'effet des liaisons des parties d'un corps entre elles, un développement de ce qu'on nomme des *forces*, toutes les fois que les particules d'un corps tendent à être rapprochées ou éloignées les unes des autres par l'intervention d'un autre corps à proximité suffisante. Envisagée dans la particule elle-même, il est clair qu'au moment où celle-ci ne serait plus réputée et divisible, au moins par la pensée, l'idée vulgaire d'impénétrabilité ne saurait plus où se prendre.

3° Aux fonctions ainsi définies s'ajoute, sans exception vérifiée, la *pesanteur*, dont j'ai indiqué ailleurs la nature. Les notions de *poids, masse* et *densité* s'y rattachent. Il est clair que l'inertie disparaît quand la pesanteur est posée, comme déjà ci-dessus quand l'est la résistance. Puis la notion de *masse* se généralise pour s'appliquer au corps eu égard à toutes les forces d'une certaine nature, comme elle s'y applique à l'égard de la pesanteur.

4° Les propriétés physiques spéciales sont des fonctions qui se développent relativement à divers organes des sens, et sous des conditions qu'enseigne l'expérience. Les corps se présentent alors comme chauds, colorés, électriques, etc.; et la *chaleur*, la *lumière*, l'*électricité*, etc., dénomment les ensembles de phénomènes de chaque ordre, abstraction faite des autres, et groupés sous des lois propres, plus ou moins étendues, que la métaphysique soi-disant physique a concrétés et substantialisés, comme de coutume, sous les noms d'*agents* et de *substances impondérables*. Il serait inutile d'énumérer les propriétés secondaires qui se rapportent à celles-ci : *opacité*, *réfrangibilité*, *conductibilité*, etc.

5° Enfin, la distinction et la classification des corps inorganisés, commencées par la connaissance des fonctions mécaniques, continuées par celle des fonctions physiques, soit générales, soit spéciales, s'achèvent par celle des fonctions chimiques. Le fait fondamental de cette catégorie consiste dans la *transformation* des corps en présence les uns des autres, sous des circonstances données; il y a, pour ainsi dire, un passage de certaines *habitudes* à certaines autres *habitudes de phénomènes*, et cela par des phénomènes intermédiaires. Les *combinaisons* et leurs modes de s'effectuer, leurs proportions quantitatives, enfin les états physiques qui s'ensuivent, sont des lois dont la spécification des corps résulte d'autant mieux que ceux-ci semblent se détruire ou se créer aux yeux de l'observateur. La chimie est donc l'étude des changements de fonctions des phénomènes matériels, et comme l'objet de cette science est tout entier dans les corps, il faut reconnaître en ceux-ci des éléments de devenir et un principe d'activité, mais soumis à des lois constantes.

L'énumération qui précède, toute imparfaite qu'elle est, fait ressortir du groupe des phénomènes appelés corps plusieurs groupes distincts, qui subsistent en vertu de lois particulières, se rattachent les uns aux autres par des lois plus étendues, et tous ensemble dépendent de quelques lois générales que l'expérience révèle et des lois mathématiques de l'étendue et du mouvement.

Cette même énumération une fois terminée, les fonctions classées et définies en ce qui les distingue et en ce qui les lie, la définition du corps se trouverait aussi obtenue. Mais comment mener à fin une telle œuvre? c'est aux physiciens et chimistes de la poursuivre. La définition exacte et du corps et des corps est donc le but de la science, tant s'en faut qu'elle puisse en être le principe.

Je conclus, pour revenir au problème de ce chapitre, que la notion commune d'*être*, cherchée et vérifiée dans les corps, s'applique à divers ensembles de phénomènes et de fonctions, dont chacun de nous forme aisément de grossières synthèses, et dont la synthèse exacte, que doit toujours précéder l'analyse, est du fait de la science infatigable et progressive.

Celui qui doute qu'une synthèse ainsi formée, qui demeure imparfaite, suffise à nos représentations habituelles, est libre de continuer cette poursuite de la substance que les Indiens et les Grecs commencèrent il y a deux ou trois mille ans. Mais auparavant, qu'il réponde : Pourquoi les philosophes n'ont-ils jamais pu définir à la satisfaction générale une chose que d'après eux tout le monde connaît parfaitement, la matière? Aussitôt qu'un homme entreprend de creuser l'*être*, et, quittant les phénomènes et leurs lois sensibles, vise à l'absolu, le voilà philosophe, il n'est plus du vulgaire. Mais le plaisant, c'est que de ce moment date sa prétention à faire accepter pour une donnée universelle de l'esprit ce que lui-même ignorait naguère, que d'autres contestent, que la plupart ne comprennent pas, et qu'il pourrait bien à son tour refuser de comprendre demain. *Point d'opinion que quelque philosophe n'ait une fois soutenue*, disait un ancien; ajoutons : *et que quelque philosophe n'ait une fois abandonnée.*

Ainsi le sens commun, ou plutôt sa vivante manifestation, le peuple, affirme sous le nom d'*être* attribué aux corps les fonctions diverses qu'une expérience journalière nous apprend à distinguer et à classer en les extrayant du vaste ensemble des phénomènes. Il n'importe que les définitions savantes et dignes du nom de science soient incomplètes, l'observation vulgaire peu précise. Celle-ci suffit pour que chacun reconnaisse dans les phénomènes matériels une parfaite régularité de production et d'enchaînement, des caractères constants, des rapports fixes. C'est par là que des groupes naturellement formés tombent sous les sens, ou que, selon le langage que nous avons adopté, des *sujets* se constituent. C'est à cela que le peuple attache l'*existence des corps*; et ce que nous avons appelé *fonctions* n'est pas autre chose.

XXIII

DES ÊTRES QUANT AUX PHÉNOMÈNES VITAUX

Passons aux phénomènes de l'organisation et de la vie, et considérons ces ensembles animés qu'on appelle plus particulièrement des *êtres*.

Les fonctions mécaniques, physiques et chimiques par lesquelles nous avons vu se constituer les corps les plus simples, les corps appelés bruts, se conservent dans les corps vivants; seulement de nouvelles fonctions s'ajoutent alors aux premières, et en partie les modifient; c'est un fait constant et dont l'interprétation seule peut varier.

Les phénomènes généraux de la vie consistent en ceci : que certains corps joignent incessamment à leur propre composition quelques parties des corps environnants et se défont de quelques-unes de leurs propres parties. De là les fonctions d'*absorption*, d'*assimilation*, d'*exhalation* et de *développement*. En outre les corps vivants se reproduisent; l'expérience constate que, en général, ils proviennent de parents et sont précédés par des germes. Cette fonction de *génération* met le sceau à la distinction profonde des corps vivants et de tous les autres. Ce sont encore là des faits.

Le mouvement propre aux corps vivants et l'accroissement plus ou moins durable qui en est la suite exigent une condition en quelque sorte constitutionnelle pour les fonctions élémentaires : c'est l'*organisation*. Tous ces corps sont formés d'un ensemble de réseaux et de mailles, de tissus et de lames solides. Des liquides ou des gaz s'exhalent de ces tissus flexibles et dilatables; d'autres les parcourent tandis que les parties solides éprouvent une série de contractions.

A la suite de ces fonctions générales il s'en présente de particulières qui divisent les corps vivants en deux classes. La *nutrition* et la *génération* étaient communes aux végétaux et aux animaux; la *sensibilité* et la *locomotion spontanée* sont propres à ces derniers. L'exercice de ces deux nouvelles fonctions n'a lieu d'ailleurs qu'à la condition de modifications dans le plan de l'organisation, et nous voyons apparaître alors la *cavité intestinale*, les *systèmes musculaire* et *nerveux*, l'appareil de la *circulation* et celui de la *respiration*. Le système nerveux comprend ici les organes des sens.

Ces nouvelles fonctions physiologiques se joignent donc aux premières dont j'ai donné l'énoncé sommaire, et toutes ensemble complètent l'aperçu général des phénomènes de la vie. A ce propos on est forcé de remarquer que la sensibilité et le déplacement spontané, outre leur rapport aux fonctions mécaniques et physiques, impliquent aussi des fonctions représentatives. Cependant j'envisagerai celles-ci à part de toutes les autres. Il est incontestable que parcourant de bas en haut, comme de haut en bas, l'échelle des phénomènes, on trouve toutes les lois liées, mais il ne suffit pas d'unir, il faut encore distinguer, sous peine de donner, au lieu d'une classification naturelle et logique, de vaines théories fondées sur des affirmations inintelligibles. Je me borne donc dans ce chapitre à la considération des fonctions organiques.

L'histoire naturelle, la physiologie générale ou comparée, et toutes les sciences qui s'y rattachent ont pour objet l'étude de ces fonctions, soit en elles-mêmes, soit dans leurs rapports les unes avec les autres et avec celles que définissent la mécanique, la physique et la chimie, soit enfin quant à l'ordre en quelque sorte historique suivant lequel elles se manifestent. Cette étude est immense et sujette à de grandes difficultés. La complexité des phénomènes de tant de sortes, dont les liens les plus élémentaires sont quelquefois ignorés, paraîtra surtout un sérieux obstacle à quiconque sait comment les sciences mathématiques se trouvent arrêtées dans le domaine de la physique pure, où leur application est tout à fait rationnelle, désirable, indispensable même, et cela par suite du défaut de simplicité des problèmes. Et en effet le calcul lui-même, hormis dans les cas les plus simples, est impuissant pour *intégrer*; cependant l'intégration seule, jusqu'ici, promet de notables ressources pour la détermination des lois les plus générales de la nature.

Mais une connaissance si vaste n'est pas nécessaire pour l'établissement des principes de la méthode. Je marche sûrement à mon but au milieu de l'ignorance et en la reconnaissant.

De quoi s'agit-il? de définir l'*être*. Je l'ai défini dans les corps en l'envisageant, eu égard au besoin commun de toutes intelligences, comme une synthèse grossière des phénomènes matériels, synthèse que tout le monde fait et qui suffit à chacun. Je le définirai de même dans les corps vivants; je l'appellerai une *synthèse grossière des fonctions organiques, dans laquelle reparaissent les fonctions matérielles plus ou moins modifiées, liées aux premières par des lois connues ou à connaître.*

Cette synthèse, mais exacte, la science travaille à la constituer, après analyse préalable, fonction par fonction, groupe par groupe, et en totalité s'il se peut. Nous tous, cependant, nous donnons le nom d'*êtres* aux ensembles distincts de phénomènes et de fonctions apparentes que la botanique, la zoologie, l'anatomie, la physiologie s'attachent à déterminer avec plus de précision. La synthèse est faite avant la science, elle est sous nos yeux, elle est un phénomène. C'est pourquoi la raison commune l'affirme et la nomme sans attendre que la raison scientifique la définisse.

En appelant les corps organisés des *êtres*, nous sommes pénétrés de ce même sentiment de l'ordre qui nous anime, ai-je dit, lorsque nous considérons dans les corps bruts les lois dont ils sont des concrétions sensibles. Et l'ordre vivant nous saisit d'autant plus que, sous une certaine simplicité apparente, il enveloppe des rapports plus complexes. Mais ces nouvelles lois si merveilleuses semblent manquer de fixité, de sorte qu'un des caractères les plus frappants de l'*être*, par opposition au *phénomène*, nous abandonne ici. Je veux dire que la plupart des fonctions inorganiques se perpétuent indéfiniment dans les mêmes groupes, moyennant certaines conditions de stabilité qui sont même assez communes; d'ailleurs le corps, décomposé ou combiné, subsiste et peut toujours se régénérer : dans le cercle de l'analyse et de la synthèse il n'est rien qui ne se trouve. Au contraire, que voyons-nous dans les corps vivants? Des assemblages dont l'accroissement mène à la dissolution. La vie a pour fin la mort, et la nature du composé dissous, dans ce cas, se prête mal à l'idée d'une recomposition future. L'animal meurt, et non pas l'hydrogène.

Nous nous demanderons plus tard, et après avoir défini l'être quant aux phénomènes représentatifs, ce que nous devons penser de cette visible anomalie dans la constitution des plus hautes fonctions. Au point de vue borné où je me tiens ici, qu'il me suffise de remarquer que la permanence, caractère reconnu des fonctions inorganiques, ne semble faire défaut dans les fonctions organiques qu'autant que celles-ci sont prises individuellement. Elle reparaît dans les fonctions d'espèce ou de race, qui sont les *êtres* véritables pour la science, et en tant que nous ne dépassons point l'observation.

Le progrès dans l'*être*, c'est-à-dire dans la loi d'union et de distinction des phénomènes, se fait admirablement sentir au passage des phénomènes matériels aux phénomènes vitaux. D'une part, en effet, les fonctions deviennent de plus en plus complexes, ne fût-ce qu'en ceci que les supérieures impliquent toujours les inférieures ; de l'autre, les individualités se caractérisent, et ce dernier point est capital, car un ensemble de phénomènes auquel la dénomination d'*être* s'applique le plus volontiers est toujours celui dont la distinction est la plus saisissante. Or, les végétaux plus que les simples corps, les animaux plus que les végétaux se font remarquer par la séparation profonde des fonctions qui les constituent, d'avec toutes les autres. Les derniers des *êtres* sont des parties distinctes de certains touts, et sensiblement régies par des lois externes ; les premiers sont des touts distincts qui portent en eux leurs lois propres et fondamentales.

XXIV

DES ÊTRES QUANT AUX PHÉNOMÈNES REPRÉSENTATIFS

Les corps, c'est-à-dire les fonctions tant organiques qu'inorganiques, composent la série des phénomènes représentés comme des sujets externes. Mais ils ne sont tous connus que par la représentation et en elle, c'est-à-dire objectivement. De là vient que l'élément objectif est toujours et partout uni à l'élément subjectif externe. On s'explique ainsi ce qu'on ne saurait autrement comprendre, l'existence de deux faits constants et comme incompatibles : La raison populaire, d'un côté, qui prend pour inhérentes aux sujets externes les qualités sensibles ; sons, couleurs, etc.; la raison scientifique, de l'autre, qui, invariablement, depuis deux siècles, regarde les sensations comme purement objectives, et borne la partie connue du rôle des sujets externes à ces purs phénomènes de mouvement local (ondulations de l'air ou de l'éther) rattachés à nos perceptions par une corrélation constante. Nous avons vu que le mouvement lui-même ne peut entrer intelligiblement dans la représentation que sous une forme objective.

Le représenté comme sujet implique donc le représentatif, ou représenté comme objet. Réciproquement, le représentatif implique le représenté comme sujet : Les notions d'espace et de temps sont formellement essentielles à toutes les représentations possibles et par suite à la conception d'un sujet quelconque. Réciproquement les formes objectives, générales et particulières, l'espace, le temps, la sensation et ses modes divers, puis la pensée, l'affection et la volonté, ne se rencontrent que sous les conditions enseignées par l'expérience et qui se résument dans la présence de ces corps, et particulièrement de ces corps organisés, qui sont les principaux sujets externes qu'envisage notre connaissance. De même que les fonctions organiques supposent les fonctions inorganiques, et sous un rapport les enveloppent, tandis que sous un autre elles sont enveloppées par elles, ainsi les fonctions représentatives supposent les fonctions représentées de tout ordre, les embrassent et en sont embrassées. Les faits sont tels.

Donc, et pour procéder comme j'ai fait jusqu'ici, je

dois définir les fonctions représentatives dans leur intime union avec les fonctions subjectives externes, et me trouver conduit à envisager l'*être* le plus accompli dans la plus complexe des fonctions, dans celle qui forme le groupe de toutes les fonctions générales connues. C'est le cas de l'homme.

La définition spéciale et le classement des fonctions représentatives sont moins avancés encore que ceux des fonctions subjectives externes. A peine avons-nous de misérables fragments de l'histoire naturelle de...; le mot même nous manque; car, pourquoi dirais-je de l'*entendement* ou de la *raison*, plutôt que de l'*instinct*, plutôt que des *affections*, plutôt que de la *volonté* et de la *force?* C'est de la *représentation* que je dirai, mais *en tant que représentative*, si je m'en réfère aux termes que j'ai adoptés.

La raison de cet état si imparfait de la science de l'élément représentatif est profonde. Il s'agit de construire cela même qui sert à construire tout. Les uns se sont aidés de l'arbitraire métaphysique et de son cortège d'hypothèses. Les autres ont essayé de l'observation et de l'expérience, sans songer que plusieurs des conditions de la méthode sont changées lorsque l'objet étudié est identique avec le sujet qui étudie.

Appuyons-nous provisoirement, comme ci-dessus, sur une synthèse grossière. Qui n'est accoutumé à la faire, cette synthèse, et à s'en contenter? Mettons en bloc la sensation, la mémoire, l'instinct, le jugement, le raisonnement, la volonté, le désir, etc. Joignons-y leurs rapports aux fonctions subjectives externes; joignons-y ces fonctions elles-mêmes déjà concrétées dans des corps organisés, et telles que chacun les sait, et nous obtiendrons ce que chacun aussi conçoit comme l'*être* en son plein accomplissement quant à l'expérience.

S'il s'agit des animaux, nous modifierons plus ou moins gravement les fonctions organiques, nous abaisserons les affections et les appétits, nous substituerons en grande partie et selon le degré de l'animalité où nous voudrons nous arrêter, l'instinct au jugement, la force aveugle à la volonté qui délibère : l'instinct, c'est-à-dire une certaine représentation uniforme et constante qui tient lieu de comparaison et de choix.

L'individualité, caractère déjà marqué des fonctions organiques, va s'étendant et s'élevant de plus en plus dans cette synthèse de l'être organisé, animé, pensant. Elle paraît à sa plus haute expression connue dans l'homme, où elle devient conscience et personnalité.

L'homme est donc au milieu de l'ordre total un ordre aussi distinct et complet que le permet l'existence de lois plus générales. D'où cette dénomination célèbre de *microcosme* qui est le véritable synonyme de l'être humain pour la connaissance.

Je définis donc l'*être représentatif*, pris en lui-même, *une fonction spéciale de phénomènes à forme essentiellement objective, manifestés dans une sphère subjective externe, distincte de toute autre, qui est l'individu organique*. Cette fonction spéciale est la *conscience* à différents degrés. Les phénomènes spéciaux qui seuls rendent la représentation et la connaissance possibles sont des *facultés*, c'est-à-dire sont eux-mêmes des fonctions comme je l'ai expliqué. Enfin, les phénomènes composant ces fonctions, phénomènes essentiellement objectifs, exigent en corrélation constante avec eux d'autres phénomènes représentés comme subjectifs externes; mais ils peuvent aussi, par le redoublement propre à la conscience, en usurper les rôles dans notre croyance. C'est ainsi que la fonction représentative, dans l'homme, a pu sembler se suffire à elle-même; et pourtant l'analyse la plus simple, attachée fidèlement à l'expérience, constate les rapports essentiels de cette fonction avec certaines autres qu'elle pose à titre de sujets en les envisageant comme extérieures.

J'ai donc défini les *êtres* d'une manière générale, sans rien supposer d'autre que les phénomènes et leurs lois. Ma définition est conforme à l'esprit de la science, s'il est vrai que supposer des *essences* à part des phénomènes, aussi bien que des phénomènes sans rapport à la connaissance, soit un procédé peu scientifique. Elle n'est pas moins conforme au sentiment du peuple ; on le reconnaîtra si l'on veut bien aller au fond sans s'arrêter aux mots.

J'avoue, ou plutôt j'aime à constater que le peuple a toujours cru en quelque chose de plus que les simples phénomènes, car il a toujours posé la persistance et la permanence des *êtres*, tandis que les simples phénomènes sont variables et passagers. Mais je nie que le principe du *persister* soit, dans sa pensée, celui du *subsister pur*, de ce *quelque chose sous les phénomènes*, inapparent, immanifesté, en soi, que les philosophes entendent. Si vous en doutez, parlez-lui du substratum, des formes substantielles, des monades descendant à l'infini jusqu'à rien ; essayez de lui expliquer ce que vous ne comprenez pas vous-mêmes, le grand sujet de deux mille ans d'élucubrations logomachiques !

Les phénomènes considérés avec leurs lois, dans leurs fonctions, présentent le double caractère de persistance et de changement, de permanence et de développement ordonné que le sens commun reconnaît aux êtres. La fonction, on peut l'affirmer avec une entière bonne foi philosophique, n'est que le nom savant de l'être, au sens le plus vulgaire d'ailleurs, pourvu qu'en la posant on s'abstienne de borner systématiquement l'ordre du monde aux seuls fragments de lois que l'expérience actuelle nous apprend. Il y a pour cela deux conditions à remplir ; je me contente provisoirement de les indiquer.

Gardons-nous de l'hypothèse d'une division absolue entre les grandes fonctions unies dans l'être. Distinguer n'est pas séparer. Notre méthode admet des lois distinctes, elle n'admet ni l'*esprit* pur ni la pure *matière*, et le peuple ne les a jamais compris. Il est vrai qu'il croit aux *âmes*, mais comment ? Il les imagine, il leur donne un corps, léger, inaltérable si l'on veut, mais enfin un corps. En se représentant volontiers l'âme corporelle et le corps animé, il proteste contre les chimériques essences des métaphysiciens et ne suppose rien d'incompatible avec le système des phénomènes et des lois. Il n'y a point d'absurdité à accepter comme possibles des êtres plus ou moins différents de ceux qui sont actuellement manifestés pour nos sens, quoique, en somme, conçus d'après un mode de composition analogue.

Ensuite, nous avons à repousser le dogmatisme négatif et toutes les tentatives d'un prétendu savoir pour limiter les fonctions individuelles à leurs évolutions présentes. La conclusion de la *mort* à l'*anéantissement* n'est pas légitime, et le peuple, en admettant la permanence des âmes, avec ou sans *métensomatoses*, a bien pu outre-passer les données actuelles de la science, il ne les a pas contredites.

XXV

DÉFINITION DE LA SCIENCE ET DES SCIENCES

L'être est donc, pour la connaissance, une agglomération réglée de phénomènes de tout ordre, et chaque être est une fonction distincte en rapport avec d'autres fonctions. Certaines lois constituent la fonction pour elle-même, en sont le lien propre et intérieur; certaines autres, plus générales que les premières, président aux communications. Par exemple, la conscience, la mémoire et les autres *facultés* d'une part, et de l'autre, les organes, composent la fonction humaine tant représentative que représentée; puis les organes et les facultés plongent respectivement dans des ordres plus vastes, qui sont les lois dites de la *matière* et les lois dites de la *pensée*, où s'établissent les communications des fonctions diverses. Enfin, ces ordres eux-mêmes se montrent constamment et régulièrement corrélatifs, intimement associés, pénétrés mutuellement et à fond dans la représentation, dans laquelle seule ils sont donnés.

Toutes ces lois viennent à la connaissance en synthèses confuses; ou plutôt la représentation de ces lois plus ou moins vagues, plus ou moins imparfaitement classées, constitue la connaissance même, que chacun de nous apporte en germe et développe dans le cours de l'expérience.

Le passage de la *connaissance* à la *science* est le résultat de l'analyse. *Connaître*, c'est posséder la synthèse naturelle et confuse des lois essentielles à la vie; *étudier*, c'est s'attacher à démêler et à classer les éléments de cette synthèse; *savoir*, c'est la reconstituer distinctement, en assemblant par ordre, de phénomène à phénomène et de loi en loi, ces éléments dont l'analyse a défini les rapports. En ce sens (et dans un autre aussi qu'il n'est pas temps de mentionner), on a pu dire justement que l'homme ne sait que la vérité qu'il a faite.

Le savoir a des degrés, car l'analyse peut ne s'appliquer qu'à des synthèses très partielles, très secondaires, en sorte que les lois exactement définies soient des abstractions plus ou moins naturelles ou violentes : Celui qui découvrit la loi de la circulation du sang ignora le rapport de cette loi avec celle de la respiration, antérieurement connue mais non analysée.

Il s'ensuit de là, et de ce que l'homme est à l'état de savoir imparfait, qu'il faut distinguer diverses sciences, et dans chaque science diverses parties. Mais surtout distinguons ici *la science* et *les sciences*; ou, pour parler plus modestement, car la modestie est forcée, l'*essai de la science*, les *fragments des sciences*.

Les sciences se refusent à l'investigation des lois les plus générales. Les données proposées à leur analyse sont des groupes que l'observation vulgaire a déjà discernés dans le vaste ensemble des phénomènes. Hors de la sphère propre de chacune, elles participent toutes au lot commun de la connaissance, c'est-à-dire qu'elles professent l'ignorance; ou du moins elles doivent la professer. Heureuses, dans un domaine ainsi borné, celles qui peuvent exécuter sans trop d'incertitude le double mouvement de l'analyse exacte et de la synthèse rigoureuse et fixer très-haut la loi de tout un ordre, à l'abri des atteintes de la critique et du temps!

(Expliquer un fait, c'est le rattacher à d'autres faits, le mettre à sa place dans un ensemble défini de rapports de phénomènes; c'est donc signaler une loi. De même, une loi peut s'expliquer, c'est-à-dire apparaître comme un élément d'une fonction plus enveloppante.) Ainsi, pour les sciences, d'abord divisées en elles-mêmes et les unes d'avec les autres, les distances tendent à se combler, les limites à se confondre, comme si l'on devait arriver un jour à la considération d'un seul système de lois. Au demeurant, que possédons-nous? un nombre assez arbitraire de groupes détachés de phénomènes, que de grands vides séparent, dont les rapports, même de nature sensible, échappent à l'analyse, dont les synthèses données à la connaissance la plus commune demeurent soustraites à toute détermination scientifique.

La construction successive de ces synthèses est l'objet *des sciences* considérées ensemble. La construction d'une synthèse unique est la fin de *la science*. Mais tandis que *les sciences* trouvent la matière de leurs phénomènes et de leurs lois dans les données de la connaissance, *la science* semble poursuivre ce qui n'est ni ne sera donné, ni ne peut l'être. Voilà pourquoi d'efforts en efforts toujours trompés, la science dut se résigner à s'appeler *philosophie* ou étude du savoir, puis *scepticisme*, qui est *recherche*, enfin *critique*, aujourd'hui son vrai nom. Le dogmatisme, ou plutôt les dogmatismes s'effacent à mes yeux du plan de la philosophie donné par l'histoire, comme dans un chemin parcouru s'annulent des longueurs tantôt comptées en plus et tantôt comptées en moins.

Or, la critique est plus que scepticisme et moins que dogmatisme, car le jugement (*crisis*) détermine, au lieu de suspendre sans fin en poursuivant la recherche (*skepsis epochè*), et, d'autre part, sa portée ne doit jamais dépasser les limites essentielles de la connaissance.

La question de la science était : *construire une synthèse unique;* la question de la critique est : *tracer les bornes du savoir en essayant la construction de la synthèse unique, après avoir assemblé tous les éléments disponibles de cette construction.* La critique achevée serait la vraie science.

Mais est-il bien prouvé que la synthèse unique soit impossible? Par un scrupule tout contraire, on pourrait se demander si la critique elle-même, générale comme je l'entends, présente les caractères d'un vrai savoir. Je répondrai provisoirement à ces questions en me mettant à l'œuvre, ou plutôt en continuant l'œuvre commencée. Il s'agit maintenant de spécifier les méthodes propres aux sciences et à la science.

Les sciences s'établissent au milieu des lois et des fonctions données, sans se poser jamais les problèmes premiers. Elles s'appuient donc sur l'*observation*. Toute donnée est un fait ou phénomène plus ou moins complexe, abstrait de tous les autres faits et dont il faut d'abord faire l'analyse, ensuite refaire la synthèse. Or il y a deux sortes de données.

Les unes correspondent à l'observation du sujet externe et de ses lois objectives les plus constantes et les plus générales : nombre, mesure, espace, temps, vitesse. Les lois de cet ordre ont un grand privilège. En même temps que l'expérience nous les montre à l'état fragmentaire et unies intimement aux autres fonctions de la matière, elles nous apparaissent aussi comme conditions universelles de la représentation et, en cela, d'une abstraction aisée, d'une définition souverainement claire. Ainsi les données des sciences mathématiques sont à la fois représentées *a priori*, vérifiables et vérifiées *a posteriori*. Si la vérification n'est qu'approximative, c'est qu'il faut tenir compte de la nature de ces lois, pures ou abstraites d'une part, concrètes et mêlées de l'autre. L'intervention de l'élément régulateur *a priori* rend, en algèbre, en géométrie, en dynamique, l'observation positive et l'analyse infaillible. Le contenu des données mathématiques est développé par un raisonnement rigoureux.

Les autres données sont beaucoup plus enveloppées, et ce n'est pas aux lois générales de la représentation qu'on peut s'adresser pour en obtenir des synthèses préliminaires, confuses sans doute[1], mais bien délimitées, telles que la géométrie en trouve à son point de départ. Les phénomènes généraux de la chaleur, de l'électricité, de la spécificité matérielle, de l'organisation, etc., ne renferment rien de semblable à ces notions de *point, ligne, surface, volume*, en un mot, de *dimensions*, qui portent en germe la science de l'étendue; et la représentation ne nous offre de prime abord aucun axiome du genre de ceux qui servent de levier à l'analyse mathématique et suffisent pour la mener très-loin. De là vient que l'observation et l'analyse affectent un caractère descriptif, non positif, au début des sciences physiques. Et ce caractère demeure propre à l'histoire naturelle, qui est comme le vestibule de la physique et de la physiologie, dans le sens le plus large de ces mots.

La méthode de description et de classification conduit sans doute à la manifestation de certain ordre et de certaines lois, mais il s'en faut qu'elle révèle complètement ou sûrement le mode de succession et de production des phénomènes et la nature des fonctions en elles-mêmes.

Nous avons sous les yeux des théories considérables

---

[1]. Pour se rendre compte de l'espèce de confusion que j'attribue aux données mathématiques, il faut songer que toute la géométrie est contenue dans quelques définitions et quelques axiomes. La science développe, là comme ailleurs, ce qui n'est donné que confusément à la connaissance.

sur les révolutions, les transformations et les âges des grands corps de la nature, et de la terre et des espèces qui y ont vécu. Le raisonnement analogique ou inductif donne une portée immense aux observations, et quelquefois aux moindres. De grandes hypothèses reconstruisent un passé dont on ne voit plus que des traces, et ne s'arrêtent même pas toujours devant la métaphysique et ses concepts contradictoires. Tant qu'on ne peut rien qu'observer, classer, rapprocher, raisonner, il faut qu'on s'avoue qu'on ne tient rien de rigoureusement scientifique, mais seulement de beaux édifices de conjectures sur le terrain des sciences. Comparons, par exemple, la probabilité si élevée des résultats que donne le procédé de l'analyse spectrale (une branche de la physique), pour déterminer la composition chimique des étoiles, avec ceux auxquels conduit, en histoire naturelle, l'analogie établie par C. Darwin entre la sélection artificielle des races d'animaux domestiques et la formation naturelle des caractères spécifiques en botanique et en zoologie. Dans le dernier cas, c'est un assemblage de rapprochements et de suppositions, sans aucune vérification possible, autre que l'absence de faits positivement contradictoires avec ceux qu'on suppose s'être produits. Aussi la doctrine de l'évolution fondée sur la concurrence vitale ne constitue pas un progrès certain de l'histoire naturelle, mais une hypothèse qui n'a point la force de détruire celle de la discontinuité des espèces, ou encore de l'existence essentielle des caractères spécifiques dans le monde, considéré à toute époque. Il peut donc toujours arriver qu'une doctrine différente aspire à son tour à la popularité. Telle est la condition des constructions dues exclusivement au raisonnement analogique.

Les sciences physiques avancent par un autre procédé : l'*expérience systématique* à l'appui de laquelle, et seulement pour en diriger au besoin la marche ou la conclusion, se présentent l'*hypothèse*, l'*analogie* et l'*induction*. L'expérience commence par isoler certains phénomènes que l'observation pure ou descriptive présenterait compliqués de plusieurs autres qui leur sont étrangers quant à la loi qu'il s'agit d'explorer : c'est une sorte d'abstraction physique. Puis elle fait ressortir et paraître en son mode d'enchaînement quelque fait qui, de lui-même, ne serait ni tombé sous l'observation, ni venu à la représentation comme loi nécessaire de celle-ci. L'*hypothèse* doit diriger l'expérimentateur, parce que la préparation même de l'expérience comporte une anticipation plus ou moins claire de la loi qu'il faut mettre en évidence; et ce sont des *analogies* ou ressemblances tirées de lois antérieurement connues, soit mathématiques, soit physiques, qui décident ordinairement du choix de l'hypothèse.

Mais ce qui est capital, c'est la possibilité de vérifier l'hypothèse, quand elle est choisie de manière à comporter la vérification, soit systématique et immédiate, soit attendue du cours du temps : et le physicien doit se préoccuper de remplir cette condition, aussi bien qu'être toujours prêt à abandonner les hypothèses qui soutiennent mal l'épreuve de l'expérience.

Enfin l'*induction*, c'est-à-dire la généralisation des faits acquis, intervient toujours, et il ne saurait y avoir de vraie conclusion sans elle. Je ne parle pas seulement ici de cette induction, comprise dans l'hypothèse et aussi dans l'analogie, qui consiste à poser la totalité d'un ordre dont il n'est encore apparu que des fragments, car je ne ferais alors que me répéter, mais bien d'une affirmation essentielle, indispensable aux sciences physiques, celle de l'identité de nature et d'action des lois dans les mêmes circonstances et quant aux mêmes phénomènes. *L'expérience révèle constamment sous des données identiques des fonctions identiques;* mais encore faut-il généraliser par la pensée l'expérience pour en affirmer la constance.

En résumé, les *mathématiques* partent de données fixes, rigoureusement abstraites dans la représentation; et l'analyse de ces données, poursuivie par la méthode de déduction pure, permet une reconstruction exacte des synthèses primitives dont le contenu se développe de plus en plus, indéfiniment. Les *physiques* partent de données mobiles, variables et très composées que l'on ne saurait constituer à l'état de synthèses exactes en les identifiant avec certaines lois générales de la représentation. Elles s'adressent donc principalement à l'observation et à l'expérience. L'ordre objectif interne intervient toujours et nécessairement dans cette analyse de l'ordre subjectif externe, puisque l'expérience doit être conduite avec plan et système, et que les plus simples observations entraînent des jugements avec elles. L'hypothèse, déjà si utile aux mathématiciens, si ce n'est même indispensable aux inventeurs, devient d'un usage nécessaire et continuel pour les physiciens, et donne à leurs procédés d'exploration et de découverte un caractère de tâtonnement sans règles fixes qui semble tenir de la divination. Les besoins de l'imagination et les exigences du langagage, toujours métaphorique, font même qu'on ne se contente pas de ces sortes d'hypothèses indispensables dont le rôle est de préjuger les lois et d'anticiper des vérités propres à être ultérieurement constatées. Il en est d'autres d'une utilité plus disputée, et d'une nature à ne montrer souvent que trop combien on est loin du but. Mais sitôt que la science est acquise, celles-ci doivent se retirer en tous cas, comme on enlève un échafaudage inutile, et ne laisser paraître à la vue que des phénomènes ordonnés selon leurs lois

L'esprit humain ne possède point d'autres méthodes pour *les sciences*. *La science*, dès lors, quelle méthode a-t-elle? une méthode propre? une méthode empruntée de l'une des précédentes ou de toutes deux?

Les données de *la science* diffèrent nécessairement de celles des physiciens, car il s'agit de s'élever aux lois les plus générales possibles, et non de se borner à quelques synthèses abstraites de toutes les autres et tombant sous l'observation externe. Elles ont plus d'étendue que celles des mathématiciens, puisque les lois proprement mathématiques ne vont pas au delà des objets qui comportent la *mesure*. Au surplus, et en tant que ces derniers font partie des hautes généralités de la science, la critique les envisage en eux-mêmes et s'attache à remonter aux premiers rapports qui les enveloppent, au lieu de descendre aux lois subordonnées susceptibles de tomber sous l'observation jusqu'à un certain point et de se vérifier expérimentalement.

Les données de la science ne peuvent donc se trouver que dans la représentation en général, et elles s'y trouvent, tout autant que celle-ci, quant à sa généralité même ou sous ses conditions universelles, appartient à la connaissance.

Dès que les données de la science et des sciences diffèrent, les méthodes aussi doivent différer. Et en effet, c'est vainement, c'est par un abus étrange des mots, qu'on a prétendu que l'analyse de la représentation en elle-même (la psychologie comme on dit) est une affaire d'observation et d'expérience. En un sens, tout phénomène est observable, tout phénomène est matière à expérience. Mais il n'est pas raisonnable de confondre l'observation physique avec cette autre observation dans laquelle l'observateur s'observe, et se modifie comme observateur et comme observé, pendant qu'il s'observe; l'expérience physique avec une expérience dont il n'est possible ni de fixer invariablement l'objet, ni de préparer, de conduire et d'ordonner extérieurement les éléments. Ainsi nous devons borner le rapport entre la méthode physique et la méthode de la science à ceci : que des deux parts il y a des phénomènes à constater, des analyses et des synthèses à faire. La similitude est plus marquée entre la méthode de la science et la méthode mathématique, attendu que la constatation des phénomènes s'y fait de manière identique, je veux dire sous la forme positive. Mais la différence est grande, parce que les phénomènes mathématiques se rattachent étroitement aux données de l'imagination et des sens, alors que la science s'étend à d'autres ordres de phénomènes dont la représentation n'a pas lieu sous le mode de la sensibilité, le seul qui comporte une vérification directe par l'expérience.

La méthode de *la science ou critique générale* consiste donc en l'analyse des données de la représentation, considérées dans la plus haute généralité possible. A ce sujet, deux questions étroitement liées se présentent :

1° Quel peut être le principe de la division et de la classification des données de la représentation en général? en d'autres termes, sur quel fondement poser un *système de catégories*?

2° Qu'est-ce que la *certitude*? A quel signe juger de la vérité de la critique en elle-même, de l'exactitude des analyses et de la perfection des synthèses?

Je me suis placé jusqu'ici, et je prétends me placer toujours au point de vue de la représentation en général, non de l'homme et des représentations individuelles, soit des miennes propres. Si donc je répondais aux deux questions, si je pouvais y répondre, on me demanderait à bon droit de faire connaître le principe de mon principe, le fondement de mon fondement, la certitude de ma certitude. A cela point de réponse, car au fait il m'est impossible de sortir de ma représentation individuelle autrement que par un acte de croyance ; et pour amener d'autres personnes à participer à cet acte, il faut quelque chose de plus que de brèves réponses didactiques à des questions faciles à formuler en peu de mots ; il faut de longues analyses et une suite de motifs coordonnés.

Je suis forcé de procéder empiriquement, comme je l'ai dit au début de cet ouvrage. La vérité, si elle est ici, se présentera d'elle-même, et mon lecteur la jugera ; et l'erreur aussi. Il est licite à chacun de prendre la vérité pour fausse et l'erreur pour vraie. Qu'a-t-on fait de plus jusqu'à ce jour, soit dans la philosophie, soit dans la vie? Plus tard, en étudiant l'homme, c'est-à-dire en m'étudiant moi-même, j'essayerai de répondre à la question de légitimité de ce que je crois savoir quant à moi.

J'ai montré que *le principe de la connaissance est le phénomène,* et que *les fins de la connaissance sont les lois des phénomènes.* Il en est de la science comme de la connaissance et à plus forte raison, car l'analyse ne crée point, et le contenu de la science ne peut surpasser les données de la connaissance. Maintenant j'aborde l'étude de ces données générales, éléments du problème de la possibilité d'une synthèse unique.

TROISIÈME PARTIE

ANALYSE DES LOIS FONDAMENTALES

CATÉGORIES. — LOGIQUE

XXVI

DÉFINITION DES CATÉGORIES. — DISTRIBUTION PRÉLIMINAIRE.

Afin de mieux éclairer la marche de cette partie de mon *essai*, je commence par où il serait peut-être plus naturel de conclure. Je trace un aperçu rapide de ces lois de la représentation dont l'analyse m'est proposée. D'ailleurs, je n'attache à l'ordre que je suis qu'une valeur empirique, et j'ignore comment je pourrais faire autrement. On aura donc à se demander si cet ordre est satisfaisant de lui-même, et si le contenu de la représentation y est vraiment épuisé. A une telle question le fait seul peut répondre.

Puisque dans la représentation *tout est relatif*, que rien n'est connu ni su qu'à la faveur d'une relation quelconque, la loi la plus générale entre toutes est la *relation* même. Rapporter des phénomènes à d'autres phénomènes, c'est-à-dire *attribuer*, dans le sens le plus large de ce mot, c'est-à-dire encore, au point de vue des représentations humaines, *penser*, *juger*, c'est fixer la forme et la matière d'une relation ; j'entends ici par la forme ce qu'une relation a de général et par quoi elle embrasse un nombre indéfini de relations d'ailleurs distinctes : le nombre, l'étendue, etc., sont des formes, suivant ce langage ; et j'entends par la matière ce qui est propre à une relation donnée dans un phénomène tout à fait individuel et différent de tout autre phénomène : ce nombre concret, cet intervalle déterminé sensible, cette sensation, l'objet particulier représenté dans cette sensation, etc., sont les matières qui entrent dans les relations, où elles se subordonnent à des formes communes.

L'expérience fournit la matière des relations tant représentatives que représentées ; elle donne les rapports particuliers qu'on a coutume d'appeler *faits* et *phénomènes*. J'ai dû généraliser ces deux mots, et les étendre aux lois, qui sont des phénomènes aussi, mais objectifs si on les prend en leur intégrité, impossibles à fixer et à réaliser à la fois dans l'ordre subjectif quant à leur contenu. La matière des lois est apportée, ajoutée incessamment par l'expérience au contenu de la représentation.

Ce contenu de la représentation, et par conséquent l'expérience elle-même, sont supposés dans une analyse quelconque ; autrement les rapports généraux porteraient sur le vide. Toute synthèse les implique également.

On voit que l'expérience est la représentation des phénomènes particuliers donnés, et c'est la seule définition qu'on en puisse tenter. Sitôt qu'on généralise et qu'on assemble des faits, on sort de l'expérience pure, quelque grande part qu'on veuille faire ensuite à l'expérience dirigée, contrôlée et systématisée par l'expérimentateur, en vue de vérifier les généralisations, les synthèses, les lois. Cette nouvelle expérience suppose en effet (outre l'activité propre du savant qui opère) quelque chose en sus de l'emploi des données comme telles. Elle suppose l'œuvre même de la coordination objective, l'acte de la représentation qui, par sa seule manière d'envisager les phénomènes, les érige en lois et leur imprime un caractère par lequel ils dépassent toutes les données possibles comme données. J'éclaircirai par la discussion ce point capital et difficile de la rénovation kantienne, quand je traiterai en particulier d'une catégorie importante, telle que l'espace.

Ainsi, (les catégories sont les lois premières et irréductibles de la connaissance, les rapports fondamentaux qui en déterminent la forme et en règlent le mouvement.) Comme données dans une représentation actuelle, elles tombent sous l'expérience, elles sont particulières, et cela à quelque point qu'elles se multiplient et que les hommes s'accordent à les poser, et à les poser générales : en ce sens, il importe peu que le phénomène soit plus ou moins répété, constaté dans un esprit ou dans plusieurs autres : l'expérience, en tant que telle, ne donne point le général. (L'universalité propre aux catégories consiste en ce que, passant nécessairement sous les conditions de l'expérience pour se manifester, elles se présentent pourtant comme supérieures à l'expérience, capables de l'envelopper, propres à la conduire et à lui imposer des règles.) Nous nous attendons à trouver les catégories constamment vérifiées par le développement indéfini de l'expérience, et l'ensemble des rapports qu'elles sont propres à embrasser compose pour nous la série de l'*expérience possible*.

Le moment n'est pas venu d'aborder les questions qui se pressent ici, du point de vue de la certitude. Mon but est l'analyse des catégories telles quelles, et la déduction des conséquences de cette théorie quant à la possibilité d'une synthèse unique de la connaissance.

Je néglige aussi la question si mal posée, presque oubliée maintenant, de l'*origine des connaissances* (idées innées, idées provenues des sens). Je la néglige, ou plutôt je la résous très suffisamment en deux mots, suite des considérations précédentes : (l'expérience est essentielle à toute représentation, mais logiquement elle est précédée de ce qui rend l'expérience possible, quel que puisse être l'ordre chronologique des phénomènes. Il y aurait contradiction à supposer que l'expérience définit d'une manière complète et radicale cela qui se pose dans la représentation comme embrassant l'expérience possible; or, on ne saurait nier qu'il en soit ainsi des catégories, thèses générales de *relation*, de *nombre*, de *temps*, de *cause*, etc. Cette solution ne diffère pas au fond de celle qu'un philosophe illustre a ainsi résumée : *nihil est in intellectu quod non prius fuerit in sensu, — nisi ipse intellectus.* Il n'est pas inutile de remarquer que l'école dite sensualiste a toujours admis certaines *facultés* dont l'expérience fournit progressivement le contenu, mais qui anticipent elles-mêmes l'expérience en qualité de pouvoirs spécifiques, résidant où l'on voudra, dans l'*âme* ou dans l'organisme, mais enfin propres à porter dans l'objet de la connaissance l'acte et la forme de la connaissance, à appliquer la sensibilité et l'imagination à ce qui est sensible, l'abstraction et la généralisation à la masse des faits, etc. Le grand débat n'était dès lors qu'une question de mots[1].

J'ai dit que la loi la plus générale est la *relation* même, que toutes les lois possibles ne font, en effet, que diversifier. La *relation* est donc aussi la première des catégories, et nous aurons à reconnaître ce qui lui appartient sous sa forme universelle, c'est-à-dire ce que les autres lois fondamentales ont de commun entre elles.

Ensuite nous devrons parcourir les lois déterminatives de la *relation* dans l'ordre suivant, en procédant du

---

1. Cette exécution peut paraître un peu trop sommaire ; pourtant je crois pouvoir la maintenir contre l'école de Condillac. Mais la question de l'origine des connaissances est traitée aujourd'hui avec une toute autre logique dans l'école de Hume, en Angleterre; l'*empirisme* est poussé contre l'*apriorisme* avec une vigueur autrefois inconnue. J'examinerai le nouveau point de vue dans une addition au § xxx ci-dessous, en traitant de la catégorie de l'espace.

simple au composé, de l'abstrait au concret, et des formes qui se laissent le plus aisément distraire de l'ensemble des représentations, renfermées qu'elles sont à peu près dans toutes, à celles qui, au contraire, les renferment toutes :

1° Loi d'*être* ou de *relation*, déjà posée, et reproduite ici pour mémoire. Le cercle des catégories, ouvert par l'être indéterminé, se refermera au même point par l'être complètement déterminé, après que les lois fondamentales auront été parcourues.

2° Loi de *nombre*, grandeur, quantité et mesure. Les éléments de cette loi réclament une définition et une classification.

3° Loi d'*étendue*.

4° Loi de *durée*.

Ces deux lois présentent à l'analyse des rapports de quantité, mais joints à des formes objectives spéciales dont la portée embrasse tous les phénomènes. Nous aurons à étudier ces formes en elles-mêmes, à définir le *continu*, qui y est inhérent, à traiter la question de la mesure du *quantum* dans le cas de la continuité, à indiquer enfin certaines fonctions qui, mesurées par l'intermédiaire de l'étendue, se laissent ramener à la loi du nombre sous un point de vue.

5° Loi de *qualité*. Il s'agit maintenant de phénomènes distincts et hétérogènes (hétérogènes comparativement à l'homogénéité propre aux parties de l'étendue entre elles, ou aux parties de la durée). La seule mesure applicable en général à ces phénomènes est celle de l'espèce, dont il faudra donner la théorie. Ici se place tout ce que la notion de substance a de positif. C'est par la catégorie de qualité que les phénomènes se rapportent les uns aux autres et se classent; aussi est-elle toujours et partout supposée, partout présente, et le langage même en dépend. A ce titre, la qualité pourrait venir immédiatement après la relation, celle-ci ne l'impliquant pas moins qu'elle n'implique le nombre.

Après l'analyse de la qualité, l'étude du syllogisme a sa place marquée. Le syllogisme est une loi d'enchaînement des qualités, ramenées en quelque façon à des quantités, en vertu du rapport d'identité abstraite des espèces dans le genre.

6° Loi de *devenir*. Un élément tout à fait nouveau entre dans la relation. Jusqu'alors nous ne considérions que des rapports invariables ; les catégories embrassaient les phénomènes du point de vue de la stabilité. Maintenant les rapports nous sont représentés comme inconstants : ils sont et ne sont plus ; et de nouvelles catégories s'appliquent à l'instabilité des phénomènes, qu'elles règlent encore. La loi de devenir se constitue d'abord par la synthèse originale, irréductible, de l'être et du non-être, du posé et du non-posé, sous une relation quelconque ; d'où le changement. Ainsi s'opère la transition des rapports d'entendement, soit de quantité, soit de qualité, aux rapports d'activité et à loi de force.

7° Loi de *force* ou de causalité efficiente. L'analyse de cette catégorie comprend celle des relations dites modales, le possible et le nécessaire considérés sous leurs faces diverses et spécialement quant au devenir. La critique du probable suit naturellement la théorie des modalités.

8° Loi de *finalité*. De même que la cause s'attache au devenir, ainsi la fin s'attache au devenir et à la cause. Ce qui commence est *pour* quelque chose aussi bien que *par* quelque chose. Sous ce titre se présentent les rapports affectifs : appétits, désirs, passions, qui tous ont ce caractère éminent, de n'être et de ne se développer que sous conditions de fins proposées.

9° Loi de *personnalité*. Le contenu formel de la représentation semble maintenant épuisé. Mais une dernière question s'élève au sujet du phénomène. J'ai posé les thèses suivantes qui définissent autant de catégories : soient, brièvement, *est* (ou *refertur*), *quantum, ubi, quando, quid, fit, a quo, propter quod* : or, toute loi étant donnée dans une représentation complète, et nulle part ailleurs que nous sachions, on peut toujours demander de quel ensemble de phénomènes un rapport quelconque fait partie représentativement. La réponse à cette question est la loi de conscience ou de personnalité, ou, pour continuer à parler latin, la thèse *in quo* (*quo referente, quo cogitante*). Cette dernière catégorie embrasse toutes les autres, et particulièrement au point de vue de l'homme.

Je développerai successivement les définitions et distributions résumées dans le tableau suivant :

CATÉGORIES	THÈSE	ANTITHÈSE	SYNTHÈSE
RELATION	DISTINCTION	IDENTIFICATION	DÉTERMINATION
Nombre	Unité	pluralité	totalité.
Position	Point (*limite*)	espace (*intervalle*)	étendue.
Succession	Instant (*limite*)	temps (*intervalle*)	durée.
Qualité	Différence	genre	espèce.
Devenir	Rapport	non-rapport	changement.
Causalité	Acte	puissance	force.
Finalité	État	tendance	passion.
Personnalité	Soi	non-soi	conscience.

Observations et développements.

A. De quelques systèmes de catégories.

Construire le système des rapports généraux des phénomènes, élever un édifice dont ces rapports déterminent les lignes principales, si bien que les faits connus ou à connaître y aient tous leur place marquée ou supposée, c'est le problème général de la science. Les rapports et les lois sont les seuls objets de la connaissance; ils ne sont donnés que dans la représentation; la représentation elle-même, en tant qu'expérience, se règle par des lois que, en tant qu'expérience, elle vérifie et ne donne pas; donc les lois générales de la représentation sont les premiers éléments que l'architecte de la science ait à mettre en œuvre, et le plan de l'édifice demandé résulterait de l'ensemble coordonné de ces rapports généraux que nous appelons les catégories.

Un système de catégories complet, lumineux, si bien agencé que sa propre loi parût lui servir de preuve, et que l'esprit, une fois engagé dans l'admirable labyrinthe, s'y trouvât comme invinciblement retenu, constituerait une philosophie achevée. Cette science des sciences aurait pour vrai nom *logique générale*. Toute science n'est-elle pas une logique?

La difficulté de construire un tel système est d'autant plus grande, que les langues humaines, dans leur essence et leurs formes principales, y sont impliquées avec la pensée elle-même, la pensée de la pensée, subtile, profonde, enchevêtrée et qu'il s'agit pour l'homme de s'expliquer sa parole de fait en se dotant des principes de la parole de droit, la langue universelle. Alors seulement une grammaire existerait. Jusqu'ici les vocabulaires et les syntaxes qui visent au système ne sont que des amas d'observations et de classifications puériles. La langue universelle serait l'unité et l'infaillibilité du savoir, j'entends dans une sphère étroite de ce dernier, quant à la forme, et sous la réserve du fond des affirmations.

Au philosophe qui présente un système de catégories il ne faut pas demander de démonstrations à proprement parler. Son œuvre est-elle un tableau de l'esprit humain ou le produit d'une fantaisie individuelle? Que le juge instruise, délibère, prononce. Tout homme est juge, tout fait bien constaté est juge. Les vérités de l'ordre le plus général ne se prouvent pas : elles se vérifient.

Sur ce que je viens de dire on pensera, je l'espère, que je n'ai pas la présomption de produire une analyse complète et définitive. Si le titre d'*essai* convient à mon ouvrage, c'est surtout dans cette partie que je consacre à la description et à la coordination des rapports fondamentaux de la connaissance. Ce sera, si l'on veut, l'essai d'un essai que j'aurai tenté. D'ailleurs, je ne me suis attaché qu'aux lois les plus générales, dont il faudrait déduire au moins tout le contenu abstrait, et mon système n'est qu'à l'état d'enveloppe sur bien des points. Et pourtant j'ai la confiance d'avoir fait mieux que mes prédécesseurs : c'est que je les suivais; c'est aussi que, groupant toutes les catégories sous le titre commun de *relation*, et bannissant l'idole de la substance, qui défigure toutes les notions, particulièrement celles de qualité et de cause, j'ai pu donner pour la première fois un caractère positif à l'étude de l'entendement.

Il n'est pas de philosophe, je parle des noms illustres, qui n'ait proposé un système de catégories sous une forme ou sous une autre. Pythagore, ou, si l'on veut, les pythagoriciens, avaient le leur, dont l'opposition du *nombre* et de l'*infini* formait la base. Idée juste et profonde, bien oubliée depuis, l'infini des pythagoriciens était à leurs yeux le néant de la connaissance. Mais rien n'indique qu'ils aient spéculé sur le *possible*, où se trouve la seule explication rationnelle de l'infini. En considérant le nombre comme le principe de tout ce qui est intelligible, ils exprimaient la loi générale de détermination ou de limite; mais, en affectant tels ou tels nombres à la représentation propre des objets les plus étrangers aux rapports mathématiques, on peut croire qu'ils n'ont voulu proposer que des allégories. Les autres catégories pythagoriciennes n'offrent aucun intérêt, parce que nous n'en possédons que les noms, sans définition exacte. Elles sont rangées deux à deux et par contraires. Quelques-unes sont apparemment symboliques, et le sens de tous ces symboles est oblitéré.

Platon n'a, pour ainsi dire, spéculé que sur les catégories. Qu'est-ce autre chose, en effet, que l'analyse des idées, ces éléments-principes dont les combinaisons produisent toutes les réalités intelligibles? Mais Platon, ce grand esprit, ce grand poëte, manque de système; il estime peu la science et semble jouer avec elle. Les conclusions lui répugnent visiblement, en dehors de l'ordre pratique; et des mythes qui ne sont qu'à demi sérieux tiennent lieu des synthèses générales à la fin de ses dialogues. Partout il discute les éléments de sa construction, et nulle part il ne les coordonne. Mais le véritable esprit de la science, l'analyse, ne règne pas moins pour cela dans ses admirables œuvres.

Aristote s'est le premier servi du mot *catégorie*. Il désigne sous ce nom les termes principaux auxquels peuvent se ramener les choses qu'on énonce. Le problème qu'il se propose en essayant d'énumérer ces termes, est bien, au fond, celui qu'aujourd'hui nous énonçons ainsi: *définir et classer les rapports irréductibles et fondamentaux de la représentation.* En effet, qu'un philosophe le veuille ou non, soit qu'il parle de *mots*, ou qu'il parle de *choses*, ou qu'il parle de *concepts*, il ne peut jamais systématiser que des rapports, parce que cela seul est donné, cela seul est intelligible; et le système qu'il construit a la représentation pour théâtre, à moins de se composer de choses qui, n'étant pas données *objectivement*, ne sauraient être données à la connaissance en aucune manière. D'ailleurs, les rapports généraux dont je parle n'étant pas des faits d'expérience, en tant que généraux (voy. § XXVI), il faut nécessairement les concevoir comme régulateurs de l'expérience. Mais Aristote ne s'est rendu compte ni des conditions ni de la portée de l'œuvre des catégories, et par là son système a été faussé tout d'abord, si tant est qu'on puisse dire qu'il a fait vraiment un système.

Cet homme avait le génie de l'analyse, peut-être à un degré que nul avant ou après lui n'atteignit; Kant devait le suivre au bout de vingt et un siècles, et Kant aura des successeurs on ne sait quand. Les écrits d'Aristote révèlent à chaque page ce que j'appellerais volontiers l'instinct catégoriste, un instinct puissant, dominant. Son livre des *Catégories* n'est que la moindre partie des recherches qu'il entreprend, ou continue, ou recommence à tout propos sur la signification précise des rapports constitutifs de l'entendement, l'*acte*, la *puissance*, les *causes*, le *possible*, le *nécessaire*, la *privation*, les *contraires*, etc. Quand il lui arrive de rappeler ses catégories proprement dites, il ne les énumère ordinairement ni toutes, ni de la même manière. Le propre livre où il les expose est terminé par une longue série de définitions de termes qui devraient, ce semble, ou rentrer dans les précédents, ou former des catégories distinctes; le moyen âge les nomma *post-prédicaments*. En un mot, il est difficile de ne pas reconnaître un grand désordre dans les œuvres philosophiques d'Aristote. L'incohérence est extrême dans le livre appelé la *Métaphysique*, dont les analyses logiques composent la majeure partie. Le défaut de méthode est moins sensible dans la *Physique*, surtout dans les *Analytiques*, où domine la déduction; il reparaît partout où le philosophe entreprend de déterminer et de classer les concepts de l'entendement, comme aurait dit Kant. Je crois qu'une cause de ce désordre doit être cherchée dans les tâtonnements d'un esprit infatigable, confiant en lui-même, en ses définitions et en ses analyses, mais qui n'en aperçoit pas bien le lien parce qu'il n'a pas la synthèse achevée de ses propres travaux. Aussi me paraît-il très douteux qu'Aristote ait rédigé pour le public ceux de ses ouvrages qui offrirent à la postérité le plus d'intérêt.

Quoi qu'il en soit, je m'attacherai aux *dix catégories* sur lesquelles la philosophie a vécu pendant quinze ou dix-huit cents ans, et du point de vue où je suis placé j'en signalerai brièvement les vices. Ces catégories sont : οὐσία (*substantia* des scolastiques), ποσόν (*quantitas*), ποιόν (*qualitas*), πρός τι (*relatio*), ποῦ (*ubi*), πότε (*quando*), κεῖσθαι (*situs*), ἔχειν (*habitus*), ποιεῖν (*actio*), πάσχειν (*passio*).

Aucun de ces mots, seul et en lui-même, n'est pris pour affirmer, ni pour nier; mais l'affirmation et la négation proviennent de leurs combinaisons. (*Categorica*, c. IV, n° 3, édit. du Val). Cette remarque d'Aristote est vraie en un sens : il n'y a que la proposition qui affirme ou qui nie. Mais, sous un autre rapport, elle est fausse, car *aucun de ces mots* ne désigne déterminément quelque chose qu'autant qu'il implique une limitation ; or, limiter, c'est affirmer d'une part, et nier d'une autre, même sans jugement formel, et de cela seul qu'on entend se représenter un objet défini. Ce principe, dont Kant et Hegel ont fait usage, ne fut pas connu d'Aristote.

On appelle relatives les choses telles, que, ce qu'elles sont, on dit qu'elles le sont d'autres choses. (Catég., VII, 1.) Suivant cette définition qu'il avance d'abord, le philosophe croit pouvoir assurer qu'on *ne dit pas d'un homme qu'il est un homme de cela, ou d'un bœuf qu'il est un bœuf de cela.* (Ibid., 22.) Et de même des universaux. Mais passons outre aux formes du langage, allons au fond, ne faudra-t-il pas avouer que ni tel animal en particulier, ni l'animal en général, ne sont définis pour nous qu'autant que nous nous les représentons comme groupes et parties, plus généralement comme fonctions *d'autres choses*, sous diverses lois? Rien de déterminé en espèce, en quantité, etc., ne vient à la connaissance que par relation à quelque autre. Aristote ne démontre donc pas que les *essences, premières* ou *secondes*, placées en tête de ses catégories, sont indépendantes de la *relation*. Tout ce qu'on trouve à conclure de ses analyses à cet égard, c'est qu'il y a différentes sortes de rapports et ceci, d'ailleurs, n'est pas contestable.

Ce n'est pas lever la difficulté que de compléter la définition des relatifs en les bornant aux *choses dont l'existence est identique avec le rapport qu'elles ont à d'autres choses.* (Ibid., 24.) Il n'est pas permis de restreindre arbitrairement la signification générale de la *relation*. Dira-t-on que l'animal n'est pas *un rapport à la locomotivité spontanée*, par la raison que l'animal est encore autre chose que ce qui se meut, ou, en d'autres termes, qu'il *est un rapport à d'autres choses encore*? Aristote a en vue les corrélatifs (le maître et l'esclave, la science et le savant, le grand et le petit, etc.) ; or, il est bien vrai que le *double*, comme double, par exemple, est tout entier dans son rapport avec le *simple*, mais le simple et le double ne laissent pas pour cela d'être relatifs aux choses dont on les dit, lesquelles choses sont autre chose que doubles, autre chose que simples. La métaphysique a beau faire et se débattre ; elle ne parvient pas à définir une existence quelconque autrement que par la position de telle ou telle fonction, de tel ou tel groupe de rapports. Ceux-ci, pris séparément, n'épuisent pas le sujet, souvent ne le définissent pas ; mais leur synthèse le fait connaître autant qu'il peut être connu.

Aristote a du moins le mérite d'avoir pressenti la portée de la catégorie de relation ; car, après avoir pris beaucoup de peine pour la déterminer à part de toute autre (jusqu'à y rapporter la grandeur, et non point au *quantum*) au moment même où il vient de conclure que *nulle essence n'appartient aux relatifs*, il ajoute ces mots remarquables, et qui font un honneur infini à sa bonne foi de philosophe : *Il serait difficile peut-être de se prononcer fortement sur ces questions avant de les avoir examinées à plusieurs reprises; mais il n'est pas inutile de les avoir toutes discutées.* (*Ibid.*, 29.)

L'esprit de la division aristotélique des catégories devint manifeste, en s'exagérant, lorsque les écoles s'accordèrent à placer d'un côté l'*essence* toute seule, *qui ne se trouve pas dans un sujet*, et ce fut la *substance* des Latins ; de l'autre, les termes, au nombre de neuf, qui réclament un *subjectum inhœsionis*; on désigna ceux-ci sous le nom commun d'*accidents*. Mais la scolastique ne comprit pas la théorie de l'essence, ou ne voulut pas la comprendre. J'excepte ici les nominalistes. *L'essence première et par excellence*, essence proprement dite d'Aristote, *ne se trouve point dans un sujet et ne se dit point d'un sujet* : ainsi, tel homme, tel cheval : les individus. (*Catég.*, v, 1.) Les espèces et les genres sont des *essences secondes*, qui, à la vérité, *ne se trouvent point dans un sujet*, mais *se disent d'un sujet*, en sorte que *les individus seuls sont les sujets de toutes les autres choses, et que toutes les autres choses, ou leur sont attribuées, ou sont en eux.* (*Ibid.*, 2, 3 et 11.) On voit que la substance véritable et réelle d'Aristote est l'être déterminé, non le *genre generalissimo* ou notion universelle de l'*ens par se existens*.

L'individu, l'animal concret, pourrait-on dire, est donc le pivot des catégories d'Aristote, et cela seul fait comprendre comment le philosophe a pu placer dans son cadre des notions comme le *situs* (*être assis, être couché*), et l'*habitus* (*être chaussé, être armé*), qui semblent au-dessous de la critique. Ces deux prétendues catégories sont évidemment complexes et se forment d'éléments empruntés à l'espace, au temps, à la qualité, etc. Mais du point de vue de l'animal dont elles déterminent des manières d'être, il est sans doute permis de les distinguer.

Maintenant, si je me demande pourquoi l'individu ne doit pas former une catégorie, la première de toutes, je trouve que, pour cela, la condition essentielle manque : l'individu ne me présente pas une notion primitive, irréductible. Si j'envisage l'animal particulier et sensible, ou même la race, j'aperçois des ordres de faits très distincts, selon l'expérience, mais aussi très composés, et que je n'arrive à déterminer que par la définition d'un nombre considérable de rapports : encore ces rapports sont-ils loin de m'être bien connus. Si je cherche ce qui constitue l'individualité en général, ce n'est plus l'individu lui-même qui paraîtra comme catégorie, mais tout d'abord la *distinction*, élément de la *relation*. Enfin le principe qui donne à la distinction sa plus grande réalité, je veux dire l'*acte*, et surtout l'acte dans la supposition que tous les phénomènes ne soient pas prédéterminés, ce principe dépend de la notion de *causalité*. Nous cherchons les catégories de la représentation en général et non celles de l'histoire naturelle.

En somme, il faut louer et admirer Aristote de s'être montré si préoccupé des réalités, dans son essai de construction des catégories : à cet égard, ses élèves et ses interprètes lui cédèrent bien pour la plupart, car ils donnèrent la primauté aux essences secondes et commencèrent le règne de la *substance* en philosophie. Mais il faut avouer aussi que le grand homme ne parvint pas à une véritable classification des éléments essentiels de la connaissance, et ne se posa pas même avec précision et clarté le problème dont il poursuivait infatigablement la solution à travers tous ses ouvrages.

L'examen critique de la qualité, de la quantité et des autres catégories, suivant Aristote, me mènerait beaucoup trop loin et serait maintenant superflu. Je réduirai aussi à peu de mots ce que j'ai à dire des quatre catégories des stoïciens, la *substance*, l'*essence*, la *manière d'être* et la *manière d'être relativement* (τὸ ὑποκείμενον, τὸ ποιόν, τὸ πῶς ἔχον, τὸ πρός τι πῶς ἔχον). Il serait difficile d'en rendre un compte rigoureux sur ce qui nous en a été transmis. Cependant, on sait que les logiciens de la Stoa se proposaient de déterminer les genres les plus universels contenus sous le genre des genres, la *chose* (le τί ἐστιν) : ils trouvaient d'abord la substance ou matière, sujet indéterminé par lui-même; puis l'essence ou qualité, les attributs essentiels, inséparables de leurs sujets; puis les modes variables, et ils comprenaient sous ce groupe les catégories d'Aristote exprimées par le *où*, le *quand*, le *faire*, le *pâtir*, le *situs* et l'*habitus*, et probablement aussi la *quantité*; puis enfin les modes de relation soit entre des qualités (simple πρός τι), soit entre des manières d'être (πρός τι πῶς ἔχον). La cosmothéorie des stoïciens se marquait dans ce système en ce que toutes les catégories, supposées vivantes, et comme des *verbes dans la matière* (λογοί ἔνυλοι), servaient à déterminer la chose unique dont toutes les choses sont des modifications.

Ici la substance est nettement réduite à son rôle de substratum ou de support, cette plaie de la philosophie. Les essences ne sont plus avant tout des individus, êtres réels, mais se confondent avec ces propriétés, termes généraux, qu'Aristote appelait des essences secondes. Le temps, l'espace et même le principe d'action cessent de se distinguer; tout cela devient *manières d'être*, et l'on ne voit pas sur quoi les stoïciens se fondaient raisonnablement pour signaler dans leurs modes variables et dans leurs qualités constantes autre chose que des relatifs, puisqu'ils ne pouvaient définir des qualités ou modes quelconques si ce n'est par les relations de ces choses entre elles ou avec la substance, leur commun support à toutes. En un mot, cette logique, qui est celle du *panthéisme*, n'admet essentiellement que deux catégories, la substance et les modes de la substance; et elle pèche doublement : 1° par l'admission de cette substance qui, en elle-même, ou sans ses modes, n'est rien; 2° en ne reconnaissant pas que les modes prétendus, soit variables, soit constants, soit particuliers, soit généraux, sont des phénomènes ou des lois qui viennent à la représentation sous forme de relations.

Les autres grandes écoles de l'antiquité furent l'épicurisme, le néo-platonisme et le scepticisme. La doctrine d'Épicure, malgré ses mérites d'anticipation de la vérité sur des points destinés plus tard à de meilleures interprétations et à de plus heureux développements, ne saurait nous arrêter, ici où il s'agit d'ordination logique et de méthode. La doctrine alexandrine, prise dans Plotin, son plus éminent représentant, nous offre un perfectionnement des systèmes antérieurs de catégories, en ce que la *quantité*, la *qualité*, et le *mouvement* sont classés sous la *relation*; mais le tout se ramène ensuite à la *substance*, de manière à composer le dualisme ontologique ordinaire. Encore n'est-il question là que du *monde sensible*. Les catégories du *monde intelligible* se formulent en un dualisme analogue, qui laisse mieux deviner la théologie de l'école néo-platonicienne. On a, d'une part, la *substance*, comme toujours, et, d'une autre part, le *mouvement* et le *repos*, la *différence* et l'*identité*, termes qu'il n'est pas difficile de rapprocher de la théorie qui explique le monde par l'introduction de la diversité au sein de l'unité primitive, et par le mouvement de retour de la diversité à l'unité.

La véritable conclusion des travaux des anciens sur la méthode, sur l'idéal du savoir et les possibilités imparfaites de la science, avait été tirée par le scepticisme, en dépit du découragement exagéré de ses conclusions. Les formules célèbres qui caractérisent l'objet du savoir comme phénomène et comme rapport posaient dès ce moment le principe véritable de l'étude de la représentation et de ses lois. Mais les sceptiques ne surent que guerroyer contre les écoles, tandis qu'ils auraient dû construire et proposer la science, de la même manière qu'ils admettaient et proposaient le phénomène, sous toutes réserves, et sans prétendre à l'absolu de la certitude. D'ailleurs, les esprits furent entraînés par le flot toujours montant des théologies orientales, et l'on ne reconnut bientôt plus que deux grandes catégories, la *substance* et l'*accident*. Ce dernier parut même tout autre chose qu'un rapport : on le substantialisa. La substance étant le *subjectum inhæsionis*, l'accident fut l'*ens inhærens*; on eut des *accidents solides* (*quæ divinitus conservari possunt sine subjecto*), et des *accidents modaux*; la scolastique fit entrer dans ce cadre les catégories d'Aristote.

La réforme philosophique au xvııe siècle porta, au fond, sur l'interprétation des catégories. Elle ramena relativement les esprits à la raison. Descartes rangea sous la *substance* deux attributs essentiels, la *pensée*, l'*étendue*, et enseigna sans difficulté que ces attributs constituaient tout ce que la substance avait d'accessible à la connaissance. Les anciens *accidents* rentrèrent dans ces deux grandes classes sous le nom de *modes* : la figure et le mouvement se rapportèrent à l'étendue, et composèrent une *matière* d'où les qualités sensibles et les forces se trouvèrent exclues. Les autres modes firent partie du système de la pensée, dont le philosophe toutefois ne songea point à analyser avec exactitude et à coordonner rigoureusement les éléments.

L'ordre des causes et l'ordre des fins se trouvèrent ainsi éliminés, puisque ni l'étendue d'une part, ni l'intelligence de l'autre, à proprement parler, n'en expliquent les fondements. L'existence des personnes demeura comme un mystère qu'il devenait facile de supprimer à la première occasion.

Au sujet de la substance, dont on ne se débarrassait point, une question s'élevait : est-elle une, est-elle multiple? Descartes étendait jusqu'à elle la dualité qu'il reconnaissait dans les attributs. Pourquoi, dès que de la substance en elle-même on ne sait rien, on ne peut rien dire? Toute la nouvelle école se demandait alors comment les deux substances étaient liées et agissaient l'une sur l'autre. La solution dite des *causes occasionnelles* (*deus ex machina*) ne passa pas longtemps pour satisfaisante. Spinoza et Leibniz parurent.

Spinoza admit une substance unique dont les deux grands attributs à nous connus se développent en une infinité de modes, comme deux séries à termes régulièrement correspondants et liés par une éternelle harmonie : les modes d'un même ordre, soit de pensée, soit d'étendue, s'enchaînent et se succèdent nécessairement, parce qu'ils sont tous donnés *a priori* dans la substance, à la manière des propriétés d'une figure dont la définition est une fois posée. Mais comment il est possible de concevoir *ce qui est en soi et ce dont la conception ne réclame celle d'aucune autre chose*, la substance; si les attributs sont intelligibles sans les modes; par quel tour de pensée on arrive à poser une totalité de ces modes qui procèdent de l'infini à l'infini; sur quoi repose alors le rigoureux enchaînement des phénomènes; d'où provient l'illusion de l'individualité, voilà ce que Spinoza ne saurait dire. L'appareil géométrique de ses propositions est sans doute admirable; mais il faut remonter aux définitions et aux axiomes, et ces premiers principes que sont-ils? Encore les idoles de la philosophie théologique, les idoles de l'école.

Leibniz prit un parti tout contraire. Il multiplia à l'infini les substances, et par là rétablit le principe d'individualité que Spinoza renversait. A chaque substance il accorda trois attributs : *perception, appétit, force*; c'est-à-dire qu'il les regarda toutes comme des sortes de personnes plus ou moins développées, plus ou moins élevées : ce sont les *monades*. Une analyse plus exacte du moi se produisit donc dans cette philosophie, et s'étendit à la nature comme pouvant seule en donner l'intelligence. Le *temps* et l'*espace* ne furent plus regardés comme des substances ou attributs substantiels, mais devinrent des phénomènes, des rapports, un *ordre*, une loi des monades. Le philosophe comprit même que la causalité substantielle devait être rejetée, cette chimère qui place la cause dans une substance et l'effet dans une autre, et, faisant passer l'action d'un sujet à un autre comme une chose qui se transporte, exige pourtant l'étroite union, une certaine identité des mêmes phénomènes entre lesquels on a commencé par jeter un intervalle infranchissable, la diversité des substances. Il y substitua la fameuse *harmonie préétablie*, doctrine éminemment positive, car il suffit d'en écarter la superfétation de l'hypothèse théologique pour que la véritable loi de causalité apparaisse : c'est la cause, comme rapport spécial des phénomènes liés par une succession constante; c'est, sous un autre point de vue, ce rapport spécial, représenté dans chaque monade où se produit un phénomène de force.

On voit que Leibniz, s'il ne construisit pas régulièrement le système des catégories, en proposa du moins des fondements tout à fait nouveaux, et tendit à réduire les éléments de la connaissance à des rapports qu'il ne se serait plus agi que de classer. Mais il sacrifia sur deux points à l'ancienne idole, ce qui perdit tout. D'abord il entendit par sa monade tout autre chose qu'un groupe de phénomènes sous certaines lois; il la déclara substance, et ne vit pas ou n'osa pas voir que celle-ci sans les attributs n'est rien, que les attributs ne sont rien sans les modes, et que les modes ne se laissent pas séparer de leurs rapports constituants. Mais des préjugés invétérés veulent que le principe de l'être soit simple, et que l'existence du simple se démontre par l'existence du composé; et l'on ne s'aperçoit pas que, de cela seul qu'on définit quoi que ce puisse être, on le compose. Ensuite Leibniz crut que les rapports de causalité étaient tous donnés *a priori*, c'est-à-dire institués dans les monades par une monade première, absolue, éternelle, infinie. Cette hypothèse, même présentée sous la forme d'un panthéisme qu'elle suggère si naturellement, serait toujours gratuite.

B. — Des catégories kantiennes.

Kant est le premier génie catégoriste de l'ère moderne; mais il s'en faut qu'on le trouve dépouillé de tous les préjugés de l'école. L'obscurité (réelle) de ses ouvrages me semble tenir principalement à ce que l'analyse des phénomènes, ou rapports constitutifs de la connaissance dans la nature et dans le moi, analyse qu'il poursuit avec une rare profondeur, est altérée par la supposition de quelque autre chose encore que ces mêmes rapports tant particuliers que généraux. La loi de ses catégories aurait été bien différente s'il avait aperçu dans la catégorie de *relation* la clef de toutes les autres. Les défauts graves et nombreux du système dépendent de ce vice radical qui le défigure.

Tout d'abord, Kant se propose l'impossible en voulant prouver que ces catégories sont les véritables, et qu'il n'y en a ni plus ni moins qu'il n'en énumère. Il est de l'essence de toute analyse première d'être vérifiable par ceux qui la répètent, et de n'être point démontrable autrement.

Kant procède à l'énumération des catégories en distinguant et définissant les formes possibles du jugement. Mais qui l'assure que l'énumération qu'il fait de ces formes est exacte, sans répétition, ni lacune, ni interprétation vicieuse? Qui lui dit que ces mêmes formes doivent donner les catégories une par une et n'en pas supposer plusieurs? Sa classification est artificielle et arbitraire. Il ne remarque pas que tous les jugements sans exception ont une forme commune, la *relation*; que tous impliquent en cela les notions d'*identité* et de *diversité*, d'*accord* et de *désaccord*, qu'il lui plaît de reléguer ailleurs sous le nom de concepts réfléchis; que les notions de *simplicité* et de *composition* s'y rattachent étroitement; qu'enfin l'*affirmation*, la *négation* et la *limitation*, loin d'appartenir exclusivement à la *qualité*, se retrouvent également dans toutes les catégories, et cela parce que ces formes sont essentielles à la représentation des rapports de tout ordre.

Il convient d'accorder quelques développements à la critique des catégories de Kant, ce que je n'ai pas fait pour les systèmes antérieurs. Le plan élaboré par ce philosophe est encore le mieux conçu de ceux que l'on renomme; exposer mes dissentiments, ce sera jeter plus de lumière sur l'essai que j'ai tenté moi-même, justifier les partis que j'ai pris, et marquer de nouveau l'esprit qui m'a dirigé.

ESPACE ET TEMPS. — Kant ne les range pas au nombre des catégories; il les nomme formes primitives de la sensibilité. Cependant, si nous observons que ces formes se construisent dans la représentation à la manière de tous les autres rapports, par thèse, antithèse et synthèse, distinction, union et détermination; que, de plus, et ceci est la doctrine de Kant, elles partagent avec les catégories la propriété de se poser en enveloppant par anticipation le domaine de l'expérience possible, nous trouverons convenable de ne pas les séparer. Le caractère intuitif que la connaissance revêt par rapport aux objets sensibles, c'est-à-dire aux phénomènes manifestés sous des conditions d'espace et de temps, n'introduit pas plus de différence entre l'étendue et la durée, d'une part, et toutes les autres notions, d'une autre part, qu'il n'y en a, par exemple, entre une cause et un nombre, entre un nombre et une qualité. Chaque catégorie a sa forme propre et irréductible, et c'est cela même, c'est cette propriété qui fait une catégorie.

VICE DE LA DIVISION GÉNÉRALE. — Le partage de la connaissance en trois branches, *sensibilité*, *entendement*, *raison*, est d'ailleurs mal fondé. La raison, c'est-à-dire, selon Kant, la *faculté de généraliser*, est une simple dépendance de la catégorie de qualité; c'est du moins ce que l'analyse exacte de celle-ci me fait voir (ci-dessous § XXXIII); elle ne diffère donc pas essentiellement de l'entendement, dont les catégories sont les lois constitutives. L'entendement, à son tour, cette *faculté de grouper des perceptions sous certaines lois*, ne se sépare point de la sensibilité, *faculté passive d'acquérir des perceptions immédiates* : les phénomènes sentis ne sont pas sans activité dans la connaissance, ni les phénomènes pensés ne sont sans passivité; les uns et les autres se mêlent inextricablement; le médiat et l'immédiat n'ont qu'une signification relative, et l'immédiat pur supprimerait la perception en identifiant ses deux termes (deux points géométriques qui se touchent, se confondent). On voit à quoi se réduit cette grande division.

Quoi qu'il en soit, la distinction du mode sensible et du mode intellectuel appartient à l'étude des catégories de causalité et de personnalité, et ainsi tout rentre dans le système unique des catégories, pourvu que ce système soit complet. Mais la personnalité n'est pas pour Kant une catégorie.

Pourquoi? Est-ce que la loi de conscience n'est point une forme de nos jugements, tous et toujours nécessairement relatifs à la personne qui juge? Est-ce parce que cette loi enveloppe en un sens toutes les autres, qu'il faut la tenir à part de celles-ci? Mais il en est de même de la loi de relation, dont la généralité n'est pas moindre; et la raison n'en est que plus forte de la compter, en la plaçant à son rang. Est-ce donc parce que la conscience s'identifie d'une certaine manière avec le philosophe, avec l'auteur, qu'il serait interdit à ce dernier de lui faire une part dans un ouvrage qu'elle revendique tout entier? Un objet de la critique est précisément d'étudier le *soi* comme autre que soi, et parmi les autres choses représentées.

Dès que la conscience ne paraît point à sa place entre les catégories, elle s'attribue une autre fonction dans le système, dont le caractère est dès lors profondément modifié. Le *soi*, qui n'est ni traité comme une loi des phénomènes, ni analysé à l'instar de toutes les autres lois, s'impose à la connaissance sous un point de vue opposé, et y intervient au nom du *moi* du philosophe. De là cette division de la science par les facultés, abstractions dangereuses qui tendent à s'ériger en entités; de là cet idéalisme qui, pour être appelé *transcendantal*, n'en est pas moins un chemin conduisant à l'idéalisme *transcendant*, si vainement réfuté par Kant. La division des facultés est elle-même arbitraire. Kant n'y tient nul compte de la *volonté*, qu'il réserve pour la *raison pratique*, comme si la *raison théorétique* n'en usait pas, et comme si l'entendement sans volonté n'était pas une abstraction et se rencontrait jamais! Le principe des affections et des passions est également omis, jusque dans la raison pratique, où il se montre confondu avec la volonté : c'était de tradition. Voilà comment la critique, au lieu d'analyser le *soi*, ensemble de phénomènes ou rapports régis par une loi spéciale, prend son point de départ dans le moi scolastiquement divisé, et n'obtient seulement pas le résultat que la méthode transcendantale permettait d'atteindre, une bonne théorie de la certitude.

Je passe à l'examen des catégories kantiennes de l'*entendement*, comprises sous ce tableau :

JUGEMENTS		CATÉGORIES
Généraux. Particuliers. Singuliers.	Quantité des jugements.	Unité. Pluralité. Totalité.
Affirmatifs. Négatifs. Indéfinis.	Qualité des jugements.	Réalité. Négation. Limitation.
Catégoriques. Hypothétiques. Disjonctifs.	Relation des jugements.	Inhérence (*substance et accident*). Dépendance (*cause et effet*). Communauté (*action et réaction*).
Problématiques. Assertoriques. Apodictiques.	Modalité des jugements.	Possibilité. — Impossibilité. Existence. — Non-existence. Nécessité. — Contingence.

Défauts de la classification des jugements. — Les scolastiques désignaient habituellement, sous le nom de quantité et de qualité des jugements, la propriété de ces derniers d'être universels ou spéciaux, d'une part, et affirmatifs ou négatifs, de l'autre. Ces définitions commodes, d'ailleurs sans valeur aucune, Kant les accepte comme caractérisant, l'une la véritable forme de la *quantité*, l'autre la véritable forme de la *qualité*. Cependant il n'y a pas identité entre le rapport d'affirmation ou de négation et le rapport de qualité : on peut toujours logiquement affirmer ou nier une qualité, représentée relativement à quelque sujet; or, le rapport de qualité réside dans cette représentation même, tandis que l'affirmation ou la négation s'appliquent aussi bien à de tout autres rapports. Quant à la forme de quantité, il est vrai qu'elle intervient dans la constitution des jugements comme universels ou particuliers, mais non pas d'une manière précise et spéciale (mode mathématique), au lieu que la forme de qualité y intervient essentiellement, toute qualité étant genre, espèce ou différence; et réciproquement tout genre, toute espèce, toute différence, pouvant être considérés comme qualités.

Kant fait, contre l'usage, une classe à part des jugements singuliers, une autre des jugements indéfinis. Il se fonde, quant à ceux-ci (ex. : *l'âme n'est pas mortelle*), sur ce qu'ils ne nient pas seulement, mais affirment aussi quelque chose : d'où le concept de limite. Il ne s'aperçoit pas que toute affirmation nie et que toute négation affirme quelque chose; on ne peut, en effet, poser ou supprimer un rapport sans que de cela seul on en supprime ou on en pose un autre : au vrai, tous les jugements sont limitatifs. Les jugements singuliers, c'est-à-dire ceux dont le sujet est par hypothèse un individu, ne diffèrent des autres qu'en ce que ce sujet n'est pas un genre et ne se divise pas en espèces, ce qui n'affecte en rien la forme d'une proposition où il tient lui-même la place d'une espèce. La nature individuelle ou collective du sujet concerne plutôt la *matière* que la *forme* du jugement, pour employer ici le langage de Kant; et d'ailleurs les individus ne sont eux-mêmes pour la connaissance que des collections, des sortes de genres, où seulement nous n'avons pas à séparer les espèces composantes, que l'expérience montre toujours unies.

De la quantité et de la qualité des jugements Kant passe à leurs relations. Ici, il envisage tantôt un jugement unique (rapport du sujet au prédicat : jugement catégorique), tantôt plusieurs jugements (rapport du principe à la conséquence : jugement hypothétique ; rapport de la connaissance divisée à toutes les parties de la division : jugement disjonctif). Mais, où il y a pluralité de jugements liés, il y a jugement composé ; ce ne sont plus alors les simples formes du jugement que nous étudions.

Le jugement catégorique, c'est-à-dire attributif, n'est pas une espèce de jugement, mais il est le jugement même, et ne diffère point de l'assertorique. A celui-ci on a tort d'opposer les propositions avancées comme nécessaires ou comme possibles : elles résultent, au fond, de deux autres propositions, l'une qui pose un rapport de sujet à prédicat, et c'est là le jugement catégorique, l'autre qui modifie ce rapport dans un autre jugement tout aussi catégorique, savoir : *ce rapport est possible, ce rapport est nécessaire*.

Le jugement hypothétique (ex. : *si la somme de deux des angles d'un triangle égale un droit, ce triangle est rectangle*) est un jugement composé dans lequel deux différents jugements se posent en telle manière, que la donnée de l'un soit déclarée suivre la donnée de l'autre, par un troisième jugement. Quand ce dernier est motivé, c'est un raisonnement, qu'il s'agirait seulement de développer. Mais, quoi qu'il en soit, voulons-nous considérer le jugement composé, du point de vue de la condition ou hypothèse dont il est affecté, il ne différera nullement du jugement problématique, que nous retrouvons plus loin : double emploi au tableau. Voulons-nous n'y voir que le rapport du principe à la conséquence, le genre de dépendance ainsi défini ne nous donne pas le rapport spécial de cause à effet, comme le veut Kant, car une proposition de la forme : *ceci étant, cela est*, ou se démontre par le principe de contradiction, ou n'est elle-même qu'un principe synthétique, irréductible, qui ne se rapporte pas plus à la causalité qu'à telles autres catégories.

Le jugement disjonctif (ex. : *tout triangle est équilatéral, ou isocèle, ou scalène*) se ramène au principe de contradiction, quand il est régulier, et constitue par suite un véritable raisonnement. En tout cas, l'*action* et la *réaction*, que nous amène ici Kant, ne peuvent s'envisager que symboliquement dans ces sortes de propositions. C'est se contenter à peu de frais et n'envisager que des rapports vagues. La réciprocité logique n'a rien de commun, au fond, avec celle qui lie l'*agent* et le *patient*, et ces dernières notions appartiennent, sans contredit, à la causalité.

La dernière classe du tableau contient les jugements de modalité. Tout d'abord, il est facile de voir que le mode assertorique est une répétition du mode catégorique (partie de tous les jugements), auquel il n'ajoute rien. Restent les modes apodictique et problématique, de nécessité et de possibilité. La nécessité, je l'ai montré ailleurs, a deux sens : un sens primitif, l'*être de ce qui est en tant qu'il est*; un sens dérivé, tout différent d'ailleurs, l'*effet acquis ou attendu d'une cause donnée*. Le premier n'apporte pas un élément nouveau à la proposition catégorique, toujours nécessaire pour autant que vraie, soit qu'elle énonce un fait pris pour immédiatement réel, soit qu'elle se réduise à quelque autre proposition par le principe d'identité. Le second ajoute au jugement auquel il s'applique, un jugement accessoire qui déclare que le rapport du sujet au prédicat, ci-devant envisagé, rentre dans la loi de causalité. Or, il ne se rencontre pas en tout cela de jugement spécial de nécessité. Si maintenant nous passons à la possibilité, nous trouvons encore deux sens de ce mot : l'un relatif à l'ignorance de ce qui est, *le doute par rapport à une proposition que nous ne regardons ni comme immédiatement reconnue vraie, ni comme prouvée, et qui n'implique pas contradiction en elle-même*; l'autre, relatif à la cause libre, *à la puissance ambiguë de plusieurs phénomènes qui s'excluent mutuellement*. Suivant le premier sens, nous nous représentons l'énoncé d'une proposition catégorique, puis nous portons d'autres jugements, savoir, cette proposition n'est pas contradictoire, elle n'est pas prouvée, etc.; il y a donc plusieurs actes mentals, suivis d'un état de l'esprit qui en est la conséquence et qui s'exprime dans la pensée par le doute, dans la proposition par l'énoncé de rapports qu'on nomme dès ce moment *possibles*; mais on ne voit point place en tout cela pour un jugement propre de possibilité. Suivant le second sens, après nous être représenté un certain rapport, nous jugeons et que ce rapport est en puissance dans une cause donnée, et qu'un autre rapport, exclusif du premier, est en puissance dans la même cause, etc.; donc, ici encore, le jugement de possibilité s'ensuit de la composition de plusieurs jugements dont il exprime simplement la résultante.

Kant n'a pas fait ces distinctions essentielles, et l'imperfection de son analyse est telle en ce qui touche les jugements modaux, que, les acceptant comme les lui transmettaient des logiciens qui ne se proposaient pas le même objet que lui, il laisse dans la plus complète obscurité les concepts du *nécessaire* et du *possible*. Il déduit l'impossible et le contingent, l'un de la négation du possible, l'autre de la négation du nécessaire, et il ne remarque pas que l'impossibilité rentre dans la nécessité, et que la possibilité comprend la contingence.

J'ajouterai quelques mots sur les catégories elles-mêmes, indépendamment de leur prétendu mode de déduction par les formes du jugement.

QUANTITÉ. — Kant n'éclaircit pas bien le concept de nombre, et cela tient à ce qu'il prend pour formes du *quantum* l'universalité et la particularité, notions surtout qualitatives, dont la détermination numérique est toujours vague. Au demeurant, cette catégorie est bien présentée et distribuée en ses trois modes. Kant a découvert l'importante loi qui fut appliquée depuis par Hegel à un système et avec un esprit si différents. Il a reconnu que les concepts fondamentaux se formaient par thèse, antithèse et synthèse, et c'est un point essentiel acquis maintenant à l'analyse.

QUALITÉ. — L'*affirmation*, la *négation*, la *limitation*, se rencontrent, convenablement diversifiées, dans toutes les catégories, et non pas seulement dans celle de qualité, comme la classification de Kant le ferait croire. S'agit-il de la quantité, ces trois formes apparaissent dans la pluralité, l'unité et le nombre; s'agit-il de la qualité, elles deviennent genre, différence, espèce. La *réalité* n'est point donnée dans la simple affirmation, comme le pense Kant, mais partout et toujours dans la détermination d'un rapport, c'est-à-dire par la limitation. Quand ce rapport a forme de qualité, c'est l'espèce, c'est-à-dire tout ce qu'il y a d'intelligible dans l'*inhérence* de Kant et dans la *substance* de tous les philosophes.

RELATION. — On ne s'explique pas que Kant ait borné la relation à ces trois sortes, *inhérence*, *dépendance*, *communauté* ou *réciprocité*. Qu'y a-t-il donc de plus que des rapports, dans les quantités ou qualités déterminées, dans les notions modales? Mais passons. L'*inhérence* est toujours une détermination de qualité; on ne comprend pas comment la notion de qualité, au lieu de paraître ici, n'est nommée qu'à propos de ce que la scolastique a intitulé si arbitrairement la *qualité des jugements*. La *dépendance* ou *causalité* est un rapport. Kant cette fois le reconnaît, mais les autres catégories aussi sont des rapports, et celle-ci se distingue assez radicalement pour mériter mieux qu'une place subordonnée. Enfin, la *réciprocité* est visiblement une notion composée qui s'attache à la causalité, mais n'est pas moins applicable à d'autres genres de rapports. Dans le sens du jugement disjonctif, on ne saurait y voir qu'une application du principe d'identité (A est B ou non B), lequel n'est pas une catégorie spéciale, mais bien la loi constitutive de la relation ou catégorie des catégories. Aussi Kant est-il fort obscur quand il prétend faire voir que la *réciprocité* est synthèse de l'*inhérence* et de la *dépendance*, comme le tout est synthèse du multiple et de l'un.

MODALITÉ. — Le mode d'*existence* appartient à toutes les catégories et se confond avec la relation en général, ou, plus déterminément, dans la proposition, avec le mode d'inhérence. Quant aux modes de *nécessité* et de *possibilité*, en un sens ils rentrent dans sa causalité (acte et puissance); en un autre, ils s'expliquent par l'analyse de la relation en général, car le premier s'entend de ce qui est donné ou posé, et, par suite, de ce qui est déduit analytiquement; le second dépend de l'ignorance et de l'hypothèse.

LACUNES. — Après cette critique, il ne subsiste que peu d'éléments de la table des catégories de Kant; encore doivent-ils être refondus. Il serait donc inutile de se livrer à l'examen des *schèmes* et de tous autres développements ou combinaisons des formes fondamentales de la connaissance. Mais les lacunes sont bonnes à signaler.

La plus importante est celle de la *conscience*. J'ai déjà montré la raison et les conséquences d'une omission si grave. Kant ne compte pas non plus la *finalité* parmi les catégories. La loi de fin n'est pourtant pas moins essentielle à la constitution de l'esprit humain que la loi de cause, et Kant ne nie point cela, mais il jette les fins hors de la *raison théorétique*, par une suite de cette division arbitraire des puissances de la connaissance qui a si souvent induit en erreur les philosophes. Comme si l'homme, qui introduit la considération de finalité dans tous ses actes et l'applique à diriger tous ses jugements, n'était pas dans une parfaite unité avec l'homme qui envisage une cause ou une qualité! La confusion qui règne dans les ouvrages de Kant est en grande partie l'effet de l'abus des divisions. On pourrait même accuser de puérilité la philosophie qui établit, au nom d'une faculté, des vérités bannies au nom d'une autre, si cette méthode vicieuse n'avait fait obtenir en somme une analyse plus approfondie des conditions de la connaissance. Le génie de Kant apparaît dans des proportions très vastes à quiconque se fait l'idée des obstacles que la tradition philosophique avait semés sur ses pas, contre lesquels il n'a cessé de lutter en se débattant vis-à-vis de lui-même, et dont il a presque triomphé en les respectant.

La *causalité* et la *finalité* sont des catégories dont les notions fondamentales se forment à la manière des autres, comme la quantité et comme la qualité notamment, par thèse, antithèse et synthèse. Il en est de même du *devenir*, qui n'est point une des catégories de Kant, quoique essentiel à la représentation et impliqué dans tout jugement, puisque tout jugement, pour être nommé tel, doit se produire. « Le changement fait partie des prédicaments de modalité », nous dit brièvement le philosophe. Mais ce n'est ni à la *nécessité* ni à l'*existence* que nous pouvons le rapporter; c'est donc à la *possibilité*, et cela non dans le sens de l'ignorance, mais dans le sens de la *puissance d'être* de ce qui n'est pas maintenant. Or, il n'est pas facile de voir comment le *devenir* dériverait de la *puissance*. Au contraire, c'est la *puissance* qui suppose un *devenir* (sans lequel elle n'aurait rien de réel) et qui, en le supposant, s'adjoint un autre élément, l'*acte*: d'où l'*acte de la puissance*. Cette synthèse est nouvelle, et c'est pourquoi après la catégorie du *devenir* paraît celle de la *causalité*, qui s'y lie intimement, mais qui en est distincte. S'il suffisait de signaler un rapport profond, général, habituel, entre deux notions, pour être autorisé à les réduire l'une à l'autre, pas une catégorie ne se maintiendrait. Il faut encore s'assurer du sens dans lequel se fait le développement de la pensée, et sonder des intervalles qui, pour simples qu'ils paraissent, et très naturellement franchis, n'en exigent que plus souvent de véritables jugements synthétiques. Tel est celui-ci : *Tout ce qui arrive était possible*, proposition qui est une forme du principe de causalité, et dont la réciproque universelle : *Tout ce qui est possible arrive*, est pour le moins douteuse et ne doit pas être préjugée en logique.

Les défauts du système de Kant sont graves et nombreux. Mais ce philosophe, le dernier des purs philosophes, le premier des critiques, a mis en lumière la forme des lois irréductibles de la connaissance, la forme ternaire. De plus, il a parfaitement défini la nature et l'objet des catégories, lois et règles aprioriques de la représentation, formes constamment affectées par la matière de la connaissance, par les phénomènes. S'il laisse encore à désirer sur ce point, et Hegel après lui, plus que lui, c'est que, aveuglé par le rationalisme dogmatique qu'il combat et qui pourtant le maîtrise, il attribue à ces règles, à ces formes, à ces lois, je ne sais quoi d'absolu ou de tout autre que les phénomènes. La critique dégagée des traditions ontologiques n'y verra que des phénomènes encore, mais constants et généraux, des rapports abstraits de tous les autres, mais les enveloppant, et qu'il s'agit uniquement de constater.

Hegel entendit les catégories tout autrement. La question ne fut pas pour lui de tracer des lois dont l'expérience seule donne la matière et le contenu, mais bien de dérouler le tableau de l'expérience elle-même, les moments et les phases du monde et de tous les êtres possibles, par la simple exhibition de la chaîne évolutoire des idées de la connaissance. Hegel se proposait de mettre fin aux discussions des philosophes et de fonder la science absolue et définitive sur les ruines de la critique elle-même, en supprimant le *dualisme*, cause de tout le mal. Or, ce dualisme universellement admis qu'il rejetait n'est autre chose que la distinction entre deux sortes de connaissances, la connaissance possible, réalisée ou non dans le sein de quelque être supérieur, et celle que je peux maintenant, moi philosophe ou tout autre, atteindre et posséder. Il y a là tout d'abord une scission bien violente avec le sens commun, le sens populaire; comment la justifier? Sans doute des représentations sont données dans l'homme, et nous n'avons rien à supposer hors de la représentation; je l'admets; mais toute la représentation possible est-elle donnée et épuisée? Hegel l'affirme, hypothèse énorme et à jamais invérifiable par les faits, hypothèse indémontrable en vertu de sa nature même : prouve-t-on le non-être de ce qu'on ignore? On ignore, c'est tout.

En posant ces propositions : *la pensée est l'essence, le réel est identique avec l'idéal*, Hegel implique, et ne peut faire autrement, la distinction des deux termes opposés de la représentation, le représentatif et le représenté; mais c'est pour les assumer tous deux dans le premier. Son *identité* n'est pas union, mais identité pure, au sens mathématique : au lieu de donner le phénomène, elle le supprime. Il est vrai que toute cette méthode roule sur le *poser* et le *supprimer*, associés dans un terme synthétique; mais alors attachons-nous à la synthèse; évitons de faire pivoter notre construction sur la thèse unique de l'idéal, et de présenter le monde comme un produit des évolutions de l'idée; occupons-nous des rapports de tout genre, soit possibles, soit donnés, et non de la seule pensée générale et formelle qui, même en les embrassant, ne les donne pas.

Le monde, ainsi présenté comme le système des déterminations de la pensée, est, à bien dire, un ensemble de termes généraux. Mais est-ce là le monde vivant? Ce système n'est rien, on l'avoue, si on le sépare des déterminations particulières. Il n'y manque donc que l'expérience, les rapports spéciaux et individuels, les faits! Il faut demander au philosophe de vouloir bien construire sous nos yeux un animal véritable, ou quoi que ce soit, un simple fétu de paille propre à tomber sous l'observation. Nous conviendrons alors que Hegel a pu vraiment faire le monde, le tirer de l'absolu et l'y faire rentrer.

L'absolu, l'infini et la substance reparaissent dans cette doctrine avec autant d'éclat que si jamais critique n'eût existé. Et cependant Hegel croit remettre en honneur les phénomènes. Il reproche à Kant de les avoir pris pour des ombres sans réalité; mais lui-même il les traite de reflets imparfaits. Il admet une substance qui va se réfléchissant de forme en forme dans le monde fini, phénoménal, et qui s'épuise dans cette irradiation. Je n'ajouterai rien touchant les idoles d'infini et de substance, dont j'ai assez parlé dans cet essai. Hegel en sentait la contradiction et la vanité; aussi s'efforçait-il de les supprimer en les posant, et le même homme qui prodiguait les images orientales pour obtenir sa représentation cosmogonique ne craignait pas, d'autre part, de réduire toute existence réelle aux rapports et au devenir. Il prétendait se soustraire aux alternatives que le principe de contradiction exige, à celle du fini et de l'infini par exemple, et créait pour cela de certaines tierces notions on ne peut plus chimériques. En effet, comment échapper à ce dilemme : *Ou le tout numérique des phénomènes est déterminé, ou il ne l'est pas; les choses données forment un nombre ou ne forment pas un nombre?*

A l'hypothèse de l'unité du monde et de la connaissance, unité devenue conscience dans le moi du philosophe, Hegel en joignit une autre qui en est le complément naturel, celle de l'enchaînement nécessaire de tous les moments de l'idée. La démonstration de l'existence d'une loi unique enveloppant et déterminant les phénomènes se trouvait pour lui dans l'exposition de cette loi même, c'est-à-dire dans le système de sa *logique* posé en fait et valant par sa propre force. Il ne restait plus qu'une difficulté : faire accepter le système.

Je n'entreprendrai pas ici la critique, même sommaire, de cette logique, œuvre subtile et pénible où une grande puissance d'analyse se joint à des tours d'escamotage palpables. Je n'ai voulu rendre compte que des constructions qui intéressent directement mon œuvre. J'ai dû omettre aussi les catégories cosmologiques des écoles de l'Inde, malgré leur forme très systématique, parce qu'elles me semblent appartenir à l'histoire des doctrines plutôt qu'à celle des classifications rationnelles et de la véritable méthode.

C. Hamilton et les catégories.

Hamilton a parfaitement remarqué le vice capital des catégories kantiennes, mais il n'a pas si bien su le corriger que le reconnaître. « Quoique nous admettions comme concluante, dit-il, en parlant de Kant, sa réduction du temps et de l'espace à de pures conditions de la pensée, nous ne pouvons nous empêcher de regarder sa division des catégories de l'entendement et de la raison spéculative comme une œuvre d'esprit puissante, mais malheureuse. Les catégories de l'entendement ne sont que des formes secondaires du conditionnel. Pourquoi donc ne pas généraliser le conditionnel comme la seule catégorie de la pensée? Et s'il était nécessaire d'analyser cette forme dans ses applications secondaires, pourquoi ne pas faire sortir immédiatement celles-ci du principe générateur, au lieu de détruire maladroitement et par une analogie forcée les lois de l'entendement d'une division fort suspecte des propositions logiques? Pourquoi distinguer la raison (*Vernunft*) de l'entendement (*Verstand*), par ce seul motif que la première a pour objet, ou plutôt pour tendance, l'inconditionnel, quand d'ailleurs il est suffisamment prouvé que l'inconditionnel n'est conçu que comme la négation du conditionnel, et que *la conception des contraires est une*? Dans la philosophie kantienne, deux facultés sont chargées de la même fonction : toutes deux cherchent l'unité dans la pluralité. L'idée (*idea*) n'est que la conception (*Begriff*) élevée jusqu'à l'inconcevable, la raison n'est que l'entendement qui *se surpasse lui-même*. Kant a clairement montré que l'idée de l'inconditionnel ne peut avoir aucune réalité objective, qu'elle ne donne aucune connaissance et qu'elles renferment les plus insolubles contradictions. Mais il aurait dû montrer que si l'inconditionnel n'a aucune application objective, c'est qu'en fait il n'est pas susceptible d'une affirmation subjective[1], qu'il ne donne pas une vraie connaissance, parce qu'il ne contient même rien de concevable; et qu'il est contradictoire à lui-même... » (*Fragments*, p. 23).

Ce que demande Hamilton, qu'on généralise le conditionnel comme la seule catégorie de la pensée, et qu'on fasse immédiatement sortir du principe générateur les applications secondaires,

---

1. Les mots *objectif* et *subjectif* sont employés ici conformément au langage de Kant. Je remarquerai à cette occasion que Hamilton a proposé l'admission formelle de cette terminologie, et que ce philosophe, dont l'érudition philosophique est justement renommée, a donné cette fois un aperçu historique complètement inexact. Voyez les *Fragments*, trad. par L. Peisse, p. 6, en note, et cf. ci-dessus, § III.

c'est ce que j'ai tâché d'exécuter en prenant la relation pour la catégorie universelle et énumérant les formes diverses qui développent cette forme commune. Ce que j'ai nommé le relatif serait précisément le conditionnel de Hamilton, si ce n'était que ce philosophe a cru devoir classer dans l'inconditionnel, et par conséquent exclure de la pensée possible, non seulement l'*illimité inconditionnel*, ou *infini*, mais encore le *limité inconditionnel*, qu'il veut appeler *absolu* et qui, selon moi, est un véritable relatif, que nous concevons et ne pouvons pas sans contradiction ne pas concevoir comme déterminé, conditionné, encore que la détermination convenable à son tout soit nécessairement hors de notre portée. Ce relatif ou conditionnel échappe en un sens à la connaissance, qui ne peut assigner la raison d'aucune limitation externe en ce qui le concerne; mais il appartient à la connaissance en un autre sens, attendu qu'elle peut, il est vrai, parcourir des séries indéfinies (indéfinies de fait et pour elle[1], des relations internes qui le constituent, mais qu'elle n'est pas moins contrainte par ses propres lois essentielles de supposer des termes premiers et derniers à toutes ces séries, et par suite l'existence d'un conditionnement total, incompréhensible et cependant certain, de leur ensemble. Je reviendrai ailleurs sur l'absolu de Hamilton.

Voyons maintenant comment Hamilton entendait l'œuvre de construction des catégories, conforme à la loi universelle dont il reconnaissait l'exigence. « Si nous empruntions, dit-il, à la philosophie critique l'idée d'analyser la pensée dans ses conditions fondamentales, et si nous essayions de porter la réduction de Kant jusqu'à sa plus grande simplicité, nous distinguerions la pensée en *positive* et *négative*, suivant qu'elle a pour objet le conditionnel et l'inconditionnel. Ce serait là cependant une distinction logique et non psychologique; car le positif et le négatif sont conçus en même temps dans la pensée et par le même acte intellectuel. Les douze catégories de l'entendement seraient ainsi renfermées dans la première de ces formes, les trois idées de la raison dans la dernière; et par là toute opposition entre la raison et l'entendement disparaîtrait.

Enfin, rejetant la limitation arbitraire du temps et de l'espace dans la sphère de la sensibilité, nous donnerions, sous la formule du CONDITIONNEL dans le TEMPS et dans l'ESPACE, la définition du concevable et l'énumération des trois catégories de la pensée. » (*Ibid.*, p. 25.)

Ce nouveau plan de catégories est bien insuffisant, pour ne rien dire de plus; d'abord Hamilton allait contre sa propre pensée, ici même exprimée, en proposant deux formes distinctes de la pensée pour affirmer et pour nier l'existence des conditions. Ces deux formes sont complémentaires l'une de l'autre et concourent inséparablement à une relation posée quelconque. Comme toute condition en particulier peut être niée aussi bien qu'affirmée en vue d'une certaine détermination, de même la négation des conditions en général peut être l'objet d'une pensée, aussi bien que l'affirmation en général, et toutes deux trouvent leur sens dans la détermination en général. Il ne faut voir là que les termes généraux d'une seule catégorie, la catégorie universelle de relation, à moins d'accepter l'inconditionnel et les *idées de la raison* telles que les entendait Kant, comme des sujets et des *noumènes*; mais Hamilton s'y refusait. Il ne reste donc de la classification que proposait Hamilton que la division binaire du *conditionnel dans le temps et dans l'espace*. Le problème des catégories est singulièrement écourté. Le temps et l'espace s'offrent seuls pour répondre à ce que Hamilton lui-même désigne sous le titre d'analyse des applications secondaires de la forme primitive unique de la pensée, le conditionnel. Des concepts aussi différents les uns des autres que le sont ceux de quantité, qualité, changement, force, etc., n'obtiennent ni explication ni mention expresse. On s'oblige, semble-t-il, à les classer soit dans la division du *conditionnel dans le temps*, soit dans celle du *conditionnel dans l'espace*, et cependant les phénomènes, envisagés comme quantités ou comme qualités, comme effets et causes, etc., se fixent également dans l'espace et dans le temps; et tout mouvement implique à la fois l'espace et le temps. La classification que Hamilton ne fait, il est vrai, qu'indiquer dans ce passage exigerait donc ou que l'on refusât à la quantité, à la qualité, etc., le titre de catégories, ou qu'on les distribuât entre les deux formes du *conditionnel* admises par ce philosophe; et il n'est pas facile d'en voir le moyen.

XXVII

LOI GÉNÉRALE DE RELATION

DISTINCTION, IDENTIFICATION, DÉTERMINATION

De la proposition catégorique et de ses deux espèces.

Toute science, tout langage, ainsi que je l'ai dit à la première page de cet essai, procèdent par composition et décomposition. Le phénomène est la matière que l'analyse et la synthèse distinguent, embrassent, mettent en œuvre. Le phénomène, pour la connaissance et pour la science, paraît dans un rapport. Unir et séparer des rapports, telle est donc la fonction de la pensée, tant usuelle que scientifique, et tel est aussi le développement que reçoit la catégorie des catégories, la *relation*.

En d'autres termes, l'attribution, ou acte de rapporter en général, a deux formes, l'une positive, l'autre négative; les rapports s'établissent par agrégat suivant celle-là et par division suivant celle-ci. Au point de vue du jugement, considéré dans l'homme, ajouter ainsi, c'est affirmer; séparer, c'est nier. Mais pour traiter des catégories abstraites, il faut laisser de côté l'affirmation et la négation comme fonctions spécifiquement humaines, et n'envisager dans l'une que la réunion, dans l'autre que la séparation des rapports, à quelque titre que la proposition les présente.

Je nomme *proposition catégorique* (comme je dirais *attribuante*, *accusante*, rapportant quelque attribut à quelque sujet sous quelque catégorie) l'énoncé d'un rapport de deux termes, simples ou complexes d'ailleurs, pourvu que ce rapport n'implique ni doute ni devenir. Les termes sont eux-mêmes donnés par d'autres rapports. La proposition détermine un groupe de phénomènes en le rapportant à un autre groupe. Déterminer c'est limiter. Vérifions d'abord ceci dans l'application.

Celui qui détermine un objet donné d'une manière quelconque unit certains phénomènes, et à la fois les discerne d'un ensemble plus vaste. Tout ce que nous connaissons en fait, nous le constituons négativement et par exclusion, d'une part, positivement et par composition, de l'autre; cet arbre que je vois est un groupe de rapports variés dont je distrais les rapports environnants, le ciel, les champs, etc.; où il n'a rien de défini à mes yeux. Ainsi se déterminent les quantités, ainsi les qualités, et, dans toutes les catégories possibles, on réunit pour connaître, et en même temps on distingue; on limite, en un mot, et tout objet a sa limite, toute limite suppose un objet posé au delà.

La catégorie de relation, en tant qu'appliquée, tire donc son effet de la détermination ou limitation, qui est une synthèse de la distinction et de l'union, deux catégories subordonnées, inverses l'une de l'autre. Maintenant serrons la question de plus près et considérons la proposition catégorique simple et en elle-même.

La formule de la proposition : *A est B*, implique d'abord la distinction de deux termes, A d'un côté, B de l'autre, qui doivent être définis de quelque manière par des rapports qui leur sont propres. En même temps la copule exprime qu'il existe entre A et B quelque chose de commun, et, à ce point de vue, abstraction faite du premier, ces deux termes sont identifiés : un seul et même rapport les donne. Des exemples tirés de la quantité et de la qualité éclairciront plus tard cette théorie; qu'il me suffise de remarquer, sans développements, que le rapport de deux qualités s'obtient par la *différence* où elles se distinguent, et par le *genre* où elles s'identifient; et le rapport de deux quantités (dans le cas de l'équivalence par exemple), se tire d'une identité de mesure jointe à la diversité à d'autres égards.

Ainsi, l'énoncé du rapport, pris dans sa formule fondamentale, *détermine* en *distinguant* et en *identifiant*; d'où il s'ensuit que la *relation*, en général, et quant à sa forme, est une synthèse de la *distinction* et de l'*identification*, qui lui sont pareillement inhérentes, et au défaut de l'une ou de l'autre desquelles elle cesse d'exister. On peut dire encore que le *rapport* est une synthèse de l'*autre* et du *même*.

La proposition dite négative, dont la formule est : *A n'est pas B*, ne diffère pas à cet égard de la proposition affirmative. En effet, cette formule équivaut à celle-ci, *A est non B*. Mais qu'est-ce que *non B*, si ce n'est l'*autre* que *B*? Ici l'*autre* n'exprime pas seulement la distinction entre A et B, que la proposition, même affirmative, exigerait, mais il caractérise un terme positif auquel se rapporte par identité le terme A. Par exemple, la proposition : *Le poisson n'est pas mammifère*, se comprend de telle sorte que le *poisson*, distingué du *mammifère*, au lieu d'être en même temps, sous quelque rapport, identifié avec le *mammifère*, comme dans la proposition affirmative, est, au contraire, identifié avec le groupe formé généralement de *tous les autres que le mammifère* et en tant qu'*autres que mammifères*. (La proposition négative par elle-même ne comporte pas une détermination plus grande; mais il arrive ordinairement que la pensée la complète en fixant parmi les *autres* une espèce attribuable au sujet; et dans ce cas elle est affirmative au fond. Il n'est pas possible de nier un rapport sans en affirmer quelque autre, et cette affirmation plus ou moins exprimée ou sous-entendue limite plus ou moins le sujet. Mais, selon la rigueur logique, la formule *non A* se traduit par *tous les autres que A* et n'a point d'autre sens. (Voyez ci-dessous le principe de contradiction et l'analyse de la loi de qualité.)

Puisque la proposition ne détermine un rapport qu'en identifiant deux termes distincts et distinguant deux termes identifiés, il est clair qu'elle se constitue par analyse et par synthèse tout à la fois; il n'existe donc pas de jugements proprement analytiques, et il n'existe pas de jugements proprement synthétiques, dans la rigueur des mots. Cependant ces deux dénominations ont été proposées et doivent être maintenues, parce que les rôles respectifs de l'analyse et de la synthèse dans le jugement ne sont pas toujours les mêmes. Une donnée essentielle de la connaissance peut, par exemple, être une synthèse dont tel jugement présente seulement l'analyse, c'est-à-dire propose l'explication, le développement; et une autre donnée peut se composer d'éléments d'origine diverse qui ne se réduisent pas les uns aux autres en vertu d'une opération purement logique, et dont la fonction du jugement consiste à opérer la synthèse. Dans le premier cas, celui des jugements dits analytiques, les termes du rapport proposé dans le jugement, quoique distingués, ne sont pas de nature à venir à la représentation l'un sans l'autre ; dans le second cas, celui des jugements dits synthétiques, ces mêmes termes sont complets par eux-mêmes, et, quoique isolés l'un de l'autre, ne laissent pas de se représenter clairement.

Les deux sortes de jugements ne se distinguent en rien qui touche la forme de la proposition. Leur différence concerne la matière même de la connaissance, soit la nature du rapport qu'elle envisage entre le sujet et l'attribut. La formule *A est B*, outre sa signification attributive, signifie encore dans un cas que le phénomène noté B fait partie du phénomène noté A, en ce sens qu'on ne peut sans faire évanouir celui-ci faire abstraction de celui-là dans la pensée. La même formule dans l'autre cas exprime la réunion, n'importe comment fondée, de deux représentations A et B, dont l'une A pourrait subsister encore quand l'autre B s'évanouirait.

La distinction des deux sortes de jugements n'est d'ailleurs point bornée aux notions essentielles de l'entendement, quoiqu'il soit très important de l'y considérer. Des exemples vont montrer que les premiers se présentent continuellement dans les opérations logiques de la pensée, et les seconds dans le cours de l'expérience qui en suggère sans cesse de nouveaux.

PROPOSITIONS ANALYTIQUES. — Un type de ces propositions se rencontre dans les définitions purement nominales. Si je dis, par exemple : *Le triangle scalène est formé de trois côtés inégaux*, le rapport que j'établis entre le *scalène* et l'*inégalité des côtés dans un triangle* est une proposition analytique, parce que le sens du mot *scalène* est convenu pour qu'il en soit ainsi, et, hors de là, est nul. Il en serait de même de ces définitions de la *droite* et du *cercle* : *La droite est la ligne de plus courte distance entre deux quelconques de ses points; La circonférence est la ligne dont tous les points sont à égale distance d'un même autre point*; il en serait ainsi, dis-je, si les termes *droite, circonférence*, n'apportaient pas avec eux des rapports de position parfaitement représentables à part des déterminations de distance ou quantité contenues dans les définitions, et sans lesquels ces mêmes définitions n'entreraient pas dans l'esprit comme elles y entrent. L'idée propre du *droit* est celle de la *direction inflexible constante*; l'idée propre du *circulaire* est celle de la *courbure rentrante, constamment et également infléchie*. La présence dissimulée de ces notions élémentaires dans des définitions qui ne mentionnent ouvertement que des rapports tout différents, des rapports de distance, fait que ces définitions ne sont nullement nominales et supposent au fond des propositions qui ne sont point analytiques.

Le caractère analytique n'appartient pas exclusivement aux définitions nominales. Toutes les fois que certaines données sont, à tort ou à raison d'ailleurs, posées comme acquises ou constantes, toutes les conséquences (entendez les déductions logiques qui en sont tirées) sont relativement analytiques, vu le caractère de ces déductions, qui ressortira plus tard, et restent telles tout le temps que nul jugement synthétique ne s'introduit parmi les prémisses employées. Il reste à savoir quel est le vrai caractère des premières données. Elles peuvent être synthétiques, et elles peuvent être analytiques aussi, car il en est de ce dernier genre qui sont aprioriques, c'est-à-dire qui appartiennent à la représentation indépendamment de toute expérience. En voici des exemples : *Toute quantité est divisible; Tout corps est étendu; La partie est moindre que le tout*; ces propositions sont analytiques, parce que la représentation de la *quantité*, celle du *corps*, celle de la *partie*, sont respectivement inséparables de la représentation d'une *division possible*, de celle d'un *espace occupé*, de celle d'une *grandeur moindre que le tout.* Il en est de même de certaines propositions moins simples, par exemple : *Deux choses identiques avec une troisième sont identiques entre elles*; car il n'est pas possible de se représenter simultanément la double identité énoncée dans le premier terme, sans se représenter la conséquence exprimée par le second.

Le principe que *deux quantités égales à une troisième sont égales entre elles* est un cas particulier de celui qui vient d'être énoncé : *Deux choses identiques,* etc.; parce que deux quantités égales sont deux choses envisagées par abstraction, et clairement définies comme identiques sous le point de vue numérique ou géométrique, qui est celui où elles sont prises.

PROPOSITIONS SYNTHÉTIQUES. — On pouvait se représenter la lumière réfléchie sous une certaine incidence avant de connaître l'angle de polarisation comme tel, et celui qui ignorerait les phénomènes de la pesanteur ne serait pas pour cela hors d'état de se représenter un corps. Les jugements qui énoncent des rapports fondés sur l'expérience seule : *Les corps sont pesants; la lumière réfléchie sous un angle de 35 degrés a telles propriétés particulières,* etc., etc., sont donc synthétiques. Mais, en dehors de toute expérience, le même caractère convient aux jugements qui, d'une manière générale, en vertu des lois de la représentation, établissent un rapport entre deux catégories différentes, une quantité et une position, une qualité et une force, une force et une fin, etc., etc. Tel est le cas des jugements renfermés dans les définitions de la *droite* et du *cercle*, citées ci-dessus, et tel est le cas de ceux-ci : *Ce qui commence est par une cause; Ce qui commence est pour une fin,* etc.

Il y a, comme on voit, deux espèces de jugements synthétiques, les aprioriques et les aposterioriques : ceux qui précèdent logiquement et enveloppent toute expérience, étant donnés comme lois générales de la représentation; et ceux, au contraire, dont toute anticipation par la pensée est impossible, attendu que leur origine et leur autorité résident exclusivement dans l'expérience qui montre leurs termes liés comme ils le sont.

Quant aux jugements analytiques, il est clair qu'ils sont tous également aprioriques, car comment dépendraient-ils de l'expérience quand ils ne font rien qu'exprimer les relations que la pensée elle-même établit et entend en vertu seulement du sens qu'elle attache aux termes. Remarquons qu'en les nommant aprioriques en cela, on ne veut pas dire qu'ils soient formés d'éléments tous et entièrement primitifs, dus à la seule constitution de l'entendement, et n'impliquent pas des données antérieures, empiriques et autres. On veut dire que pris en eux-mêmes, sans aucun égard à l'origine ou au fondement de termes qu'ils mettent en œuvre, ils invoquent exclusivement une loi de la représentation pour se poser et valoir. Et de là vient que nous pouvons classer parmi eux une masse de propositions en tant que liées logiquement, c'est-à-dire par les règles du raisonnement, à des jugements antérieurs quelconques dont la nature et la validité restent en dehors de la question.

Au reste, c'est en étudiant la logique, en nous rendant compte de ces relations de termes à l'aide desquelles les jugements se lient les uns aux autres dans le raisonnement, que nous reconnaîtrons la nature analytique des propositions, en tant qu'obtenues par des *syllogismes* où elles occupent la place de *conclusions*, et quelle que soit alors la nature des *prémisses*, quelle que soit même la nature des conclusions considérées séparément.

Remarquons en finissant le rapport de la distinction des propositions avec la distinction des catégories. On reconnaîtra que deux catégories sont irréductibles l'une à l'autre, à ce signe, que tout sujet de l'une, pour être affirmé du sujet d'une autre, exige un jugement synthétique intermédiaire.

La distinction des jugements se présente ici comme un phénomène logique, comme une loi dépendante de la catégorie universelle et qui sert à discerner les autres.

quoique toutes fonctions de la première. Son importance à d'autres égards n'apparaît qu'au moment où se pose la question de la certitude ou de la légitimité du savoir.

Observations et développements.

La terminologie adoptée par Kant pour exprimer sa distinction capitale entre les deux sortes de jugements n'est peut-être pas à l'abri de tout reproche. Un jugement quelconque réunit les deux caractères, analytique et synthétique, je l'ai déjà remarqué. Si ensuite on veut, outre l'application à tout jugement de ce double point de vue inhérent à la représentation du relatif et du composé, porter l'attention sur un autre sens, suivant lequel les deux procédés d'analyse et de synthèse cessent de s'appliquer de la même manière à tous les jugements, il ne paraît pas, à y bien regarder, que la différence porte précisément sur l'inégale intervention d'un procédé et de l'autre dans chaque cas. Elle réside bien plutôt sur ce que l'analyse et la synthèse, dans chaque cas, n'interviennent pas au même titre. Ainsi, dans le jugement de *tout* et *partie* (ci-dessus) le concept de *plus grand* est joint (synthèse) au concept de *tout*, comparé au concept de partie, en même temps que le concept de *plus grand* est extrait (analyse) comme élément du concept de *tout* dans la même comparaison. Le jugement dit *analytique* de Kant est donc en un sens un jugement où s'opère une synthèse. Réciproquement, son jugement dit *synthétique* est un jugement où s'opère une analyse. Car prenons la proposition de la *moindre distance* (ci-dessus). Le concept du *plus court* est extrait (analyse) nous ne dirons plus de l'autre concept ou concept du *droit*, mais enfin extrait par la réflexion d'un total de représentation naturelle et donnée à tous, en même temps que le concept du *plus court* est joint (synthèse) au concept du *droit* pour se confondre en une même intuition. Toute la différence consiste en ce que dans le premier cas (jugement dit *analytique*) l'analyse et la synthèse s'appliquent à deux concepts dont l'un rentre dans l'autre et peut en être distingué verbalement, non séparé, dans la seule définition qu'il nous soit possible de donner de l'un et de l'autre. Dans le second cas (jugement dit *synthétique*) l'analyse et la synthèse s'appliquent à deux concepts unis dans une certaine représentation, et que la représentation peut cependant non pas seulement distinguer, mais encore séparer sans les rendre impensables.

On remédierait facilement à ce défaut de la terminologie, si c'en est un, en nommant respectivement les deux sortes de propositions *propositions d'identité, propositions d'identification*. Tout jugement énonce une identité quelconque, en général partielle ou relative. Si cette identité du sujet et de l'attribut s'impose en vertu de l'unique conception de ces termes, inséparables quant au sens ou par définition, la proposition est purement d'*identité*. Mais si la thèse de l'identité se fonde sur un motif quelconque, autre que la nécessité de penser l'attribut pour penser le sujet, la proposition est *d'identification*. Les termes que je propose ici mettent grandement en évidence le mérite de la découverte de Kant et sa portée dans la question de la certitude. En effet, quand un jugement est d'identité, c'est qu'il dépend exclusivement de la loi de représentation, que nous allons examiner sous le nom de *principe de contradiction*. Il n'y a pas d'autre justification à demander. Mais quand un jugement est d'identification, on demande à bon droit que les raisons d'identification soient démêlées, classées et garanties. On sait le système de Condillac, qui prétendait ramener toutes les sciences à une suite d'identités dont une *langue bien faite* aurait donné la clef. Leibniz n'était guère plus heureux quand il ne réclamait pour tout fonder, outre le principe d'identité ou de contradiction, que le principe de la *raison suffisante*, car ce dernier principe, fût-il vrai comme Leibniz l'entendait, serait toujours bien insuffisant. Kant a renversé le faux rationalisme et les prétentions de la philosophie qu'on pourrait nommer de l'évidence pure, en signalant le premier l'existence des synthèses intellectuelles et morales et de ces jugements d'identification qui ne s'appuient pas simplement sur des rapports de contenance logique. En posant sa question célèbre : *Comment des jugements synthétiques à priori sont-ils possibles ?* il a complètement renouvelé la méthode.

XXVIII

LOI RÉGULATRICE DES RELATIONS CONSTANTES. PRINCIPE D'IDENTITÉ OU DE CONTRADICTION. PRINCIPE DE L'ALTERNATIVE.

Nous avons vu que le *rapport*, envisagé dans la proposition catégorique, est une synthèse du *même* et de l'*autre* : c'est-à-dire qu'il se compose de deux rapports élémentaires, ou, en d'autres termes, que la formule A *est* B pose l'identité de A et de B *sous un rapport*, et leur diversité *sous un autre rapport*. Si deux phénomènes que l'on compare étaient identifiés et distingués tout à la fois, sans succession et *sous un seul rapport*, le même et l'autre seraient confondus, et le rapport composé qui implique ces deux éléments disparaîtrait avec eux. Afin que la représentation soit d'accord avec elle-même, et, plus encore, afin qu'elle subsiste, *il faut que le même et l'autre soient eux-mêmes distincts*. Telle est la forme fondamentale du principe qu'on a nommé *principe d'identité*, et qu'on nommerait tout aussi justement *principe de distinction*.

Il n'est applicable qu'aux relations supposées constantes, ou tant qu'elles demeurent telles ; et en effet, le devenir consiste précisément en ce qu'un phénomène peut être caractérisé comme autre et même, sous un même rapport, à divers instants.

On l'appelle encore *principe de contradiction* parce que se contredire n'est proprement qu'appliquer le même et l'autre à deux phénomènes comparés sous un seul rapport : dire une chose, et dire à la fois que l'on dit autre chose que cette chose. Le principe qui interdit la contradiction a cette vertu de ne pouvoir être combattu sans être supposé ; la représentation tout entière lui rend témoignage.

J'ai montré le principe d'identité dans le fait de la distinction des rapports suivant lesquels A est, d'une part, autre que B, et, d'une autre part, le même que B, dans la proposition *A est B*. Comparons maintenant les deux propositions *A est B*, *A n'est pas B* ; il est clair que le rapport d'identité de A et de B dans la première ne sera pas le même que celui sous lequel on donne A comme autre que B dans la seconde. Ainsi, par le principe déjà établi, les deux propositions sont incompatibles lorsqu'on y envisage un rapport unique. De là l'énoncé vulgaire : *A ne peut être en même temps B et non B sous le même rapport*. De là aussi la formule scolastique :

Idem de eodem secundum idem simul affirmare et negare contradictio.

Les termes B et non B qui entrent dans l'énoncé vulgaire réclament, en tant que *termes contradictoires*, une définition exacte qu'on n'a pas coutume de donner. C, D, etc., termes autres que B, sont toujours en un sens des non B, et cependant *A est B, A est C, A est D*, etc., sont des propositions compatibles en bien des cas. Pour ne l'être point, d'après ce qui précède, il faut qu'elles énoncent un même rapport, et par exemple que le rapport d'identité envisagé entre A et B et le rapport envisagé entre A et C soient les mêmes. Les termes B et C, c'est-à-dire B et non B, pour se trouver contradictoires, doivent être autres sous le même rapport. Soient l'*homme raisonnable* et l'*homme mortel*; *raisonnable* et *mortel* expriment divers rapports de l'homme et ne sont pas contradictoires, bien que tout à fait autres; mais soient *A nombre deux* et *A nombre trois*; deux et trois sont contradictoires ici, parce qu'ils posent un même rapport, celui de la détermination numérique, et que sous ce rapport ils sont autres. Il en est de même de deux couleurs, *A rouge, A bleu*, etc., etc.

On voit qu'un *terme contradictoire* est simplement *celui qui est autre sous un même rapport*. On voit aussi que le *contradictoire* n'est pas la même chose que le *contraire*. Les contraires logiques sont des termes tels, que l'un exprime *tout l'autre* ou *l'ensemble des autres* que l'autre (exemples, le *nombre deux* et *tous les nombres autres que deux*, termes qui réunis s'étendent à tout l'ensemble de ce qui peut être appelé nombre; l'*organisé* et l'*inorganisé*, qui comprennent une grande sphère de la connaissance, ou le *juste* et l'*injuste*, qui n'épuisent qu'un sujet plus déterminé). Remarquons toutefois, pour que ce dernier exemple soit bon, qu'on doit par hypothèse n'admettre point de milieu entre les deux termes, ce qui reviendrait dans le présent cas à n'admettre point d'actions moralement indifférentes dans le groupe dont on s'occupe. Sans cela, le *contraire* du *juste* ne pourrait être que le groupe des actions tant indifférentes qu'injustes.

Ces contraires sont des cas particuliers du *contradictoire*, et par conséquent de l'*autre*, auquel le *contradictoire* a été ramené. Quant aux contraires mal définis qui figurent quelquefois sous ce nom dans le discours, ou ils expriment une simple corrélation, dont la nature peut d'ailleurs varier, ou ils n'ont aucun intérêt pour la science. Tels sont par exemple le grand et le petit, le fort et le faible, le blanc et le noir, le premier et le dernier, etc. Je crois que ces remarques n'étaient pas inutiles pour éclaircir ce qu'on laisse ordinairement de vague dans la notion de la contradiction, qui doit être la plus claire de toutes.

En résumé, je proposerai, pour le principe d'identité dans la proposition, l'énoncé suivant comme le meilleur : *Un terme n'est point à la fois le même et l'autre qu'un autre terme, sans succession, sous le même rapport.* Absolument, et c'est aux contraires logiques que ce second énoncé s'appliquera, je dirai : *Un terme n'est point à la fois le même et tout l'autre qu'un autre terme, sans succession dans une sphère donnée de phénomènes.* Dans ce cas, en effet, la considération d'un seul et même rapport est impliquée dans les définitions du *même* et de *tout l'autre*, qui ne sauraient se poser que corrélativement.

PRINCIPE DE L'ALTERNATIVE. — Puisque les termes contraires sont ceux qui se partagent le champ de la connaissance, soit totale, soit du moins exactement délimitée, il est clair que si B et non B sont deux de ces contraires, et A un terme quelconque de ce domaine, on aura toujours la relation alternative *A est B ou non B* (l'homme est mortel ou immortel). En effet, le sens de cette proposition est celui-ci : *Si A n'est pas B, il est non B; si A n'est pas non B il est B* (si l'homme n'est pas mortel, il est immortel; s'il n'est pas immortel, il est mortel). Or, chacun de ces derniers énoncés est rigoureusement analytique, en ce qu'il ne fait qu'expliquer et confirmer le partage de tous les phénomènes possibles entre B et non B (mortel, immortel), voulu par la définition même de ces termes. Les propositions *A n'est pas B*, *A est non B* (l'homme n'est pas mortel; l'homme est immortel), sont précisément équivalentes, parce qu'en excluant un rapport d'identité entre A et B (homme et mortel), on pose un rapport d'identité entre A et *tout l'autre* que B (homme et immortel); et ces deux points de vue s'impliquent réciproquement.

Le principe de l'alternative admet encore cet énoncé : *A n'est pas à la fois ni B ni non B* : la définition des contraires étant comme ci-dessus. Si on le rapproche du principe d'identité, qui a pour énoncé dans le même cas, *A n'est pas à la fois B et non B*, on reconnaît qu'il en est le complément. Il est même aisé de voir que ces deux principes sont réciproques l'un de l'autre, car, le premier disposant que *si A n'est pas B, il est non B*, le second dispose que *si A est non B, il n'est pas B*. Les propositions sont distinctes et ne se servent pas mutuellement de preuve; toutes deux résultent directement du principe général de *distinction du même et de l'autre* : ici, parce que, posant le même ou l'autre, on exclut l'autre ou le même; là, parce que, excluant l'autre ou le même, on pose le même ou l'autre. De plus, il y a cette différence que B et non B peuvent n'être pas des contraires, et le principe d'identité subsister, comme on l'a vu, ce qui n'a pas lieu pour le principe de l'alternative.

Le caractère de l'alternative dont il vient d'être question est l'*option* forcée. Aussi, d'ordinaire, introduit-on dans les énoncés précédents une idée de *nécessité*, ou de *ne pouvoir pas ne pas être ainsi*. Je me suis dispensé de cet usage, parce que le nécessaire ne signifie rien de plus ici que ce qui est constamment attaché à nos représentations quelconques, impliqué formellement dans toute pensée. Je traiterai du sens de ce mot sous une catégorie spéciale à laquelle il se rapporte suivant une autre acception. (Voy. § xxxviii.)

Mais la conjonction alternative *ou*, par une singulière imperfection du langage, exprime aussi *l'option qui n'est pas forcée*. On dit : *A est B ou C* (Paul est à Paris ou à Londres), et l'on entend tout à la fois : *A peut être B, A peut être C* (Paul peut être à Paris, Paul peut être à Londres) quand bien même C serait non B (Paul est à Paris ou ailleurs). Ici paraît une idée de *possibilité*, étrangère à la possibilité de libre contingence, et qu'il faut expliquer dès à présent. Laissons de côté cette possibilité pure, ou de liberté, que nous retrouverons dans la suite. Le sens unique d'une proposition telle que *A peut être B*, est alors celui-ci : *j'ignore si A est B, et j'ignore si A est non B* (si Paul est à Paris ou non). Cette possibilité est donc une forme et un énoncé de l'*ignorance*, une forme aussi de l'*hypothèse*, suite de l'ignorance, d'où ce principe de fait, d'ailleurs fondamental : *La représentation admet sous ses lois générales de certains rapports indéterminés : A comme B, A comme non B, qu'il n'appartient qu'à l'expérience ou à l'analyse prolongée de fixer à l'exclusion l'un de l'autre*. Ces rapports nous sont représentés par anticipation et comme indifféremment exclus ou donnés dans l'ensemble des phénomènes qui se déroulent et dont nous ne connaissons qu'une faible partie. (Voy. § 35.)

REMARQUE GÉNÉRALE. — Certaines synthèses présentes à la connaissance, lorsque l'analyse entreprend de les décomposer, semblent impliquer un seul et même rapport posé tantôt comme A et tantôt comme non A, sans succession. La science, en se proposant l'explication des données fondamentales, aboutirait, selon quelques philosophes, à reconnaître l'égale vérité de propositions contradictoires. Mais nous devons achever l'étude des catégories avant d'examiner la nature et la valeur des anomalies prétendues de la loi de l'identité.

Observations et développements.

On regarde ordinairement la logique comme une science achevée, et on a été jusqu'à dire que cette science n'avait pas *fait un pas* depuis Aristote. La vérité est que, indépendamment des nombreuses questions contestées du domaine de la logique (telles que la nature ou *formelle* ou *matérielle* du sujet qu'elle traite, l'utilité et jusqu'à la valeur quelconque du syllogisme, l'autorité de l'induction, etc.), en se bornant aux points de moindre dissidence, on trouve de l'incertitude et de la confusion. Il semblerait, par exemple, que ce dût être une question définitivement jugée, de savoir si le *principe d'identité*, le *principe de contradiction*, et le *principe de disjonction*, appelé quelquefois *principium exclusi medii*, sont des principes différents, ou des formes diverses d'une même vérité, et de laquelle. Cependant des logiciens illustres comme Hamilton et son critique Stuart Mill semblent fort embarrassés de se reconnaître au milieu des distinctions qu'ils accumulent. En somme, ils reconnaissent plusieurs *lois*. Selon moi, il n'y a qu'un principe de la logique, une première *loi*, qui est qu'il faut comprendre ce qu'on dit, ou, en d'autres termes, attacher un sens à ses paroles. Partant de là et me demandant ce que j'entends par les deux propositions *A est B*, *A est non B*, je trouve dans la simple réponse à ma question tout ce dont j'ai besoin pour passer aux formules usuelles.

Je définis d'abord le sens des termes contradictoires : A est un groupe de phénomènes, B un autre groupe, propre à qualifier intelligiblement le premier (c'est-à-dire à lui affecter un rapport avec des mots pourvus de sens); non B, terme contradictoire, est un troisième groupe qui, ajouté à B, complète la totalité des phénomènes d'une sphère de la connaissance, ou, comme on a coutume de dire, envisagés sous un même rapport.

Ensuite je définis le sens des propositions contradictoires, ce que je ne peux faire que d'une seule manière et en les prenant corrélativement. Appelons-les H et K pour abréger. Lorsque je pose ou que j'affirme H, ou que je dis que H est vrai (je ne distingue pas entre ces dernières expressions), j'entends supprimer ou nier K, ou dire que K est faux, que K n'est pas vrai. Réciproquement, en affirmant K j'entends nier H. De même en niant H je veux affirmer K, et réciproquement en niant K je veux affirmer H. En un mot l'affirmation ou la négation de chacune des propositions a le même sens que la négation ou l'affirmation de l'autre. Sans cela, je dirais que le même est autre, ou que l'autre est le même, sous le même rapport, et je cesserais de me comprendre.

Considérons maintenant le *principe de contradiction*. En quelque manière qu'on l'énonce, il sera toujours contenu dans ce qui vient d'être dit. *Deux termes contradictoires*, définis comme ci-dessus, *ne peuvent être attribués simultanément à un même terme* : autrement H et K seraient affirmés ensemble. Ou encore, *deux propositions contradictoires ne peuvent être vraies ensemble* ; car si H est vrai, K est faux, et si K est vrai, H est faux.

Considérons le *principe d'identité*, tel qu'on le prend parfois pour le distinguer du précédent, sous la formule puérile *A est A*. La distinction ne fait ici que signaler un cas particulier du principe précédent. En effet, si A ne peut pas être B et non B, il ne peut pas par là même être A et non A. En disant qu'il est A on entend nier qu'il soit non A, c'est l'unique sens acceptable de la proposition identique, laquelle se trouve ainsi revenir à celle qui énonce le principe de contradiction.

Considérons enfin le principe de disjonction, ou du *milieu exclu*. On a vu par la définition des propositions contradictoires que si H est faux, K est vrai, et que si K est faux, H est vrai. Donc *A est B ou non B*, en ce sens que s'il n'est pas B, il est non B, et que s'il n'est pas non B, il est B. En d'autres termes, *deux propositions contradictoires ne peuvent être fausses ensemble*.

Encore une fois, toutes les formes de premières vérités logiques rentrent dans cet unique fond, qui, développé, les explique : *savoir ce qu'on dit*.

XXIX

LOI DE NOMBRE

UNITÉ, PLURALITÉ, TOTALITÉ

Rapports de grandeur et de quantité : mesure. — Principes de l'arithmétique.

La catégorie de *nombre* est étroitement unie à celle de *relation*. Sans doute le nombre n'est qu'une espèce de rapport ; mais les rapports de toute espèce enveloppent des nombres, et la relation même, prise en général, a un élément numérique.

Les phénomènes viennent à la représentation comme *plusieurs*, puisqu'ils y viennent en tant que rapports. Or, le *plusieurs* est toujours représenté corrélativement à l'*un*, et l'*un* corrélativement au *plusieurs*. Cette corrélation, abstraction faite de la nature des phénomènes considérés respectivement comme un ou comme plusieurs, donne le *nombre* en général, c'est-à-dire le *tout d'unités*. La synthèse de ces deux contraires, *unité*, *pluralité*, est donc la *totalité*.

C'est le phénomène, toujours composé, toujours relatif, qui se présente à volonté comme *un*, comme *plusieurs* et comme *tout*. On ne doit pas objecter ici que la composition du phénomène s'oppose à l'existence de véritables unités, en sorte que notre catégorie manquerait par la base. L'*un* est une abstraction, un produit de l'analyse, lequel n'est point représentable sans le *plusieurs*; et le *plusieurs* et l'*un* ne sont eux-mêmes représentables que dans le *tout*. Des phénomènes composés quelconques sont des unités dans un phénomène plus enveloppant qui est leur tout; et ces unités en tant que telles, c'est-à-dire abstraites, sont rigoureusement identiques; et ce tout par rapport à ces unités est un nombre abstrait.

Passons du nombre en général au nombre déterminé. La détermination du tout numérique se fait selon la catégorie de *relation* par le moyen des deux opérations inverses, *identification* et *distinction*, qui deviennent ici *addition* d'unités, *soustraction* d'unités. Une et une unités jointes, séparées de toutes autres unités possibles, donnent le *nombre deux*; une et une et une unités, jointes, et séparées de même, donnent le *nombre trois*, et ainsi de suite. La série des nombres est indéfinie, et si nous nous bornions à cette conception élémentaire, les nombres, en s'élevant, ne tarderaient pas à devenir irreprésentables par l'impossibilité où la mémoire et l'imagination se trouveraient de distinguer les uns des autres les groupes ainsi formés. Il n'y aurait donc pas d'arithmétique, au moins comme science.

Mais les nombres, c'est-à-dire les touts déterminés

d'unités, sont considérés à leur tour comme ajoutés ou comme soustraits les uns par rapport aux autres : *Une somme est identique avec les unités réunies, qui la composent; une somme à laquelle on ajoute, ou de laquelle on retranche une autre somme, est identique, cela fait, avec cette même somme à laquelle on ajoute, ou de laquelle on retranche une à une les unités qui, réunies, composent l'autre.* Exemples : Un et un vaut (un et un) effectué; un, un et un vaut (un et un) et un, ou encore vaut un et (un et un), et ainsi de suite.

Le jugement exprimé de la sorte est analytique, attendu que les termes dont il pose l'identité sont les développements d'une seule et même représentation, en vertu de l'analyse du *nombre*. Grâce à ce principe, un système de numération devient possible, et l'arithmétique existe. On impose des noms à certains groupes d'unités, et il suffit dès lors de composer ces groupes entre eux pour composer les unités dont ils se composent eux-mêmes. Le nombre *cent soixante-sept*, par exemple, auquel trois groupes et trois signes vocaux suffisent, représente tant d'unités prises une à une, de cela seul qu'il représente la somme de trois groupes définis antérieurement.

Tracer la loi conventionnelle de ces groupes d'unités, c'est créer un système de numération, et ce système obtient une perfection telle par l'emploi des signes écrits, que le problème de la représentation numérique est résolu sans limites. Dans le système binaire, le plus simple de tous, chacun des groupes est la somme de deux des précédents à partir de l'unité simple; on convient alors de placer les signes de ces groupes à la gauche les uns des autres, si bien que deux signes diversement combinés expriment tous les nombres possibles en vertu de cette loi de position : le signe 1 représente, suivant la place qu'il occupe, et l'unité simple et tous les groupes binaires, et le signe 0 marque la place des groupes absents. La série indéfinie 1, 10, 11, 100, 101,

110, 111, 1000, 1001, 1010, 1011, 1100, 1101, 1110, 1111, 10000, etc., etc., symbolise ainsi la série des nombres. On sait d'ailleurs que l'analyse déduit de la numération toutes les fonctions numériques.

Pour épuiser cette catégorie, nous devons rattacher à la loi de *nombre* les rapports généraux de *quantité, grandeur* et *mesure*, qui en dépendent analytiquement.

Le nombre déterminé est un *tout* eu égard aux unités composantes. Les unités du nombre sont les *parties* du tout. Le rapport du tout à la partie, du contenant au contenu, est ainsi donné dans la catégorie de nombre; et quoique ce rapport se présente encore ailleurs et se mêle à divers autres, nulle part on ne le rencontre qu'il n'implique une relation numérique. Les parties sont toujours, moyennant une certaine abstraction, des unités : il y a *tant* de parties dans un tout.

L'application du nombre aux objets des autres catégories, considérées comme des touts de parties, donne la *quantité*. La quantité est le *tant* et répond à la question *combien*. Il arrive de là que, d'un côté, la quantité est pur nombre; de l'autre elle est concrète, comme on dit, et se définit par les autres catégories. Cela posé, lorsque l'on peut faire correspondre exactement la quantité numérique à la quantité concrète, on a la *mesure* de cette dernière. Il faut alors qu'on puisse déterminer comme unité une partie quelconque, et que la simple répétition de cette partie identique, invariable, reconstitue le tout concret proposé. La mesure est donc la quantité en tant que nombre de parties identiques. Le nombre est sa mesure à lui-même, et il est la mesure de tout composé dont les éléments sont assimilables à un seul qui se répète.

Le rapport de *tout* à *partie*, de contenant à contenu, est lié par définition de noms, c'est-à-dire en vertu du sens même des termes, au rapport de *grandeur*, en sorte que c'est une manière de penser le *grand*, que de penser le *tout*, eu égard à la partie, qui alors est dite *petit*; et réciproquement, c'est une manière de penser le *tout*, que de penser le *grand*, comparé avec le *petit* ; et ces deux termes *grand* et *petit* sont corrélatifs. Ainsi les quantités et les nombres sont des grandeurs de la même manière qu'ils sont des touts, et les grandeurs se mesurent exactement comme se composent les touts dans lesquelles on les envisage. On voit pourquoi nous avons regardé ci-dessus la proposition : *Le tout est plus grand que la partie*, comme un jugement analytique ou d'identité. Mais il faut que l'idée de tout soit prise dans le sens rigoureusement et exclusivement *mathématique*. Par exemple, une composition d'éléments autres que homogènes et toujours identifiables partie à partie les uns avec les autres, fournirait des idées différentes pour ce que l'on appellerait son *tout* et pour ce que l'on appellerait sa *grandeur* (en chimie, en biologie, etc.). Il est clair d'ailleurs que l'acception de la grandeur doit se limiter comme celle du tout, et ne conserver avec l'usage de toutes les langues vulgaires que cet unique rapport d'être le type parfait qui sert à l'intelligence de tant de comparaisons et de symboles. On a coutume en effet d'appliquer le mot *grandeur* et à des touts mesurables, et à des touts non mesurables ou (même impropres à toute division effective et à toute imagination tant soit peu précise d'une telle division) dont aucune partie ne peut jouer le rôle d'unité. Au contraire, on appelle exclusivement quantités les touts dont la mesure est regardée comme possible. Cette différence est importante : il suffit de la signaler comme une définition de mots.

En résumé, disons qu'un genre de grandeurs susceptibles de mesure est celui dont les éléments se laissent caractériser comme exactement et précisément *égaux* à d'autres éléments de même nature. En effet, la partie, prise pour unité d'un tout, doit pouvoir être identifiée avec d'autres parties du même tout : c'est la condition de composition et d'existence de la quantité ; et l'égalité qu'on réclame exprime la possibilité de définir le rapport de grandeur par le rapport de nombre. Au contraire, quand une grandeur n'est pas mesurable, on peut bien lui reconnaître une *intensité* et des *degrés* (ex. : la volonté, les passions, etc.); mais ces degrés, en tant que parties égales et unités de nombres concrets, n'offrent pas une signification claire. Là est une limite infranchissable des sciences mathématiques.

Le principe énoncé plus haut comme le fondement de la numération peut s'énoncer clairement au point de vue du rapport de tout et de partie dans le nombre : *Le tout de plusieurs touts est identique avec le tout de leurs parties*.

On voit que l'arithmétique est une science purement analytique, une fois posée la synthèse qui donne le nombre.

Observations et développements.

DE LA LOI DE GÉNÉRATION DES FONCTIONS NUMÉRIQUES ET DU SENS GÉNÉRAL DE CES FONCTIONS

1. Fonctions abstraites directes.

Tous les rapports que des nombres peuvent avoir entre eux sont du genre de celui que tous les nombres ont avec l'unité : rapport de composition, rapport du tout à ses parties. Aussi les relations numériques rentrent toutes dans la plus simple d'entre elles, l'*addition*, qui, elle-même, se réduit à la composition des unités; et cela doit être, car rien de plus ne nous est donné dans la représentation du nombre.

Une relation entre deux nombres consiste primitivement en ce que l'un se compose d'un certain nombre de fois l'unité, et l'autre d'un certain autre nombre de fois, et cette formule ne nous apprend rien. Mais exprimons la même relation en posant que la somme de ces deux nombres est un troisième nombre; nous obtiendrons alors une formule féconde, parce que, les deux premiers nombres étant déterminés, quels qu'ils soient, le troisième se trouvera déterminé pareillement, et aussi parce que de semblables relations entre tant de nombres qu'on veut se laissent toujours ramener à la relation de trois nombres.

La formule symbolique de cette relation est : $x+y=z$, dont voici le sens :

x, y et z sont les symboles de nombres, deux desquels étant *variables*, ou déterminables arbitrairement comme parties, le troisième est déterminé par là même comme somme. Un symbole n'est rien de plus ici que le signe qui réprésente un nombre quelconque.

Le *signe positif* $+$ est le symbole spécial de la composition des unités, appliqué à deux nombres dont les unités sont jointes.

Le *signe d'égalité* $=$ exprime l'identité de deux nombres obtenus par des voies différentes, savoir, 1° au moyen de la composition des unités de divers autres nombres (deux dans le cas présent); 2° au moyen de la composition directe des unités. Ce signe fondamental des spéculations mathématiques exprime donc identité et distinction, selon le point de vue. Il peut s'appliquer à deux nombres obtenus par des procédés quelconques, et alors un troisième nombre se trouve sous-entendu : c'est celui qui, formé directement, serait identique avec le premier et avec le second tout à la fois. Tel est le sens général d'une *équation* : $A = B$.

Kant a commis une erreur manifeste en signalant dans la relation : $x+y=z$, un jugement synthétique. Une proposition telle que celle-ci : *cinq et sept font douze*, qu'il prend pour exemple, se démontre aisément dans un système donné de numération, soit le système binaire. En effet, si l'on écrit les nombres *cinq* et *sept* dans ce système et si on les additionne, on a : $101+111=1100$. Ce dernier nombre est le nombre *douze* écrit dans le système convenu. Or, l'établissement du système lui-même, et l'addition effectuée ici selon ses règles, supposent ce seul principe : *ajouter deux unités à un nombre, c'est ajouter à ce nombre une unité et puis une autre unité*; et ce principe est lui-même analytique, puisqu'il se trouve identiquement contenu dans la définition du nombre. L'intuition directe et immédiate des nombres dont se réclame Kant, et qu'il lui plaît de considérer à part de leur génération, est une synthèse obscure qui n'arrive à quelque précision que par l'analyse; or, l'analyse du nombre ne peut être que l'explication de la composition des unités.

Il faut voir maintenant comment d'autres fonctions numériques dérivent de la première et de la plus simple.

Supposons que dans la relation : $x+y=z$, le nombre y soit lui-même une somme, $x+s$, dans laquelle s est une somme, $x+t$, dans laquelle t est une somme, $x+u$... jusqu'à une dernière somme $x+x$. Cette supposition nous conduit à une fonction, cas particulier de la précédente, que l'on est convenu d'écrire d'une manière générale : $xy = z$. Le nombre y exprime ici tout autre chose que dans la première fonction, à savoir, le nombre de fois que le nombre x est répété pour *produire* le nombre z.

Attachons-nous à cette nouvelle fonction, et supposons que, dans $xy = z$, le nombre y soit un produit xs, dans lequel s est un produit xt, dans lequel t est un produit xu... jusqu'à un dernier produit xv. Nous distinguons alors, comme cas particulier de la fonction de *production*, la fonction *puissance*, qu'on est convenu d'écrire d'une manière générale : $x^y = z$. Le nombre y exprime maintenant le nombre de fois que x est pris comme facteur pour donner la puissance z.

Pour continuer ce genre de déductions, nous supposerons, dans la fonction $x^y = z$, le nombre y égal à x^s, puis $s = x^t$ ... jusqu'à une dernière puissance x^u, et nous arriverons à une fonction exponentielle, soit $x^{(y)} = z$, dans laquelle y représentera, par exemple, le nombre de fois plus un que x figure successivement comme exposant.

Enfin, toute fonction, $f(x,y)$, peut conduire à une fonction nouvelle dont la formule générale est :

$$f(x,f(x,f(x,f(x,f...f(x,x))...)))) = \varphi(x,y) = z,$$

x étant un nombre variable, arbitraire, et y le nombre de fois que x figure dans la composition indiquée par le signe f (nombre égal à celui des parenthèses finales plus un, et seconde variable indépendante de la nouvelle fonction).

On voit que les fonctions dites primitives ou simples sont en réalité des fonctions, et qu'il n'existe qu'une seule fonction numérique radicale, la sommation.

Ces fonctions dérivées sont en nombre indéfini, par le fait même du mode général de dérivation qui les lie. Toutefois, la spéculation mathématique ne s'est appliquée jusqu'ici qu'aux deux premières et à des cas particuliers de la troisième. J'ignore si la considération générale de cette dernière et des suivantes présenterait une grande utilité ; mais des recherches dans cette direction valent, je crois, la peine d'être tentées. Il y a lieu de se demander tout d'abord si les nouvelles fonctions sont propres à la représentation des grandeurs continues, et possèdent pour cela des propriétés analogues à celles d'un *produit* ou d'une *puissance*. Cette question dépend de la considération de leurs fonctions inverses.

Remarquons encore que le mode de dérivation des fonctions usuelles est un cas particulier de celui que j'énoncerais ainsi :

substituer à la variable y d'une fonction connue, $f(x,y)$, une fonction quelconque également connue, $\varphi(x,t)$; substituer à t une autre fonction, $\psi(x,u)$... jusqu'à une dernière fonction $\omega(x,x)$. Mais la supposition $f = \varphi = \psi = ... = \omega$ est la plus naturelle, en ce que nous partons d'une fonction unique primitivement donnée.

2. Définitions de l'algèbre et de l'arithmétique.

Jusqu'ici les fonctions nous apparaissent comme des termes de la série indéfinie des nombres, termes plus ou moins espacés dans cette série et composés par la sommation ou par les modes qui en dérivent, au moyen de certains autres nombres variables. Il faut généraliser cette conception.

Considérons spécialement les trois premières relations :

$$x+y=z, \quad xy=z, \quad x^y=z.$$

Il est clair que nous pouvons supposer un nombre indéfini de nombres différents propres à satisfaire à ces relations en se substituant par groupes ternaires aux symboles x, y et z, puisque, des nombres quelconques étant pris pour x et y, certains nombres correspondants se trouveront par là même déterminés pour z.

Cela posé, l'étude de ces relations a deux marches à suivre.

On se propose l'analyse des fonctions en elles-mêmes, des conséquences qu'elles renferment, des transformations qu'elles comportent, des lois de leurs combinaisons mutuelles. Les nombres et leurs relations définies sont et demeurent exprimés par des signes généraux, par des symboles. On admet alors implicitement que les nombres supposés sous les signes sont propres à vérifier les relations exprimées, ce qui n'aurait pas toujours lieu s'ils étaient déterminés d'une manière arbitraire : cette analyse est l'*algèbre*.

On se propose la réalisation numérique des fonctions, dont les éléments sont eux-mêmes donnés numériquement. Ce problème, dont l'*arithmétique* est la solution, peut s'étendre jusqu'aux fonctions qui se déduisent des premières. Il présente alors des cas relativement plus difficiles et des cas impossibles, comme nous l'allons voir. Mais la détermination arithmétique des fonctions directes est toujours réalisable, et les manières d'opérer se ramènent simplement à la numération, c'est-à-dire au système adopté quelconque qui répond à la question suivante : *Un nombre étant donné, écrire un autre nombre plus grand que le premier d'une ou de plusieurs unités en nombre déterminé.*

Le problème général de l'algèbre peut encore s'énoncer ainsi :

Une ou plusieurs relations étant données entre des quantités représentées par des signes (abstraits et généraux), déterminer de nouvelles relations telles qu'une ou plusieurs de ces quantités s'y trouvent exprimées en fonction des autres. Ou encore: déterminer d'une manière générale les variations de certains nombres correspondantes à celles de certains autres nombres qui leur sont liés par des relations quelconques définies et données.

Les applications de l'algèbre à l'étude de la nature dépendent de ce fait primordial : que les phénomènes apparaissent comme quantités qui sont fonctions les unes des autres, ou dont les variations sont régulièrement liées.

3. Fonctions abstraites inverses.

Sur ce qui précède, il est aisé de comprendre comment se généralisent les fonctions élémentaires ci-dessus exposées :

$$x + y = z, \quad xy = z, \quad x^y = z.$$

Au lieu d'y considérer x et y comme arbitrairement variables, et z comme déterminé en conséquence, on peut supposer donnés, soit z et y, soit z et x, et se proposer de déterminer la valeur correspondante de x, ou celle de y. De là proviennent les fonctions inverses que je ne m'arrêterai pas à définir, et dont les notations convenues sont :

$$\left.\begin{array}{l} x = z - y \\ y = z - x \end{array}\right\} \text{Identiques quant au sens général.} \qquad \left.\begin{array}{l} x = \dfrac{z}{y} \\ y = \dfrac{z}{x} \end{array}\right\} \text{Identiques quant au sens général.}$$

$$\left.\begin{array}{l} x = \sqrt[y]{z} \\ y = \dfrac{\log z}{\log x} \end{array}\right\} \text{Diverses.}$$

Ces fonctions n'ont pas moins d'étendue que les précédentes, car elles les suivent toujours nécessairement. Mais si on les envisage en elles-mêmes, on reconnaît un fait nouveau : c'est que le problème de déterminer x ou y, lorsque z et y, ou z et x, sont assignés numériquement, n'est soluble que dans certains cas très particuliers. Au point de vue de la pure algèbre, ou des relations universellement exprimées, on ne trouve point ici d'obstacle; car les valeurs numériques n'étant alors que supposées, sans détermination aucune, il suffit de se réserver d'avoir égard à leurs conditions respectives de possibilité, au moment où il serait question de les déterminer; jusque-là, le calcul opère sur des faits logiques et des matériaux abstraits, pour construire une sorte de grammaire générale des nombres. Il n'en est pas de même au point de vue arithmétique ou des vérifications pour ainsi dire individuelles des relations. Là se présentent les résultats négatifs, les résultats fractionnaires, les résultats incommensurables, tous également impossibles ou absurdes, et qui répondent à des problèmes insolubles comme étant dénués de sens, s'il s'agit simplement de déterminer des nombres. En effet, la partie d'une somme qui contiendrait moins d'unités que cette même partie, ou le quotient d'un nombre par un autre qui n'est pas sous-multiple du premier, ou la racine de quelque degré d'un nombre qui n'est point une puissance de ce même degré, sont des chimères inintelligibles.

Mais ces mêmes résultats peuvent obtenir un sens, soit comme solutions de problèmes concrets, soit comme symboles de certaines relations numériques envisagées dans la grandeur continue. Je donnerai le principe de ces interprétations sous les rubriques *théorie des valeurs négatives, théorie de l'indéfini*. On verra qu'il arrive alors non que la signification du mot *nombre* s'étende, ce qui n'est pas possible, mais que les fonctions inverses s'élèvent à une entière généralité pour l'expression des rapports arithmétiques des parties du continu. L'unité devient une quantité concrète indéfiniment divisible. Les symboles représentent des quantités du même genre, et comptées, s'il s'agit de l'espace ou du temps, par exemple, à partir d'une certaine origine arbitraire. La réalisation numérique des rapports exprimés peut, enfin, n'exister qu'en puissance et n'être assignable qu'approximativement; mais c'est à tel degré d'approximation que l'on veut.

Lors donc que l'on fait usage, dans la théorie pure, des termes convenus : *nombres négatifs, nombres fractionnaires, nombres incommensurables*, et des signes écrits correspondants, tels que $-a, \frac{1}{a}$, il est nécessaire de bien savoir : 1° que pris séparément ou comme relations simples, ils n'ont aucun sens; 2° que cependant $-a$ et $\frac{1}{a}$ peuvent exprimer symboliquement des relations qui, démêlées ou approfondies, se trouvent être de la forme $(A+a)-a, \frac{1}{a} Aa$; 3° que ces sortes de relations se rencontrent dans l'ordre des grandeurs continues; 4° que la continuité permet aussi d'assigner des valeurs numériques de a et de b propres à satisfaire à une relation telle que $\left(\frac{a}{b}\right)^m = A$, quels que soient m et A, sous la réserve d'une différence indéfiniment et arbitrairement réductible.

Par suite de la généralisation des fonctions inverses, les fonctions directes elles-mêmes s'étendent ; et leur sens primitif, le sens proprement numérique, n'est plus qu'un cas très particulier de leur signification totale. Celle-ci s'obtient en considérant comme substituables aux symboles des nombres ceux des parties quelconques, mesurées, de la grandeur indéfinie et continue. Mais il faut que cette substitution se comprenne.

Elle se comprend en effet dans les fonctions élémentaires *somme*, *produit* et *puissance*, dont toutes les variables indifféremment peuvent être des fractions. Et, par exemple, les exposants fractionnaires ont un sens pour le calcul à cause de la relation $\sqrt[s]{x^t} = x^{\frac{t}{s}}$ vérifiée quels que soient s et t. Il en est de même des exposants de la forme $t-s$, à cause de cette autre relation $\dfrac{x^t}{x^s} = x^{t-s}$.

De cette généralité des premières fonctions proviennent leur importance et le grand rôle qu'elles jouent dans les applications. Si nous revenons maintenant à la série des fonctions déduites les unes des autres par la loi exposée ci-dessus, une question s'élève : Est-il permis de supposer à ces fonctions, au delà de la puissance, des exposants autres que numériques (nombres entiers)? En d'autres termes, les nouvelles fonctions, ou du moins quelques-unes d'entre elles, les premières, jouissent-elles, quant à leurs exposants, de propriétés analogues à celle que possède la fonction puissance? S'il en est ainsi, le nombre des fonctions assimilables en tout aux premières, ou s'étend, ou devient même indéfini. Dans le cas contraire, nous pourrons, à la vérité, faire entrer les nouveaux exposants dans telles relations algébriques qu'il nous plaira; nous ne déduirons de la considération simultanée de ces relations que d'autres relations également vraies : nous ne sortirons pas de la grammaire du calcul, et nous n'établirons que la liaison des signes; mais nos opérations n'auront peut-être de signification arithmétique ou géométrique que dans des cas très particuliers. On se demande donc si les fonctions arbitraires qui suivent la simple puissance, et qui tiennent à celle-ci par la même loi que celle-ci tient au simple produit, souffrent pour toutes leurs variables des quantités continues quelconques, et présentent, par suite, une véritable utilité pour l'étude de la nature; ou si elles n'admettent généralement que des valeurs discrètes.

La solution de cette question intéresse tout au moins la méthode et l'organisation des mathématiques pures, et, à ce titre, mériterait l'attention des géomètres. Mais les trois premières fonctions sont les seules jusqu'ici dont on connaisse bien les relations, soit entre elles, soit avec les lois fondamentales de l'ordre concret. Certains cas particuliers de la quatrième ont seuls été étudiés, que je sache.

Pour l'éclaircissement de ce desideratum mathématique, je crois devoir placer ici quelques formules générales auxquelles donne lieu la considération de la quatrième fonction. J'adopterai, pour abréger, les notations :

$$x^{x^{x^{\cdot^{\cdot^{\cdot\,(y\text{ fois})}}}}} = x^{(y)} = z; \quad \log\log\log\ldots(y\text{ fois})\,z = \log^{(y)}z.$$

Si nous prenons x pour la base d'un système de logarithmes, nous aurons :

$$\log^{(1)}x^{(y)} = x^{(y-1)} \quad \log x = x^{(y-1)};$$
$$\log^{(2)}x^{(y)} = x^{(y-2)} \quad \log x = x^{(y-2)}; \quad \text{et généralement}$$
$$\log^{(n)}x^{(y)} = x^{(y-n)}, \quad \text{et enfin} \quad \log^{(y-1)}x^{(y)} = x.$$

Il s'ensuit de là que les trois problèmes fondamentaux qui se posent dans la nouvelle fonction peuvent s'énoncer ainsi :

1° Étant donnés z et y, déterminer x, c'est trouver la base d'un système de logarithmes dans lequel, prenant un nombre donné de fois le logarithme du logarithme d'un nombre donné, on obtient pour résultat cette même base.

2° Étant donnés z et x, déterminer y, c'est trouver le nombre de fois qu'on doit prendre le logarithme du logarithme d'un nombre donné, pour obtenir un autre nombre donné qui est la base du système.

3° Étant donnés x et y, pour déterminer z (et c'est ici le problème direct, toujours soluble), on serait conduit par la même méthode à prendre, dans le système dont la base est x, le nombre dont x même est le logarithme, puis le nombre dont ce nombre est le logarithme, etc., et cela $y - 1$ fois.

Le nouvel exposant y marque donc le nombre de fois plus une que le logarithme est pris dans la fonction. On pourrait le nommer, sauf la bizarrerie du mot, *logarithmarithme*, non plus *qui numerat rationem*, mais bien *qui numerat logarithmos*.

4. Fonctions concrètes.

Le caractère des fonctions abstraites est de se ramener toutes à la loi unique de sommation, soit par ordre direct, soit par ordre inverse de formation, et soit d'ailleurs que la détermination des variables dépendantes, dans les cas particuliers s'opère exactement, soit qu'elle s'opère avec une approximation indéfinie par la substitution d'une quantité divisible et continue à la simple unité de nombre.

Les fonctions concrètes sont indépendantes les unes des autres quant à leur origine, et leur nombre est illimité. Dans un système d'étendue figurée, par exemple, tout mode défini de dépendance de certains éléments variables, par rapport à certains autres, constitue une fonction spéciale. On peut traiter cette fonction par les procédés propres à la géométrie, et en découvrir ainsi les propriétés. Mais si l'on considère les relations numériques des quantités comparées à leurs unités, on est conduit à représenter la fonction concrète par une fonction abstraite, et à étudier celle-là dans celle-ci. La méthode générale de cette réduction fut créée par Descartes et étendue par Leibniz et Newton. Ainsi, la distinction des deux sortes de fonctions semble s'effacer au fond. Toutefois, des fonctions concrètes très simples ne peuvent être exprimées abstraitement qu'au moyen de symboles soit *infinitésimaux*, soit *imaginaires*, représentant des séries indéfinies. Les fonctions circulaires sont dans ce cas.

5. Principe d'homogénéité.

Attacher un sens concret à une fonction abstraite, c'est considérer les nombres symboliques de celle-ci comme représentant les rapports à leurs unités respectives de certaines quantités concrètes dont on fixe la nature : et c'est de plus assigner les unités qui servent à réduire ces quantités en nombres. Un principe général peut être posé à ce sujet. *La relation, quelle qu'elle soit, ne sera point troublée si une ou plusieurs des unités arbitraires qui y entrent sont changées.* Ce principe est incontestable, pourvu que les unités soient vraiment arbitraires. Mais aussi n'énonce-t-il alors qu'une vérité identique et inutile. Comment les unités peuvent-elles être arbitraires, et dans quel cas? C'est ce qu'il est intéressant à rechercher.

Des quantités données de même nature entrent de plusieurs manières dans le calcul. La plus élémentaire, et la seule directe, a lieu quand on prend pour unité une quantité déterminée, de la nature de celles qui sont proposées, laquelle, étant doublée, triplée, etc., fournit précisément une quantité double, triple, etc., de l'espèce voulue. D'autres fois, on substitue à un ordre un autre ordre de quantités, mais tellement choisies, qu'elles varient toujours en même rapport que les proposées, auxquelles elles correspondent, de sorte que les nombres des unes font connaître les nombres des autres et en suppléent l'emploi. Enfin, il suffit qu'une quantité croisse ou décroisse suivant une loi déterminée, pour que les nombres qu'elle donne puissent devenir d'un usage régulier dans le calcul, au lieu de ceux que donne une autre quantité qui, suivant sa loi propre, passe par des états particuliers et distincts, bien définis, correspondants à ceux de la première. Je citerai pour exemple la triple évaluation de l'angle obtenue : 1° par son rapport à son unité ; 2° par la mesure d'un arc proportionnel ; 3° par celle d'une ligne trigonométrique.

En général, tout concret peut suppléer, dans les applications de l'algèbre, un autre concret dont il est fonction, si seulement la fonction est connue, et, pour la pratique, réduite en tables. Mais parce que des systèmes de grandeurs peuvent ainsi se substituer à d'autres systèmes, il ne faudrait pas croire que le calcul établit des relations directes entre des quantités de nature différente, ou quelles que soient les unités de celles-ci. Au contraire, c'est l'impossibilité de lier par des fonctions abstraites les nombres concrets les premiers venus, quoique réciproquement dépendants, qui oblige à introduire dans les équations, au lieu des quantités qu'on a en vue, celles qui s'y rattachent suivant un mode connu, mais qui se calculent par d'autres unités. On dira, dans le sens concret, que tel côté d'un triangle est fonction d'un autre côté et des deux angles adjacents à ce dernier : cela se voit par la superposition ; mais il ne s'ensuit pas que, prenant pour représenter les angles d'une part, pour représenter les côtés d'autre part, des quantités de ces deux genres, évaluées au moyen d'unités respectivement appropriées, mais indépendantes l'une de l'autre, on pourra construire une formule propre à la détermination mutuelle des nombres variables de la fonction. Autant vaudrait se proposer de comparer directement n mètres avec p angles droits, par exemple. Une équation s'établit entre des nombres. Comme ces nombres sont formés d'une seule unité abstraite, de même aussi leur fonction mutuelle, en tant que concrets, veut qu'ils se trouvent liés de manière à dépendre d'une même quantité, d'une même unité concrète. Il en est ainsi au fond, et nonobstant l'apparence contraire, dans toute équation dont les nombres ne sont pas de simples rapports, mais varient avec certaines quantités prises pour unités. Des grandeurs qui ne reconnaîtraient point un même principe de mesure, une unité commune de quelque manière, n'auraient non plus rien de commun et ne seraient pas mutuellement déterminables en nombres.

Ainsi, les équations où figurent des surfaces, des volumes, ne renferment, au fond, que des lignes ; et de telles équations sont possibles, parce que la quantité surface ou volume dépend d'une corrélation établie entre l'unité de chacun de ces genres et l'unité linéaire. En effet, P et P' étant deux parallélipipèdes rectangles, a, b, c, a', b', c', leurs arêtes respectives, on partira de la proportion démontrée par des considérations géométriques :

$$\frac{P}{P'} = \frac{abc}{a'b'c'}.$$

Cela posé, prenons P' pour unité de volume ; le parallélipipède quelconque P sera donné de quantité par le produit correspondant abc, quelle que soit l'unité linéaire au moyen de laquelle a, b et c deviennent des nombres, pourvu qu'on divise ce produit par le facteur constant $a'b'c'$. Mais ce dernier varie aussi avec l'unité linéaire. Donc la condition à remplir pour la mesure de P, et pour son introduction dans le calcul, est l'établissement d'une relation entre l'unité linéaire et les arêtes qui déterminent le volume unité P'. La plus simple de ces relations est : $a' = b' = c' = 1$, dont on convient habituellement. Il est donc manifeste que l'unité de volume n'est pas arbitraire, en ce sens qu'on puisse la fixer, et la faire servir au calcul d'autres solides, sans impliquer un rapport entre les lignes qui en limitent les surfaces et la ligne quelconque prise pour unité linéaire.

De même, les équations qui portent à la fois sur des angles et sur des droites ne renferment au fond que des unités de cette dernière espèce. Il n'existe aucun moyen de comparer la quotité angulaire à la quotité linéaire, directement et en général, quoique telle figure nous montre l'une déterminée par l'autre ; et il n'en peut point exister, parce que la loi géométrique ne fait pas connaître la loi correspondante des nombres, celle-ci s'obtenant seulement par voie de comparaison arithmétique et d'opérations qui ne se conçoivent qu'entre quantités homogènes. Ainsi, pour introduire concurremment des lignes et des angles dans le calcul, il faut, en général, substituer à ces derniers ou des arcs supposés rectifiés, ou des lignes trigonométriques : manière indirecte de lier l'unité d'angle à l'unité linéaire et de l'en faire dépendre.

Si de la géométrie je passe à la statique, on sait que les *forces* y sont représentées comme quantités par des droites. Si l'on suivait quelque autre convention, il faudrait toujours lier les deux sortes d'unités, pour traiter les problèmes par l'analyse géométrique.

La dynamique roule sur des relations de la quantité *étendue* et de la quantité *durée*. La vitesse n'a pas d'unité propre, indépendante, et les forces se mesurent par des effets possibles de mouvement. Or, l'unité d'étendue et celle de durée sont nécessairement liées dans les équations entre ces deux genres de quantités. Si, par exemple, $x = t^2$ est la loi de la chute des graves, et que l'unité linéaire soit le mètre, il faut que l'unité de temps soit la durée pendant laquelle un grave parcourt le mètre à l'origine de sa chute. Veut-on que l'unité de temps soit néanmoins la seconde il faut multiplier t^2 par $\frac{1}{2}g$, qui est le nombre de mètres parcouru pendant la première seconde. Si donc les deux unités sont arbitraires, ce n'est qu'en apparence, puisque g, déterminé pour les lier l'une à l'autre, est alors indispensable dans l'équation. Au reste, la *durée même* n'est pas mesurable. Le sens de t comme mesuré dans $x = f(t)$, est celui d'un *nombre d'étendues égales*, parcourues d'une part dans un mouvement connu et supposé uniforme, pendant que x est parcourue d'autre part dans un autre mouvement. L'unité de temps s'obtient donc par la mesure de l'étendue. La seconde n'est évaluée, au fond, qu'au moyen d'une partie aliquote de l'orbe diurne de la terre, ou de tout autre espace, que parcourt *dans le même temps* un corps défini, dans des circonstances données. Il y a identité nécessaire au point de vue mathématique, entre deux genres d'unité dont l'une n'est que la quantité successive, en elle-même inconnue, correspondante à la quantité simultanée de l'autre. Sous ce rapport, on peut dire que l'unité linéaire est effectivement la seule qui sert à évaluer les fonctions dynamiques : l'autre unité, comme toutes les quantités de durée, n'y étant pas, à proprement parler, introduite, mais simplement envisagée. (Voyez, au sujet de la masse, l'addition au § xxxvii, et, au sujet des variations de l'unité arbitraire, l'addition au § xliv ci-après.)

Il en est des vitesses, et il en est des forces accélératrices, ou mieux *vitesses d'accélération*, comme des temps. Elles représentent des espaces parcourus pendant de certaines durées, c'est-à-dire pendant que d'autres espaces le sont d'ailleurs, dans un certain mouvement uniforme connu ou supposé. Au surplus, la vitesse, quotient de l'espace par le temps, se regardera indifféremment comme un espace ou comme un nombre abstrait, selon qu'on envisagera dans le dénominateur, qui est un nombre d'espaces égaux, ou le nombre ou l'espace.

Plusieurs branches de la physique mathématique sont devenues des dépendances de la dynamique. Dans celles-ci, comme dans les autres qui n'ont pas subi cette évolution, la géométrie est le moyen de l'application du calcul à tous les ordres de la quantité concrète. L'unité linéaire est toujours au fond celle que suppose la comparaison des grandeurs quelconques. Ce résultat est conforme à la place que la catégorie d'*étendue* occupe dans toutes nos spéculations sur le monde de l'expérience externe. De plus, la ligne, à la fois continue et discrète à volonté, est l'intermédiaire naturel du nombre et de toutes les fonctions qui peuvent se ramener au nombre.

En résumé, je crois pouvoir énoncer ainsi un principe général qui porterait à bon droit le nom de *principes d'homogénéité* :

Nulle fonction de nombres ne peut s'établir entre des quantités d'ailleurs liées dans l'ordre concret, indépendamment de la nature respective des unités qui servent à évaluer numériquement ces quantités. — *Dans une fonction de nombres, où se trouvent liés des rapports entre quantités concrètes, il n'y a jamais qu'une seule unité, de celles dont la fonction dépend, qui puisse être regardée comme indépendante et arbitraire.*

Il n'existe qu'une exception à cette loi : c'est le cas où des ordres divers de quantités, entrant dans la fonction, forment des fonctions distinctes et respectivement indépendantes de leurs unités, c'est-à-dire des rapports arithmétiques. Par exemple, l'égalité du rapport des densités des gaz à celui des pressions qu'ils supportent n'est pas troublée, quelles que soient, d'une part, l'unité employée à la mesure des densités, et, de l'autre, l'unité employée à la mesure des pressions.

Maintenant il est facile de comprendre ce qu'on entend d'ordinaire par le principe d'homogénéité. Il existe en toute fonction concrète une unité radicalement arbitraire : c'est la grandeur linéaire par laquelle toutes les autres grandeurs sont évaluées directement ou indirectement. Une fonction ne contient que des rapports. Si c'est entre des lignes, il est clair qu'elle s'établira identiquement lorsque l'unité linéaire sera supposée de telle grandeur, ou m fois plus grande ou plus petite. Or, cette dernière supposition revient à celle de quantités toutes et simultanément m fois plus petites ou plus grandes ; on pourra donc, sans troubler l'équation, multiplier par un facteur constant toutes les variables qui suivent la raison de l'unité linéaire. On dit qu'une équation est homogène quand elle jouit de cette propriété, et elle doit en jouir nécessairement quand elle représente une relation concrète. De là un moyen de vérification des équations obtenues dans les mathématiques appliquées. Si ces équations renferment d'autres quantités que des lignes, il faut avoir égard, pour l'application du principe, au lien qu'on doit avoir établi entre les unités qui servent à mesurer respectivement ces quantités.

On a tenté de faire servir ce principe à l'établissement de

quelques théorèmes fondamentaux de la géométrie et de la dynamique. Mais, bien examinées, certaines de ces démonstrations se trouvent être incompatibles avec la loi d'homogénéité, sur laquelle on prétend qu'elles roulent. Que si l'on essaye de les corriger, elles impliquent une pétition de principe. D'autres peuvent être regardées comme rigoureuses, moyennant des postulats d'ailleurs inévitables. Je ne crois pas inutile de donner quelques explications sur un sujet encore obscur.

On démontre aisément, sans rien supposer de la théorie des parallèles et de ses attenances, que si deux angles d'un triangle déterminent le troisième angle, la somme des trois est égale à deux droits. Cela posé, voici comment on prétend prouver que deux angles d'un triangle déterminent le troisième. Soient A, B, C les trois angles, a, b, c, les trois côtés qui leur sont opposés. On sait, par la méthode des superpositions, que A, B, c, déterminent C. On croit donc pouvoir poser, f désignant une fonction inconnue :

$$C = f(c, A, B); \text{ d'où} : c = \varphi(A, B, C).$$

Or, si l'on prend, dit-on, l'angle droit pour unité d'angle, A, B, C seront des nombres indépendants de l'unité linéaire, et c n'en dépendra pas non plus, ce qui est absurde ; donc c doit disparaître de la fonction, et l'on a : $C = f(A, B)$. Il est clair que cette démonstration pèche en ce qu'elle suppose qu'une fonction numérique se conçoit à *priori* entre telles quantités que l'on veut, les unités pouvant être déterminées après coup, indépendamment les unes des autres. C'est là ce qui est contradictoire avec la loi d'homogénéité.

Pour rectifier la démonstration, nous n'envisagerons que des lignes :

$$\sin C = F(c, \sin A, \sin B, R).$$

Cette équation est *homogène*, et on ne voit pas la raison d'en exclure la quantité c. Mais si, *par hypothèse*, les rapports $\frac{\sin A}{R}$, $\frac{\sin B}{R}$, $\frac{\sin C}{R}$, suffisaient pour donner respectivement les angles A, B, C, nous pourrions poser :

$$\frac{\sin C}{R} = f\left(c, \frac{\sin A}{R}, \frac{\sin B}{R}\right)$$

$$\text{d'où} : c = \varphi\left(\frac{\sin A}{R}, \frac{\sin B}{R}, \frac{\sin C}{R}\right);$$

et cette nouvelle équation n'est plus homogène, attendu que le premier membre dépend de l'unité arbitraire et que le second, qui ne renferme que des rapports, n'en dépend pas. Ainsi, c doit disparaître de la fonction, et l'on a :

$$\frac{\sin C}{R} = f\left(\frac{\sin A}{R}, \frac{\sin B}{R}\right),$$

ce qu'il fallait prouver. Mais, d'un autre côté, notre hypothèse implique une propriété des parallèles, en sorte que la proposition de la *somme des angles* n'est pas démontrée indépendamment de la théorie sur laquelle on prétendait ne pas s'appuyer.

Les mêmes considérations s'appliquent au théorème de la *proportionnalité des côtés dans les triangles équiangles*, qu'on a traité par la même fausse méthode, et qui impliquerait le même cercle vicieux par cette méthode rectifiée.

Il en est autrement des théorèmes fondamentaux de la mesure de la circonférence et du cercle. Ceux-ci permettent une application satisfaisante et sans réserve du principe d'homogénéité. Je crois devoir les rapporter en les démontrant rigoureusement, d'autant plus qu'ils ont été enveloppés dans une condamnation générale, basée sur de fausses présomptions [1].

Soit donc c la circonférence d'un cercle, r le rayon. Je demande seulement qu'on m'accorde que c ne dépend que de r, et que ce périmètre courbe est susceptible d'une comparaison numérique avec les longueurs rectilignes [2]. Je pose alors : $c = \varphi(r)$, et j'entends par là qu'une certaine fonction exclusive du rayon est propre à donner numériquement la longueur de la circonférence, longueur composée avec l'unité linéaire, quelle qu'elle soit, qui aura servi à la mesure de r. Cela posé, si la grandeur de cette unité arbitraire varie dans le rapport de m à 1, le nombre que $\varphi(r)$ représente deviendra $m\varphi(r)$, pour une même circonférence. Mais, d'autre part, ce changement donne $\varphi(mr)$ pour la fonction, qui ne dépend que de r. Donc la fonction φ doit être telle que l'on ait la relation numérique : $m\varphi(r) = \varphi(mr)$, qui n'est possible qu'autant que la circonférence varie proportionnellement au rayon. En effet, cette dernière s'exprime par la même équation, où l'on supposerait cette fois l'unité invariable et les grandeurs de la circonférence et du rayon variables. Divisant par mr les

---

1. Dans le *Cours de philosophie positive* d'Auguste Comte, t. Ier, onzième leçon.
2. La question de mesure, en elle-même, est écartée ici pour plus de simplicité. Il ne s'agit que d'une application du principe de l'homogénéité, moyennant les hypothèses convenables.

deux membres de l'équation entendue dans ce nouveau sens, et faisant $mr = 1$, on a :

$$\frac{\varphi(r)}{r} = \frac{\varphi(mr)}{mr} = \varphi(1) = 2\pi;$$

d'où : $\varphi(r) = 2\pi r$, en désignant par π le nombre qui mesure la demi-circonférence dont le rayon est égal à l'unité.

Soit maintenant $\Phi(r)$ la surface du cercle, une fonction exclusive du rayon, propre à représenter le nombre de fois que le cercle contient le carré de l'unité linéaire employée à la mesure de r. Lorsque la grandeur de cette unité varie dans le rapport de m à 1, $\Phi(r)$ devient $m^2 \Phi(r) = \Phi(mr)$, par des raisons semblables à celles du cas précédent, d'où l'on voit que le cercle varie proportionnellement au carré du rayon. On a donc :

$$\frac{\Phi(r)}{r^2} = \frac{\Phi(mr)}{m^2 r^2} = \Phi(1) = \pi,$$

et $\Phi(r) = \pi r^2$, en désignant par π le nombre qui mesure la surface du cercle dont le rayon est égal à l'unité. Mais il reste à prouver que ce facteur constant ne diffère pas numériquement de celui que nous avons représenté ci-dessus par le même symbole. En d'autres termes, il faut démontrer que la constante p est égale à $\frac{1}{2}$ dans le rapport $\frac{\Phi(r)}{\varphi(r)} = pr$. Ici des considérations géométriques paraissent indispensables.

On établirait, en généralisant ce mode de démonstration, que si les paramètres qui déterminent une courbe varient dans le rapport de 1 à m, et cela simultanément, la longueur de la courbe doit varier dans ce même rapport, et la surface dans celui de 1 à m^2. La proportion des dimensions de la courbe suit donc celle de ses constantes prises ensemble.

Mais lorsque des lignes variables entrent dans la fonction qui donne l'aire ou le périmètre, comme dans le cas d'une intégrale définie entre certaines limites, il est clair que le multiplicateur m doit porter sur ces variables aussi bien que sur les constantes linéaires.

Cette méthode peut encore servir pour la démonstration du théorème des *forces concourantes* dans la mécanique rationnelle, et le premier inventeur connu de ce genre de preuves, Lagrange, s'est précisément attaché à cet exemple [1]. Mais ni lui ni ceux qui en ont fait usage depuis ne semblent s'être rendu un compte bien exact du principe d'homogénéité, et il faut avouer que le

---

[1] *Mélanges de la Société de Turin*, t. II, p. 299.

terme général de *fonction* n'a reçu jusqu'ici des mathématiciens qu'un sens vague, et je dirais presque un peu mystique.

XXX

LOI DE POSITION

POINT, ESPACE, ÉTENDUE

Analyse des trois dimensions. — Principes de la géométrie.

Rien en soi n'est donné à la connaisance. Cette vérité a été reconnue tout spécialement en ce qui concerne l'espace et le temps (§§ VII et IX). L'espace et le temps se présentent donc à nous comme rapports ou ensembles de rapports qu'il s'agit d'analyser.

Ces rapports n'appartiennent pas exclusivement à la catégorie du *nombre* ou de la quantité abstraite; ils en subissent l'application comme quelque chose de primitivement étranger : le nombre est relatif à l'unité, mais toute quantité concrète, de l'ordre du temps et de l'espace, aussitôt qu'elle admet telle unité pour mesure, en admet autant qu'on veut, différentes les unes des autres; le nombre est discret, tandis que la quantité d'espace ou de temps nous offre un caractère propre, original : la continuité.

Ces rapports ne sont pas non plus de simples cas particuliers de la *qualité*, attendu que, touchant une qualité quelconque, les questions *où* et *quand* peuvent se poser. Ajoutons qu'ils s'appliquent aux phénomènes en général, indépendamment de tout devenir de ces mêmes phénomènes, et que le changement les a pour conditions plutôt que pour conséquences. Il y a donc de certaines synthèses propres aux phénomènes en tant que soumis à des *rapports de situation dans l'espace et dans le temps*.

Où et *quand* sont des synthèses vagues de la situation; ils impliquent deux formes corrélatives : certaines *limites* des phénomènes, certains *intervalles* des phénomènes.

Si nous tentons de nous représenter la limite sans l'intervalle, quelque marche que nous suivions pour y parvenir, encore faudra-t-il distinguer cette limite, qui ne saurait subsister sans rapport à rien; or, la limite, déterminée de situation, exige d'autres limites situées, et nous ramène inévitablement à un intervalle quelconque.

Si au contraire nous voulons nous représenter l'intervalle sans la limite, ou nous devrons pour cela reculer de plus en plus des limites antérieurement posées, ce qui n'a pas de fin, et nous n'atteindrons pas la représentation cherchée; ou nous ne poserons sous les noms d'espace et de temps que des abstractions de l'intervalle illimité, qui n'auront plus rien du *où* ni du *quand*, ne seront pas directement accessibles, et, en un mot, ne s'obtiendront, ne se définiront que par la négation de la limite même dont il fallait éviter l'emploi.

Ainsi, la détermination de situation, dans le sens le plus général, se fait par la synthèse de deux formes négatives l'une de l'autre, l'une et l'autre indispensables, et toujours indissolubles : la limite et l'intervalle.

Les situations d'espace et de temps, réunies ci-dessus, se distinguent radicalement en ce que le *où*, signe de la première, concerne les rapports de *position*, imaginés ou perçus *extérieurement*; et le *quand*, signe de la seconde, les rapports de *succession*, rappelés ou conçus *intérieurement*. Ces deux ordres de rapports forment deux catégories différentes, c'est-à-dire que de la signification des uns il est impossible de tirer la signification des autres, à moins, de deux choses l'une, ou de ne se pas comprendre soi-même, ou d'introduire subrepticement, dans les mots d'une espèce, le sens propre à ceux de l'espèce différente qu'on y veut ramener.

Commençons par l'analyse de la position.

La limite élémentaire de position, celle dont tout intervalle est nié par abstraction et par hypothèse, est le *point*. Entre deux points quelconques nous nous représentons un intervalle. Dans cet intervalle un point peut être fixé. Les points posés, pris deux à deux, comprennent entre eux de nouveaux intervalles quelconques : nous ne pouvons poser ni deux points qui se touchent sans se confondre, ni deux points qui ne se touchent pas et entre lesquels il ne soit possible d'en poser autant d'autres qu'il nous plaira. Telle est la loi de continuité. L'intervalle ne se compose pas de points en nombre donné, mais il admet la possibilité d'en établir arbitrairement et indéfiniment.

Nous faisons abstraction de tout rapport de distance entre les points ainsi posés, de tout rapport de quantité entre les intervalles. Mais, indépendamment de l'ordre de contenance, alors écarté, nous nous représentons ici une loi propre des positions respectives des points *imaginés*, lorsqu'il n'y a pas d'intervalle de deux points dans lequel nous ne supposions d'autres points, et qu'en même temps d'autres points possibles demeurent en dehors de cette série. Cette loi à le nom de *figure*, et, dans le cas présent, où les limites sont des points pris deux à deux, la *figure* est l'*étendue linéaire*, la *ligne*.

La ligne en général est donc la *synthèse de l'interposition des points possibles entre deux points quelconques, et procédant de l'un à l'autre suivant une certaine loi*. C'est ainsi que *le nombre est la synthèse de l'un et du multiple* : l'*un* correspond au *point*, le *multiple* à l'*intervalle*, l'*étendue* au *nombre* ou au *tout*; mais l'*un* est partie du *nombre*, et le *point* n'est pas partie de l'*étendue*, différence très grave d'où nous verrons naître les difficultés relatives à la mesure de deux étendues quelconques par la même unité. (Voyez § XXXII.)

Considérons maintenant deux étendues linéaires distinctes; nous pouvons les prendre elles-mêmes, une fois formées, pour des limites d'ordre nouveau entre lesquelles se place un autre genre d'intervalle, celui que nous érigeons en continu par l'interposition d'un nombre indéfini de lignes entre les deux premières, suivant une certaine loi. Nous obtenons ainsi la *surface*, nouvelle sorte de figure qui sera complètement limitée lorsque les limites linéaires quelconques se joindront pour ne former qu'un *périmètre*.

La surface en général est la *synthèse de l'interposition des lignes possibles entre deux étendues linéaires quelconques, et procédant d'une ligne à l'autre suivant une certaine loi.*

Enfin deux étendues superficielles distinctes comprennent un nouvel intervalle, qui nous apparaît continu par la représentation d'un nombre indéfini de surfaces interposées entre les premières suivant une certaine loi. Nous parvenons ainsi à l'intervalle complet et définitif, au delà duquel il ne s'en trouve plus que d'autres semblables, qui reculent les limites du premier suivant une loi identique. Cet intervalle est le volume ou *étendue* en général, étendue complètement limitée quand les limites superficielles quelconques se joignent et ne forment qu'une *périphérie*. Les limites du volume se réduisent de proche en proche à des points, si l'on remonte aux définitions de la surface et de la ligne ; mais on ne saurait envisager ces points directement sans les supposer indéfinis de nombre, et de plus liés par une loi : cette loi c'est la surface, à laquelle on se trouve ainsi ramené, et dont les limites propres exigent une autre loi, qui est la ligne. Au reste, notre analyse aurait pu suivre cette marche et descendre de la synthèse la plus générale aux synthèses partielles ; et c'est ainsi que procèdent ordinairement les géomètres : mais alors la loi de continuité aurait été supposée et non développée.

Le *volume* en général est donc la *synthèse de l'interposition des surfaces possibles entre deux étendues superficielles quelconques*, ou mieux, comme dans ce cas l'intervalle se remplit et cesse d'être figuré, tracé suivant une loi, la *synthèse de l'interposition des points possibles dans un ordre quelconque entre des systèmes de points régis par la loi de surface.*

Généralement nous poserons l'*étendue* comme la syn-

thèse du point et de l'espace, si, d'une part, nous remarquons que les limites quelconques aboutissent au point; si, de l'autre, nous usons du droit de déterminer le sens de mots pour affecter le mot *espace* à la représentation de l'intervalle de position quelconque, abstraction faite de la limite, et le mot *étendue* à l'espace limité, ou synthèse de l'intervalle et de la limite.

Les définitions précédentes renferment quelque vague, et la représentation des trois dimensions n'en ressort pas nette. Ce vice, qu'il faut corriger maintenant, était peut-être inévitable : il y a un effort d'abstraction à faire pour présenter l'analyse des rapports fondamentaux de position, ou figure, en écartant les rapports de grandeur, de quantité, de tout et de partie, qui s'y joignent constamment. La géométrie implique ces derniers aussi bien que les autres, et les principes de cette science ne peuvent être bien compris que dans l'ensemble. Il nous reste donc à restituer à la génération des rapports fondamentaux de l'étendue les éléments que nous en avons distraits.

Les intervalles linéaires graduellement déterminés par l'interposition de limites nouvelles entre des limites données, sont toujours des contenants et des contenus, des touts et des parties; la ligne se compose de lignes, et sa continuité, sous ce point de vue, est une divisibilité indéfinie. On entrevoit donc la possibilité de mesurer la ligne, qui prend alors le nom de *longueur*, en la comparant comme multiple à quelqu'une de ses parties comme unité : la longueur est quantité et nombre. Mais il faut, pour obtenir cette mesure, établir une relation constante entre la ligne, qui primitivement se définit par une loi de position ou de figure, et cette même ligne envisagée maintenant sous un rapport de quantité. Cette relation est tout d'abord donnée dans la proposition synthétique qui identifie le *droit* et le *plus court*, entre deux points, dans une ligne *unique*.

La ligne droite est celle *dont les points se suivent en se couvrant*, ou encore *dont les points ne laissent entre eux aucun intervalle superficiel*. Ces définitions équivalentes ont été proposées sous plusieurs formes; elles ne deviennent fécondes pour la géométrie que lorsque la représentation du *droit*, qu'elles signalent, se joint à celle de l'*unique plus court*; d'où cette proposition, dont on a tort de faire une définition nominale : *La droite est la ligne unique de moindre longueur entre deux quelconques de ses points*; d'où encore l'axiome : *Deux points déterminent toujours une droite et une seule*.

Nous possédons avec la droite, et la notion de *direction*, qui seule figure clairement la première dimension de l'étendue, et la notion de *distance*, intimement liée à celle de direction. Au moyen de la droite, et d'elle seule, se déterminent les éléments des autres lignes : ce qui d'un point à l'autre d'une ligne change suivant une loi, et modifie la figure, c'est la direction; ce qui permet de définir la position d'un point avec exactitude, c'est la distance; enfin la longueur ne peut que rarement se mesurer sans recourir à la droite : c'est dans le cas d'égale courbure, et, même alors, on se la représente rectifiée.

Passons à l'interposition des lignes possibles entre deux lignes données. La loi qui engendre alors une surface implique des rapports de quantité, non moins que de figure. L'étendue superficielle est contenante et contenue, elle a des parties, et sa continuité par interposition de limites est aussi une divisibilité indéfinie. Or, il se trouve ici, comme pour les points interposés entre deux points, une loi élémentaire qui unit les deux sortes de rapports.

Le plan, la plus simple des surfaces, est celle *dont les lignes se suivent en se couvrant*, ou *ne laissent entre elles aucun intervalle de volume*. Il est vrai que l'on définit aussi le plan *une surface telle que, deux quelconques de ses points étant joints par une droite, cette droite s'y trouve située tout entière*. Mais l'existence d'une telle surface ne peut jamais s'établir que sur une représentation immédiate ; or, la représentation du *plan* comme *réglé* et celle du *plan* dans lequel *les lignes quelconques se suivent et se couvrent sans intervalle de volume*, sont une seule et même chose. Le plan consiste donc en une intuition du droit et de la direction, non plus par la ligne entre des points, mais par la surface entre des lignes. Cette propriété de position du plan se joint à une propriété de quantité par ce principe, analogue à la définition commune de la droite : *La surface plane est la surface de moindre étendue entre deux quelconques de ses lignes terminées aux mêmes points*. Il s'agit donc ici d'un jugement synthétique, et en effet la proposition n'est ni démontrée ni démontrable en sa généralité ; ou du moins toute proposition à laquelle on pourrait ramener celle-ci devrait, ouvertement ou de manière détournée, prendre appui sur quelque autre postulat, de la même nature que le proposé.

La loi du plan s'emploie à la détermination exacte des surfaces, comme la loi de la droite à la détermination exacte des lignes. C'est par le plan que se jugent la direction d'une surface et ses variations (plans tangents). C'est au plan, comme système de repères, que se rapportent le plus généralement les distances qui déterminent les positions des points d'une surface ou d'une ligne non plane ; et c'est en la supposant décomposée en éléments plans, même alors qu'elle n'est pas développable, que nous nous représentons la quantité d'une étendue superficielle.

Une première dimension de l'étendue nous a été donnée distinctement dans la représentation de la droite ou direction simple ; le plan nous apporte les deux autres. Deux droites qui, à partir d'un point commun, s'étendent en divergeant, c'est-à-dire suivant des directions différentes, marquent en effet deux dimensions dans un plan, *longueur* et *largeur* ; et toute droite dirigée hors du plan des deux autres à partir du même point marque la troisième, *hauteur* ou *profondeur*.

Pour achever ce que nous avons à dire des principes propres de la géométrie, irréductibles et indémontrables, il nous reste à parler de la mesure de la direction et de la notion de similitude.

L'angle est la figure formée par deux droites qui divergent à partir d'un point Entre deux telles droites, et sur leur plan, on peut s'en représenter tant d'autres que l'on veut, toutes dirigées à partir de la commune origine; et chacune de celles-ci forme avec l'une quelconque des précédentes un nouvel angle. Or, d'une part, les angles qui ont un côté commun établissent des rapports de direction de diverses droites comparativement à une même droite donnée, de l'autre, ils se présentent respectivement comme contenants et contenus, de sorte qu'au rapport de direction (*figure, position*), un rapport d'écartement plus ou moins grand (*quantité*) vient se joindre, et la mesure de la direction est possible. Il ne s'agit que de trouver la double unité de cette mesure, à savoir, une direction relative de deux droites, déterminée, unique, jointe à une quantité d'écartement déterminée et unique. Or, la *perpendicularité* satisfait le mieux à cette condition, parce que *d'un point donné sur une droite on peut mener une autre droite tellement dirigée qu'elle forme avec la première des angles égaux de part et d'autre*. Dès que cette proposition est admise, il est aisé de démontrer que *la direction perpendiculaire est unique, tous les angles droits égaux, et la somme de deux angles adjacents constante*. Mais on voit que la proposition fondamentale de la perpendicularité est un jugement synthétique, et je n'en ferais pas même la remarque après ce qui précède, si ce n'était qu'on prétend la démontrer, et que les écoliers sont tenus d'en apporter la preuve, nécessairement plus obscure que le sujet, si brève qu'on la fasse.

Passons de la divergence à l'égalité de direction : c'est le *parallélisme*. Deux droites sont ou ne sont pas parallèles, selon que, coupées par une certaine transversale *donnée, elles ont par rapport à celle-ci la même direction sur un même plan ou des directions différentes*. Au rapport de position ainsi déterminé se joint un rapport de distance, car il faut poser que deux droites parallèles diffèrent de deux droites non parallèles, sur un plan, en ce que *celles-ci suffisamment prolongées se rencontrent toujours, et les premières non*. Or, la définition se complétant au moyen du principe, on peut prouver que deux parallèles sont partout *équidistantes*, en sorte que toute la théorie revient à ceci : *L'équidistance et l'identité de direction appartiennent à un seul et même groupe de deux droites sur un plan*. On est libre d'ailleurs de prendre la définition pour principe, et réciproquement ; on est libre de varier la forme du principe ; mais la synthèse primitive et indémontrable de la position et de la quantité demeure toujours. Ainsi s'expliquent les longs et inutiles efforts que plusieurs géomètres ont faits pour démontrer la théorie des parallèles *sans postulat*. Ils n'apercevaient pas les postulats analogues renfermés dans la thèse de la perpendicularité, dans les définitions de la droite et du plan, et dans l'axiome qui fixe un rapport de quantité entre cette ligne et cette surface et toutes autres lignes ou surfaces qui partagent leurs limites. Enfin l'attention semble ne s'être jamais portée sur un certain principe aussi nécessaire que mal énoncé, sans lequel on ne parviendrait point à faire, avec des lois de position d'un côté et des lois de quantité de l'autre, une seule et même géométrie : *Deux étendues déterminées sont égales lorsque, placées l'une sur l'autre, elles coïncident*. Je trouve dans cette proposition plus qu'une définition nominale, car ce sont choses distinctes, quoique si étroitement unies, que la coïncidence des éléments de figure, obtenue par une superposition idéale dont la preuve s'appuie toujours sur une intuition directe, et l'égalité des étendues mesurées que ces éléments limitent, étendues qu'on ne peut ainsi comparer numériquement dans le plus grand nombre des cas, si ce n'est à l'aide des considérations les plus délicates et entourées de difficultés.

La notion de similitude enveloppe aussi deux lois très distinctes : une de quantité, l'égalité des rapports numériques des couples de droites qui joignent des points homologues dans les figures semblables ; une de position ou de figure, l'existence même de ces points homologues, l'ordre dans lequel ils s'enchaînent, et l'identité des directions relatives des éléments linéaires envisagés de part et d'autre. Aussi les propositions qui établissent la dépendance réciproque de ces lois (dans les triangles, où les conditions de similitude sont très simplifiées) s'appuient sur les propriétés des parallèles ; et celles-ci impliquent le postulat, dans lequel les relations de figure et de quantité sont déjà unies comme nous l'avons vu.

Il s'ensuit de nos définitions, ou plutôt de notre première analyse, que la ligne est limitée ou terminée par le point, la surface par la ligne, et le volume par la surface. Si de la génération synthétique de ces diverses fonctions de la limite et de l'intervalle, nous tentions de faire disparaître un des deux éléments indispensables : la représentation d'une limite quelconque, nous serions seulement rejetés dans cette synthèse confuse où la limite s'éloigne et se dissimule sans pouvoir jamais entièrement s'évanouir. Lors donc qu'une ligne ou une surface sont posées *indéfinies*, c'est plutôt *indéfiniment prolongées* qu'il convient de les nommer ; et le prolongement n'est rien de plus que l'extension d'une loi définie, au delà des premières limites qui ont servi à sa définition, et vers d'autres limites présentant les mêmes rapports que les précédentes. Gardons-nous de confondre cet *indéfini*, c'est-à-dire cette possibilité de prolonger chaque fonction selon sa loi propre, avec l'*infini*, que certains auteurs font intervenir, et qui est incompatible avec l'existence d'une représentation donnée ou actuelle quelconque, soit dans l'objet, soit dans le sujet.

Tels sont les principes de la géométrie, science qu'on

pourrait appeler l'*analyse de l'étendue*. Ces principes sont des jugements synthétiques *a priori*, parce que les représentations propres à la catégorie de *position*, à savoir les lois de figure, ne se déterminent exactement que par l'application des rapports de distance, lesquels, en tant que mesurés, appartiennent à la catégorie de la quantité ou du *nombre*. Ainsi, la géométrie procède de synthèses données entre les éléments de deux catégories; mais elle n'en suit pas moins une marche analytique, en cela semblable aux autres sciences de raisonnement, qui toutes se proposent uniquement de développer le contenu de leurs données premières. Ajoutons que, indépendamment des jugements synthétiques que nous avons signalés, et qu'on a coutume de désigner sous le nom d'*axiomes*, la géométrie a des axiomes d'une autre nature, qu'elle emprunte à la catégorie de quantité, et qui sont analytiques comme tout ce qui se rapporte exclusivement au nombre. L'arithmétique est pure analyse, une fois le nombre posé, parce que son objet est renfermé dans une catégorie unique, et qu'il lui est donné de pouvoir faire abstraction de toute représentation étrangère.

L'analyse de la catégorie de position a été pour nous celle des principes de la géométrie, et c'est la marche la plus exacte que nous ayons pu suivre. Toute autre définition de cet ordre de rapports, avec une abstraction convenable, est d'ailleurs impossible; mais on peut signaler les synthèses de l'étendue avec d'autres catégories, et se rapprocher par là de cette notion complexe de l'*espace* habituellement présente à la pensée :

Avec la catégorie de *nombre*. Nous avons déjà vu l'étendue paraître comme quantité; cette circonstance, non plus que les rapports fondamentaux d'intervalle et de limite, ne sont suffisamment indiqués dans la définition vague de Leibniz : *L'espace est un ordre des coexistants*.

Avec la catégorie de *qualité*. La limite, l'intervalle et

l'étendue sont constamment applicables aux représentés de l'intuition (imagination, sensation); et c'est en cela que Kant a pu définir l'espace une *forme générale de la sensibilité*. Ces représentés immédiats sont les attributs de certains sujets, et par conséquent des qualités. Mais j'ajouterai que les phénomènes de tout ordre, tant objectifs que subjectifs, et quelque abstraits qu'on les suppose d'abord, se rapportent finalement, d'attribut en attribut, comme qualités, à des sujets (ensembles de phénomènes) donnés sous les lois de l'étendue. Il n'y a donc pas un phénomène à propos duquel, indirectement au moins, une question de lieu ne puisse être posée. Toute la différence à cet égard consiste en ce que les qualités de *forme sensible* sont aussi des quantités, et comportent par elles-mêmes la limite et l'intervalle, tandis que les qualités de *forme intelligible*, n'ayant point de parties précises, ne s'assujettissent à ces sortes de rapports qu'au moyen d'autres phénomènes auxquels elles sont jointes, et sans qu'il soit possible de les déterminer de position directement et précisément. Il n'en est pas moins vrai qu'elles sont toutes localisées de quelque manière, et la représentation est toujours impuissante à envisager un phénomène, quel qu'il soit, sans le placer *quelque part*.

Enfin, avec les catégories du *temps* et du *devenir*. Lorsque le sujet du changement est donné d'une manière expresse et directe sous des rapports de position, nous voyons paraître le mouvement, dont l'analyse nous occupera d'une matière spéciale. C'est au point de vue de la synthèse du devenir et de l'étendue (sans égard aux catégories de causalité et de finalité), que Descartes a identifié l'*espace* à la *matière*; et, après lui, Spinoza l'a encore considéré comme *l'un des deux attributs contenus de la substance unique*, quoique ne niant pas qu'il y eût dans la matière quelque chose de plus que de l'extension. Mais toute théorie physique qui vise à atteindre l'exactitude scientifique tend et doit tendre à faire abstraction dans les phénomènes de ce qui ne rentre pas dans les quatre catégories suivantes : *nombre, étendue, durée* et *devenir*. Et encore faut-il que la quatrième se renferme dans les limites de son application aux trois autres. Les relations qui n'affectent ni l'une de ces formes ni une forme qui en soit composée n'arrivent point à la précision voulue pour comparer, classer, définir, enchaîner rigoureusement les phénomènes, et enfin pour en prévoir les séries en conséquence de l'enchaînement invariable. Les *qualités* doivent donc, par une abstraction bien entendue, être dépouillées de ce qui leur est le plus éminemment propre, avant de devenir des objets de science exacte, ou être remplacées par des quantités dont l'expérience constate avec elles un lien suffisant, encore que non précisé lui-même. Quant aux *causes* et aux *fins*, on ne peut les envisager scientifiquement que dans les effets et dans les moyens, qui à leur tour paraissent, dans l'ordre des faits, à titre de quantités ou de qualités, et tombent sous l'application de la remarque précédente.

On voit déjà par ces brefs rapprochements entre la catégorie de l'étendue et les autres catégories, mais on reconnaîtra mieux, par la suite, le rôle immense et prédominant dans les sciences, qui appartient à une loi universelle de la représentation, ainsi située au passage, et, en quelque sorte, au lieu intermédiaire de la quantité abstraite et de toutes les fonctions naturelles dont la quantité est un élément.

Observations et développements.

Je saisis l'occasion de cet exposé de l'une des catégories les plus disputées, et de l'une des plus propres aussi à caractériser les systèmes de philosophie, selon la manière dont ils la traitent, pour éclaircir sur un exemple l'idée qu'il faut se faire de chacune de ces lois universelles de la représentation, ou de ce que l'école opposée à l'école de Kant entend par leur origine.

Je remarque d'abord que la notion de l'espace comme je l'ai présentée exige, pour être pleinement comprise, la réunion des deux points de vue célèbres de Leibniz et de Kant, lesquels, s'ils sont bien interprétés, ne s'excluent pas l'un l'autre. *L'espace est l'ordre des coexistants*, disait Leibniz. Cette définition laisse mieux voir que celle de Kant les rapports de position et de grandeur et la nature toute relative des éléments de la notion quand ils sont analysés. L'idée d'*ordre* implique en effet tout cela, tandis que l'idée de *coexistence* recouvre, mais ne fait pas ressortir la forme même sous laquelle sont donnés à l'imagination et aux sens, en une synthèse d'abord confuse, l'ordre et tous les rapports que l'ordre enveloppe. La propriété imaginative est, au contraire, ce que Kant exprime beaucoup mieux en définissant l'espace une *forme de la sensibilité, intuition pure apriorique, donnée en fondement à tous les concepts d'un certain genre*, et en paraissant alors ne pas reconnaître, ce que pourtant il déclare ailleurs expressément [1], que l'intuition elle-même ne contient que de simples rapports. Un autre mérite du point de vue de Leibniz, s'il n'était pas exclusif, serait d'arrêter l'attention sur les phénomènes donnés à la représentation objectivement, les *coexistants*. C'est, dans l'intuition au fond supposée, l'*objectum intuitus*, plutôt que l'*intuens*, qui est signalé, et cela est fort naturel, et les interprétations dans le sens d'un faux idéalisme sont ainsi écartées. Un autre mérite du point de vue de Kant est la contrepartie du précédent et nous offre le résumé d'une découverte, l'application d'une lumière nouvelle apportée dans la méthode : *l'espace est une représentation nécessaire apriorique qui sert de fondement à toutes les perceptions externes, une condition, par conséquent, de la possibilité des phénomènes*, et non point un concept empirique quelconque. Seulement cette définition est entourée par son auteur d'explications qui la rendent suspecte à beaucoup de philosophes et à la masse des lecteurs.

Ce sont, tout au moins, des expressions malheureuses que celles dont se sert Kant en parlant par exemple de « l'idéalité du sens, extérieur aussi bien qu'intérieur », de l'idéalité « de tous les objets des sens, comme purs phénomènes » et en disant que « ce que nous nommons objets extérieurs consiste dans de simples représentations de notre sensibilité, dont l'espace est la forme [2] ». Si d'un côté *l'espace seul fait que des choses peuvent être pour nous des objets extérieurs*, et si d'un autre côté *l'espace est une représentation subjective, une condition subjective* [3], termes qui signifient, dans la langue de Kant, une représentation, une condition humaine, et peu s'en faut qu'il ne faille entendre une

---

1. *Critique de la raison pure*, trad. Barni, t. I, p. 104.
2. *Ibid.*, p. 85 et 104.
3. *Ibid.*, p. 83-84.

infirmité humaine ! au lieu d'exprimer une loi universelle du monde en tant que donné pour quelque connaissance que ce soit, alors on devrait conclure, suivant la doctrine et contre l'intention formelle de Kant, que ni science, ni croyance ne nous permettent de rien aborder de réel, hormis nos idées, et que toute la nature est une fantasmagorie. En nous refusant la connaissance, mais non le droit de poser l'existence de la *chose en soi*; en plaçant la réalité dans cette chose qui nous est à jamais soustraite, et l'illusion (car, en dépit de ses protestations[1], ce n'est plus alors que cela) dans les phénomènes, et jusque dans leurs lois les plus générales qui comprennent tout ce qui entre ou peut jamais entrer dans la pensée, Kant a défiguré le sens de son admirable critique et détruit par avance autant qu'il l'a pu, de ses propres mains, la valeur de propagation et d'influence de la méthode aprioriste, dont il accomplissait la réforme. Pour nous, nous considérons l'espace comme une propriété des choses, des seules choses existantes, une réalité inhérente à toutes, c'est-à-dire à tous les phénomènes, en tant que représentés, en tant qu'objectifs, mutuellement objectifs, donnés de représentation les uns pour les autres.

L'*idéalité* kantienne a donc nui à l'intelligence de la théorie qui voit dans l'espace une forme universelle de la représentation, une forme indépendante des perceptions empiriques particulières, en ce qu'elle est leur condition de possibilité à toutes. Énoncée en ces termes, la thèse de l'*esthétique transcendentale*, c'est le nom que lui donne Kant, m'apparaît comme une vérité capitale. J'ai prouvé que l'espace n'est point un sujet *en soi*, par une méthode bien différente de celle de la *Critique de la raison pure*, mais j'adopte les arguments et les conclusions de cette critique touchant la nature de l'espace comme objet apriorique de toute représentation externe[2].

---

1. Je ne prétends pas, dit Kant, que l'*objet* soit une *pure apparence*; je prétends seulement qu'encore que donné dans le phénomène, il n'y est pas donné en sorte que cette *manifestation de lui-même* soit une manifestation de ce qu'*il est en soi* (t. I, p. 106, Barni). Mais c'est là précisément ce que tout le monde appelle traiter le phénomène d'illusoire, à moins d'admettre en même temps, ce que n'a osé Kant, qu'il n'existe que des phénomènes pour une connaissance quelconque, et qu'il n'y a dans les *objets* rien de propre à être *manifesté* que ce qu'ils manifestent et de la manière dont ils le manifestent.

2. Conformément à sa terminologie, Kant donne à l'espace le nom de *représentation subjective*, et toutefois, au même endroit, il nomme cette représentation *objective a priori* (t. I, p. 83, Barni); ce que je

Stuart Mill remarque quelque part que Kant répète à satiété, mais ne démontre pas que tel élément de conscience ne peut être le produit de l'expérience, parce que sa préexistence est une des conditions nécessaires de la possibilité de l'expérience. Ce reproche ne me semble pas fondé. Alors même que Kant n'aurait point fourni d'arguments particuliers en traitant des divers concepts, il y a un argument général compris dans le simple énoncé de sa thèse : c'est que quiconque entreprend d'expliquer l'origine empirique de l'un de ces concepts, ou formes, dont il est question, *est obligé de le supposer pour le déduire*, étant dans une complète impuissance d'énoncer ou de lier par le discours les phénomènes chargés de la génération du concept, sans faire entrer ce même concept dans le sens des termes d'où il faudrait alors qu'il pût être absent. En un mot, affirmer la nature apriorique d'une notion, c'est simplement remarquer qu'on ne peut *sans pétition de principe* lui assigner, lui faire concevoir une origine dans l'expérience. Et cette remarque vaut, cet argument implicite vaut, tant que le philosophe qui constate l'existence d'une catégorie, soit de l'espace ou du temps, à ce titre, ne relève pas le défi d'une manière satisfaisante. Il est vrai que de grands efforts ont été faits avant et surtout depuis Kant par la *philosophie de l'expérience*. Mais tout ce travail des philosophes anglais les plus pénétrants a abouti, ce me semble, à créer un prétexte de ne pas reconnaître la pétition de principe dont je parle, au lieu de réussir à s'en affranchir. Le prétexte est l'*association inséparable*, dont j'aurai bientôt occasion de critiquer l'emploi.

Mais est-il bien vrai que Kant manque d'arguments spécialement appliqués, pour l'espace par exemple? L'école de l'expérience admet en commun avec lui que les sensations ne font jamais connaître un sujet en soi, pas plus l'étendue que la couleur ou le son, mais qu'elles sont des représentations, et des représentations de rapports. Cela posé, que nous dit Kant? Il nous dit : 1° « Pour que je puisse me représenter les choses comme en dehors et à côté les unes des autres, il faut que la représentation de l'espace existe déjà en moi. Cette représentation ne peut donc être tirée par l'expérience des rapports des phénomènes extérieurs; mais cette expérience n'est elle-même possible qu'au moyen de cette représentation. » Celui qui nie la

remarque avec intérêt, pour montrer combien se place naturellement un retour à l'usage ancien et selon moi le meilleur du mot *objectif*; et l'intérêt ne fait qu'augmenter si j'ajoute que cette *représentation objective*, l'espace, est déclarée par Kant à tous moments n'avoir pas de *réalité objective*. (Voyez *ibid.*, p. 107, et ailleurs.)

conséquence assume la tâche de montrer que la représentation de l'espace sort de quelque chose qui n'implique pas cette représentation; ce qui est une manière de s'engager à se passer radicalement de celle-ci en racontant sa génération et son histoire; ou peut-être de l'affaiblir, ex énuer, nier, dans ce qu'elle a de propre et d'original. Comment entreprendre intelligiblement d'opérer la réduction logique du rapport indéterminé que présente l'intuition, à tels rapports définis qui le supposent en le limitant? Prétendre que la pensée d'une forme universelle de relation, cette forme même, est fondée sur la perception de rapports particuliers du même genre, ce serait mettre dans la conscience, comme capable de la fonction généralisatrice, une puissance toute pareille, aux mots près, à la notion qu'on lui refuse. Cette méthode de Locke et de Condillac est à peu près abandonnée de tous. Et remarquons bien qu'il s'agit d'un fondement logique et non pas simplement chronologique, car le kantisme est loin de prétendre que l'expérience n'apporte point une matière indispensable au développement des lois de la représentation. L'unique ressource de l'aposterioriste pur est donc de s'adresser, pour obtenir la réduction qu'il souhaite, à des rapports tout autres que ceux qu'enveloppe la représentation de l'espace.

2° « Il est, dit Kant, impossible de se représenter qu'il n'y ait point d'espace, quoiqu'on puisse bien concevoir qu'il ne se trouve pas d'objets dans l'espace. L'espace est donc considéré comme la condition de possibilité des phénomènes et non pas comme une détermination qui en dépend, et il n'est autre chose qu'une représentation apriorique servant nécessairement de fondement aux phénomènes extérieurs. » Cet argument est très sérieux, parce qu'il fait ressortir la différence entre les objets contingents et variables, appelés ou écartés à volonté par l'imagination, et l'objet nécessaire et constant de toute imagination possible. La réduction de celui-ci aux autres, sous ce nouvel aspect, n'a pu être essayée qu'au moyen d'une méthode qui prétend expliquer par l'expérience seule le caractère de nécessité ou de constance inhérent à certaines notions. Nous verrons tout à l'heure si c'est avec succès. Observons toujours que l'argument de Kant est bon jusqu'à preuve contraire. La doctrine aprioriste, à la bien comprendre, est tout entière dans la thèse de l'irréductibilité des catégories. Les aposterioristes prétendent opérer la réduction. Or, c'est à eux que la preuve incombe, par la raison même qui fait qu'on regarde un corps, en chimie, comme simple, tant que le fait de la décomposition n'est pas avéré.

3° L'espace est un pour l'intuition, multiple sans doute comme enveloppant des parties sans fin possible, mais non comme composé de telles parties préexistantes. Or, ceci est le contraire d'un phénomène empirique, où la donnée d'un tout résulte de parties données. De là vient que les rapports que nous posons comme principes nécessaires au sein de cette intuition (par exemple l'excès de grandeur de la ligne enveloppante sur toute ligne possible enveloppée convexe) ont une valeur apodictique, indépendante des cas où nous les envisageons[1]. Cet argument est frappant, quoique difficile à présenter dans toute sa force. C'est que la différence est grande entre des objets particuliers quelconques et cet objet universel dont nous disposons pour y considérer des possibles indéfinis de multiplication et de division, des parties homogènes et continues dont la distinction varie à volonté, des images parfaites avec des combinaisons illimitées, et des lois de position et de quantité, liées les unes aux autres et à la nature de notre organisation intuitive, en même temps qu'aux conditions des faits donnés dans l'expérience ; de telle manière que nous ne trouvons jamais dans l'ordre empirique du monde sensible ni une véritable dérogation, ni toutefois une expression vraiment exacte et complète de ce que la représentation nous offre ou nous promet avec une extension sans bornes et des anticipations sans nombre. Comment ne pas voir là le propre caractère d'une représentation objective apriorique ?

M. Herbert Spencer, dans le passage de sa psychologie[2] qu'il consacre à la réfutation de la thèse de l'esthétique transcendantale, ne s'attache qu'au second des arguments que je viens de rappeler. L'impossibilité de supposer l'espace anéanti, alors que l'imagination ne se refuse jamais à une telle hypothèse portant sur des objets empiriques, s'explique, selon ce penseur, par ce fait, que l'expérience nous a toujours montré l'espace demeurant, tandis que les corps disparaissent et semblent s'anéantir. Il s'agit d'une expérience grossière qui suffit à l'argument, et l'espace y est pris simplement, par opposition au corps, comme une *aptitude à contenir des corps*. M. Spencer croit cette dernière définition suffisante, dans la circonstance, encore qu'il ne se dissimule pas qu'elle renferme une pétition de principe, attendu que les idées de *corps* et de *contenir* supposent toutes deux l'idée d'*espace*, dont il est question d'expliquer la généra-

---

1. *Critique de la raison pure*, t. 1, p. 77-79, Barni. Je modifie la rédaction du troisième argument et j'omets le quatrième, qui ne me paraît pas bon.
2. *Principles of psychology*, 1re éd. angl., p. 52 et suiv.

tion. S'il se fût mieux pénétré de la thèse de ses adversaires, il aurait compris qu'ils pouvaient moins que d'autres user d'indulgence pour le vice avoué de son argument ; il n'aurait pas objecté l'expérience à des philosophes qui n'admettent pas que l'expérience soit possible après que la notion apriorique de l'espace, objet du litige, a été enlevée. Il aurait senti la nécessité de leur montrer comment *l'aptitude à contenir du corps* peut être constatée par les sens, autrement qu'avec l'intermédiaire de la sensation d'un espace non occupé, et comment celle-ci est possible sans la notion de l'espace.

M. Spencer veut ensuite prouver, à l'aide d'une sorte d'expérience psychologique peu concluante, et même assez peu nette, que nous ne pouvons réussir à *nous former simultanément une idée de toute la sphère environnante de l'espace*, ce qui serait nécessaire suivant lui dans la doctrine de Kant : s'il s'agit là d'une sphère *infinie* à la rigueur, et c'est un point qui n'est peut-être pas assez expliqué, j'admets sans peine que *l'infinité occupant l'imagination à un moment n'est jamais l'infinité qui s'étend de deux côtés à la fois*. Je vais plus loin, et j'admets que ce n'est pas même *l'infinité qui s'étend d'un seul côté*. Mais je ne vois pas en quoi la thèse combattue de l'espace *forme de la pensée* aurait besoin d'être la thèse d'un infini donné dans l'imagination. S'il s'agit, au contraire, de l'intuition d'un espace vague, indéfini, entourant en tous sens un corps que je perçois, il me semble que je la possède simultanément en un seul acte ou état de mon imagination, et à la seule condition de supposer à l'espace ainsi représenté des limites indéterminées, à des distances quelconques du corps dont les surfaces le limitent déjà. La double notion de l'intervalle et de la limite me paraît, tant dans l'imagination que dans la perception, indispensable à la constitution des idées de l'étendue.

Mais l'objection capitale est visiblement celle que M. Spencer tire de sa propre théorie du *postulat universel*, suivant laquelle le critère de vérité d'une proposition serait *l'invariable croyance en son objet, prouvée par l'inconcevabilité de sa négative*. Ce critère est sans cesse appliqué par tous les philosophes, et implicitement reconnu par presque tous. M. Spencer serait l'auteur d'une bien grande découverte, s'il avait pu en même temps que ce critère en fournir un autre pour garantir la manière de se servir du premier. Il nous donne à la vérité le moyen de discerner *l'invariable croyance*, mais non celui de discerner *l'inconcevabilité*. Qu'est-ce que l'inconcevable? à quel signe le reconnaître, assez sûr pour mettre la paix entre les métaphysiciens, qui depuis l'origine de la spéculation ne cessent de se reprocher les uns aux autres et l'inconcevabilité de leurs opinions et la mauvaise volonté qu'ils mettent à concevoir les opinions adverses? L'application du nouveau critère à la doctrine de Kant n'est pas faite, on va le voir, pour donner une idée avantageuse de la facilité qu'on trouve à l'appliquer sans se tromper.

Kant ne saurait avoir, remarque M. Spencer, de plus haute garantie du mérite de son inférence que le *postulat universel*. Il s'appuie nécessairement sur ce que *nous ne pouvons pas concevoir* ceci ou cela, sur ce que la conclusion qu'il tire contre un préjugé commun est accompagnée, les prémisses étant données, d'une *indestructible croyance*. Et cependant que fait-il lui-même? Il demande qu'on lui accorde deux choses inconcevables, en sorte que le caractère de son argumentation consiste à se réfugier dans une impossibilité double, pour échapper à une impossibilité simple, ou à ce qu'il croit en être une.

Les deux *choses inconcevables* sont le concept de l'espace en tant que forme de la sensibilité, la négation de l'espace comme « réalité objective ». Il faut que M. Spencer prouve qu'il y a *inconcevabilité*. Quant au premier point, il se fonde sur ce que l'espace ne peut pas être une *propriété du moi*, sur ce que *la pensée du moi et la pensée de l'espace ne peuvent pas être unies en un même concept*. Quant au second point, il se borne à remontrer que ni Kant ni personne autre ne peuvent s'affranchir de la *croyance en l'externalité de l'espace*, et que cette croyance est prouvée par l'inconcevabilité de sa négative. Il faut dire à M. Spencer, avec tout le respect dû à un penseur si pénétrant, que sa réfutation est toute dirigée contre des mots et s'attache vraiment à des interprétations trop vulgaires.

Je ne saisis pas bien toute la portée de ce qu'on appelle ici et *penser au moi et unir en un même concept*. Ce que je sais bien, c'est que la représentation est le caractère le plus incontesté de ce que les philosophes nomment *le moi*, et que la représentation de l'espace et des objets dans l'espace est une représentation principale impliquée directement ou indirectement dans toute autre représentation. Si c'est là pour l'espace être une *propriété du moi*, alors l'espace est une propriété du moi. Sinon, bornons-nous à dire qu'il est une forme de la sensibilité et que *nous ne pouvons concevoir* qu'il ne le soit point. L'argument qu'on nous oppose irait jusqu'à nier l'*espace intelligible*, que les partisans de l'espace sujet en soi n'ont généralement fait aucune difficulté de recevoir en parallélisme avec ce dernier. Admettre cette forme de la sensibilité, cet espace intelligible, et s'y borner, ce n'est point vouloir s'affranchir de la *croyance en l'externalité de l'espace*; tant s'en faut, puisque cette forme est alors cette externalité même et que nulle croyance au monde, réfléchissez-y, ne saurait pousser au delà de cette forme le concept d'externalité auquel elle s'applique. Où donc est dans tout cela le sacrifice qu'on demande aux communes croyances? Elles ne tiennent pas les formules philosophiques dans leur ressort. Le respect qu'elles réclament comprend les êtres et les relations donnés par l'expérience, et selon ses formes que nul ne conteste, et ne s'étend pas jusqu'aux entités que la métaphysique place dans un invisible dessous. La croyance universelle porte sur l'espace sensible et n'a pas à décider si l'espace sensible est la forme même de la sensibilité ou quelque autre chose. La première opinion est si peu inconcevable, qu'elle ressemble à une identité. Mais, dût-elle être inconcevable, ou le paraître, M. Spencer n'aurait pas encore le droit de la condamner à ce titre sans appel.

En effet, dans une intéressante discussion qui s'est élevée entre M. Spencer et Stuart Mill, on a vu le premier de ces deux philosophes obligé d'accorder que les *inconcevabilités* varient dans le cours de l'expérience[1]. Ni l'un ni l'autre d'entre eux n'admettant l'existence de vérités aprioriques, il leur était également interdit de décider si l'*association inséparable* d'idées, sur laquelle se fondent une certaine assertion, une croyance établie fermement et partout, est destinée à toujours durer, ou si cette association est une de celles que l'expérience, critère unique, rompt à la fin après les avoir longtemps soutenues. Si donc l'espace sujet réel, infini en soi, était, comme le croit M. Spencer, la seule opinion actuellement concevable, il se pourrait encore que cette opinion éprouvât un jour le sort qu'ont éprouvé la croyance aux cygnes toujours et nécessairement blancs, la croyance à l'impossibilité des antipodes, mieux que cela la croyance au mouvement diurne du soleil, que nos sens n'ont pas cessé de paraître confirmer et que cependant aucun homme instruit ne conserve.

On penserait, du moins, sur ce qui précède, que M. Spencer tient sérieusement et jusqu'au bout de son ouvrage pour ce qu'il dit être la croyance invariable en la réalité externe de l'espace. Cette croyance implique, ce semble, et que les choses coexistent ainsi que nous pensons les voir coexister, et que nous les voyons coexister précisément comme elles coexistent. M. Spencer devra donc admettre les deux parties de cette proposition. Cependant, s'il n'arrive point à nier la première, il arrive certainement à nier la seconde. Il ramène la perception de la coexis-

---

[1]. Voyez J. Stuart Mill, *Système de logique*, t. I, p. 300, trad. Peisse; et H. Spencer, *Principles of psychology*, p. 19.

tence à celle de la succession, par une très curieuse théorie dont j'exposerai le principe en traitant du *temps*. En d'autres termes, il nie l'existence de l'intuition de l'espace. Une fois l'intuition renversée, on se demandera sans doute sur quel fondement passable peut reposer la croyance à un espace, entendu comme on voudra, et ce que devient l'application du *postulat universel!*

Je me suis étendu sur des objections que ne recommande pas seulement le grand mérite de leur auteur, mais que l'école de l'expérience tout entière prend à son compte en Angleterre, et qui représentent ainsi le dernier état des résistances contre la thèse de Kant. M. Bain donne son entière approbation à la réfutation de la doctrine kantienne par M. Spencer. Les objections de Locke contre les notions innées en général n'ont, d'après lui, jamais été détruites, et dans ces derniers temps elles ont encore été renforcées. On peut, dit-il, accorder que Locke n'a pas réussi à expliquer comment nous parvenons à des notions telles qu'espace, substance, pouvoir. Les cinq sens, comme on les entend communément, sont insuffisants pour cet objet, mais la difficulté disparaît aussitôt qu'on met les sensations musculaires en ligne de compte[1].

Si la moitié des astronomes seulement affirmaient la loi de la gravitation, l'autre moitié s'en tenant au système de Ptolémée, ces derniers pourraient bien dire que jamais leurs objections n'ont été détruites. Non plus que nos démonstrations, répondraient les autres, et le débat continuerait, comme il arrive quand les opinions sont partagées, sans que les défis y soient jamais d'aucune utilité. Mais si les tenants de l'ancienne astronomie reconnaissaient que leurs *excentriques* et leurs *épicycles* sont insuffisants pour expliquer les phénomènes, leur cause serait compromise. C'est un peu ce que fait le psychologiste de l'école de l'expérience, en accordant que Locke n'a pas réussi à tirer les lois de l'esprit de l'analyse des cinq sens; car enfin le principal, si ce n'est l'unique objet de la méthode opposée à l'apriorisme, est de montrer l'origine exclusivement sensible de toutes nos connaissances, et on reconnaît n'y être pas parvenu. Il est vrai que tel était l'état des choses au temps où l'on était réduit à l'emploi des cinq sens. Mais aujourd'hui l'on a de plus la ressource des *sensations musculaires*, et M. Bain pense avoir pu rendre un compte enfin satisfaisant de la manière dont se forment expérimentalement des notions comme celle de l'espace.

Loke ignorait donc en son temps le sens de la muscularité; j'avoue, au mien, être à peu près comme lui. Je veux dire que je

---

[1]. Alexander Bain, *The senses and the intellect*, 2º édition, p. 637.

n'aperçois aucun motif d'introduire une nouvelle espèce de sensations distinctes, liées à l'exercice de nos organes du mouvement. Je dois remarquer d'abord que le mouvement par lui-même, en supposant qu'il n'y ait ni choc grand ou petit ni résistance opposée quelconque, ne donne lieu à aucun phénomène de sensibilité inhérente. Si je remue un doigt, par exemple, et si je mets de côté : 1° le fait conscient de mon désir de le mouvoir; 2° le fait que je vois ou peux voir de mes yeux ce mouvement s'effectuer; 3° le fait que certaines parties organiques de mon doigt ou liées à mon doigt sont tirées ou pressées en quelque sens (c'est bien ainsi que je perçois le phénomène, et je peux me le rendre même entièrement insensible en fermant les yeux et remuant le doigt très doucement), si je mets, dis-je, ces trois choses de côté, il ne reste rien que je puisse affecter à la connaissance sensible du mouvement que je produis. Cela posé, tout ce que nous sentons quand nous contractons nos muscles, quand nous mouvons nos membres, quand nous les appliquons à transmettre un effet de nature à mouvoir des corps étrangers, quand nous recevons de la part de ceux-ci une transmission réelle ou virtuelle du même genre, tout cela se réduit également soit à des pressions, soit à des tractions exercées et éprouvées sur des tissus plus ou moins pourvus de nerfs et plus ou moins profondément situés. Que dans le cas du toucher externe la peau soit intéressée d'une manière spéciale, que dans d'autres cas que je nommerais volontiers le toucher interne, la sensation plus confuse s'étende aux muscles, l'action mécanique allant jusqu'aux os qui portent les points d'appui des leviers; que cette sensation soit provoquée par des déplacements effectifs ou seulement tentés, et par des agents dont la direction est efférente, ou dont la direction est afférente, il n'y a jamais physiquement ou mécaniquement que des pressions et des tractions, je le répète, sans aucun autre organe spécial de sensation que le tissu quelconque en tant que pressé, tiré, tendu, frotté, etc., directement ou indirectement selon les occasions. D'un autre côté, la sensation du toucher, ainsi généralisée comme elle peut l'être, et considérée dans une partie de l'organisme quelle qu'elle soit, capable d'éprouver des effets de liaison tactile de la part d'une autre, si elle est prise dans sa spécificité sensible et non plus physique, est loin de présenter des variétés comparables à celles qu'offre un seul et même autre organe, le goût, l'odorat, à plus forte raison l'ouïe et la vue. La manière dont elle nous affecte varie beaucoup plus par les degrés d'intensité ou de distinction, parfois très faibles et même insensibles, que par la qualité proprement dite, où que se fasse la localisation parfois aussi très vague de l'impression ressentie. Toutes ces raisons montrent clairement combien il est arbitraire de constituer pour les *sensations musculaires* une classe séparée[1].

C'est à la vérité ce qui importerait peu dans l'étude des catégories, si ce n'était qu'on veut employer ces sensations nouvellement distinguées, pour la démonstration de l'origine empirique des notions que suppose la perception des distances, des figures et des volumes. Tirer ces notions des sensations pures ou spécifiques anciennement décrites, il fallait y renoncer. Essayer de les faire sortir de l'exercice des muscles qui produisent ceux de nos mouvements nécessaires pour prendre connaissance des corps par le toucher ou par la vision, et, dans cette tentative, se résigner à ne faire usage que des seules impressions sensibles de l'ordre de celles que produisent les pressions ou tractions dont j'ai parlé, c'était rester réduit aux mêmes matériaux et n'être pas plus avancé d'un pas. Les sensations musculaires, mal définies comme elles sont, ont servi de support aux notions d'extension ou distance dont il s'agissait d'obtenir la genèse. Ce qu'on voulait trouver dans une conclusion, on l'a mis dans les prémisses. Introduire ce qu'on doit déduire, le procédé est infaillible; impliquer l'opération intellectuelle dans la description de l'œuvre des sens, c'est un sûr moyen de *réfuter l'origine apriorique en la remplaçant*, comme parle M. Bain.

Je dis que les sensations musculaires ont été mal définies. Ce n'est point que je nie les phénomènes de sensibilité plus ou moins nette à l'aide desquels M. Bain et divers physiologistes ont montré que nous pouvions percevoir, comparer, mesurer approximativement des poids ou autres pressions, des efforts subis ou exercés, et aussi des distances parcourues durant une certaine exertion musculaire, variable en intensité ou en vitesse. Je ne conteste pas non plus, par conséquent, les correspondances qui s'établissent entre des sensations et degrés de sensations, d'un côté, des résistances opposées ou des espaces

---

[1]. La question physiologique du mode de perception des sensations musculaires est obscure et controversée (Voy. Bain, *The senses and the intellect.*, 2° édit., p. 92, et la note). Mais quel que soit l'agent physiologique placé entre la contraction musculaire et la conscience que nous en avons comme produite, cette contraction, quoique d'ailleurs conditionnée par une volition dans son origine, ne laisse pas d'être un phénomène physique aussi bien que physiologique. C'est une sensation qui dépend de l'état d'un organe aussi bien que cet état était provoqué par un agent complètement externe, et il me semble que la considération du côté physique ou même mécanique du phénomène suffit à l'objet que je me propose.

parcourus, de l'autre. La doctrine aprioriste serait plutôt la première à postuler ces sortes de relations, et d'autant plus qu'elle tient mieux à distinguer entre les termes qui les soutiennent. Mais je réclame contre la confusion de trois choses bien distinctes : 1° les impressions sensibles de *toucher interne*, indéfinissables en elles-mêmes, qui ont quelque rapport avec les sentiments de peine ou de plaisir, mais qui n'en ont pas plus avec des distances (non pas même avec des résistances connues comme telles) qu'avec des goûts ou des couleurs ; 2° les résistances et les distances, dont nulle représentation n'est possible qu'en impliquant la représentation de l'étendue ; 3° enfin, les liens établis entre les premiers et les seconds termes, en partie grâce à des jugements synthétiques aprioriques unissant des idées d'étendue avec des idées de qualité et de force, en partie par l'expérience établissant l'association constante de certaines espèces de sensations avec certaines autres.

La confusion que je signale, on a certainement le droit de la reprendre chez un auteur qui parle d'un *sens des degrés de l'espace parcouru par le mouvement*, comme d'une *fonction naturelle des muscles*, et puis de la *sensation de l'étendue linéaire*, de la *sensation de la force dépensée*, etc. « Le cours d'une contraction musculaire, dit M. Bain, qui est le même que le cours ou étendue du mouvement de la partie mue, est apprécié par nous dans le fait de la continuation (de cette contraction). Nous avons conscience de la continuation plus ou moins prolongée du mouvement, et sommes ainsi préparés à apprécier l'étendue plus ou moins grande de l'espace parcouru. C'est le premier pas, la sensibilité élémentaire dans notre connaissance de l'espace. Et quoique nous devions combiner les sensations des sens avec le parcours du mouvement, dans notre perception de ce qui est étendu, cependant la partie essentielle de la connaissance est due aux sentiments du mouvement. Nous devons apprendre à connaître, par un procédé sur lequel se portera plus tard notre attention, la différence entre les coexistants et les successifs, entre l'espace et le temps ; et nous pouvons alors, par le parcours musculaire, c'est-à-dire par la continuation du mouvement musculaire, distinguer les différences du sujet étendu (*extended matter*) ou espace. Cette sensibilité devient un moyen de nous donner, en premier lieu, le sentiment de l'*extension linéaire*, en tant qu'il est mesuré par le parcours du membre ou de tout autre organe mû par les muscles. La différence entre six pouces et huit pouces est représentée par les différents degrés de contraction de quelque groupe des muscles, ceux, par exemple, qui fléchissent le bras ou qui, dans la marche, étendent le membre inférieur. L'impression interne correspondante au fait externe de six pouces de longueur est une impression naissant du raccourcissement continué du muscle. C'est l'impression d'un mouvement musculaire d'une certaine continuation; une longueur plus grande est une continuation plus grande[1] ».

En lisant attentivement ce passage, on y relèvera sans peine deux manières de s'exprimer fort différentes : l'une où la perception de l'étendue est présentée par l'auteur comme si elle n'était que suggérée, occasionnée, et je dirais supposée par les sensations, dont les différences correspondent à ses différences; l'autre, plus conforme aux formules que j'ai soulignées ci-dessus, qui confond les sensations musculaires avec de propres sensations qui existeraient de l'étendue linéaire plus ou moins prolongée. Cette seconde manière est certainement vicieuse au plus haut point, car la sensation ne renferme rien de pareil, qu'à la faveur des jugements qui y interviennent. L'autre manière est un cercle vicieux patent, puisqu'elle implique une donnée préalable quelconque de ce dont on prétend dévoiler l'origine. Mais l'impuissance de l'auteur se montre surtout dans le passage qui suit immédiatement celui que je viens de citer : « La notion distincte de la longueur, en une direction quelconque, renferme évidemment l'*extension* en toute direction. Que celle-ci soit longue, large ou haute, la perception a précisément le même caractère. Ainsi les dimensions superficielle et solide, la grosseur ou grandeur d'un objet solide, viennent à être senties au moyen de la même sensibilité fondamentale pour la force musculaire dépensée. » La moindre réflexion suffira pour faire reconnaître qu'en effet une direction quelconque les vaut toutes et conduit à la connaissance des volumes, mais à la condition qu'on en pense une quelconque comme *quelconque*, c'est-à-dire à la condition qu'en une seule on les pense toutes, et qu'en outre on en distingue trois, convenablement coordonnées. Mais alors la connaissance de l'étendue à trois dimensions est présupposée.

Les philosophes et critiques anglais de l'école aprioriste ont été les premiers à relever le cercle vicieux des déductions de l'école de l'expérience[2], quoiqu'ils n'aient peut-être pas, que je

---

1. Bain, *The senses and the intellect.*, 2ᵉ édit., p. 112. Les mots soulignés qui précèdent cette citation appartiennent à la première édition, que je n'ai pas sous les yeux, et je les emprunte à Stuart Mill : *Examen de Hamilton*, p. 262-263 de la traduction de M. Cazelles.

2. On peut apprécier la force de l'argumentation de l'un d'eux, M. Mahaffy, et même prendre une idée de toute cette polémique dans le chap. XIII de l'*Examen de Hamilton*. Stuart Mill combat pour M. Bain et pour toute l'école dont M. Bain est aujourd'hui le repré-

sache, aperçu tout le piège des sensations musculaires. Des controverses longues et serrées sur la vision et sur l'éducation des sens ont été entamées ou reprises et se poursuivent encore. Je ne peux entrer ici dans ce sujet tout psychologique ; j'aime mieux insister sur l'idée générale de l'étendue possédée ou acquise, en prenant pour thème d'observations un intéressant passage du plus habile avocat de l'acquisition[1] :

« Ceux qui pensent comme Brown disent que, quelle que soit la notion d'étendue, nous l'*acquérons* en promenant la main ou tout autre organe du toucher suivant une direction longitudinale ; que le procédé, en tant que nous en avons conscience, se compose d'une série de sensations musculaires diverses, différant selon la quantité d'efforts musculaires et, si l'effort est donné, différant en longueur de temps... » Je demande ici comment nous savons par la sensation musculaire, telle que je l'ai admise et décrite, dépouillée des éléments que la notion apriorique d'étendue y introduit, comment, dis-je, nous savons ou découvrons que la direction suivie est longitudinale, et, bien plus, quelle chose c'est que direction. Je remarque aussi que jamais effort musculaire n'a lieu sciemment, autant du moins que parle mon expérience interne, sans que l'imagination d'un certain déplacement *de* et *vers* quelque lieu le prépare d'une manière plus ou moins obscure, s'apprête à le diriger, et enfin lui donne d'avance la signification qu'il peut avoir. Brown et ceux qui adhèrent à sa méthode confèrent au sujet sensible, par voie d'implicitation, et tout *acquise*, la propre connaissance qu'ils veulent lui faire *acquérir*.

« Cette série de sensations musculaires, ou cet accroissement d'effort par lequel il est incontestable que nous sommes informés de l'étendue, c'*est* (c'est l'auteur qui souligne), c'*est*, d'après les psychologues en question, l'étendue. » Comment est-il possible que ces sensations et ces efforts *soient* l'étendue, et que les mêmes *nous informent* de l'étendue ? De quoi parle-t-on, et qu'appelle-t-on étendue ? Ce qui nous informe de l'étendue ne devrait pas, selon la commune manière de parler, être déjà l'étendue elle-même. Mais si, comme on le dit, il est l'étendue elle-même, il ne nous informe que de ce qu'il est ou suppose en

---

sentant le plus complet et le mieux autorisé. Mais les arguments de l'adversaire, tels que M. Mill les reproduit lui-même, gardent la supériorité sur les siens quelque spécieux que son grand esprit sache parfois les rendre. Voyez aussi la *Critique philosophique*, 2ᵉ année, nᵒˢ 27 et 29.

[1]. Stuart Mill, *Examen*, p. 266 de la traduction française.

nous, et alors nous supposons la notion que nous voulions déduire.

« Pour eux (les psychologues en question) l'idée de corps étendu est l'idée d'une variété de points résistants, existant simultanément, mais qui ne peuvent être perçus par le même organe tactile que successivement et au bout d'une série de sensations musculaires qui constituent leurs distances; et que l'on considère comme situés à des distances différentes l'un de l'autre, parce que la série des sensations musculaires interposée est plus longue dans certains cas que dans d'autres. » Si l'idée de l'étendue est cela, il est clair, par la définition qu'on en donne, qu'elle renferme l'idée de *points* avec l'idée d'une situation relative de points, laquelle est logiquement inséparable de la première. Ainsi, l'étendue est définie par l'étendue et n'est nullement déduite. Si, au contraire, on n'entend par le mot *points* que des sensations de résistance non localisées (non localisées, il le faut pour ne pas présupposer l'étendue); si *l'existence simultanée* est réduite à l'existence successive, pour ne pas encore une fois impliquer l'espace; si les sensations musculaires qui *constituent des distances* ne les constituent qu'en unités de temps (autrement on parlerait encore une fois de ce qu'on est censé ne pas connaître encore), si les prémisses sont ainsi posées, il restera à prendre ces prémisses correctes, où le temps et des sensations spécifiques pures existent seules, et à en faire sortir l'étendue. Mais c'est là ce qu'on ne fait pas, en sorte que le cercle vicieux est patent.

« ... Ces espèces et ces qualités différentes de sensations musculaires dont nous faisons l'expérience, quand nous passons d'un point à un autre (c'est-à-dire quand nous recevons deux sensations musculaires de toucher et de résistance dont les objets sont regardés comme simultanés), sont tout ce que nous avons en vue quand nous disons que les points sont séparés par des espaces, qu'ils sont à des distances différentes et sur des directions différentes. » Puisque nous n'*avons en vue* que les sensations quand nous nous occupons des distances et des directions, on doit avouer de deux choses l'une, ou que les sensations renferment quelque chose de plus que les sensations mêmes, ou que les distances et les directions sont, au fond, quelque chose de moins que des distances et des directions. La première manière de voir ressemble à celle des aprioristes, qui trouvent dans la sensation le concept qui en est la forme. Mais la seconde est plutôt celle de l'école de l'expérience. Il semble que la négation de l'étendue, ou de l'intuition que nous en avons, soit au bout de ses arguments.

» Une série interposée de sensations musculaires que nous percevons avant d'arriver à un objet, après avoir quitté l'autre, telle est la seule particularité qui, d'après cette théorie, distingue la simultanéité dans l'espace, de la simultanéité qui peut exister entre un goût et une couleur, ou un goût et une odeur : et nous n'avons pas de raison de croire que l'espace, ou étendue en soi, diffère de ce qui nous le fait reconnaître. Il me semble que cette doctrine est bonne... » Ici se marque encore plus décidément la tendance à la négation dont je viens de parler. On y mentionne l'étendue (même l'*étendue en soi*), mais c'est pour faire consister la *simultanéité* qui lui est propre en l'interposition d'une série de sensations, c'est-à-dire de phénomènes successifs entre les objets. Et l'on ajoute :

« La participation de l'œil à la production de notre notion actuelle d'étendue altère profondément son caractère et constitue, à mon avis, la principale cause de la difficulté que nous trouvons à croire que l'étendue tire la signification qu'elle a pour nous d'un phénomène non de synchronisme, mais de succession. En fait, notre conception actuelle de l'étendue ou de l'espace est une peinture oculaire, et comprend un grand nombre de parties d'étendue apparaissant à la fois, ou se succédant si rapidement, que notre conscience les prend pour des parties simultanées. » Nous voyons, dans cette conclusion, la conception de l'étendue divisée en deux : une qui est actuelle, et une fort différente qui est primitive. Celle-ci fait connaître l'origine et vraie nature de l'espace; elle n'est pas faite d'espace, mais de temps; les phénomènes ne s'y étalent pas, mais s'y succèdent, il est vrai, assez rapidement pour créer l'illusion de la simultanéité. Celle-là, la conception actuelle, est cette *peinture oculaire*, comme la nomme singulièrement Stuart Mill; cette intuition, dirait Kant; cet espace enfin, au sens de tout le monde, qui n'est au vrai que ce pour quoi l'on prend l'espace, une signification qu'il a pour nous, mais qui au fond ne lui convient pas. S'il en est ainsi, nous devons, en pénétrant dans ce dernier sanctuaire de l'école de l'expérience, retirer le reproche du cercle vicieux que peut lui attirer la forme trop exotérique peut-être, trop bien mise à notre portée, de certaines de ses explications. Non, sa théorie ne suppose point dans certains phénomènes sensibles, originellement étrangers d'après elle à la notion d'étendue, cette même notion qu'elle veut ensuite en extraire. La vérité est seulement que, décrivant aujourd'hui ces phénomènes, et ne pouvant s'affranchir des *associations inséparables* qu'ils ont produites à la longue, cette école fait entrer forcément dans ses termes et dans ses définitions le langage de la *conception actuelle*. Elle introduit non la forme à expliquer, mais l'illusion que les phénomènes eux-mêmes ont introduite. L'inévitable cercle vicieux est l'œuvre de la nature, non la sienne. Voilà bien, sans ironie aucune, autant qu'on peut tâcher de la comprendre, la thèse la plus nouvelle et la plus approfondie de l'école de l'expérience. Il lui resterait à prouver, mais cette fois sans aucun cercle vicieux, que le cercle reproché est bien l'effet de l'illusion et de l'association inséparable qu'elle dit, et non pas le signe certain de l'impossibilité où elle est de tirer des sensations un parti quelconque pour argumenter, à moins d'ajouter à leurs qualités spécifiques une forme commune, essentielle à la représentation, et qui est ici l'étendue.

Il est toujours bon de saisir les occasions d'éclaircir et de rapprocher l'une de l'autre deux idées encore très mal comprises : l'idée de catégorie et celle de jugement synthétique apriorique. J'ai dit ailleurs que des notions irréductibles les unes aux autres, ou dans le cas de ne pouvoir être unies, telles qu'elles sont unies, autrement qu'en une synthèse donnée primitivement, sont celles qui ressortissent à des catégories différentes. Comme application de cette vérité de méthode, je remarque en terminant que l'insuccès des efforts de la métaphysique de l'empirisme, dans la question que je viens d'examiner, provient d'une tentative de tirer soit d'une catégorie le contenu d'une autre : du temps les propriétés de l'espace ; soit, des différentes qualités qui se témoignent par l'expérience dans telles sensations (ici les sensations musculaires), la loi universelle à laquelle la représentation les soumet toutes. Ainsi, le vice de la méthode empirique se résume dans la négation des catégories, dans celle des jugements synthétiques aprioriques, et dans l'opinon que l'expérience pure enferme l'origine des lois ou formes générales qui semblent l'embrasser elle-même.

XXXI

LOI DE SUCCESSION

INSTANT, TEMPS, DURÉE

Nous avons reconnu les éléments de la loi de *succession* en ce qu'elle a de commun avec la loi de *position*. Or, celle-là est beaucoup plus simple que celle-ci, et peu de mots suffiront pour la préciser.

La limite de succession est l'*instant*, l'intervalle est le *temps* : on remarquera que ce dernier terme, que l'usage fait tantôt déterminé, tantôt indéterminé, doit être pris ici dans sa généralité la plus indéfinie. La synthèse de l'intervalle et de la limite, ou de l'instant et du temps, est la *durée*. Ce mot désigne donc pour nous un temps déterminé. Une exacte analyse oblige tantôt à restreindre et tantôt à élargir, pour le fixer invariablement, le sens des termes auxquels on attribue, dans le langage commun, des valeurs quelquefois identiques et quelquefois très différentes les unes des autres, et entre lesquels on échange souvent les rôles.

Dans l'intervalle défini de deux instants quelconques, d'autres instants se placent arbitrairement et indéfiniment, sans quoi l'instant serait autre chose qu'une limite, et le temps autre chose qu'un intervalle : on ne peut se représenter ni deux instants sans intervalle qui ne soient confondus, ni un intervalle dans lequel il n'y ait place pour d'autres limites. La *durée* est donc une *synthèse de l'interposition des instants possibles entre deux instants donnés*.

Telle est la continuité de durée, sous la forme la plus abstraite. Remarquons maintenant que l'interposition des instants est aussi la multiplication des intervalles en nombre indéfini, dans un intervalle quelconque. Les intervalles successifs, comptés de la même limite originelle, sont des touts dont les intervalles (ou différences d'intervalles) précédents sont les parties. Sous ce rapport (de contenant à contenu), la durée est une quantité, la durée se compose de durées, et peut se mesurer au moyen d'une certaine durée prise pour unité, si l'on parvient de quelque manière à fixer celle-ci dans la représentation. Enfin la continuité nous apparaît comme la divisibilité indéfinie de la durée.

La synthèse qui forme la durée est simple et unique; la durée n'a qu'une loi; la durée n'a qu'une dimension, qu'une direction et qu'une figure, pour ainsi dire, et cette figure est comparable à la droite, parmi les synthèses qui forment l'étendue. En effet, la droite présente deux points limites, et procède de l'un à l'autre, en se composant d'éléments rectilignes eux-mêmes ; ainsi va la durée, d'un instant à un autre, sans s'écarter, sans se prêter à différentes figures : (toute la différence gît dans la substitution de la successivité à l'extériorité. De là vient que la catégorie de succession n'est pas le sujet d'une science propre, d'une science analogue à la géométrie.) Mais l'étude des phénomènes combinés de l'étendue et de la durée, sous la catégorie du devenir, ouvre une longue série de spéculations nouvelles que nous aborderons plus loin.

La possibilité de déterminer, d'une manière générale et abstraite, les fonctions numériques des parties de l'étendue tient à la variété des lois de génération de la figure à partir d'un point quelconque. C'est sur ce fondement que nous établissons la mesure des lignes en laissant l'unité indéterminée. S'il n'existait qu'une dimension et qu'une direction constante, en sorte que les limites possibles de position fussent toutes représentées sur une droite unique, il est hors de doute que, concevant, d'une manière générale, un rapport de contenance entre les parties rectilignes, et par suite une mesure implicite, nous n'aurions pourtant, en aucun cas, de moyen plus exact d'effectuer cette mesure que de fixer, puis d'appliquer certaine unité arbitraire par l'usage des sens. Au lieu de tant de moyens que nous avons de déterminer des grandeurs rectilignes, en fonction les unes des autres, nous serions réduits, dans cette hypothèse étrange, à construire un étalon matériel et à nous en contenter. Tel est précisément le cas de la durée, si ce n'est que nous manquons en outre d'étalon : chacun sait que les intervalles de succession des phénomènes, envisagés directement dans la sensation et dans la pensée, ne sont pas même grossièrement comparables.

Ainsi, la durée nous est représentée mesurable, et cependant nous ne pouvons ni comparer ses parties elles-mêmes, ni les lier par des fonctions numériques propres : ceci à raison de la simplicité de la loi de succession, qui au premier abord semblerait devoir donner une facilité plutôt qu'apporter un obstacle. C'est le mouvement qui permet la mesure indirecte de la durée ; le mouvement, dans celui des deux éléments qui le constituent qui est autre que la durée : l'étendue. Je reviendrai ailleurs sur cette question.

La *durée* forme des synthèses avec les sujets de toutes les autres catégories. La définition vague de Leibniz : *Ordo existentium, sed non simul*, est relative à ce point de vue très général. Le *non simul* est tautologique, mais c'est un signe de l'irréductibilité de la notion.

La *durée*, jointe au *nombre* et au *devenir*, a suggéré cette belle définition à Aristote : *Le temps est mouvement, en tant que le mouvement a nombre ; le temps est le nombre du mouvement quant à la succession.*

La *durée*, jointe au *devenir* et à la *qualité*, dans la *conscience*, revêt le caractère qui explique la définition de Kant : *Une forme de la sensibilité.* Tandis que l'*espace*, auquel ce philosophe affectait le même énoncé général, est, suivant son langage, une forme des phénomènes donnés intuitivement, le *temps* est plus particulièrement une forme des faits de la conscience empirique et de la mémoire. Ces derniers faits, outre leur développement propre, qui suppose expressément le temps, se rapportent à de certains groupes ou sujets externes qui varient aussi dans le cours de l'expérience (catégorie de *qualité*, catégorie de *devenir*). On voit donc que le subjectif et l'objectif, dans la conscience, impliquent l'un comme l'autre des rapports de succession. Et cette propriété n'est point bornée aux modes sensibles, ou qui relèvent de l'expérience immédiate. La *durée* est une loi conditionnelle, au fond, des attributions de toute nature, parce que de qualité en qualité, quelque abstraite que soit d'abord une proposition, et quelque indépendante de toute succession, on parvient finalement à des sujets, ensembles de phénomènes représentés *dans le temps* et en dehors desquels aucun attribut ne peut subsister.

Enfin, toute représentation relative aux catégories de *causalité*, de *finalité* et de *personnalité*, non moins que de *devenir*, implique éminemment, comme conditions, des rapports de succession.

Observations et développements.

Si la catégorie de l'espace est une forteresse imprenable de l'apriorisme, ainsi que j'espère l'avoir montré dans l'addition au chapitre précédent, il semblerait que la catégorie du temps devrait passer pour quelque chose de plus encore, c'est-à-dire pour inattaquable. On ne saurait, ce semble, imaginer aucun moyen de faire que des phénomènes successifs, des sensations successives, soient donnés en cette qualité de successifs, dans une représentation quelconque, sans supposer préalablement cette représentation elle-même donnée, et cela comme apte précisément par sa nature à percevoir des phénomènes sous la loi de succession. Un pouvoir ou une faculté, de quelque manière qu'on voulût ici les entendre, ne seraient jamais que des équivalents plus ou moins déguisés d'une loi de la représentation. Cependant le même psychologue qui s'est flatté de réduire la forme de l'étendue à celle de la durée, la *coexistence à la succession* (ce sont les termes employés), devait naturellement pousser plus loin l'entreprise et ne s'arrêter qu'après avoir ramené toutes choses à l'expérience, sans aucunes lois pour la régir et dès lors sans possibilité pour la constituer elle-même ou pour la comprendre.

Voyons d'abord cette curieuse réduction de l'espace au temps. Après s'être efforcé de montrer que nous ne voyons jamais deux objets à la fois, comme on serait tenté de le croire, et que même *deux choses qui coexistent ne peuvent pas occuper la conscience au même instant*, M. Spencer, qui ne saurait non plus cependant regarder les coexistants comme *traversant la conscience en simple succession*, car alors ils seraient, dit-il, connus comme consécutifs et non comme coexistants, résout comme il suit le problème :

« Pour une intelligence commençante, les impressions produites par deux choses coexistantes vues en succession ne peuvent pas, quant à la persistance, différer de deux sons entendus l'un après l'autre. Dans l'un comme dans l'autre cas, il n'y a rien qu'une consécution d'états de conscience. Comment donc l'une des relations arrive-t-elle à être distinguée de l'autre? Simplement parce que les termes de la seconde consécution ne peuvent pas avec une égale vivacité être connus dans un ordre renversé, tandis que ceux de la première le peuvent. On observe constamment que certains états de conscience se suivent l'un l'autre avec autant de facilité et de clarté dans une direction que dans la direction contraire (de A à B comme de B à A); d'autres non : de là résulte une différenciation de la relation de coexistence d'avec la relation de consécution. Et non seulement c'est que la coexistence est ainsi connue originellement; mais c'est que, considérée subjectivement, toute notre connaissance de la relation de coexistence consiste à reconnaître l'égale facilité avec laquelle les termes de la relation sont prêts à traverser la conscience dans n'importe quel ordre.

» ... Il faut donc définir la relation de coexistence une union de deux relations de consécution, telle que, tandis que les termes de l'une sont exactement semblables à ceux de l'autre en espèce et en degré, et exactement inverses dans leur ordre de succession, ils sont exactement semblables aussi dans le sentiment qui accompagne cette succession. En d'autres termes, il s'agit de deux changements dans la conscience, lesquels, quoique absolument opposés sous d'autres rapports, se ressemblent parfaitement par l'absence d'efforts[1]. »

Dans l'ardeur de la découverte, le philosophe de l'expérience va jusqu'à vouloir confirmer sa thèse par des « considérations *a priori* ». Il se fonde sur ce que, tout n'étant que changements dans la conscience, il doit être impossible d'y faire entrer la masse immobile, persistante, des choses externes, à moins d'user du singulier détour de la succession double à termes intervertibles, de la *duplication de conscience équivalente à un arrêt*, du *regressus qui défait un progressus antérieur*, ou encore des *deux changements qui se neutralisent*. Il conclut que la doctrine kantienne est définitivement réfutée par le fait de la démonstration de l'origine expérimentale de la notion de coexistence et, par suite, d'espace.

Cette théorie a été acceptée par M. Bain, qui l'a faite sienne, en la joignant à son explication des phénomènes élémentaires de la vision, du toucher et du sens musculaire[2]. Stuart Mill en a

1. H. Spencer, *Principles of psychology*, 1re éd., p. 302.
2. A. Bain, *The senses and the intellect.*, p. 190 et 251.

rejeté le trait le plus original. Amené à citer la thèse d'après laquelle « les sensations simultanées sont réellement successives, mais avec un très court intervalle, et ce qui les distingue des sensations franchement successives c'est qu'elles peuvent apparaître l'une après l'autre dans un ordre quelconque, je ne partage pas cette opinion, dit-il ; mais lors même qu'elle serait vraie, il nous faudrait admettre que les diverses sensations peuvent se présenter sous deux modes, les unes dans une succession dont on a conscience, les autres qu'on sent comme simultanées ; il faudrait supposer que l'esprit est capable de distinguer ces deux modes. » Après ce jugement, appuyé comme on voit d'une raison très forte, Stuart Mill ne laisse pas d'exposer avec complaisance la « théorie psychologique : « Les éléments de l'étendue, comme sujette à intuition, seraient des parties apparaissant à la fois « ou se succédant si rapidement, que notre conscience les prend pour des parties simultanées » ; l'espace serait « au fond une idée de temps » ; la simultanéité apparente de la vue consisterait dans l'accumulation, en un instant apparent, des impressions visuelles reçues dans une succession rapide ; enfin, ces dernières représenteraient simplement les sensations musculaires et tactiles dont elles ont été les constantes associées et dont elles sont devenues les symboles : symboles complètement différents des idées symbolisées, autant que les équations algébriques le sont des relations auxquelles on les substitue [1]. L'idée de ce symbolisme est empruntée par Stuart Mill à M. Spencer [2], mais sans emploi ni mention, à cet endroit, du procédé de renversement des successions. Dans ces termes, la théorie reste, à la rigueur, compatible avec l'admission d'une loi de l'esprit propre à amener la transformation des successions rapides en simultanéités apparentes, et à constituer ces *symboles* en guise de ce que nous appelons des étendues. Avec un peu de bonne volonté on trouverait que cette manière de voir ne diffère pas tellement de la doctrine de Kant, en dépit d'une superfétation bizarre qui s'y joint.

La philosophie de M. Spencer est la plus négative de toutes à l'encontre des lois aprioriques, ce qui fait qu'elle ne peut manquer aussi, dans le fond, de renverser les objets de *croyance invariable* qu'elle consacre dans les mots. Il est clair que l'*espace objectif en soi*, dont cette croyance exigerait, dit-on, la donnée, n'a plus aucun fondement intelligible, après que non seulement l'*espace objectif en nous* a été interprété comme une

---

1. Stuart Mill, *Examen de Hamilton*, p. 240, 269, 272, 276.
2. H. Spencer, *Principles of psychology*, p. 224.

illusion, mais même que les coexistences ont été identifiées dans la pensée avec des successions. Cet extrême radicalisme dans l'empirisme distingue la théorie du temps chez le même auteur. Stuart Mill se montre encore hésitant, en présence de ce dernier boulevard des lois universelles, le temps : « Je ne tranche pas la question de savoir si cet attribut inséparable de nos sensations leur est attaché par les lois de l'esprit, ou s'il est donné dans les sensations mêmes ; je ne décide pas si, sur ces sommets élevés, la distinction ne s'évanouit pas[1]. » M. Spencer est moins timide. Il n'est pas possible, pour lui, que cet attribut inséparable soit donné ailleurs que dans les sensations. Et ce n'est pas assez. Sans doute il faut que le temps soit donné là, ne l'étant pas ailleurs, mais il l'est tout d'abord si petitement, qu'il commence, à vrai dire, en manière de ne l'être pas du tout. Expliquons ceci, voyons comment on peut faire que, toutes choses étant réduites à l'expérience, l'expérience à son tour ne porte sur rien et se trouve réduite à rien.

M. Spencer établit ou rappelle que le temps nous est connu seulement par la succession de nos états mentaux ; que la série de ces états, en tant que remémorés, est pour nous la mesure incertaine et variable du temps écoulé ; que le temps que nous fixons à chaque événement est la *place* qu'il occupe dans la série des états de conscience, et que « par le temps entre deux événements, nous entendons leurs positions relatives dans la série ». De même, dit-il, qu'une relation de positions coexistantes, un espace déterminé est conçu, de même une relation de positions consécutives, un temps déterminé est conçu, comme tel ou tel, suivant le nombre des autres positions intercalées. Il conclut « qu'un temps particulier est une relation de position entre deux certains états, dans la série des états de conscience, et que *le temps, dans l'abstrait, comme nous le connaissons, est la relativité de position entre les états de conscience* ». Ne nous arrêtons pas là, nous n'aurions pas compris. M. Spencer ajoute :

« De cette analyse on inférera peut-être que, soit que l'espace soit ou ne soit pas une forme de la pensée, le temps doit en être nécessairement une. Comme il ne peut y avoir de pensée sans une succession d'états de conscience, et comme il ne peut y avoir de succession d'états de conscience excepté dans le temps, le temps doit être une condition de la pensée, ou une forme de la pensée. Ceci n'est pas toutefois ce que signifie l'hypothèse kantienne. Que la pensée ne soit possible que dans l'espace et dans le temps, personne ne met cela en question. Mais on prétend

---

1. Stuart Mill, *loc. cit.*, p. 240.

que les connaissances de l'espace et du temps sont des *constituants* nécessaires dans toutes les autres connaissances ; qu'elles se découvrent à la conscience *avec* les éléments concrets de toute idée ; que des notions de l'espace et du temps, de la même nature que celles que les adultes possèdent, sont simultanées avec les premières perceptions, entrent essentiellement dans leur constitution, en sont les formes : tel est le sens dans lequel on comprend la doctrine transcendantale ; et il a été montré par la précédente analyse que, dans ce sens, elle n'est pas vraie. »

Examinons les parties du sens contesté, et bornons-nous à la question du temps. Dès que M. Spencer consent à voir dans le temps une *condition* et même une *forme* de la pensée, comment peut-il lui refuser d'être, en tant que connaissance, un *constituant* de toutes les autres connaissances ? Peut-il donc y en avoir une seule qui n'implique pas la pensée, ou dans laquelle la pensée entre sans amener avec elle sa condition et sa forme ? C'est vraiment incompréhensible. Comment ne pas accorder ensuite que la connaissance du temps se découvre à la conscience avec les éléments concrets de toute idée ? Pour qu'il en fût autrement, il faudrait ou que la connaissance du temps fût antérieure à toute idée concrète, indépendante de toute expérience, ce que M. Spencer est si loin de croire ; ou qu'ayant pour condition l'expérience, ainsi que l'admettait Kant, et étant néanmoins une forme de la pensée, M. Spencer le concède, elle n'accompagnât pas la pensée, dans son application aux éléments d'une idée concrète, ce qui encore une fois est incompréhensible. Reste à présent la distinction que M. Spencer introduit entre l'esprit d'un adulte, où la notion de temps est *possédée* sous une certaine *nature*, et les *premières perceptions*, dans la constitution ou structure desquelles il lui répugne de faire entrer cette notion et d'envisager cette forme.

Ici je n'essayerai pas de dissimuler un défaut de la doctrine de Kant. Sa philosophie est essentiellement une philosophie de l'esprit humain, et rationnel et adulte, cela va sans dire. Il n'envisage nulle part la représentation sous une forme compréhensive qui permettrait à ses analyses de la pensée de s'appliquer à tout ce qui est représentation hors de l'adulte, et hors de l'homme lui-même, avec les réserves voulues, au degré où l'on peut croire, en se fiant aux plus puissantes de toutes les analogies, que ce qui est de l'homme est encore de l'enfant, et puis de l'animal, et enfin des moindres animaux en descendant toujours. Mais quelques exceptions ou restrictions qu'on se croie en droit d'apporter aux théories kantiennes, quand il s'agit de les concevoir applicables aux *premières perceptions* dont parle

M. Spencer, et disons à tous les degrés possibles de la représentation et de la conscience, il y a toujours un dilemme inévitable qui attend celui qui voudrait entièrement les nier. Je continue à parler du temps. De deux choses l'une : ou les basses perceptions sont basses à ce point, que tout rapport de succession cesse d'y être impliqué ; mais alors nous n'avons plus nous-mêmes aucune idée de ce mode de représentation où n'entre aucune forme de temps, et nous ne savons plus du tout ce que c'est que cette pensée dont nous disons que le temps n'est pas une forme. Ou nous envisageons dans ces perceptions, si abaissées que nous les posions, une conscience plus ou moins obscure, mais enfin une conscience d'états successifs, comme successifs ; dans ce cas, nous admettons la notion du Temps avec la seule et unique *nature* sous laquelle nous la possédons, et concevons qu'on puisse la posséder, et le temps se trouve être une condition et une forme des perceptions les plus infimes aussi bien que du plus haut entendement.

M. Spencer entend les choses de cette seconde manière, sauf la conséquence, dont il ne veut pas : « Même dès les premiers étages de l'intelligence, des états successifs de conscience doivent être distingués et reconnus comme étant l'un avec l'autre en certaines relations de position, comme arrivant immédiatement l'un après l'autre, ou comme séparés par un ou plusieurs états intermédiaires. Quoique tout d'abord une partie considérable de la série des états ne puisse pas probablement être en vue à la fois, ou des termes *distants* de cette série être mis en relation, cependant la connaissance la plus simple implique que certains d'entre les plus proches soient coordonnés dans la pensée, et leurs places respectives par conséquent connues. » Comment concevoir après cela que M. Spencer se refuse à regarder le temps comme *simultané avec les premières perceptions*, comme *essentiel à leur constitution*, comme une de *leurs formes ?* Ce ne peut plus être qu'en changeant la définition du temps. Il a d'abord expliqué que, par le temps compris entre deux événements dont les *places* dans la série des états de conscience nous sont connues, nous entendions signifier leurs *positions relatives ; le temps auquel chacun d'eux arrive nous étant connu*, il le dit expressément, *comme sa position dans la série*. Il ajoute, à la vérité, à cette exposition d'un *temps particulier*, la mention du *temps dans l'abstrait :* savoir, la *relativité de position entre les états de conscience*. Mais il est manifeste, et tout lecteur doit d'abord comprendre, que la définition d'un temps particulier, étant applicable à tous les temps particuliers possibles, est celle qui nous décrit le temps comme il est dans toute conscience. Le *temps dans l'abstrait* ne peut être évidemment la possession que d'une intelligence, non seulement humaine, mais même réfléchie et philosophique. On ne va pas croire que l'auteur fera de *ce temps dans l'abstrait* une objection contre la doctrine de Kant, en prenant prétexte des intelligences où il n'entre pas. Voici pourtant comme il s'exprime après avoir dit que la connaissance la la plus simple implique une coordination des phénomènes successifs dans la pensée.

« Mais ni la considération de deux états quelconques de conscience, qui sont dans de certaines positions relatives, ni la pensée de leur relation de position, comme semblable à quelque autre relation de position, ne nous donnent en eux-mêmes la notion du temps, quoique ce soient là les matériaux bruts avec lesquels la notion est construite. Le temps, tel que conçu par nous, n'est pas une relation quelconque de position dans la série, ni une relation entre deux telles relations; mais c'est l'abstrait de toutes les relations telles, l'idée de la relativité de position dans la série; et il n'est pas possible qu'il soit conçu avant qu'un grand nombre de relations individuelles aient été connues et comparées. » Et plus loin : « Après que différentes relations de position entre les états de conscience ont été aperçues, ont été comparées, sont devenues familières, et après que les expériences des diverses relations de position ont été accumulées de manière à dissocier l'idée de la relation d'avec toutes les positions particulières, alors et pas avant peut naître la notion abstraite de *relativité de position* entre les états de conscience, la notion de temps. Il s'en faut donc bien qu'il soit vrai que la notion de temps, de la manière dont nous le concevons, soit une forme de la pensée. Au contraire, il se trouve non seulement qu'il *peut* y avoir des pensées quand le temps n'a pas encore été conçu, mais qu'il *doit* y en avoir avant qu'il puisse devenir concevable[1] ».

Ainsi, selon l'auteur, la pensée est possible seulement dans le temps, et les plus basses intelligences coordonnent des états de conscience comme successifs, ce qui est avoir connaissance du temps en particulier. C'est à la connaissance du temps comme idée abstraite, comme *universel a parte rei*, qu'il refuse d'être une forme de la pensée. Je ne vois rien à objecter à cette décision. Bien plus, je crois qu'on peut dire, à ce compte, que non seulement les intellects inférieurs de la nature, mais aussi la plupart des hommes, n'ont jamais songé à cet abstrait de la *relativité de position dans la série*, que l'auteur assure être le temps *comme conçu par nous*. Mais est-il possible que M. Spencer

1. Herbert Spencer, *Principles of psychology*, p. 247 et suivantes.

ne se soit pas dit que la doctrine aprioriste peut signifier, par le temps *forme de la pensée*, tout autre chose que l'idée abstraite de succession : savoir, la loi même de succession, comme essentielle à la conscience : la loi élémentaire d'abord, la condition nécessaire à raison de laquelle les phénomènes se classent comme successifs dans les cas particuliers, pour pouvoir être aperçus, entrer dans une représentation quelconque ; puis encore la loi, c'est-à-dire la possibilité que nous voyons se développer à mesure que la coordination des successifs embrasse un champ de plus en plus étendu dans une seule conscience et dans une suite nombreuse de consciences! N'est-ce donc rien que le fait de la pensée d'une succession d'états, quoique particulière, liée à toute autre forme de matière de pensée! Ce fait, qui est général autant que peut l'être celui de la production de la pensée même, n'est-il pas dès lors une loi? Cette loi, qui s'étend au monde entier de l'intellect, n'est-elle pas ce que tout le monde comprend sous le nom de temps? Enfin, peut-on concevoir que la série des perceptions, des comparaisons et des expériences portant sur diverses *relations de position*, cette série dont M. Spencer veut accumuler les termes avant que le temps devienne *concevable*, que cette série, dis-je, ait lieu, et que le fait même qu'elle a lieu, ou seulement qu'elle commence, ne soit point une application de la loi de temps et ne suppose pas ainsi le temps comme chacun se le représente? Que devient le critère de la croyance universelle constatée par l'*inconcevabilité de la négative?*

L'argumentation de M. Spencer contre l'apriorisme à propos de la notion de temps serait un des plus étonnants exemples de cette aberration de la vue à laquelle sont sujets les auteurs de systèmes, quand ils portent les yeux sur les doctrines adverses qu'ils veulent décrire en quelques mots et réfuter. Mais ce qui rend ici la méconnaissance de l'idée de loi moins extraordinaire, c'est qu'elle s'étend à tout. La philosophie dite de l'expérience, maniée par M. Spencer, au moins en ceci, à la satisfaction de son école entière, élimine des éléments de l'esprit la loi de position proprement dite, ou dans l'espace, en ramenant, comme nous l'avons vu, la représentation des coexistants à celle des successifs. Après cette exécution, qu'on aurait pu croire impossible, il n'en reste plus qu'une à tenter, en apparence plus difficile encore : celle de la loi de succession, à laquelle on vient de réduire l'étendue et à laquelle d'autres ont déjà depuis longtemps réduit la causalité. Pour y réussir, il faut donner un semblant de satisfaction au besoin de voir dans le temps en général quelque chose d'intelligible et de nécessaire. Le problème est de se dispenser de l'admettre en qualité de condition et forme d'objectivation des états de toute conscience possible. C'est pour cela qu'on prend le parti inattendu de considérer un temps abstrait, défini par l'idée de la succession *in abstracto*. Le temps réel et la loi concrète sont alors remplacés par les expériences particulières, par les cas particuliers de phénomènes mentaux, classés d'eux-mêmes comme successifs ; et on dirige ses yeux pour ne pas voir que dans le propre fait de ces sortes d'expériences et de classements, fait universel, résident précisément la loi et la forme qu'on voulait exclure.

XXXII

MESURE DE LA POSITION PAR LE NOMBRE : — VALEURS POSITIVES ET NÉGATIVES. — MESURE DU CONTINU PAR LE NOMBRE : — LES FRACTIONS, LES INCOMMENSURABLES, LES LIMITES. — QUESTION DE L'INFINI.

Prenant pour base les lois combinées de position et quantité que nous avons esquissées, la géométrie s'établit, et procède au développement de ses données par la considération directe des figures. Mais cette science atteint un plus haut degré de généralité en ramenant les rapports dont elle poursuit l'investigation à de simples rapports de nombre. Ce n'est pas que ses théorèmes relèvent jamais exclusivement de la catégorie du nombre ; mais, quand une fois les principes sont posés, le travail de la déduction et de la recherche peut, à la rigueur, se réduire à l'analyse des relations numériques envisagées dans l'étendue.

Tel est le sens de la méthode qui a pris le nom de *géométrie analytique ou application de l'algèbre à la géométrie*. Trois axes divergeant d'un point, tracés arbitrairement d'ailleurs, pourvu que ce ne soit pas sur un même plan, correspondent aux trois dimensions, et servent de repères pour la détermination de tous les points possibles[1]. Les *coordonnées*, estimées numériquement à l'aide d'une unité linéaire, font connaître les positions, et tout rapport de position se rattache ensuite aux rapports mutuels des divers groupes de nombres qui conviennent à divers points.

Deux difficultés considérables se présentent : l'une propre à l'application de la méthode algébrique, l'autre que toute géométrie doit résoudre.

La première tient à une différence essentielle entre la nature de la *direction* et celle du *nombre*. Toute direction à partir d'un point quelconque est susceptible de deux sens opposés, en sorte qu'on pourrait, à ce point de vue, compter d'une origine quelconque des coordonnées deux dimensions pour une, et, suivant chacune de ces dimensions, qui ne diffèrent que par le sens, des grandeurs linéaires indéfiniment croissantes; au contraire, le nombre se compte à partir de l'unité abstraite, au-dessous de laquelle il n'y a rien, et ne possède que le sens additif. Il en est de même de la quantité, bien que concrète ou appliquée à l'étendue; car si la divisibilité de l'unité arbitraire donne lieu alors à une espèce de sens régressif pour la numération du *quantum*, il n'est pas moins vrai que cette numération nouvelle se fait à l'aide d'un changement graduel et continuel de l'unité désignée, et non par la sommation indéfinie de la même unité dans un sens nouveau, ce qui est tout autre chose. De là proviennent les valeurs dites *négatives*, que présente le calcul appliqué aux questions géométriques. La difficulté ainsi proposée, et débarrassée des nuages dont l'entourait l'ancienne métaphysique, se laisse résoudre par la considération d'un terme de comparaison autre que l'unité, pour les nombres ou quantités engagés dans le calcul. Les *nombres négatifs*, indispensables dans la géométrie analytique, ne sont

---

[1]. Je ne mentionne ici que le système le plus usuel, mais ce que j'ai à en dire s'appliquerait à tout autre.

intelligibles que comme symboles conventionnels de certaines relations dont la signification apparaît moyennant l'intervention du nombre sous-entendu dont on doit les soustraire : et géométriquement ceci s'entend d'un choix convenable du système des axes. Mais je n'insisterai pas davantage en ce moment.

La seconde difficulté provient aussi d'une différence entre le nombre ou la quantité catégorique, d'une part, et les grandeurs envisagées dans l'étendue et la durée, de l'autre. Ces dernières sont *continues*, c'est-à-dire que l'une quelconque d'entre elles se divise en autant d'autres grandeurs que l'on veut, par l'interposition de limites nouvelles entre ses limites. Mais le nombre et la quantité concrète quelconque (dès que celle-ci est évaluée numériquement, et que le choix d'une unité a été fait) sont des grandeurs *discrètes*. (Toute la question est de savoir comment il est possible de réduire aux lois du nombre les lois du continu, de représenter celles-ci par celles-là, et de n'en faire qu'une seule étude.)

Le problème, à son moindre degré, pour ainsi parler, est résolu par l'usage des fractions, qui forment un premier trait d'union du nombre et du continu. La fraction, en effet, tient du nombre par ses deux termes, qui sont des nombres, et du continu par sa signification, relative à une unité indéfiniment divisible ; elle diffère du nombre en ce que l'unité abstraite, dont la répétition forme celui-ci, ne saurait sans contradiction être supposée divisée ; et du continu, parce qu'elle ne l'exprime jamais tout entier.) La fraction est un symbole adapté à la représentation d'une ou de plusieurs parties d'un continu divisé en un nombre quelconque de parties égales. L'unité qui symbolise ce continu lui-même est donc un véritable nombre concret, et ce nombre est un nombre quelconque.

Je dis que les fractions ne s'étendent pas à l'expression du continu tout entier ; c'est ici que paraît le second degré du problème. Les grandeurs incommensurables, dont l'existence se révèle au mathématicien dès les premiers pas qu'il fait dans sa science, ne permettent de représenter leurs rapports ni par des nombres, ni par des fractions, ni même en conséquence par des quantités abstraites, suivant la définition rigoureuse du quantum, à laquelle on a souvent le tort de ne pas s'attacher. Que faut-il voir sous ces rapports prétendus? Des relations proposées entre grandeurs données, relations d'une espèce particulière qui présentent ce double caractère : 1° de ne pouvoir être définies sans erreur par une quantité abstraite désignée, quelle qu'elle soit; 2° de pouvoir être remplacées par une série de quantités abstraites désignées, telles que l'erreur indéterminée résultant de leur adoption soit moindre que telles autres quantités, quelque petites qu'on veuille se les proposer.

Ce n'est point procéder exactement que d'admettre ici l'existence de certains rapports implicites dont l'expression peut s'obtenir à tel degré d'approximation qu'on le désire, puisqu'on se contredit en supposant ainsi une mesure commune de ce qui n'a point de commune mesure, et un rapport numérique entre grandeurs définies précisément comme n'ayant pas de rapport, au sens rigoureusement arithmétique de ce mot. Les grandeurs incommensurables, en effet, sont bien des grandeurs dont le rapport ne saurait être assigné, et cela non pas de fait seulement, mais en théorie et démonstrativement, sur les principes les plus clairs et les plus arrêtés de la science. On ne fait donc qu'obéir aux traditions d'une sorte de réalisme mystique, au fond contradictoire, lorsqu'on étend outre mesure, et sans se bien comprendre soi-même, le sens de ces mots *nombre, quantité, rapport*, pour admettre l'existence de *nombres incommensurables*, de *quantités incommensurables*, de *rapports incommensurables*. Un rapport incommensurable, suivant ce langage, est un rapport entre deux termes qui n'ont pas de rapport, ou je ne sais ce que c'est.

Il ne s'ensuit pas de là que les rapports entre des

grandeurs géométriques quelconques ne puissent être introduits dans le calcul, et qu'il faille ainsi renoncer à la généralité de l'algèbre, dans les applications. Il suffit de considérer toute quantité dont le rapport à quelque autre est exprimé, et que l'on supposerait n'être pas commensurable avec elle, comme augmentée ou diminuée d'une quantité indéterminée convenable, dont la valeur discrétionnaire soit plus petite que toute valeur assignée de fait, quelque petite que soit celle-ci. Si ces quantités accessoires étaient réellement introduites, il est clair que l'erreur amenée par leur emploi dans les données de l'analyse serait moindre qu'une quantité assignée quelconque et par conséquent assignable de fait : ceci en vertu d'une défininition à laquelle on ne peut s'opposer en théorie. D'autre part, on prouverait, on *postulerait*, au besoin, que les résultats de cette même analyse ne diffèrent que d'une quantité du même genre, c'est-à-dire inassignable de fait, de ceux qu'on aurait obtenus en soumettant au calcul les quantités proposées, comme si elles étaient toutes commensurables. On peut donc opérer sans inconvénient sur les données d'un problème, et n'avoir nul égard à la correction voulue, quant aux rapports entre grandeurs incommensurables qui y figurent, pourvu qu'on interprète exactement les solutions, en évitant d'y attacher une signification inacceptable en toute rigueur. Voilà pour les théories ; quant à l'application et aux déterminations numériques, à quelque point de vue qu'on veuille se placer, les approximations seules sont possibles : la pratique réduit à néant les prétentions de ceux qui pensent obtenir, par la vertu des signes, la mesure de ce qui, par hypothèse, n'est pas mesurable.

Mais la géométrie se propose un objet plus hardi et plus difficile que celui d'appliquer l'analyse aux grandeurs incommensurables. Il faut serrer de plus près l'expression du continu par le nombre, quand on veut soumettre à ce dernier les rapports quelconques de l'étendue ; car la loi d'un contour figuré, superficiel ou linéaire, que je suppose envisagée dans la relation d'une fonction avec des variables indépendantes, ne se laisse en général pénétrer et approfondir qu'autant que les variations ont lieu par les moindres intervalles possibles. Comment opérer sur de pareils intervalles, et d'abord comment les concevoir ? voilà le problème.

La synthèse qui nous donne la représentation de l'étendue linéaire exige l'*interposition possible des limites ou points, en nombre indéfini, entre des limites ou points donnés*. La somme de ces points ne peut nous soumettre un continu effectivement divisé en tous ses composants, puisqu'il y a contradiction à poser une telle décomposition comme terminée, une telle somme comme effectuée ; et d'ailleurs des limites ajoutées, quel que soit leur nombre, ne produisent point un intervalle ; d'autre part, un intervalle effectif, pris pour unité de mesure, dès qu'il est déterminé, embrasse, si petit soit-il, un nombre indéfini de nouveaux intervalles plus petits, et par conséquent se trouve impropre à représenter la composition du continu, alors même qu'il n'existerait point de grandeurs incommensurables. Or, entre ces deux procédés imaginaires, la mesure par le point, la mesure par un intervalle dernier, il n'y a place pour aucun autre ; donc le problème, en vertu de sa nature même, exclut toute solution directe.

Il y a contradiction, non solution, à se représenter la quantité comme composée d'éléments sans quantité (les points, les *indivisibles*, etc.), ou de parties qui ne sont précisément ni rien ni quelque chose (les *évanouissants*), ou par la répétition d'une *infinité d'infiniment petits*. Toute répétition actuelle et tout nombre effectif sont finis ; toute quantité déterminée est finie ; il n'est donc permis d'accepter de fait ni un nombre infini, ou plus grand que tout nombre assignable, ni une quantité infiniment petite, ou moindre que toute autre quantité assignable, parce que toujours il est possible d'assigner un nombre qui en surpasse un autre et une quantité qui soit contenue dans une autre. Que si tout ce vocabulaire de l'*infini* se rapporte à des conventions, à des fictions, à des symboles erronés en eux-mêmes et portant leur correction avec eux, on doit s'en expliquer nettement, et bannir de la géométrie les chimères.

Jusqu'ici je n'ai pas traité expressément de l'infini, mais les considérations précédentes n'ont pas, au fond, d'autre objet. Je n'ai pas dû faire une catégorie de l'infini appliqué à la quantité, puisque je démontre que ce terme n'est point recevable sans contradiction, en tant que loi de représentations actuelles. Or, en tant que loi de représentations possibles, l'*infini* n'est autre chose que l'*indéfini*, et la différence de ces deux mots est grande. L'indéfini appartient à la même catégorie que la *puissance* ou *possibilité*. L'indéfini arithmétique est la série des nombres possibles, comme possibles, et cette série correspond à celle des parties d'un continu que l'on divise. La loi consiste en ce que la représentation de quantités assignables, tant plus grandes que plus petites, accompagne la représentation de quantités quelconques actuelles et données. Puisque l'assignable est indéfini, il ne forme donc et ne formera jamais un tout. Il y a contradiction à ce que tout l'assignable soit posé, tout assigné impliquant d'autres assignables. Ainsi l'indéfini ne mène pas à l'infini, mais le supprime.

Je reviens à la géométrie. Le problème que nous avons vu ne point comporter de solution directe se laisse tourner. Une méthode générale et rigoureuse résulte de l'emploi de l'indéfini convenablement symbolisé. Procédons par degrés.

Une fonction donnée et déterminée (comme quantité) est dite la limite d'une fonction qui varie suivant une loi, lorsque la variable s'approche indéfiniment de la constante, sans jamais l'atteindre, mais de manière à pouvoir en différer de moins que d'une quantité assignée, quelque petite que soit celle-ci. Par exemple, les produits de deux facteurs tels que

$$a \cdot \frac{1}{2}a, \; a \cdot \frac{2}{3}a, \; \ldots, \; a \cdot \frac{n-1}{n}a,$$

et ainsi de suite indéfiniment, ont pour limite le produit a^2, attendu que la différence

$$a^2 - \frac{n-1}{n}a^2$$

peut être rendue moindre que $\frac{1}{\delta}$, quelque petite que soit cette fraction donnée, en disposant de n. C'est encore ainsi que les sommes

$$\left(\frac{a}{2}+\frac{a}{4}\right), \; \left(\frac{a}{2}+\frac{a}{4}+\frac{a}{8}\right), \; \left(\frac{a}{2}+\frac{a}{4}+\frac{a}{8}+\ldots+\frac{a}{2^n}\right), \text{ etc.}$$

ont la quantité a pour limite.

Dans les cas de ce genre, toute propriété de la fonction variable, si cette propriété est indépendante de n, doit être considérée comme une propriété de la fonction limite : car elle appartient à une fonction, indéterminée en partie, dont on suppose les valeurs aussi peu différentes que l'on veut de la valeur de la limite, d'où il suit que, celle-ci étant prise pour celle-là, l'erreur dont on voudrait regarder la substitution comme entachée sera démontrée plus petite qu'une quantité assignée quelconque, et par conséquent inassignable absolument, et par conséquent nulle.

Nous venons de supposer des fonctions abstraites, numériques. D'ailleurs il s'agissait d'une variable et d'une limite également données, et de propriétés dont le sens devait être clair, soit qu'on les rapportât à l'une ou à l'autre. Considérons maintenant des fonctions concrètes. Tel sera le cas du premier des exemples ci-dessus, les produits variables étant des rectangles et le produit limite un carré. Les propriétés arithmétiques et géométriques se suivront corrélativement dans tous les états de la variable, et le passage de celle-ci à sa limite ne présentera aucune difficulté, car le rectangle existe encore dans le carré ; la nature de la fonction ne change point. Mais il n'en est pas toujours ainsi.

Le cercle est regardé comme la limite des polygones réguliers inscrits ou circonscrits d'un nombre de côtés indéfiniment croissant. Ici, il faut entendre par ces polygones une série de figures qui tendent à coïncider avec la figure circulaire : et en effet on prouvera que toute quantité assignée pour marquer une différence de position de l'une avec les autres sur le plan (la flèche, par exemple) peut descendre au-dessous d'une valeur quelconque. Mais la variable et sa limite sont des fonctions essentiellement différentes : notamment, la mesure du périmètre ou de la surface de l'un quelconque des polygones au moyen de l'unité linéaire est une idée clairement définie, et il n'en est plus de même quand il s'agit de la circonférence et du cercle. On ne laisse pas d'étendre ou de transporter à la limite les propriétés de la variable, et de conclure de la mesure de celle-ci à la mesure de celle-là. Mais, pour la rigueur, il faut se borner à poser la *mesure d'une quantité qu'on définit non par la propre figure qui la circonscrit, mais à l'aide d'une figure indéfiniment approchée de la proposée. Cette mesure, si son expression est générale, si elle est obtenue indépendamment des valeurs particulières des éléments variables de la fonction, équivaut de fait à la mesure d'ailleurs impossible de la limite.*

C'est sous une semblable signification qu'il est permis d'appliquer aux figures rectilignes dont les dimensions ne sont pas commensurables entre elles, les théorèmes concernant la mesure, établis dans l'hypothèse de la commensurabilité. Autrement la méthode des limites encourrait une objection insurmontable, tirée de ce qu'on y supposerait l'existence d'une mesure de ce qui n'en saurait avoir d'intelligible, à parler rigoureusement.

Sans forcer la méthode à donner ce qu'elle ne contient point, on ne traite pas moins les questions avec une entière généralité et une certitude parfaite ; et, l'approximation demeurant indéfinie tant qu'on ne passe pas aux applications numériques, on résout des problèmes qui semblaient d'abord défier l'analyse.

Les cas où la variable et la limite sont ainsi données, arithmétiquement ou géométriquement, sont les plus rares. D'autres fois, la solution d'un problème exige la détermination de la limite d'une fonction donnée, et cette fonction est un rapport dont les deux termes décroissent indéfiniment. La limite elle-même sera une fonction de variables, si la fonction est posée d'une manière générale : exemple, le problème des tangentes aux points quelconques d'une courbe donnée par son équation. Le plus souvent, il s'agit de déterminer une fonction dont on ne connaît autre chose que la limite des rapports des accroissements qu'elle subit aux accroissements de ses variables indépendantes lorsque ceux-ci deviennent indéfiniment petits : exemple, le problème des aires de courbe. Ici nous arrivons à généraliser la méthode de l'indéfini.

Deux quantités, fonctions l'une de l'autre, peuvent diminuer indéfiniment, tandis que leur rapport conserve des valeurs déterminées, si prolongée que soit la variation des termes décroissants. Soit $f(x)$ une fonction donnée, h un accroissement indéterminé de x. On vérifiera aisément, pour la fonction puissance, par exemple, la relation

$$\frac{f(x+h)-f(x)}{h} = \varphi(x) + h\psi(x, h)$$

dans laquelle $\varphi(x)$ est indépendant de h, tandis que $\psi(x, h)$ a elle-même une limite lorsque h diminue indéfiniment. Il s'ensuit de là que le rapport de l'accroissement de la fonction à celui de sa variable, deux quantités indéfiniment petites, a pour limite une fonction de x, et par conséquent une valeur finie et déterminée, en général. D'ailleurs on peut se représenter cette loi par des considérations géométriques directes. Si l'on parvient à l'établir pour toutes les fonctions élémentaires, et c'est ce que l'on fera d'une manière ou d'une autre, en les parcourant, on ne devra pas en conclure qu'il est permis de spéculer sur des rapports de variables devenues nulles, car cela n'a pas de sens, et la décroissance indéfinie de la quantité s'oppose précisément à ce que le zéro soit jamais atteint; mais on en conclura:

Que la fonction *dérivée* d'une autre fonction, *dérivée*, c'est-à-dire exprimant la limite ci-dessus définie, s'obtient par l'annulation de certains termes dont la diminution est indéfinie comme celle des accroissements de la variable; d'où il suit que des indéterminées, introduites dans le calcul pour exprimer certaines relations, peuvent ensuite en être éliminées, sous la condition que leurs valeurs descendent au-dessous de quantités assignées quelconques. La forme symbolique de cette méthode est celle-ci : *Introduire concurremment, dans le calcul, des quantités déterminées, soit constantes, soit variables, et des indéterminées, indéfiniment petites, considérer les rapports entre les dernières comme des valeurs en général finies; les considérer elles-mêmes comme nulles, dans tous les termes qui se réduiraient à zéro en même temps qu'elles, si d'ailleurs ces termes sont en nombre déterminé*[1] *et si l'équation en renferme de finis; enfin, traiter par les règles ordinaires de l'algèbre les équations posées entre termes tous indéfiniment petits* (car alors le calcul porte sur leurs rapports, et aucun d'eux ne doit être négligé).

Je suppose ici un seul *ordre de décroissance*. Mais il arrive que certains rapports ont zéro pour limite, tandis que d'autres tendent vers des quantités déterminées et

---

1. Dans le cas où ce nombre est indéfini, c'est de la limite de la somme, s'il y en a une, qu'il faut s'enquérir.

finies au-dessous desquelles ils ne peuvent descendre. Ainsi a peut décroître indéfiniment par rapport à b et c, et de même, en même temps, b et c par rapport à d, le rapport de b à c demeurant quelconque. Si donc une équation contient des termes tels que a, b, c, d, tout à la fois, on devra négliger a, b et c d'après ce qui précède ; et si une équation contient des termes tels que a, b et c seulement, on négligera a par la même raison. Dès qu'on a reconnu la possibilité d'introduire, dans le calcul, des quantités indéfiniment décroissantes (relativement à telles quantités assignées), on est amené à y admettre au même titre les quantités qui décroissent indéfiniment par rapport aux premières ; et, par exemple, les puissances entières successives d'une quantité indéfiniment moindre qu'une autre sont indéfiniment moindres les unes que les autres : rien n'est plus clair ni plus élémentaire. De là des indéfiniment *petits d'ordres successifs* qui découlent les uns des autres par la même loi, et dont la conception n'a rien d'étrange ou de mystérieux. Il suffit de se faire une juste idée de la continuité, de ne pas oublier que l'analyse mathématique roule sur les rapports des quantités, et que la quantité elle-même ne peut pas être définie autrement que par des rapports.

Sur ces principes, sans hypothèse ni essences occultes, on résout le problème direct du calcul de l'indéfini : *Déterminer la fonction limite du rapport de la différence indéfiniment petite d'une fonction donnée à la différence indéfiniment petite d'une variable indépendante.* La solution, sans être absolument générale, est du moins obtenue pour les fonctions connues et usitées, et pour toutes celles qui en sont composées, soit explicites, soit implicites. Il n'en est pas de même du problème inverse : *Étant donnée la fonction limite, ou dérivée, déterminer la fonction primitive.* Ici les ressources de l'analyse, jusqu'à ce jour, se sont épuisées à transformer les expressions proposées, dans des cas plus ou moins particuliers, de manière que leur provenance pût être reconnue immédiatement et par le fait.

Indépendamment de la relation analytique établie entre deux fonctions dont l'une dérive de l'autre, il faut signaler et expliquer une loi très simple qui domine cet ordre de conceptions. Toute quantité est la somme de ses parties ou différences. Une variable quelconque se forme de la somme de ses accroissements effectifs entre deux limites quelconques. Cette loi ne dépend pas de la grandeur des différences que l'on considère, et l'application en est indéfiniment prolongée, aussi bien que la division de la quantité homogène et continue. Une variable de ce genre est donc composée de la somme d'un nombre indéfini de fois l'une de ses parties aliquotes indéfiniment petite et constante. Toute fonction continue de cette variable arbitraire est à son tour composée de la somme indéfinie des différences indéfiniment petites et diverses de ses valeurs consécutives correspondantes aux valeurs de la variable, entre les mêmes limites. Lorsque les accroissements ne sont plus supposés effectifs, et que la condition d'une diminution indéfinie de ces éléments est exprimée conformément à la méthode dont nous avons fixé l'esprit, les différences et les sommes prennent les noms de *différentielles* et d'*intégrales*. La différentielle est l'indéfiniment petit, isolément nul comme on l'a vu. L'intégrale est la limite de la somme dont les parties augmentent de nombre et diminuent de grandeur indéfiniment. La signification de ces mots demeure toujours, car ils sont exacts pour une approximation demandée quelconque, indéfinie, la nature d'une quantité continue consistant précisément dans la représentation de la somme indéfinie de ses parties possibles.

Tel est le vrai sens de la méthode au moyen de laquelle on exprime le continu par le discontinu et les lois de l'étendue par celles du nombre.

Observations et développements.

A

DE LA THÉORIE DES VALEURS NÉGATIVES

1. Sens général du symbole négatif.

Une quantité concrète évaluée numériquement est *positive* par rapport à l'unité dont elle se forme, et abstraction faite de toute autre relation, soit d'ailleurs qu'on la prenne pour donnée directement, où qu'elle se présente comme fonction d'une ou de plusieurs autres. La nature du nombre et l'origine des fonctions le veulent ainsi.

Pour envisager une quantité dans cette relation fondamentale qui la constitue, nous la rapportons à quelque autre; et la comparaison est inévitable d'ailleurs, car il n'y a dans l'ordre concret que des quantités liées et mutuellement déterminables; on ne se représente pas une distance à moins de la rapporter plus ou moins implicitement à des longueurs contenantes ou contenues; claire ou confuse, exacte ou approchée, l'imagination implique toujours une mesure. Toute mesure exprimé une *fonction somme* directe.

Cette détermination arithmétique est commune à toutes les quantités, et toutes aussi sont positives en ce sens. Si maintenant nous considérons des quantités déjà formées, et si l'une d'elles s'obtient en prenant une série de sommes et de différences des autres, on dira que ces dernières ont une *valeur positive* ou *négative*, selon qu'elles se prennent additivement ou soustractivement dans la suite des opérations. Les deux mots ont alors un sens corrélatif et très clair. La corrélation ôtée, ainsi que l'hypothèse d'une grandeur quelconque à laquelle se rapportent les opérations, et sur laquelle il soit possible de les exécuter, le mot *négatif* cesse d'être applicable à la quantité.

Les difficultés qu'on trouve dans la théorie de ces valeurs positives et négatives proviennent d'une habitude enracinée de considérer les relations, une fois symbolisées, comme des choses en soi, ou qui signifient absolument quelque chose. Les géomètres s'attachent à l'étude des symboles mathématiques dans cette pensée, avouée ou déguisée, que la science y est contenue *a priori*, en vertu de quelque signification profonde tout autrement étendue que celle qu'il plaît au calculateur de leur attribuer. Ce sont des idoles qu'on supplie de se laisser voir.

Le symbole négatif se présente lorsque, après avoir formé quelque fonction avec d'autres fonctions de la forme $a - b$,

$c - d$, on remarque que le calcul donne les mêmes résultats en feignant que $-b, -d$, etc., sont des fonctions particulières de nature à être ajoutées, retranchées, etc., comme d'autres quantités, mais conformément à des règles que l'on établit alors pour cet effet. On se trouve ainsi en possession de symboles dont l'emploi est précieux, mais dont il ne faut pas oublier l'origine.

Ensuite viennent les problèmes abstraits, ou purement algorithmiques, dont les symboles négatifs offrent des solutions. On s'est demandé, par exemple, quelles valeurs substituées à x réduiraient à zéro la fonction $x^2 + 3x + 2$ par exemple, et l'on trouve par l'analyse de ce problème abstrait les deux solutions -1 et -2; ce ne sont pas là des nombres, mais le problème n'en est pas moins résolu dans le sens algébrique pur. A cela nulle difficulté, et la généralité des méthodes est à ce prix.

Veut-on maintenant qu'il puisse être attaché un sens autre que symbolique à ces sortes de résultats? alors, de même qu'on a trouvé les règles du calcul des symboles négatifs en opérant sur des fonctions de la forme $a - b$, supposées réalisables, de même on appliquera ces symboles, donnés pour solutions de certains problèmes, en supposant que les variables x, y, z, etc., introduites dans une équation, ont la même signification qu'auraient eue $X \pm x, Y \pm y, Z \pm z$, et que leurs valeurs déterminées $\pm a, \pm b, \pm c$, etc., représentent en conséquence $X \pm a, Y \pm b, Z \pm c$. Je désigne ici par X, Y, Z des nombres ou quantités indéterminés, plus grands par hypothèse que tous ceux qui pourraient se présenter pour a, b, c, etc. Au point de vue abstrait, on considérerait au besoin un nombre universel, soit n, par rapport auquel tous les nombres déterminés seraient censés avoir une signification en double sens, additivement et soustractivement; en sorte que la série 1, 2, 3, 4... se trouverait remplacée par celle-ci :

... $n-4, n-3, n-2, n-1, n, n+1, n+2, n+3, n+4$...

Mais c'est le point de vue concret qui nous intéresse maintenant.

Il reste donc à savoir en quel cas et comment la convention que je viens d'énoncer se trouvera applicable à la mesure des quantités, et spécialement de celles qui appartiennent à l'ordre du continu. Partout où, pouvant se faire, elle se fera, et s'exprimera méthodiquement, les solutions négatives des problèmes s'interpréteront toujours, ou pour mieux dire seront comprises sans interprétation; là où, pouvant se faire, on l'aura négligée, on interprétera ces mêmes solutions après coup, plus ou moins facilement, selon que l'analyse et l'équation employées se rapprocheront de celles qui auraient convenu; là où la convention ne saurait s'appliquer, une valeur unique négative, après analyse exacte, indiquera infailliblement un problème impossible ou une hypothèse absurde.

2. Valeurs négatives en géométrie.

D'un point donné, sur une droite indéfinie, les quantités linéaires peuvent se compter en deux sens opposés. Les sommes ou différences des lignes posées bout à bout, progressivement ou régressivement, sont représentées par celles des nombres qui leur correspondent, en prenant le point donné pour l'extrémité d'une première ligne portée et mesurée à partir d'une origine ou limite fixe. De plus, la limite étant arbitraire, il serait toujours possible de la placer de manière que les lignes obtenues par des opérations de ce genre fussent situées d'un même côté de la droite indéfinie relativement à cette limite : les valeurs correspondantes seraient alors constamment positives. Si la limite est placée autrement (et quand on aborde l'analyse d'un problème, on ignore le plus souvent comment il convient qu'elle soit placée), la dernière quantité portée détermine un point situé du côté de la droite opposé à celui où l'on s'avançait additivement: on trouve alors pour le nombre correspondant une valeur négative. Soit $-a$ cette valeur, et soit n un nombre plus grand que a représentant une certaine quantité linéaire de laquelle on peut supposer que la limite est reculée; $n-a$ sera le résultat voulu pour cette dernière position de la limite.

Donc, pour ce problème élémentaire qui se résout en portant une quantité rectiligne à partir d'une certaine limite, les solutions $+a$ et $-a$ désignent une même grandeur, et déterminent deux points différents, de part et d'autre et à distance égale de cette limite; parce que si la somme des quantités ajoutées ou retranchées dans le cours du calcul eût été augmentée de n, distance de la limite arbitrairement choisie à une autre limite indéterminée en arrière, les solutions $+a$ et $-a$ auraient été remplacées par $n+a$ et $n-a$.

Ce qui a lieu pour une droite quelconque s'applique à chacun des trois axes rectilignes qui, divergeant d'une limite arbitraire commune, servent à déterminer la position d'un point quelconque dans l'espace. En désignant par X, Y et Z des quantités indéterminées comptées sur chaque axe, en un certain sens, depuis la limite arbitraire quelconque jusqu'à la limite fixe, on pourra considérer à la place des coordonnées x, y, z, $-x$, $-y$, $-z$, et pour l'interprétation de celles-ci, les quantités $X \pm x$, $Y \pm y$,

$Z \pm z$. On voit que non seulement la géométrie autorise l'hypothèse que nous avons vue être une condition de l'introduction des valeurs négatives dans l'étude des relations numériques, mais que même ce qui est hypothèse, quant au calcul, devient loi dans la science de l'étendue. Le fait de l'existence d'une limite arbitraire et de deux sens opposés dans chaque dimension semble d'abord nous empêcher d'étendre la mesure aux rapports de position, puisque le nombre et la quantité continue abstraite, au lieu d'être indéfinis en deux sens, ont pour limites nécessaires, l'un l'unité, l'autre zéro, et ne croissent indéfiniment qu'en un sens. Mais c'est précisément ce qu'il y a d'arbitraire dans la position du point limite, qui permet de lever la difficulté en attribuant à $\pm x$ la signification de $n \pm x$ sans déterminer n.

Remarquons en passant que le système des axes rectilignes est celui qui se prête le plus simplement et le plus immédiatement à l'introduction des valeurs négatives, et par suite à l'application générale de l'algèbre à la géométrie. Ce système exprime et mesure les trois dimensions d'une manière directe et élémentaire. On se tromperait donc en le considérant comme un cas accidentel ou d'exception parmi tous les systèmes possibles de repère. D'autres peuvent s'employer de préférence dans des recherches déterminées, mais aucun n'a la même valeur de théorie. Enfin le système des axes rectilignes lui-même est le plus naturel et renferme le moins d'arbitraire possible lorsqu'il est rectangulaire, car alors les distances estimées sont des moindres distances, et la déviation réciproque des axes est égale de tous côtés.

Ainsi au lieu d'assimiler à zéro l'origine des coordonnées, nous la prendrons, sur chacun des axes, pour la seconde limite d'une quantité linéaire indéterminée et déjà comptée dans un certain sens, de part et d'autre de laquelle on puisse ajouter ou retrancher toute droite assignée et finie. Cette convention est la seule qui permette d'appliquer d'une manière générale au développement indéfini de la ligne la loi de sommation directe et inverse des quantités abstraites. Mais, pour simplifier l'analyse, en laissant d'ailleurs toute son indétermination à la distance des deux limites, on sous-entend cette dernière dans le calcul, en sorte que les quantités de la forme $n - x$, $n - y$ sont remplacées par les symboles $-x$, $-y$, et cela dans l'équation qui pose le problème comme dans la formule qui le résout.

J'établis cette théorie sur le problème simple de la numération linéaire élémentaire, pour ainsi parler. Cependant lorsque l'on met un problème quelconque en équation, on exprime des fonctions plus complexes par lesquelles les inconnues ou variables sont liées. On pourrait donc croire qu'il reste à prouver ou à *demander* la proposition suivante : *Dans tous les cas où les quantités de la forme* $n+x$, $n-x$ *ont été remplacées par les symboles* x *et* $-x$ *dans l'équation d'un problème, il suffit de substituer aux valeurs obtenues pour solution, soient* $+a$ *et* $-a$, *les valeurs* $n+a$, $n-a$, *et l'on connaît ainsi le résultat que le calcul aurait donné dans le cas où cette simplification n'eût pas été faite.* Mais si l'on réfléchit que toutes les fonctions se ramènent au fond à celle de la sommation, soit qu'on les envisage entre des nombres ou entre des lignes estimées numériquement; que d'ailleurs les règles du calcul des symboles négatifs ont été établies dans la supposition que $\pm x$ est le second terme d'un binome tel que $n \pm x$, on trouvera qu'il n'y a point là de théorème à démontrer, et que le postulat n'est autre que celui de l'accord du calcul avec lui-même et du géomètre avec ses propres conventions.

La théorie de l'application des symboles négatifs à l'analyse géométrique s'étend sans difficulté à toutes les parties des mathématiques appliquées où les variables sont susceptibles d'un double sens à compter d'une limite, et, en d'autres termes, assimilables à des lignes dont la croissance et la décroissance expriment une même loi de formation. La méthode n'exige donc pas de nouveaux éclaircissements quant à la mesure de la durée, des forces, des températures, etc., etc. Des grandeurs d'un genre bien différent (l'avoir d'un négociant, par exemple) sont dans le même cas, parce que les questions auxquelles elles donnent lieu peuvent se formuler dans l'hypothèse où les sommes portées au crédit ou au débit de ce négociant seraient imputables en plus ou en moins sur la fortune indéterminée d'un capitaliste qui ne saurait faillir. Cette fortune fictive est l'n indéterminée dont j'ai expliqué le rôle dans le calcul numérique des sommes et différences en général.

3. Examen de quelques difficultés.

La plus importante est celle que d'Alembert et Carnot ont signalée dans ces problèmes très simples de géométrie qui, traités par l'algèbre, offrent deux solutions de signes contraires, sans que la construction à laquelle ces valeurs semblent se rapporter offre deux lignes de sens opposés à compter de quelque point [1].

---

[1]. Voyez d'Alembert, *Mélanges*, t. IV, p. 154, et t. V, p. 228; et l'*Encyclopédie*, art. Négatif, Situation, Équation. — Carnot, *Géométrie de position : discours préliminaire*, et *Corrélation des figures de géométrie*.

On met, par exemple, un problème en équation. On ne fait et on n'exprime, dans la relation ainsi posée, aucune convention touchant un double sens et un double signe des lignes ajoutées ou retranchées, et de leurs valeurs arithmétiques. On a affaire à une équation du second degré, je suppose, et qui, par conséquent, donne lieu à deux solutions *algébriques*. On ne conclut pas de là précisément que l'on doit avoir aussi deux solutions arithmétiques et géométriques. On sait que cela n'est point nécessaire, et qu'il faut encore pouvoir les interpréter. Mais voici ce qui arrive et qui cause l'embarras : l'une des solutions algébriques s'interprète tout d'abord, et il se trouve que l'autre, qui est négative, est également interprétable à la condition de changer le signe de quelque quantité dans l'équation posée et résolue, ce qu'on peut faire grâce à la part d'arbitraire entrant dans le choix de l'inconnue à déterminer. Et cependant cette seconde solution est comptée du même point et dans la même direction que la première; il n'y a point de raison, dit-on, pour qu'elle soit négative. La réponse à faire est qu'il n'y a qu'une seule solution pour le problème tel qu'on l'a posé, une solution positive. L'autre, la négative, est, quant à sa valeur, celle qu'on obtiendrait en posant le problème d'une autre manière, et cela n'a rien de merveilleux. On ne doit chercher à déterminer la position des inconnues par les signes des solutions algébriques que quand on a établi régulièrement la convention propre à justifier les valeurs de signes contraires attribuées à celles qui se portent en sens opposés.

En général, quand on pose l'équation d'un problème déterminé, il peut arriver qu'on n'exprime que des relations arithmétiques entre les connues et les inconnues. Si, dans ce cas, on croit néanmoins obtenir par le fait plusieurs solutions, et, par exemple, deux qui sont de signes contraires, il n'y en a pourtant qu'une d'admissible en principe : l'autre appartient à l'équation générale et symbolique, mais non à la question, du moins telle qu'elle est posée. S'il arrivait que cette solution à laquelle on n'a pas droit, pour ainsi dire, ne laissât pas d'être applicable, à la condition d'être estimée en sens inverse de la première, c'est qu'elle se trouverait coïncider algébriquement avec celle qu'on aurait eue en considérant l'inconnue comme susceptible de se porter en deux sens, et en employant un système d'axes propre à l'établissement de la convention d'où les symboles négatifs tirent leur signification en géométrie. Si elle répond à la question en valeur arithmétique seulement, c'est qu'elle coïncide avec celle qu'on aurait trouvée en introduisant quelque modification dans la position du problème ou le choix de l'inconnue. Enfin lorsque l'équation n'admet ni explicitement, ni implicitement, le double sens possible d'une quantité cherchée, une solution négative unique accuse l'absurdité du problème ou de la marche suivie pour le résoudre.

Je ne fais en tout ceci qu'exposer l'ancienne théorie dite du double sens, mais corrigée. On voit ce qu'elle a de fondé dans la nature des choses, et aussi ce qu'il entre de conventionnel dans son usage : de conventionnel, ou, pour mieux dire, de volontaire et de prémédité de la part du calculateur. On explique, on rectifie les problèmes cités comme incompatibles avec cette théorie. Il suffit de ne plus croire à une sorte de virtualité mystique des formules, à une signification concrète intrinsèque que l'algébriste n'y aurait déposée ni directement, ni indirectement, et que, pourtant, il devrait y démêler. Comme si, en admettant la correspondance du double signe avec le double sens, on s'obligeait à interpréter par ce moyen les solutions de problèmes traités d'une manière quelconque ! Et comme si l'algèbre étant un chiffre tombé du ciel, non une langue propre à exprimer à volonté des conceptions claires, au lieu d'adapter le symbole à la pensée, on dût évoquer des idées pour expliquer des signes préexistants ! Les géomètres ressemblent plus qu'ils ne croient à ces métaphysiciens pour lesquels ils professent d'ordinaire un certain mépris.

D'autres objections impliquent l'existence du même vice dans la théorie, et même poussé jusqu'à l'absurde: sans cela, cessent de s'y appliquer justement. Si deux lignes portées en sens contraire l'une de l'autre, dit Carnot, pouvaient être représentées par $+a$ et $-a$, leur somme serait donc nulle; des aires de courbe, des solides de révolution seraient des quantités nulles, etc. Il faut répondre que $+a$ et $-a$ sont des quantités, non pas simples, mais affectées de symboles, et qui expriment systématiquement quelles valeurs on doit ajouter ou retrancher sur une grandeur indéfinie, à partir d'une certaine limite, pour la détermination d'une quantité demandée.

Des géomètres sont même allés si loin, dans l'erreur commune de prendre pour des choses en soi des signes de relation qui n'ont jamais que le sens qu'il plaît d'y attacher, qu'ils ont admis des *quantités négatives, c'est-à-dire moindres que zéro*. C'est Carnot qui le dit; mais il a tort de nommer Newton, parce que le passage de l'*Arithmétique universelle* où il nous renvoie ne pèche que par l'emploi des mots *minores nihilo*, qui, d'ailleurs, s'y trouvent expliqués très rationnellement.

L'interprétation des signes des lignes trigonométriques mérite aussi quelques explications.

Parmi les lignes trigonométriques, le sinus et le cosinus entrent dans le calcul avec des signes dont on se rend compte simplement en les rapportant à un système d'axes. Par exemple, en les prenant respectivement pour les coordonnées de l'extrémité de l'arc, on obtient une formule qui exprime le sinus en fonction du cosinus, comme l'ordonnée en fonction de l'abscisse du cercle dans un système d'axes rectangulaires, et il est facile de s'assurer qu'en changeant respectivement le signe de l'une de ces quantités dans la formule, le signe que prend l'autre en conséquence de ce changement est tel qu'il doit être pour que les sinus et cosinus ainsi correspondants soient toujours ceux qu'exige de son côté la convention du double sens.

La tangente étant donnée par la formule toute simple du rapport de l'abscisse à l'ordonnée du cercle (le rayon étant pris pour unité), on peut comme ci-dessus s'assurer que les changements de signe de x et de y donnent, par les règles du calcul des symboles négatifs, les mêmes changements de signes de t qui sont propres à exprimer sa position par rapport aux axes, conformément à la convention.

Il en est de même de la cotangente. Restent deux lignes qui, au lieu de se former dans le sens des axes comme les précédentes, peuvent au contraire occuper toutes les positions angulaires possibles : la sécante et la cosécante. Occupons-nous de la première, ce que nous en dirons devant s'appliquer immédiatement à l'autre.

Il en est des sécantes comme de toutes les fonctions qui dépendent de variables susceptibles des deux signes. Elles sont nécessairement affectées dans le calcul par les signes que prennent les quantités dont elles dépendent; mais elles ne reçoivent pas nécessairement pour cela et en elles-mêmes une signification positive ou négative. La sécante est donnée par le rapport du rayon (ou unité linéaire) à x (le cosinus), et, par conséquent, suit le signe d'x. Il faut entendre par sécante négative celle d'un arc dont le cosinus est négatif. Si ensuite il se trouve, comme l'examen de la figure le fait voir, que la sécante, selon qu'elle doit être prise positivement ou négativement dans le calcul, à raison du cosinus, est aussi tracée dans le sens du rayon qui aboutit à l'extrémité de l'arc, ou en sens contraire, il faut voir là une propriété résultant de la convention générale des signes, sans doute, mais qui ne fait point que la sécante soit positive ou négative par elle-même indépendamment de cette convention. On a soulevé mal à propos des difficultés sur ce point, et toujours dans le même esprit.

Je ne dirai rien des arcs négatifs et de leurs lignes trigonotriques. On conçoit, sans explications nouvelles, la possibilité d'étendre à la formation additive ou soustractive des grandeurs linéaires portées sur une circonférence, de part et d'autre d'un point limite, la convention déjà faite au sujet d'une droite indéfinie. La question est à tous égards la même.

Enfin l'introduction des symboles négatifs dans les formules fondamentales de la trigonométrie (celles qui donnent les sinus et cosinus de la somme et de la différence de deux arcs en fonction des sinus et cosinus de ces arcs) se justifie de la même manière que dans les fonctions mutuelles des lignes trigonométriques. C'est une vérification à faire pour deux arcs déterminés, puis à étendre à deux arcs quelconques. On pourrait encore établir directement ces formules dans toute leur généralité en prouvant : 1° que le problème, quels que soient les arcs, se résout par une seule et même construction géométrique applicable aux vingt cas énumérables (entre 0° et 360°); 2° que la droite construite est toujours ou la somme ou la différence, en un sens ou en un autre, de deux produits qui ont chacun deux lignes trigonométriques pour facteurs; 3° que cette droite est donnée par une formule unique, lorsque l'on tient compte des signes de ces facteurs. Et je rappelle que les valeurs telles que x et $-x$ sont les symboles des valeurs $q+x$ et $q-x$ qui les remplaceraient dans un système convenable de coordonnées.

Lorsqu'une fonction dépend de quantités susceptibles des deux signes, elle dépend, en d'autres termes, de certaines sommes ou différences ambiguës qu'on ne déterminerait point sans nuire à la généralité des formules. L'emploi des valeurs négatives n'a d'autre objet que de simplifier l'usage de ces sortes de sommes, et on justifie à volonté la convention pour un cas donné en montrant de quelle manière elle a pu spécialement s'y établir. Tel est le principe unique des signes dans l'application de l'algèbre à la géométrie.

4. Du changement de signe des grandeurs continues.

Lorsqu'une quantité susceptible de deux sens opposés, $n+x, n-x$, est continue entre ces deux valeurs, on conçoit nécessairement parmi les valeurs intermédiaires la valeur n. En d'autres termes, la grandeur qui varie continûment entre deux limites quelconques, de part et d'autre d'une limite intermédiaire traverse nécessairement celle-ci, et c'est là même qu'elle change de sens. On dit alors que *x passe du positif au négatif, ou du négatif au positif, par zéro*, langage conventionnel et symbolique dont la vraie signification paraît quand, au lieu d'envisager x

isolément, on le rapporte à la quantité indéterminée n, sur laquelle il doit être porté en plus ou en moins. La continuité, comme je l'ai dit ailleurs, consiste dans la possibilité de fixer indéfiniment et arbitrairement des limites dans un intervalle donné. La valeur n correspond à une de ces dernières dans le cas qui nous occupe.

Si maintenant nous considérons une fonction telle que le rapport de a à $x - a$, nous avons un dénominateur qui change de signe entre des valeurs de x telles que $a + \varepsilon$ et $a - \varepsilon$, et nous venons d'expliquer ce qu'il faut entendre par là; mais la fonction se trouve affectée en conséquence d'une manière très différente, dont il faut se rendre compte. Aux valeurs $a + \varepsilon$ de x répondent des valeurs positives de y, et, aux valeurs $a - \varepsilon$, des valeurs négatives : c'est une propriété de la fonction qui n'a jusqu'ici rien d'extraordinaire. Mais les valeurs de y croissent indéfiniment, en conservant leurs signes opposés, à mesure que, x s'approchant de a, dans un sens ou dans l'autre, ε décroît indéfiniment. D'après cela, comme x varie d'une manière continue entre $a + \varepsilon$ et $a - \varepsilon$, et comme y, toujours positif, croît indéfiniment depuis $x = a + \varepsilon$ jusqu'à $x = a$, et, toujours négatif, croît depuis $x = a - \varepsilon$ jusqu'à $x = a$, on croit pouvoir dire que la *fonction passe du positif au négatif, ou du négatif au positif, par l'infini*. Ce sont encore là des termes symboliques dont le sens est clair si on les explique par le fait, tel que je viens de l'exposer; et il est parfaitement vrai que la variable d'une certaine fonction peut prendre deux valeurs aussi peu différentes l'une de l'autre qu'on voudra, et telles, que les valeurs correspondantes de la fonction soient aussi grandes qu'on voudra et de sens contraire l'une à l'autre. Il suffit de construire l'hyperbole et ses asymptotes pour se rendre compte de cette loi en géométrie.

Mais on ne se contente pas de connaître une loi; on demande des *essences absolues*, un *infini actuel*, une hyperbole totale, et où rien ne manque. On imagine alors une sorte de continuité qui traverse l'infini, comme tout à l'heure zéro, avec un changement de signe. Tout cela est chimérique. La fonction y du rapport de a à $x - a$ admet une valeur de y tant que x diffère de a, si peu qu'il en diffère en plus ou en moins, mais elle n'en admet aucune pour $x = a$, parce qu'il n'y a pas de quantité dont le produit par zéro puisse donner a. Le symbole de a *divisé par zéro* marque une impossibilité quant au calcul, et par conséquent une discontinuité de la fonction en géométrie.

5. Valeurs symboliques dites *imaginaires*.

On se fait une idée confuse de l'*impossible*, dans la science des fonctions numériques, parce qu'on ne distingue pas avec assez de soin les nombres, les quantités concrètes et les symboles. Ce qui est impossible en un sens peut ne pas l'être en un autre. Par exemple, la relation qu'exprime le symbole *un divisé par* x est impossible arithmétiquement, mais s'applique sans difficulté à la quantité continue; la relation dite *racine carrée de* x n'a pas de sens arithmétique dans la plupart des cas, mais elle a toujours un sens géométrique exact; la relation dite *moins* x est absurde par elle-même, et se justifie en prenant place dans un système de quantités comptées d'une limite arbitraire; la relation dite *racine carrée de moins* x^2 ne peut pas être reçue pour signifier une fonction de x, à quelque titre que ce soit, et pourtant le symbole de cette fonction impossible entre dans la solution générale d'un ordre de problèmes, si bien que des équations dont il fait partie sont non seulement possibles, mais nécessaires relativement à une équation algébrique envisagée dans toute sa généralité.

Aucun symbole n'est impossible algébriquement parlant, je veux dire eu égard aux formes abstraites du calcul. Ainsi les symboles dits *quantités imaginaires*, et très mal nommés, puisqu'ils ne sont nullement imaginaires et n'expriment point des quantités, ne se caractériseraient pas mieux comme *fonctions impossibles* ou *quantités impossibles*. Ils ont leurs possibilités, relatives à des problèmes symboliques purs, ou d'algèbre formelle, tout comme les fonctions de quantités négatives ont les leurs soit de la même manière, soit, de plus, en vertu d'une convention géométrique. Leur vrai nom est celui de *valeurs symboliques, racines symboliques*. Outre le rôle qui leur revient pour la solution des équations algébriques, ces sortes de valeurs sont propres à représenter sous une forme simple et abrégée des relations considérables, par exemple entre des sommes de termes de séries indéfinies comparées les unes avec les autres. En général, et c'est le grand service qu'elles peuvent rendre, il est clair que leur emploi doit conduire à des formules où elles cessent de paraître. Se demander, comme on le fait souvent, si de tels résultats ne sauraient être fautifs, c'est supposer qu'on aurait entendu et appliqué le symbole en un sens absurde, ou bien c'est oublier que le calcul est une logique dont les conclusions ne dépassent pas les prémisses.

On a pensé quelquefois que, de même que le symbole *négatif* provenu d'une opération arithmétique impossible, s'adapte cependant à l'expression des lois de l'ordre concret, de même aussi le symbole *imaginaire* pourrait, *de sa nature*, signifier quelque relation du même genre. Mais les ingénieux auteurs de recherches sur ce sujet me semblent avoir accordé trop de foi aux qualités occultes en mathématiques. La vraie question, entendue philosophiquement, est de savoir *quelles conventions l'on veut et l'on peut faire utilement sans fausser ou détourner le sens des relations antérieurement exprimées*. Au surplus, les résultats obtenus jusqu'ici n'ajoutent, je crois, rien d'essentiel à nos connaissances.

6. Exposants négatifs.

L'emploi de ces sortes d'exposants est l'effet logique du procédé de généralisation qui veut que les quantités indéterminées de l'algèbre puissent recevoir toutes les valeurs possibles, et en particulier toutes celles qui tirent leurs sens de conventions ou de calculs antérieurs. Il suffit que les résultats de la substitution soient intelligibles et s'interprètent régulièrement en concordance avec tout ce qui est antérieurement établi. C'est ce qui a lieu pour les *puissances négatives*, dont l'usage, on peut le vérifier, conduit aux mêmes résultats que ferait l'emploi des *rapports de l'unité à ces mêmes puissances, considérées avec des exposants ordinaires*, et qui, en effet, ne signifient rien de plus que ces rapports. Le symbole de la *puissance zéro*, qui exprime l'unité quelle que soit la quantité *élevée à cette puissance*, est un cas particulier de cette convention et de cette interprétation.

B.

THÉORIE DE L'INDÉFINI ET DES LIMITES

1. Signification et lois de la fraction.

La simple inspection de la série indéfinie des nombres fait voir que le problème inverse de la multiplication est généralement insoluble lorsque le produit et le facteur donnés sont des entiers quelconques.

L'obstacle est dans l'indivisibilité de l'unité soit a, nombre quelconque, à diviser par b, nombre quelconque plus petit, et soit l'égalité qu'on peut toujours envisager en conséquence : $a = bq + r$, dans laquelle r est moindre que b. S'il était possible de considérer r comme formé d'unités dont chacune ne fût que la b^e partie de celles qui composent a, b et q, en sorte que, désigné par ρ sous ce point de vue, il fût remplacé par $b\rho$ dans l'égalité, on aurait $a = b(q + \rho)$; le problème serait résolu, et $q + \rho$ serait le quotient de a par b, toujours réalisable.

Ce serait renverser les notions les plus claires que d'admettre dans l'arithmétique abstraite des nombres hybrides tels que $q + \rho$, q étant formé au moyen d'une unité et ρ au moyen d'une autre, et l'on ne saurait plus ce qu'*unité* veut dire, puisqu'on n'a d'abord entendu par ce mot que l'élément constituant du nombre abstrait. C'est cependant ce que l'on fait quand on parle de *nombres fractionnaires*, et qu'on appelle les fractions des nombres. Les anciens auteurs avaient une plus juste idée de la méthode, et ne plaçaient pas ainsi les abstractions hors de propos. Wallis, par exemple, remarque que *le numérateur de toute fraction est arithmétique, et le dénominateur géométrique*. (Opp., p. 27.)

Je n'ai pas besoin de montrer comment le problème de l'unité divisée, impossible arithmétiquement, se résout à volonté pour de certaines grandeurs concrètes, et comment le quotient ci-dessus, $q + \rho$, prend une signification en tant que partie d'une quantité continue. On convient alors d'adopter le symbole $\frac{r}{b}$ au lieu de ρ, pour la représentation de r unités b fois moindres que celles qui servent à estimer la quantité a, dividende proposé. Ce symbole tire le nom de *fraction* du fractionnement de la quantité concrète qu'on avait d'abord prise pour unité. La formule de Wallis demande à être légèrement modifiée, ou du moins interprétée : les deux termes de la fraction sont arithmétiques, sont des nombres, mais leur système n'a de sens que relativement à une quantité qui puisse passer pour continue, soit de la nature des lignes ; et le dénominateur s'applique particulièrement à la division toujours possible de cette quantité.

Il reste à donner la règle du calcul de ces symboles, c'est-à-dire à déterminer quelles opérations doivent être effectuées sur les termes des fractions (termes considérés comme nombres abstraits) pour la solution des problèmes qui portent sur les parties de la quantité divisée que ces fractions représentent.

Il y a un procédé général qui répond à cette question en la supprimant. En effet, on voit par la définition même de la fraction, que tant de fractions différentes que l'on voudra, sans changer de signification et de valeur, peuvent être amenées à n'avoir qu'un seul et même dénominateur. Les nombres aussi, dès qu'ils mesurent des quantités de nature continue, prennent à volonté la forme fractionnaire avec un dénominateur quelconque. Or, toute relation ou fonction qu'on se proposera de poser entre les quantités homogènes que représentent des nombres fractionnaires réduits au même dénominateur, se conçoit aisément. En vertu du principe d'homogénéité, le dénominateur commun peut être négligé; on ne fait ainsi que changer l'unité arbitraire. Dès lors, c'est entre des nombres que la fonction s'établit. La réduction au même dénominateur n'est, au fond, que la réduction à la même unité, celle-ci devient donc indifférente au calcul, et il suffira de la restituer dans le résultat quelconque des opérations effectuées.

Ainsi premièrement, la réduction des nombres fractionnaires au même dénominateur (c'est-à-dire, au fond, de toutes les quantités données à la même unité), donne un sens clair et net aux opérations qu'on peut se proposer à leur sujet : addition, multiplication, élévation aux puissances et opérations inverses. Ce sens est identiquement celui que l'on connaît déjà, et qui ne présente aucune difficulté, puisque les nombres qu'il s'agit de traiter ne sont simplement que des *nombres*, la nature de l'unité étant laissée de côté comme indifférente au calcul et devant être seulement reprise après qu'il est effectué, pour l'interpréter. Secondement, les opérations ainsi entendues, étant notées algébriquement, conduisent à des résultats qui sont des formules de l'addition ou de la soustraction, de la multiplication ou de la division, de l'élévation aux puissances ou de l'extraction des racines des fractions, et il suffit d'énoncer ces formules pour faire connaître ce qu'on nomme les règles de ces opérations telles qu'on les trouve dans tous les traités d'arithmétique.

Quoique l'idée d'une *puissance fractionnaire*, considérée en soi, ne puisse recevoir aucun sens raisonnable, cependant la généralisation voulue des formules algébriques conduit à admettre l'emploi des exposants fractionnaires, comme ci-dessus des exposants négatifs. On en justifie aussi l'usage d'une semblable manière, c'est-à-dire en constatant que si les numérateurs de ces nouveaux exposants sont pris pour des exposants de *puissances entières*, ou ordinaires, et leurs dénominateurs pour indices de radicaux portant sur ces puissances, cette convention qui n'est que la généralisation d'un cas démontrable, celui où le numérateur est divisible par le dénominateur, donne toujours les mêmes résultats, soit qu'on applique le calcul qui convient aux exposants entiers et aux radicaux, soit qu'on emploie des exposants fractionnaires, traités alors conformément aux règles des opérations qui portent sur ces sortes de quantités, puis interprétés selon la convention même, s'il y a lieu, dans les formules finales qu'on obtient. De là résulte une identité algorithmique de la fonction *puissance* directe avec la fonction inverse. Les trois variables de la fonction ainsi généralisée sont également aptes à représenter toutes les grandeurs de nature continue qui appartiennent à l'ordre fractionnaire. Mais il est fait abstraction ici des difficultés amenées par l'incommensurabilité de certaines grandeurs.

On a vu que la division, opération généralement inapplicable à des nombres donnés, est toujours possible sur des grandeurs tirées de l'ordre concret continu. Mais celles-ci sont alors supposées de vraies *quantités*, c'est-à-dire réduites en nombres au moyen d'une unité de grandeur arbitraire, et il faut pour cela que cette unité puisse être assignée. En d'autres termes les grandeurs doivent être commensurables. Or, elles ne sont pas toujours commensurables.

Par exemple, si de l'opération inverse de la multiplication nous passons à l'opération inverse de la formation des puissances, il se trouve que non seulement aucun nombre ne sera propre à représenter exactement telle racine demandée, mais même aucune fraction n'y sera propre : on le démontre facilement. Il n'est donc pas possible en ce cas, et c'est le plus ordinaire, d'assigner une quantité qui, prise pour unité, permette à la fois l'évaluation numérique de la puissance et celle de la racine; et cependant toutes deux se présentent dans l'ordre concret, déterminées par les lois de cet ordre : on peut toujours les construire géométriquement, *par la règle et le compas*, quand elles sont du second degré.

Le problème de la détermination numérique ou fractionnaire exacte des racines étant reconnu insoluble, on résout cet autre problème : déterminer deux quantités, deux fractions, aussi peu différentes l'une de l'autre qu'on voudra, telles que l'une ait pour puissance une quantité plus grande, l'autre pour puissance une quantité plus petite que telle quantité proposée. Pour que cette approximation possible, indéfinie, devînt une solution exacte, il faudrait que la quantité ne fût pas seulement divisible indéfiniment, mais encore effectivement divisée en certaines unités moindres que toute quantité assignable, ce qui est contradictoire avec la définition du continu, et par conséquent absurde.

2. Calcul de l'incommensurable, en général.

Des grandeurs déterminées peuvent être incommensurables, c'est-à-dire n'avoir point pour commune mesure une grandeur assignable, quelque petite qu'on la suppose. Exemple, la diagonale et le côté du carré, dont la commune mesure demanderait des nombres tels que la deuxième puissance de l'un fût double de la deuxième puissance de l'autre : condition impossible.

Il n'existe donc pas de rapport entre deux quantités de ce

genre, séparément mesurables, a et b. Mais un rapport existe toujours entre l'une d'elles, soit a, et une autre quantité, $b \pm \varepsilon$, variable, que l'on peut toujours supposer différente de b, de moins que d'une quantité assignée, quelque petite que soit cette dernière. J'omets la démonstration de ce point, qui est très élémentaire.

Toute relation tirée des données d'un problème, ou posée *a priori* dans l'analyse,

$$f(a, b, c, d, \ldots) = 0,$$

lorsque $a, b, c, d, \ldots$ ne seront point supposées commensurables entre elles, pourra donc être entendue dans le sens de

$$f(a, b+\varepsilon, c+\varepsilon', d+\varepsilon'', \ldots) = 0.$$

Les symboles $b, c, d, \ldots$ n'y représenteront pas alors précisément les quantités proposées et définies, soit dans l'ordre concret, soit comme propres à la solution d'une question d'analyse, mais d'autres quantités qui en diffèrent respectivement de moins que d'une quantité, si petite qu'on voudra. Ainsi, les rapports de la forme $\dfrac{b}{a}$ seront les symboles des rapports possibles $\dfrac{b \pm \varepsilon}{a}$. Dans toute autre supposition, il serait contradictoire de regarder l'équation comme donnée entre des nombres.

Les symboles $a, b, c, d, \ldots$ doivent paraître sans changement dans le calcul, sous cette interprétation nouvelle; car si l'on y substituait les symboles $a, b+\varepsilon, c+\varepsilon', d+\varepsilon'', \ldots$ on admettrait les quantités $a, b, c, d, \ldots \varepsilon, \varepsilon', \varepsilon'', \ldots$ comme toutes commensurables entre elles, ce qui est contre l'hypothèse. Mais, dans la donnée de cette substitution, supposée pour un moment, on trouve la justification, ou preuve apostériorique de la théorie que je présente. En effet, la thèse du contradicteur consiste à poser comme possible, et, de plus, comme nécessaire pour la rigueur, l'introduction des quantités elles-mêmes, $a, b, c, d, \ldots$ dans le calcul. L'équation $f(a, b, c, d, \ldots) = 0$ est donc intelligible de quelque manière. Il en sera de même, pour les mêmes raisons, quelles qu'elles soient, de l'équation $f(a, b, +\varepsilon, c+\varepsilon', d+\varepsilon'', \ldots) = 0$, les quantités accessoires étant définies comme précédemment. Or, cette dernière est toujours équivalente à la somme de deux fonctions (soit qu'on puisse ou non les séparer par le calcul) :

$$\varphi(a, b, c, d, \ldots) + \psi(a, b, c, d, \ldots \varepsilon, \varepsilon' \varepsilon'' \ldots) = 0,$$

dont l'une représente ce qu'aurait donné l'analyse sans l'introduction des quantités accessoires, tandis que l'autre, qui dépend de la modification apportée, est nécessairement telle qu'elle devienne nulle quand on fait simultanément $\varepsilon=0$, $\varepsilon'=0$, $\varepsilon''=0$,.... Cette condition, s'il s'agit de quantités continues, signifie que la seconde fonction doit décroître indéfiniment lorsque ε, ε', ε'',... sont supposés de plus en plus petits à partir de certaines valeurs. Mais ces termes sont indéterminés et arbitrairement réductibles, par hypothèse; donc, en désignant par η une quantité de la même condition, on peut poser

$$\varphi(a, b, c, d...) + \varphi = 0.$$

On voit que la considération des termes complémentaires indéterminés amène pour tout changement dans les équations, c'est-à-dire dans les résultats comme dans les données de l'analyse, de nouveaux termes que l'on peut encore supposer moindres qu'une quantité assignée quelconque. Le contradicteur peut donc être mis au défi d'assigner l'erreur commise à son point de vue, puisque, quelle que soit la quantité qu'il assigne comme telle, on est en droit de la réclamer moindre. Une erreur de cette espèce est nulle de fait.

Le partisan du calcul des *incommensurables mêmes* ne peut donc reprocher à la théorie que j'expose que *l'hypothèse d'une erreur indéterminée, discrétionnaire, indéfiniment réductible, portant sur les quantités incommensurables proposées, auxquelles d'autres quantités sont substituées par la pensée.* Mais cette erreur, ou différence, est exigée par la nature de la question, si l'on ne veut point supposer la commensurabilité des incommensurables; et elle est inassignable en théorie; et si le calcul numérique la détermine nécessairement, c'est une preuve de plus qu'elle est inévitable, en tant que quelconque, et que les méthodes qui pensent y rémédier sont fausses. Au contraire, le calcul prétendu des *incommensurables mêmes* implique un autre genre d'erreur, une contradiction, en admettant des rapports donnés à la rigueur entre quantités qu'on a prouvé ne pouvoir point être réduites en nombres au moyen d'une même unité.

Si l'algèbre conserve toute sa généralité, ce n'est donc pas que les quantités continues, liées dans l'ordre concret, aient toujours dans le fond une mesure commune, ainsi que le dogme de l'infini l'assure; mais c'est qu'en leur en supposant une, on commet une erreur dont l'importance arbitraire est indéfiniment réductible à la volonté de l'opérateur. Et la rigueur propre au calcul algébrique des incommensurables consiste dans l'expression symbolique d'une quantité d'approximation indéfinie, laquelle approximation, ne se déterminant jamais en théorie, est toujours plus grande, en théorie, qu'on ne saurait l'assigner, c'est-à-dire enfin, et toujours en théorie, équivalente à l'exactitude.

3. Application à la géométrie élémentaire.

Il y a contradiction à poser un rapport arithmétique entre quantités incommensurables, contradiction à admettre, pour une quantité concrète quelconque, une mesure qui serait donnée par un nombre dont la composition est reconnue en même temps être essentiellement inassignable. Il y a contradiction, à moins qu'on ne s'en réfère à la théorie précédente.

Ainsi, quand on dit que deux rectangles qui ont des bases égales sont entre eux comme leurs hauteurs, même dans le cas où ces dernières sont incommensurables, il faut entendre que dans l'égalité $Rh' = R'h$, R et h, par exemple, sont des nombres qui expriment l'un un rectangle et l'autre une droite, indéfiniment approchés, quant à la figure, du triangle proposé et de sa hauteur. De même, l'égalité $R = bh$ donnant, je suppose, la mesure d'un rectangle quelconque, si les dimensions ne sont pas toutes deux commensurables avec une certaine ligne, la base et la hauteur ne sauraient être simultanément des nombres. Cette égalité n'existe donc qu'à condition que R et h soient interprétés comme je viens de le dire.

Si l'on voulait que R et h fussent les symboles mêmes des quantités proposées, quoique incommensurables, quoique n'étant point des *quantités* à parler proprement, alors les véritables égalités seraient :

$$(R+r)\,h' = R'\,(h+i);\ R+r = b\,(h+i)$$

r désignant ici un rectangle dont la base est b, et dont la hauteur i est indéterminée, de grandeur arbitraire, telle qu'on puisse la faire moindre que toute droite assignée, quelque petite que soit celle-ci. Les nombres qui paraîtraient alors dans les égalités sous les expressions $R+r$, $h+i$, n'y représenteraient point en réalité des sommes de deux nombres, puisque par hypothèse R, r, h et i, ne sont assignables que de figure, tandis que $R+r$ et $h+i$ sont seuls assignables en outre arithmétiquement. Cette remarque est essentielle.

De même, la mesure d'une circonférence et celle d'un cercle ne sauraient être supposées légitimement et en parfaite rigueur. Le symbole π qui représente le nombre mesurant la circonférence dont le diamètre est l'unité linéaire, n'a vraiment un sens numérique qu'autant qu'au lieu de cette circonférence on considère le périmètre d'un polygone régulier inscrit ou circonscrit; et dans l'égalité $c = 2\pi r$, c est un autre périmètre polygonal dont l'apothème est r. Mais comme il est démontré que la circonférence est comprise entre deux polygones dont les périmètres se rapprochent indéfiniment et diffèrent à volonté de moins que de toute quantité assignée, quelque petite qu'elle soit, il s'ensuit qu'en appliquant les nombres c et r à une circonférence et à son rayon, et en désignant par π la longueur de la circonférence qui a l'unité pour diamètre, on exprime symboliquement comme mesure de la circonférence celle d'une longueur variable dont elle est la limite géométrique. Il n'en est pas moins vrai que, pour être des nombres, c, π et r doivent se rapporter à des polygones.

Il faut donc repousser les démonstrations prétendues ou les postulats qui tendent à donner un sens rigoureux, positif, toute idée d'approximation écartée, à une égalité telle que $C = \pi r^2$, par exemple, dans laquelle C représenterait un certain nombre de carrés, et πr^2 un produit de deux nombres qui ne peuvent être obtenus que par la mesure commune de deux lignes qui n'ont point de commune mesure. Ou il y a là une contradiction palpable et criante, ou la méthode des limites, expliquée de manière à donner des résultats de cette espèce, est un déguisement de la foi dans les infiniment petits. Cette dernière n'évite pas la contradiction, mais la consacre sous le nom d'*infini*. Telle est pourtant la force du préjugé, que des mathématiciens aiment mieux embrasser l'absurde que de renoncer à ce réalisme prestigieux des essences numériques incalculables. Et ils appellent cela de la rigueur. Comme si la rigueur pouvait consister à assigner une mesure exacte des quantités qui ne sont susceptibles que d'une mesure approximative!

Mais cette approximation, dont il faut bien se contenter, est indéfinie; et de là une admirable rigueur, cette fois vraie et sans mystère, qui permet l'introduction des quantités continues quelconques dans le calcul, sous le symbole de celles qui, étant mesurables et demeurant indéterminées, ne diffèrent des premières que d'une quantité arbitrairement petite. Or, tout autant que la substitution est seulement supposée, et qu'on ne sort pas des relations exprimées en général, pour en venir aux applications arithmétiques, la théorie est pleinement rigoureuse. Il est vrai que l'on considère systématiquement, au lieu des quantités proposées, d'autres quantités, mais l'erreur est indéterminée, toujours inassignée et arbitraire; et, *a posteriori*, on prouve qu'elle est inassignable et nulle en ce sens, puisque le géomètre a toujours pu envisager une différence moindre que celle qu'on objecte, quelque petite que soit celle-ci.

En résumé, les propositions de géométrie élémentaire par lesquelles on se proposait d'établir des rapports entre deux quantités incommensurables A et B doivent, pour la rigueur, se réduire à la convention suivante :

Si A est la limite de figure d'une série de quantités a, a', a'', etc., et si B est la limite des figures d'une série de quantités b, b', b'', etc., respectivement commensurables avec les premières, $\frac{A}{B}$ sera le symbole d'un rapport arithmétique tel que $\frac{a_m}{b_m}$, dont les termes a_m et b_m demeurant indéterminés peuvent être supposés différer géométriquement de A et de B, par une figure de grandeur moindre qu'une quantité assignée, ou assignable de fait, quelque petite que soit celle-ci; en sorte que l'erreur attachée à la considération de la variable au lieu de sa limite géométrique, ou de la limite géométrique au lieu de la variable, seule et toujours commensurable, ne puisse être assignée et doive nécessairement être tenue pour nulle dans la théorie.

Au contraire, la nature du calcul numérique exige une erreur précisée quelconque; mais le calculateur la resserre entre des limites aussi rapprochées qu'il le désire.

4. Problème des tangentes.

L'idée que nous nous formons d'une courbe en général est telle, que, tout en l'opposant à l'idée d'une droite, nous n'en obtenons cependant une représentation capable de s'appliquer à différentes courbes particulières, qu'en attribuant à ses éléments certaines directions. Seulement nous disons que *la direction d'une courbe varie d'une manière continue*. Afin d'accorder cette continuité, sans laquelle il n'y a plus courbure proprement dite, avec la discontinuité qu'une suite de directions déterminées impliquerait si celles-ci étaient données par autant d'éléments rectilignes formant des angles les uns avec les autres, on suppose ces éléments en nombre indéfini. On règle par hypothèse qu'ils ne puissent être assignés séparément de quantité, sans erreur, et sans être pris trop grands, quelque petits qu'ils soient : à cet effet, l'analyse les laisse indéterminés, et cette indétermination même, sous la condition posée, permet de chasser leurs valeurs des équations qu'ils ont fait obtenir et d'atteindre ainsi la solution des problèmes les plus généraux de la géométrie. C'est le véritable esprit d'une méthode que la théorie des limites, telle qu'on la présente communément, n'éclaircit pas, et que la doctrine de l'infini entache de contradiction.

On substitue donc à une courbe donnée le polygone formé de

la série des cordes infiniment petites substituées à leurs arcs. Celles des propriétés de ce dernier qui sont indépendantes du nombre et de la grandeur des côtés, appartiennent à une certaine figure variable dont la courbe est la limite, et que l'on peut prendre à sa place et sous son nom, en tant qu'elle en diffère *géométriquement* aussi peu que l'on veut. Et si l'on parvient à exprimer ces propriétés par le calcul, en introduisant la condition que les côtés du polygone soient moindres que toute quantité qu'on assignerait, il s'ensuit qu'on doit les rapporter à la variable, en tant que celle-ci peut être dite ne point différer *numériquement* d'autant que d'une quantité, quelque petite qu'elle soit, de celle de ses valeurs qu'on regarderait comme la dernière et comme identique avec la courbe, si une telle identité était réalisable. En aucun autre sens on ne saurait légitimement attribuer à une courbe quelconque les propriétés que nous avons en vue ici, et dont nous allons nous occuper.

La tangente à une courbe en un point donné est le prolongement de l'élément rectiligne indéfiniment petit considéré en ce point, conformément aux explications précédentes. On a coutume de regarder cette droite comme la limite des sécantes qui ont toutes un point commun sur la courbe, lorsque les seconds points d'intersection tendent à se confondre avec le premier. Mais en général cette limite n'est pas donnée géométriquement; et il n'en est pas ici comme d'une courbe et d'un polygone inscrit, je suppose, cas dans lequel la limite est posée et définie d'avance aussi bien que la variable. Une définition générale, directe et proprement géométrique de la tangente suppose qu'on substitue à la courbe le polygone d'un nombre indéfini de côtés, et c'est la détermination de la limite d'une fonction qui résout le problème.

Pour éviter tout malentendu sur ce point délicat, remarquons qu'il y a trois manières d'envisager une ligne courbe : 1° particulièrement, à l'aide de quelque définition géométrique impliquant une construction : alors la tangente peut avoir une détermination spéciale aussi, comme dans les sections coniques; 2° généralement et par intuition : dans ce cas, l'imagination nous représente un tracé continu quelconque, et il est clair que cet ordre d'idées permet une entière assimilation du tracé courbe à un polygone dont les côtés seraient suffisamment petits et multipliés : ce n'est point là de la géométrie scientifique, mais c'est un appui, un fondement sensible et tout à fait nécessaire pour les objets abstraits de cette géométrie; 3° généralement encore, mais cette fois au moyen d'une fonction numérique (algébrique) de certaines variables, fonction continue dont les valeurs répondent à un nombre indéfini de points d'une portion quelconque du tracé. La tangente n'est plus le prolongement d'un côté du polygone qu'autant que les côtés sont multipliés indéfiniment entre deux points quelconques, et cette condition ne saurait être exprimée ni bien comprise que par le calcul. On peut alors la définir *une droite menée par un point de la courbe, et formant avec l'axe des x un angle dont la tangente trigonométrique est donnée par la valeur en ce point de la limite du rapport des différences de l'ordonnée aux différences de l'abscisse quand ces différences décroissent indéfiniment.* (Je suppose ici la courbe plane.)

La définition tirée du prolongement de la corde indéterminée substituée à l'arc de courbe est du domaine de l'intuition, mais rigoureuse et scientifique, grâce à l'analyse, et en tant qu'il est possible d'exprimer que les extrémités de cette corde sont séparées par un intervalle moindre que toute quantité assignée quelconque.

Soit $y = f(x)$ l'équation d'une courbe plane continue quelconque, en coordonnées rectangulaires; h et k, des accroissements indéterminés correspondants de l'abscisse et de l'ordonnée. Si nous pouvions obtenir une expression générale, en fonction de x et des constantes de la courbe, de la limite du rapport de k à h lorsque ces différences sont indéfiniment décroissantes, et cette condition même servant à l'élimination des indéterminées de l'équation, cette fonction nous ferait connaître la direction d'une droite menée par un point quelconque de la courbe, en prolongement d'une corde moindre que toute quantité assignée ou assignable de fait. Or, cette droite serait la tangente, en vertu de la définition.

Le problème géométrique de la droite tangente conduit, on le voit, à poser le problème algébrique de la recherche de l'expression générale de la limite du rapport de la différence d'une fonction à celle de sa variable, quand ces différences décroissent indéfiniment.

5. Problèmes des rectifications et des quadratures.

Les géomètres les plus attachés à la rigueur, ceux qui suivent la méthode des limites, déterminent les longueurs et les aires de courbes par les limites où tendent les périmètres et surfaces des polygones inscrits ou circonscrits, dont les côtés croissent de grandeur indéfiniment. En effet, ces périmètres et ces surfaces admettent l'application des formules de la géométrie élémentaire pour la mesure des figures à contours rectilignes, et conséquemment se laissent représenter par des nombres (sous la réserve de l'incommensurabilité, dont j'ai traité ailleurs). Mais il n'en est pas de même des courbes. Il n'est pas clair que celles-ci aient, en général, des longueurs et des aires numériquement évaluables. Même en prouvant que les limites de ces fonctions polygonales existent analytiquement, et de ce que les courbes de leur côté sont des limites intuitives des polygones, on ne saurait conclure que ceux-ci font atteindre la mesure de celles-là, si d'ailleurs on ignore comment de telles mesures peuvent se poser et se comprendre.

On essaye, il est vrai, de tourner la difficulté en considérant *par définition* la longueur et l'aire d'une courbe comme les limites des fonctions polygonales. Mais ces définitions de mots sont par elles-mêmes peu satisfaisantes, laissant de côté la question philosophique, et d'ailleurs ne répondant pas à ce qu'il y a nécessairement d'intuitif dans une science comme la géométrie. Je crois préférable d'établir avec netteté ce que, dans le fond, on est forcé d'avouer : la mesure *n'atteint* pas la courbe même, en tant que telle, mais épuise le polygone variable substitué à la courbe, un polygone qui a ce caractère de différer de la courbe aussi peu que l'on veut, quant à l'intuition géométrique, et dont la mesure se prend pour le cas, exprimable analytiquement, où aucune quantité, quelque petite qu'elle soit, ne saurait être assignée à la dimension de ses côtés. La méthode expliquée ci-dessus pour les tangentes est imposée ici encore plus rigoureusement.

Considérons un arc de courbe compris entre deux ordonnées rectangulaires et assimilé à un fragment de polygone dont les côtés indéterminés peuvent décroître de grandeur et croître en nombre indéfiniment. Il est facile d'exprimer un côté de ce polygone en fonction de la différence des abscisses et de la différence des ordonnées correspondantes à ses deux extrémités. La valeur ainsi déterminée, quand on suppose le côté indéfiniment décroissant, est la valeur symbolique d'un élément de l'arc en tant qu'accessible à la mesure. Et d'un autre côté, c'est la limite vers laquelle tendrait l'expression, si on la connaissait, d'une portion de périmètre de la courbe ainsi envisagée, prise entre des coordonnées dont on supposerait la différence indéfiniment décroissante. On voit par là que le problème de la *rectification* dépend de la recherche d'une *fonction qui aurait pour limite une fonction connue.*

Le problème des *quadratures* est analogue au précédent. Soit une aire comprise entre l'axe des abscisses, deux ordonnées rectangulaires et la courbe, assimilée à un polygone comme ci-dessus. Nous exprimerons la valeur de l'aire partielle correspondante à un seul côté du polygone. Cette valeur se déterminera elle-même, dans ce cas, comme une limite obtenue en annulant le terme dont la décroissance indéfinie est, à l'égard des décroissances indéfinies de la différence de l'abscisse et de la différence de l'ordonnée, ce que celles-ci sont à l'égard des variables ordinaires. Je reviendrai plus loin sur cette particularité, conséquence logique de la méthode des limites. Cela posé, on a la valeur symbolique d'un élément de l'aire en tant qu'accessible à la mesure; et d'un autre côté cette même valeur se présente comme la limite vers laquelle tendrait l'expression, si on la connaissait, d'une portion de l'aire de la courbe délimitée comme je l'ai dit, à mesure que la différence des ordonnées qui la comprennent suivrait le cours d'une décroissance indéfinie. On voit encore par là que le problème des quadratures dépend de la recherche d'une *fonction qui aurait pour limite une fonction connue*.

Le problème des aires fut justement nommé problème inverse des tangentes, puisque la solution en est ramenée à cette question d'analyse : *Déterminer une fonction telle que la limite du rapport de sa différence indéfiniment décroissante à la différence indéfiniment décroissante de sa variable, soit une fonction donnée*, et que le problème direct des tangentes dépend, comme nous l'avons reconnu, de la détermination de la limite du rapport de la différence d'une fonction à la différence de sa variable dans les mêmes conditions.

Il importe de remarquer que la détermination analytique d'une fonction dont la limite est connue résout un problème plus général que le problème proposé du calcul d'une aire ou d'un périmètre définis. Mais ce dernier problème se résout alors immédiatement en prenant la différence entre les valeurs particulières de la fonction obtenue qui correspondent aux coordonnées entre lesquelles sont comprises les aires ou périmètres demandés.

Le problème direct et inverse des limites doit se présenter toutes les fois qu'on s'est proposé la mesure, inabordable directement, d'un continu quelconque donné par une fonction de deux variables (pour n'en pas supposer ici un plus grand nombre); car ce qu'on peut chercher alors, c'est la limite du produit d'une somme indéfinie de valeurs par un quantité indéfiniment petite, et ces valeurs elles-mêmes sont celles que peuvent prendre la limite du rapport de l'accroissement d'une fonction donnée à l'accroissement de sa variable, lequel est cette quantité indéfiniment petite.

Je rappellerai ici, à titre d'éclaircissement, les formes données au problème des aires dans la doctrine de l'infini. L'aire comprise entre deux certaines ordonnées, par exemple, a été regardée comme la somme de toutes les ordonnées, en *nombre infini*, comprises dans cet intervalle. C'est le système des *indivisibles*, qui pèche contre la logique en ce qu'il prend une étendue à deux dimensions pour une somme d'étendues à une seule dimension. Ce vice n'est pas corrigé par la supposition d'une infinité effective de ces dernières. C'est seulement une contradiction ajoutée à une autre contradiction. Ensuite on a considéré l'aire comme la somme infinie des valeurs de l'ordonnée, multipliées par une fraction infiniment petite de l'abscisse. C'est le système infinitésimal proprement dit, très commode pour l'imagination et pour le discours, absurde comme le *nombre infini* lui-même, s'il est pris à la lettre, irréprochable seulement dans l'esprit de Leibniz, à qui cependant on l'a tant reproché, mais qui entendait ne l'employer qu'à titre de symbolisme et pour recouvrir la méthode des approximations indéfinies, dont il a très rigoureusement énoncé le principe et qui est la même que je m'efforce d'élucider.

Ainsi, le problème des tangentes, d'une part, le problème de la mesure des aires, de l'autre, nous ont conduit à nous poser deux questions d'analyse, inverses et complémentaires :

1° Une fonction quelconque étant donnée, et considérée par rapport à une variable indépendante, déterminer d'une manière générale, c'est-à-dire pour une valeur quelconque de cette variable, la limite du rapport de la différence de la fonction à celle de la variable, lorsque ces deux différences décroissent indéfiniment.

2° Étant donnée la fonction qui exprime la limite ainsi définie, et cela relativement à quelque autre fonction inconnue, déterminer cette dernière.

Si ces deux questions étaient résolues, nous posséderions, avec la solution des problèmes indiqués ci-dessus, celle de tous les problèmes dont l'analyse exige la considération de la quantité au point de vue de sa composition indéfinie.

6. Principes généraux du calcul de l'Indéfini.

En essayant de présenter sous une forme concise et didactique le procédé que nous avons suivi et les principes sur lesquels nous nous sommes fondé dans l'analyse des problèmes qui nous ont servi d'introduction et d'exemples, nous arrivons aux énoncés suivants :

A. Nous avons introduit, dans le calcul, des quantités indéterminées d'accroissement d'une fonction et de sa variable. Cette indétermination a dû rester pleine et entière dans le cours de l'analyse et être invoquée pour l'interprétation des résultats.

B. Ces accroissements indéterminés, nous les avons supposés d'avance moindres qu'aucune quantité qui pût nous être assignée, c'est-à-dire *indéfiniment petits*, ce qui nous était permis à raison de leur indétermination même, et, de là, nous avons tiré les conséquences portées aux articles suivants.

C. Quelque prolongée que fût supposée la diminution de nos indéterminées, il y avait lieu de leur reconnaître des rapports en général définis. Nous avons considéré, sous le nom de *limites*, des valeurs dont ces rapports s'approchent indéfiniment et dont ils peuvent différer de moins que de toute quantité assignée, sans jamais les atteindre. En déterminant ces limites, nous avons par là même éliminé les indéfiniment petits sans porter atteinte à leur indétermination propre, et après que, par leur moyen, certains résultats étaient obtenus.

D. Mais les accroissements indéterminés, soumis au calcul et traités comme les autres quantités, sous leurs symboles généraux, se sont présentés parfois dans nos équations en termes séparés, et non pas seulement par leurs rapports à d'autres quantités de même nature ; nous avons pu et dû les négliger alors comme nuls vis-à-vis des termes définis. Et, en effet, si, dans ce cas, nous en avions tenu compte, nous les aurions supposés par là même déterminés d'une manière quelconque ; au contraire, l'erreur que nous paraissions commettre en les négligeant ne pouvait être assignée sans erreur et sans contradiction. C'est le procédé constant d'élimination de ces sortes d'interminées après qu'on en a fait usage.

E. Enfin, la recherche d'une fonction de laquelle on connaît la limite du rapport de sa différence indéfiniment petite à la différence indéfiniment petite de sa variable, équivaut à la recherche de la limite de la somme d'un nombre indéfini de quantités indéfiniment petites. Ces deux opérations, l'une de division, l'autre de sommation, doivent s'accompagner toujours l'une l'autre et demeurer corrélatives dans la pensée du géomètre. Toute quantité est alors regardée comme la somme effectuée d'un nombre indéfini de fois l'une de ses parties aliquotes indéfiniment petite ; l'esprit de la méthode consistant à repousser par hypothèse toute valeur définie que cette partie aliquote pourrait recevoir. Cette convention fait atteindre des résultats analogues à ceux que l'on pourrait tirer de la donnée d'une composition naturelle dernière des quantités si la continuité de celles-ci permettait de fixer un terme à leur sous-division prolongée. Mais ici l'élimination des indéterminées a lieu rigoureusement, en vertu de l'hypothèse même qui les met en œuvre.

Ces choses étant bien entendues, il n'y a nul inconvénient de théorie, et l'avantage est grand pour le calcul, à opérer sur les indéterminées comme sur les quantités proposées elles-mêmes. Si, d'un côté, ces parties fictives du *quantum* se négligent, dans certains cas, sans erreur assignable, ou plutôt doivent être annulées par hypothèse, ainsi que je l'ai démontré, de l'autre, elles sont comparables entre elles; et comme elles sont indéfiniment composées elles-mêmes, il est permis de feindre de nouvelles indéterminées, indéfiniment petites, qui soient aux premières ce que celles-ci sont aux quantités définies. Il ne saurait y avoir de difficultés à cela, si l'on n'oublie point que l'analyse porte toujours et uniquement sur des rapports. Une extension tout à fait nécessaire est ainsi donnée à la méthode, car si trois quantités sont en proportion, si a est à b comme b est à c, b ne peut décroître indéfiniment par rapport à a que c ne décroisse indéfiniment par rapport à b.

Le sens que l'on doit attacher aux symboles des quantités indéfiniment petites est maintenant fixé, et nous pouvons énoncer le problème général du calcul de l'indéfini dans des termes nouveaux et plus simples dont le symbolisme convenu ne nous fera pas illusion :

1° Déterminer l'accroissement indéfiniment petit d'une fonction continue quelconque, correspondant à l'accroissement indéfiniment petit d'une variable;

2° Étant donné l'accroissement indéfiniment petit d'une fonction, correspondant à celui d'une variable, déterminer cette fonction.

On représente par dx, dy, dz, etc., les accroissements indéfiniment petits de x, y, z, etc. Si z est une fonction de x et de y, variables indépendantes, $\frac{dz}{dx}$, $\frac{dz}{dy}$, seront les symboles des limites des rapports des accroissements indéfiniment petits de la fonction à ceux de ses variables. Ensuite, ces limites étant elles-mêmes des fonctions dont les variables x et y ont de nouveaux accroissements indéfiniment petits que l'on peut supposer constants, $\frac{d^2z}{dx}$, $\frac{d^2z}{dy}$, représenteront les accroissements indéfiniment petits correspondants à dx ou à dy dans les nouvelles fonctions, et $\frac{d^2z}{dx^2}$, $\frac{d^2z}{dy^2}$, seront les symboles des nouvelles limites.

Enfin, cette notation se continue dans les symboles $\frac{d^3z}{dx^3}$, $\frac{d^3z}{dy^3}$, etc., etc.

Les indéterminées indéfiniment petites se nomment des *différentielles*, et les fonctions qui expriment les rapports des différentielles des fonctions à celles de leurs variables se nomment *coefficients différentiels* de ces fonctions relativement à ces variables. La détermination des limites des fonctions est la *différentiation*, qui se continue d'*ordre* en *ordre*, et indéfiniment, à moins que l'un des coefficients différentiels d'une fonction donnée ne se réduise enfin à une constante.

Telles sont les notations symboliques dues à Leibniz et qui sont universellement regardées encore comme les mieux adaptées au *calcul de l'indéfini*, quelque méthode d'ailleurs et quelques noms qu'on veuille adopter pour en exposer les fondements. Je crois en avoir présenté une interprétation vraiment rationnelle. Leur importance, spécialement en géométrie, et par suite dans la dynamique, tient à la facilité avec laquelle on détermine, par leur moyen, les fonctions limites qui font connaître de nombreuses propriétés de figure ou de quantité des fonctions données. Le principe de cette application consiste à traiter les termes différentiels comme nuls au regard de termes définis quelconques, ou de termes différentiels d'un ordre moins élevé qu'eux. Ils n'existent en un mot que pour leurs rapports mutuels. Puis les éléments différentiels des figures se prennent, les linéaires pour rectilignes, les superficiels pour plans. Toute la théorie générale des mesures dépend de cette double conception.

Il ne faut pas d'autres principes que ceux que je viens d'expliquer pour constituer cette partie de l'algèbre qui, sous le nom de calcul différentiel, s'attache à déterminer les coefficients différentiels de toutes les fonctions possibles, dans l'abstrait, et ensuite à parcourir les applications de la théorie de l'indéfini au calcul des fonctions en général, au développement des fonctions en séries et aux problèmes généraux de la géométrie.

Si le problème direct de la différentiation, avec le cortège de ses applications, peut être regardé comme une partie achevée des sciences mathématiques, il n'en est pas de même du problème inverse : *déterminer la fonction dont le coefficient différentiel est donné*. L'immensité des questions de philosophie naturelle dont l'*intégration* donnerait la clef mathématique, demeure suspendue à de futures découvertes. On n'a point à cet égard de méthode générale, ni même de très étendue. S'il y a là une borne imposée nécessairement à nos connaissances, il faudrait du moins discerner l'extrémité de la carrière, et, dans une science de cette nature, l'établir rationnellement, la démontrer. En ce sens la carrière est toujours ouverte.

En possession d'un domaine qu'ils se croient dans l'impuissance d'étendre notablement, les géomètres ont dû, plus que par le passé, porter leur attention sur la méthode. Un esprit de rectitude et de rigueur tend à s'établir dans l'enseignement. Encore un pas, et les professeurs qui rejettent la chimère de l'infini actuel rejetteront aussi les notions inexactes sous lesquelles elle se déguise : les incommensurables commensurés, les limites numériques qui ne sont ni nombres entiers ni nombres fractionnaires, et en un mot le nombre continu. Les principes du calcul infinitésimal se fixeront dans les notions claires de l'indéfini, de l'indéterminé et de l'arbitraire. Alors seulement l'ancienne métaphysique aura cessé d'obscurcir une science qui passe à tort pour lumineuse, en son état actuel, et l'étude des mathématiques sera la meilleure introduction à la vraie philosophie, c'est-à-dire à la critique générale des connaissances.

7. Auguste Comte et la philosophie des mathématiques.

Je peux distinguer dans le *Cours de philosophie positive* de Comte cinq classes de catégories : la première seulement pour mémoire, et me conformer à l'usage ; il s'y agit de philosophie proprement dite. Comte émet volontiers des assertions qui le rattachent à l'école sensationniste, mais ne sent point la nécessité de les justifier. Puis il accepte le principe de relativité des connaissances, que nous devons surtout à Hume, mais il n'éclaircit nulle part ni ce principe, ni l'idée de loi, par opposition à celle de phénomène, et ne se préoccupe en rien des conditions générales de la connaissance. Sous le nom de *métaphysique*, ce philosophe a en réalité toute philosophie première en horreur.

La seconde classe comprend des lois sur le développement de l'esprit en général, ou de la science, lois dont Comte s'est donné comme l'inventeur, parmi lesquelles la fameuse loi des *trois états* tient le premier rang, et qui ne survivront pas facilement aux critiques dont elles ont été l'objet parfois de la part de philosophes qui font profession de s'être instruits dans l'école positiviste.

La troisième classe se rapporte au progrès des institutions et des sociétés humaines. Les applications de ces théories à l'histoire moderne et les prédictions à courte date imprudemment risquées en conséquence ont reçu des événements de cruels démentis.

La quatrième classe est celle des jugements souverains portés sur les différentes sciences, leurs définitions, leurs méthodes, leurs hypothèses : la physique, la chimie, la biologie, les rapports mutuels de ces études et les tendances à prescrire aux recherches. Cette partie de l'œuvre est aujourd'hui surannée. Comte n'a pas souvent rencontré juste dans les conseils qu'il offrait aux savants ou dans les limitations qu'il prétendait leur imposer.

La cinquième classe, que je sépare en la nommant la dernière, afin de m'y arrêter, est relative aux mathématiques. Le premier volume de l'ouvrage y est tout entier consacré. On est en général porté à croire que, là du moins, les travaux du créateur de la philosophie positive sont irréprochables et profonds. C'est en effet le terrain de sa spécialité première et constante. Examinons les fondements qu'il y a élevés.

Voulant tout ramener aux sensations, Comte, pour arriver à une définition des sciences mathématiques, part de l'idée, que lui-même trouve grossière, d'une mesure à obtenir par voie de comparaison matérielle entre une grandeur et une autre de la même espèce. Ce qui, selon lui, rend le procédé mathématique, c'est que la mesure se prend indirectement, et non plus directement, ce qui ne serait presque jamais praticable. On cherche à déterminer des relations de la grandeur proposée, avec d'autres de même ou de différente espèce, en sorte que la mesure de l'une dépende de la mesure plus accessible d'une autre. Ne semblerait-il pas, sur cette explication, que si chaque quantité pouvait se comparer directement à quelque unité de sa nature, les mathématiques seraient inutiles? On ne connaîtrait pourtant rien du cosmos. Comte, en établissant sa définition, de laquelle il s'élève ensuite, il est vrai, à l'idée générale des fonctions de quantité, pèche contre l'ordre logique, qui doit primer l'ordre sensible, en mathématique. Il nomme *indirecte* une méthode scientifique aussi directe qu'il en puisse exister, et dont le vrai caractère est d'être *générale*, de la plus haute généralité possible en ce genre. Supposons que différentes grandeurs dont les états sont liés dans la nature nous soient exactement connues dans leurs modes et degrés de liaisons, en telle sorte que le rapport de chacune d'elles à son unité convenablement choisie puisse être déduit des rapports de celles dont elle dépend à leurs unités respectives, quand ces derniers sont donnés n'importe comment ou par quels moyens. Dans cette hypothèse, nous possédons la mesure de certaines grandeurs par certaines autres; et c'est, en théorie, ce qui s'appelle *mesurer*. Ainsi, l'idée de mesure est un cas particulier de l'idée de relation ou fonction mathématique. L'hypothèse que nous mettons en avant est celle d'une connaissance mathématique du monde, ou partie du monde. Elle n'implique aucune mesure directe ni indirecte, mais seulement s'appuie sur le grand fait constamment vérifié de la dépendance quantitative mutuelle des phénomènes, qui peuvent en conséquence être dits se mesurer les uns les autres. Celui qui a étudié la géométrie élémentaire connaît la mesure, toutes sortes de mesures possibles des lignes, surfaces et volumes, entre lesquels il a institué des comparaisons, sans qu'il ait jamais eu besoin de prendre aucune mesure *directe* sur le terrain ou sur le tableau. Ce fait, que la géométrie montre réalisé dans une science abstraite, s'étend aux phénomènes les plus concrets. Que néanmoins les sciences physiques, l'astronomie en première ligne, exigent des mesures matérielles et des instruments pour les effectuer, cela est certain ; mais il n'est pas moins vrai que ces mêmes sciences, dans leurs parties constituées, nous donnent à envisager des suites et des systèmes de relations ou mesures mutuelles d'une multitude de grandeurs, sans que rien soit utile pour les comprendre de ce que Comte appelle une mesure directe et dont les mathématiques pures n'ont jamais que faire. (Voy. *Cours de philosophie positive*, édit. origin., t. I, p. 119 et suiv.)

On ne peut qu'approuver, en principe, la démarcation tirée par Comte entre l'arithmétique et l'algèbre, définies l'une comme le *calcul des valeurs* et l'autre comme le *calcul des fonctions*. Même les conséquences extrêmes de ce mode de classification, qui vont jusqu'à comprendre dans l'arithmétique la *théorie des nombres* et la *résolution numérique des équations*, sont bien justifiées, à tout autre point de vue que celui de l'usage des mots. On pourrait alors nommer *arithmétique élémentaire décimale* celle qu'on a coutume de circonscrire en vue de l'enseignement. Il est certain que l'emploi d'un système particulier de numération n'est point ce qui caractérise l'arithmétique, puisque les règles et les démonstrations qui constituent cette science se transporteraient sans peine à tout autre système. Et d'une autre part il semble bien que tout ce qui a pour objet, non les propriétés et transformations des fonctions, mais le calcul de leurs valeurs numériques, ou encore les propriétés des nombres comme tels, à raison de la place qu'ils occupent dans la série naturelle, doit revenir à la science qui a le nombre pour objet. Comte a donc bien distingué le seul principe de classification rationnelle applicable à ce sujet.

Mais il ne s'ensuit pas qu'il n'existe point une réelle unité de ces deux sciences, l'arithmétique, l'algèbre, qui l'une comme l'autre ont pour unique objet des nombres, celle-là, les déterminant toujours, ou du moins ne visant qu'à les déterminer, même quand elle les représente, ainsi que leurs relations, par des symboles, ce que rien n'empêche ; celle-ci, s'appliquant exclusivement à ces relations, qu'elle tient toujours abstraites et générales, et ne se proposant que d'en étudier les combinaisons et transformations. Comte méconnaît cette unité, quand il blâme Newton d'avoir employé, pour désigner l'algèbre, le nom d'*arithmétique universelle*. Il serait plus exact de dire que Newton donne ce nom à l'ensemble des deux sciences, car elles sont réunies dans celui de ses ouvrages qui porte ce titre. Et voici comment il le comprend. D'abord après le titre, *arithmetica universalis*, le sous-titre porte : *sive de compositione et resolutione arithmetica*, comme qui dirait aujourd'hui : *arithmétique universelle, ou des faits et lois de composition et de décomposition des relations numériques*. L'objet ainsi indiqué n'embrasse-t-il pas effectivement et le calcul expressément numérique qui compose et décompose des nombres évalués, et le calcul numérique généralisé, qui compose et décompose les expressions symboliques de rapports destinés à se terminer à des nombres, évaluables ou non, mais n'ayant aucun autre sens que celui de la quantité? Newton commence par constater que l'*arithmétique vulgaire* compute des *nombres*, tandis que les *analystes* computent des *symboles* (*species*). Ceci n'a point cessé d'être vrai, attendu que l'algèbre emploie le symbole nécessairement, par méthode, et l'arithmétique sans nécessité, sans perdre de vue le nombre évalué. Newton continue : « Ces deux sciences reposent sur les mêmes fondements et tendent au même but : l'arithmétique d'une manière définie et particulière, l'algèbre d'une manière indéfinie et universelle, si bien que les conclusions et presque tous les énoncés, dans ce dernier calcul, peuvent être dits des théorèmes. » Il me semble que tous les progrès du calcul des fonctions depuis un siècle ou deux n'ont rien ôté à la vérité de ce passage, et Newton avait de son temps, quoi qu'en dise Comte, tous les éléments voulus pour établir la saine corrélation de ces deux sciences. (Voyez le *Cours*, p. 178 et suiv., et comp. Newton, *Arithmetica universalis*, sub init.)

Comte a réussi à donner une idée juste et étendue de la nature des fonctions mathématiques, mais il a été moins heureux pour déterminer ce qui constitue une fonction abstraite simple, distincte, et ce qui permet de regarder comme indéfini le nombre de ces fonctions qui auraient *in abstracto* les mêmes titres a être classées, dénommées et employées, s'il se peut, que le petit nombre de celles dont les mathématiques font actuellement usage. Il paraît même n'avoir pas fait attention au mode de dérivation de ces dernières, qui sortent les unes des autres par la même loi, successivement et chacune de la précédente, en partant de la sommation, qui est la première, de manière qu'on en puisse imaginer et définir autant qu'on veut de nouvelles. Il parle en effet (p. 172) des premiers couples de fonctions simples usitées, des deux variables, comme « des différents modes de dépendance abstraite *que nous pouvons maintenant concevoir* entre y et x »; et il dit plus loin (p. 190) : « Nous ne concevons nullement de quelle manière on pourrait procéder à la création de nouvelles fonctions abstraites élémentaires remplissant convenablement toutes les conditions nécessaires. » Enfin il n'y a d'après lui aucun empêchement rationnel à ce que de telles fonctions soient produites, mais il ignore comment elles pourraient l'être. Il ne s'avise pas de remarquer qu'elles doivent toutes se rattacher à la sommation, en vertu de la nature même de la question et de leur caractère fondamental de *nombres*, ni, par suite, de rechercher comment s'y rattachent celles qui sont actuellement employées. Le germe d'une théorie de la génération des fonctions numériques simples, successives, se trouve dans Euler (*Éléments d'algèbre*, ch. xx), et j'ai montré quel développement il peut recevoir. (Voy. ci-dessus, p. 137.)

L'ordre des questions amène ici l'opinion de Comte sur ce qu'il nomme assez puérilement le calcul des fonctions indirectes, et qui n'est autre que le calcul infinitésimal. Mais il faut d'abord appeler l'attention sur une vaste lacune de sa philosophie mathématique. Les idées générales de nombre et d'unité, le sens général de la fonction et celui de l'incommensurable, dans le calcul, ne reçoivent de lui aucun éclaircissement. Ce n'est pas qu'il ne montre à merveille quelles sont les conditions et les exigences d'une méthode générale en algèbre et, par suite, à quel titre des expressions négatives ou imaginaires, par exemple, doivent être reçues dans l'étude des fonctions. Cette explication peut s'étendre sans peine à l'emploi des symboles de rapports, tant impossibles que possibles, entre les grandeurs, en un mot des incommensurables; mais elle ne rend pas compte de leur signification intrinsèque. La fraction en général, ou signe de rapport généralement inassignable, d'opération inexécutable, de nombre inévaluable dans l'abstrait, la fraction soulève la même difficulté. La plupart des mathématiciens se contentent là-dessus à peu de frais en acceptant pour ce qu'ils appellent *nombre* ou *rapport*, je ne dis pas une définition, ils n'en ont point, mais je ne sais quelle notion vague qu'on prétend généralisée, qui couvre une contradiction, puisqu'il s'agit alors d'un nombre dont, par hypothèse, l'unité n'existe point en général et qui, en général, par conséquent, est un nombre qui n'est pas un nombre. D'autres, plus éclairés, se forgent une espèce de mysticisme mathématique et croient à l'insondable existence en soi des inépuisables que forge l'esprit. Parfois les imaginaires viennent prendre place à côté des incommensurables, dans cette galerie des inintelligibles. Mais pour Comte la difficulté est insoluble, et voilà pourquoi il ne l'aborde point. D'une part, il répugne à tout ce qui est idée pure, et le nombre abstrait, pour lui, prend origine dans le nombre concret et dans la *mesure directe* : c'est assez dire qu'il ne peut sous aucun prétexte admettre des nombres réels inévaluables. D'un autre côté, le sentiment impérieux, ou plutôt dans ce cas le tenace préjugé de la rigueur mathématique s'oppose absolument à ce qu'il avoue que toutes les théories générales touchant la mesure des grandeurs sont fondées sur le concept de l'approximation indéfinie.

Indéfinie, c'est ce qu'il ne peut comprendre, non plus que l'espèce de rigueur spéciale qui appartient à un calcul approximatif dont la dernière limite d'approximation est enlevée par l'effet d'une méthode et par la vertu des concepts universels. Lorsque, après avoir négligé toutes les questions et difficultés préparatoires de celles du calcul infinitésimal, qui est si loin d'être isolé, sous ce rapport, de tout le reste des mathématiques, Comte arrive à ce dernier, il éprouve un tel besoin de s'en déguiser la nature, qu'il va jusqu'à nommer *hétérogènes* les considérations qui ont guidé les inventeurs Newton et Leibniz. (P. 230.) C'est Lagrange, venu longtemps après, qui est rentré dans l'ordre naturel des idées en instituant un calcul *purement algébrique* de fonctions, dites *dérivées*, qui servent *indirectement* à la solution des problèmes ; comme si elles y servaient pour une autre raison que d'être les anciens coefficients différentiels dont on masque la signification et l'origine! Ceci ne peut paraître que bien plaisant à quiconque sait de quoi il s'agit. Certes, il est trop juste de vanter le travail accompli, et souvent même avec une utilité imprévue, par la forte tête de Lagrange ; mais présenter ce géomètre comme ramenant la science à ses véritables conditions, parce qu'il supprime l'idée mère de l'*exhaustion* des éléments, qui a guidé non seulement Newton et Leibniz, mais tous leurs prédécesseurs, Barrow, Fermat, Pascal, Cavalieri, etc., et les anciens, tels qu'Archimède, dans la carrière des découvertes ; traiter d'indirecte au fond une méthode où se trouve définitivement éclairée la marche secrète et *directe* dont les vieux géomètres déguisaient la trace sous de longues démonstrations détournées et embarrassées (*involutissimas Cononis et Archimedis artes detegere cœperunt*, dit Leibniz en parlant de Cavalieri et de Galilée, Opp., t. III, p. 192), c'est vraiment pousser trop loin l'esprit de système. Et cela quand cette algèbre pure à laquelle on se flatte de réduire le principe du calcul infinitésimal présente exactement les mêmes problèmes philosophiques que soulève ce calcul directement abordé, mais auxquels on a seulement l'habitude de passer outre sans regarder. Il suffit de méditer un moment sur la nature des questions et des solutions, dans les mathématiques appliquées, pour comprendre qu'une méthode à la fois naturelle et générale doit envisager les grandeurs croissantes et décroissantes dans le concret et le continu; que les problèmes de géométrie ou de mécanique, sitôt qu'on les généralise, y conduisent inévitablement, et qu'il est vain d'espérer qu'une méthode algébrique indirecte arrive à posséder la seule qualité qui, selon Comte, manque à la méthode de Lagrange : « plus d'aptitude aux applications ».

Comte ne marchande pas les louanges à Leibniz. Il méconnaît cependant l'idée mathématique essentielle de ce philosophe, et lui attribue une faute si lourde, que nul géomètre ancien ni moderne n'eût pensé à la commettre : celle de présenter son nouveau calcul comme un calcul d'approximation purement et simplement. Il suffit pourtant de feuilleter les œuvres de Leibniz, ce que Comte paraît bien n'avoir pas fait, pour trouver la mention souvent répétée du genre d'approximation tout symbolique impliqué dans la notation leibnizienne, et de la démonstration *a posteriori* qui s'y joint et rétablit la rigueur. J'emploierais toute une page rien qu'à indiquer des références. Voici un passage tiré d'un ouvrage des plus répandus : « On s'embarrasse dans les séries des nombres qui vont à l'infini. On conçoit un dernier terme, un nombre infini ou infiniment petit, mais tout cela ne sont que des fictions. Tout nombre est fini et assignable, toute ligne l'est de même, et les infinis ou infiniment petits n'y signifient que des grandeurs qu'on peut prendre aussi grandes ou aussi petites que l'on voudra pour montrer qu'une erreur est moindre que celle qu'on a assignée, c'est-à-dire qu'il n'y a aucune erreur. » (*Essais de théodicée*, éd. orig., p. 84.) Mettons en regard de cette explication cent fois répétée dans les recueils scientifiques du temps et dans les correspondances publiées, le passage de Comte (p. 242) : « Il fallait revenir nécessairement sur les fondements de l'analyse leibnizienne pour constater généralement l'exactitude rigoureuse des procédés employés, malgré les infractions apparentes qu'on s'y permettait aux règles ordinaires du raisonnement. Leibniz, pressé de répondre, avait lui-même présenté une explication tout à fait erronée en disant qu'il traitait les infiniment petits comme des *incomparables*, et qu'il les négligeait vis-à-vis des quantités finies, *comme des grains de sable par rapport à la mer*, considération qui eût complètement dénaturé son analyse en la réduisant à n'être plus qu'un simple calcul d'approximation, qui, sous ce rapport, serait radicalement vicieux, puisqu'il serait impossible de prévoir, en thèse générale, à quel point les opérations successives peuvent grossir ces erreurs premières, dont l'accroissement pourrait même évidemment devenir insi quelconque. Leibniz n'avait donc entrevu que d'une manière extrêmement confuse les véritables fondements rationnels de l'analyse qu'il avait créée ! »

Comte ne dit point où est ce passage des *grains de sable*, qu'il rapporte certainement de seconde main. Voici l'un de ceux qui pour les lecteurs inattentifs favorisent la méprise : « Afin d'éviter ces subtilités (les subtilités métaphysiques sur le continu), j'ai cru que pour rendre le raisonnement sensible à tout le monde, il suffirait d'expliquer l'infini par l'incomparable, c'est-à-dire de concevoir des quantités incomparablement plus grandes ou plus petites que les nôtres, ce qui fournit autant qu'on veut de degrés d'incomparables, puisque ce qui est incomparablement plus petit entre inutilement en ligne de compte à l'égard de celui qui est incomparablement plus grand que lui. C'est ainsi qu'une parcelle de matière magnétique qui passe à travers du verre n'est pas comparable avec un grain de sable, ni ce grain avec le globe de la terre, ni ce globe avec le firmament. Et c'est pour cet effet que j'ai donné un jour des lemmes des incomparables dans les *Actes de Leipsig* (il parle ici de la première exposition de son algorithme en 1784), qu'on peut entendre comme on veut, soit des infinis à la rigueur, soit des grandeurs seulement qui n'entrent point en ligne de compte les unes aux prix des autres. » Jusque-là, dans ce passage, la pensée proprement mathématique est obscure et la notion des incomparables physiques semble dominer. Mais il faut aller jusqu'au bout ; il y a une conclusion, et la même dans tous les passages similaires. Leibniz ajoute immédiatement :

« Mais il faut considérer en même temps que ces incomparables communs mêmes, n'étant nullement fixes ou déterminés et pouvant être pris aussi petits qu'on veut dans nos raisonnements géométriques, font l'effet des infiniment petits rigoureux, puisqu'un adversaire voulant contredire à notre énonciation, il s'ensuit par notre calcul que l'erreur sera moindre qu'aucune erreur qu'il pourra assigner ; étant en notre pouvoir de prendre cet incomparablement petit assez petit pour cela, puisqu'on peut toujours prendre une grandeur aussi petite qu'on veut... C'est sans doute en cela que consiste la démonstration rigoureuse du calcul infinitésimal dont nous nous servons, et qui a cela de commode qu'il donne directement et visiblement, et d'une manière propre à marquer la source de l'invention, ce que les anciens comme Archimède donnaient par circuit dans leurs réductions *ad absurdum*; ne pouvant pas, faute d'un tel calcul, parvenir à des vérités ou solutions débarrassées, quoiqu'ils possédassent le fondement de l'invention; d'où il s'ensuit que si quelqu'un n'admet point les lignes infinies et infiniment petites à la rigueur métaphysique et comme des choses réelles, il peut s'en servir sûrement comme de notions idéales, qui abrègent le raisonnement; semblables à ce qu'on appelle racines imaginaires dans l'analyse commune. Lesquelles, toutes imaginaires qu'on les appelle, ne laissent pas d'être utiles et même nécessaires à exprimer analytiquement des grandeurs réelles; étant impossible, par exemple, d'exprimer sans l'intervention des imaginaires la valeur analytique d'une droite nécessaire à faire la trisection de l'angle donné. Tout comme on ne saurait établir notre calcul des transcendantes sans employer les différences qui sont sur le point d'évanouir, en prenant tout d'un coup l'incomparablement petit au lieu de ce qu'on peut assigner toujours plus petit à l'infini. » (Lettre de Leibniz à Varignon, Opp. Dutens, t. III, p. 370.)

Leibniz ne s'est point proposé l'objection que Comte indique en disant que le calcul infinitésimal, même entendu comme calcul d'approximation, serait encore vicieux, faute pour l'analyste de pouvoir assigner des limites à l'erreur. Mais est-elle bien fondée? Il me paraît clairement que non, du moment que l'approximation, toute théorique, est indéfinie, et l'erreur quelconque niée par le théoricien. Fallût-il, à la rigueur, inscrire en tête du calcul de l'indéfini un lemme ou postulat pareil à d'autres qu'on avoue être indispensables dans certaines théories, cette condition ne le rendrait point *radicalement vicieux*, non plus que le besoin du postulat indémontré d'Euclide ne vicie la théorie des parallèles, ou non plus que, selon Comte lui-même, l'usage *concret* des quantités négatives dans les équations n'est matière à scrupule par la raison qu'on ne serait pas encore parvenu à en établir généralement et rigoureusement la légitimité. C'est du moins ce qu'il pense avec la plupart des géomètres, qui reconnaissent là, mais à tort, je crois, l'existence d'un desideratum mathématique. (*Cours*, p. 218.) A l'égard du calcul infinitésimal, il s'agirait du lemme que voici : « Si une ou plusieurs quantités entrant dans une fonction subissent des accroissements ou des diminutions arbitraires, entre de certaines limites où cette fonction est continue, on pourra toujours, en disposant des valeurs de ces accroissements ou de ces diminutions indéfiniment réduits, faire descendre au-dessous d'une quantité assignée, quelque petite qu'elle soit, la différence entre les valeurs que prend la fonction selon que les quantités en question subissent ou non ces sortes de modifications. » Ce lemme est visiblement supposé par Leibniz dans les passages que j'ai cités et autres similaires. S'il est admis, il est clair que, d'une part, l'introduction des symboles infinitésimaux dans les conditions géométriques ou mécaniques et dans l'équation d'un problème, et, d'une autre part, la suppression de ces mêmes symboles, égalés séparément à zéro, quand on ne les compare qu'à des termes ordinaires, se justifieront comme le dit Leibniz en prouvant que l'erreur est inassignable, partant nulle. La double erreur compensatoire envisagée dans l'ingénieuse *Métaphysique du calcul différentiel* de Carnot devient une double erreur nulle. Mais il y a plus, et je crois que le lemme est démontrable, de la manière dont j'ai fait voir ci-dessus, à propos des incommensurables, que si, dans une fonction, on considérait, à la place de quantités a, b, c, etc., supposées n'avoir point de commune mesure, d'autres quantités a, $b+\varepsilon$, $c+\varepsilon'$, etc., disposées pour en avoir une, on pouvait diminuer indéfiniment à volonté l'écart entre la fonction sous le premier point de vue et la fonction sous le second (en admettant pour un moment, ce que d'ailleurs je niais, que la fonction sous le premier point de vue pût recevoir une signification correcte).

Je reprends ici cette démonstration avec la notation propre du calcul leibnizien et en l'appliquant à une fonction de deux variables $f(x, y)$. Si x et y reçoivent des accroissements (positifs ou négatifs), dx, dy, on a nécessairement :

$$f(x, dx, y, dy) = f(x, y) + \varphi(x, dx, y, dy),$$

en désignant par $\varphi(x, dx, y, dy)$ une fonction, séparable ou non pour nos moyens de calcul, formée de toutes les parties de $f(x, dx, y, dy)$ qui se réduisent à zéro quand on pose $dx = 0$, $dy = 0$. Mais si f est une fonction continue, par hypothèse, entre les limites des accroissements considérés des variables, il est impossible que $\varphi(x, dx, y, dy)$ soit de nature à s'annuler pour les valeurs $dx = 0$, $dy = 0$, sans qu'il y ait de part et d'autre de x et de y, dans cette fonction, des intervalles tels qu'à la diminution graduelle constante de dx et de dy corresponde une diminution graduelle constante de φ. Autrement, φ deviendrait nul par voie de discontinuité, et f passerait de la même manière d'une valeur $f(x, dx, y, dy)$ à une autre valeur $f(x, y)$ sans intermédiaires. Or, non seulement dx et dy sont considérés dans l'intervalle de continuité, mais encore, dans cet intervalle, ils peuvent recevoir des diminutions arbitraires indéfinies. La différence des deux valeurs de la fonction diminue en même temps indéfiniment et a zéro pour limite. Donc on peut faire descendre au-dessous d'une quantité assignée, quelque petite qu'elle soit, l'erreur toute symbolique introduite dans le calcul; donc cette erreur n'est point assignable; donc enfin elle est nulle.

Je reviens à des erreurs de nature bien différente : celles de la philosophie mathématique de Comte. Mais elles sont si naïves, sur les points qui me restent à parcourir, qu'elles n'offrent en vérité aucun intérêt. Je veux parler des idées que Comte se formait des essences géométriques, et de la géométrie même, science naturelle à son avis, et enfin de la réduction générale de la qualité à la quantité dans son idéal de progrès des sciences.

Ses explications sur la nature de l'espace, du volume, de la surface et du point sont étranges, incompréhensibles en somme. D'un côté, il veut que nous concevions ces images géométriques d'une manière abstraite, ce qui est requis évidemment pour la rigueur des démonstrations, mais ce qui établit dans l'esprit des notions pures. D'un autre côté, il rejette ces notions de la façon la plus catégorique. Il déclare qu'encore qu'il faille substituer aux corps, *sous le rapport géométrique*, *l'empreinte* qu'ils laisseraient dans un fluide où ils auraient été placés, et que l'*observation*, lorsque nous pensons à cette empreinte, nous suggère la notion de l'espace comme milieu indéfini (je ne conçois rien à une empreinte observable laissée dans un gaz!), cependant nous devons nous représenter cet espace, quant à sa *nature physique*, comme gazeux, de même que nous nous le représenterions comme liquide si nous étions poissons. On ne voit point à quoi sert ici cette représentation qu'il dit *spontanée* et que *nous devons* avoir. Il me semble en tout cas que personne ne la confond avec l'idée propre de l'espace. Mais son service est, selon Comte, de nous aider à concevoir l'*image fondamentale* de l'étendue séparément des corps.

Cette image fondamentale comporte trois dimensions absolument inséparables. Nous faisons abstraction d'une ou de plusieurs de ces dimensions, et même la construction de la géométrie est à ce prix, et pourtant il nous est *évidemment impossible de concevoir aucune étendue absolument privée* de l'une quelconque d'entre elles. Qu'est-ce alors que cette abstraction dont les objets sont inconcevables, et que penser de ces inséparables qu'elle sépare? C'est nous dire qu'il faut concevoir les dimensions séparément, car faire abstraction de quelqu'une d'entre elles ne signifie rien ou signifie cela; et on avoue cette abstraction nécessaire; et puis c'est nier ce qu'on a dit, en ajoutant : « Il serait impossible de se représenter une surface autrement que comme une plaque extrêmement mince, etc. Le degré de ténuité attribué par chaque individu aux dimensions dont il veut faire abstraction n'est pas constamment identique, car il doit dépendre du degré de finesse de ses observations géométriques habituelles... Il suffit, pour que les idées de surface et de ligne remplissent la condition essentielle de leur destination, que chacun se représente les dimensions à négliger comme plus petites que toutes celles dont ses expériences journalières lui donnent occasion d'apprécier la grandeur. » (P. 352 et suiv.)

Voilà donc comment s'exprime le philosophe qui adresse à Leibniz le reproche qu'on a vu. Ses propres principes font de la géométrie tout entière une méthode d'approximation *radicalement vicieuse*. Il est clair que si ce grand abstracteur de quintessences, Euclide, n'eût eu qu'une mince école, Auguste Comte l'eût fort malmené ! Et c'est en sortant de donner ces belles explications qu'il ose parler des *discussions fantastiques des métaphysiciens sur les fondements de la géométrie*, et de la *manière peu philosophique* dont les géomètres présentent habituellement ces idées *primordiales !* (P. 356.)

La géométrie, « science physique », « science naturelle », ne peut être qu'un recueil de vérités approximatives, dès que la théorie en est fondée sur la totale abstraction des dimensions du point, de l'épaisseur des surfaces et de la largeur et épaisseur des lignes. Au lieu de suivre le préjugé et de louer les « spéculations géométriques » qui en devenant abstraites ont acquis plus de simplicité, plus de généralité, et revêtu « un caractère entièrement rationnel », il serait logique à ce point de vue de déplorer la nécessité qui oblige la science à payer ces beaux attributs par l'abandon de quelque chose de plus précieux : la vérité réelle et *naturelle*, la vérité physique observable des propositions. Pas un théorème, en effet, qui s'applique rigoureusement à des figures limitées par des points à trois dimensions, ou par des lignes et surfaces du même acabit. L'exactitude mathématique n'est pas dans la nature.

Il n'est plus même question d'abstraction, encore bien moins d'induction, comme chez son demi-disciple Stuart Mill, dans le passage où Comte s'explique sur les propositions fondamentales de la géométrie. C'est à la « simple observation immédiate » qu'il en demande les titres de créance. Aussi n'approuve-t-il pas qu'on en veuille réduire le nombre au moindre possible, quand il faut pour atteindre ce but, désirable sans doute, employer des démonstrations « détournées et indirectes », quoique « logiquement irréprochables » peut-être. (P. 406-407.)

Pour achever maintenant de se former une juste idée des fondements de la « philosophie positive », il faut remarquer que la science mathématique telle qu'on vient de la voir définie, à l'exclusion de tout élément idéal, et ne se rapportant en toutes choses qu'à des vérités d'à peu près, grâce aux inexplicables abstractions qui l'éloignent de la nature, la science mathématique est, « sous le point de vue logique, rigoureusement universelle ». Par ces mots, Comte n'entend point parler seulement de l'universalité qui donne à considérer en toute question des éléments quantitatifs, mais de celle qui réduirait tout fait et tout problème à une pure question de quantité. Dans toutes nos recherches, dit-il formellement, *à quelque ordre de phénomènes qu'elles se rapportent*, nous avons définitivement en vue d'arriver à des nombres, à des doses; et comme branches pour ainsi dire de droit de cette mathématique universelle, il cite aussitôt la pathologie et la thérapeutique, où on ne contestera pas en effet qu'il s'agisse d'*arriver à des doses*. « On objecterait vainement, contre une telle conception, la division générale des idées humaines selon les deux catégories de Kant, de la quantité et de la qualité, dont la première seule constituerait le domaine exclusif de la science mathématique. Le développement même de cette science a montré depuis longtemps le peu de réalité de cette superficielle distinction métaphysique. » Et comment Comte justifie-t-il cet arrêt tranchant et méprisant? En alléguant : 1° la réduction déjà effectuée de la géométrie, de la mécanique et de la thermologie (*sic*), à la mathématique abstraite; 2° l'opinion, à son avis, unanime des géomètres vivants qui considèrent « cette généralisation graduelle comme pouvant s'appliquer, dans un sens purement théorique, à toutes nos idées réelles quelconques, en sorte que tout phénomène soit logiquement susceptible d'être représenté par une équation ». (P. 149 et suiv.) On croit rêver en rencontrant de pareils arguments, une induction de cette espèce, qui consiste à inférer qu'un chemin allant de A en B se continue nécessairement par là même, et va de B en C, et puis en D, et aussi loin que la terre s'étend; et une telle manière de faire opiner les géomètres, dont la plupart n'ont jamais imaginé, je crois (affirmation pour affirmation), que toutes leurs *idées réelles quelconques* pussent être représentées par des équations!

Mais ce n'est que *logiquement* que Comte envisage cet idéal. Il fait d'ailleurs les réserves les plus formelles, motivées sur la faiblesse de l'esprit humain; et nul ne peut l'accuser d'avoir transporté, de fait, la mathématique hors de son domaine. Il mérite plutôt un reproche contraire pour avoir nié l'astronomie stellaire et le calcul des probabilités. Il n'est pas moins vrai qu'une réduction qu'il croit réelle en soi, quoique inexécutable à nos forces, de toutes choses à la quantité, et par exemple des faits de l'intelligence à ceux de la gravitation (p. 5), nous fait connaître sa philosophie. L'idée mère en est toujours celle que son maître, le charlatan Saint-Simon, comme il l'a nommé, publiait en 1807 sous cette forme originale :

« Faites la supposition que vous avez acquis connaissance de la manière dont la matière s'est trouvée répartie à une époque quelconque, et que vous avez fait le plan de l'univers, en désignant par des nombres la quantité de matière qui se trouvait contenue dans chacune de ses parties : il sera clair à vos yeux qu'en faisant sur ce plan application de la loi de la pesanteur universelle, vous pourriez prédire, aussi exactement que l'état des connaissances mathématiques vous le permettrait, tous les changements successifs qui arriveraient dans l'univers.

» Cette supposition placera votre intelligence dans une position où tous les phénomènes se présenteront à elle sous les mêmes apparences ; car en examinant sur le plan de l'univers la partie occupée par votre individu, vous ne trouveriez point aux phénomènes que vous avez appelés *moraux* et à ceux que vous avez appelés physiques un caractère différent.

» L'indication que je viens de vous donner est suffisante pour que l'idée soit entendue par les mathématiciens.

» ... En cas que force majeure m'empêche de faire le travail de réduction des idées intermédiaires, avec un peu de méditation, tout homme pour lequel la conception de la pesanteur universelle sera une sensation claire, et qui sera au courant des connaissances physiologiques, les observations sur les progrès de l'esprit humain comprises, pourra facilement les établir. » (Voy. *Lettres d'un habitant de Genève à ses contemporains*, sub fin.)

Force majeure a empêché le disciple aussi bien que le maître, encore qu'il se soit mis au courant des connaissances physiologiques, qu'il n'ait pas négligé d'y comprendre les observations du docteur Burdin et autres sur les progrès de l'esprit humain, et que la conception de la pesanteur universelle ait été pour lui une sensation claire. Le travail de réduction des idées intermédiaires a été reconnu impossible, mais non leur existence, et l'idéal positiviste, n'a pas varié jusqu'à l'époque tardive où, trente ans après, Comte en modifiant plus ou moins gravement tous ses jugements a néanmoins persisté à regarder le développement de son esprit comme régulier, constant et continu. (Voy. *Synthèse subjective*, tome unique paru, 1856.)

XXXIII

LOI DE QUALITÉ. — DIFFÉRENCE, GENRE, ESPÈCE. THÉORIE DE LA PROPOSITION

Nous avons étudié la *relation* en général, puis le *nombre*, puis la *position* et la *succession*, tant en eux-mêmes que comme sujets à l'application de la quantité. Nous envisagerons maintenant la relation sous un autre point de vue.

Toutes les fois que les phénomènes sont rapportés les uns aux autres, sans supposition quelconque de changement, et en tant qu'on ne les considère pas comme quantités, leurs rapports sont assujettis à une forme générale qui est la *qualité*.

Cette forme, qu'il a fallu distinguer, est cependant inséparable de toute relation; et nous l'avons supposée, nous en avons même fait expressément usage en traitant de la relation avec toute la généralité possible (§§ XXVII et XXVIII). En effet, lorsque des phénomènes quels qu'ils soient, identifiés et distingués selon la loi constitutive de tout rapport, se trouvent groupés pour la connaissance, il arrive toujours que certains d'entre eux servent objectivement à *qualifier* les autres. Il n'y a pas même exception ici pour les rapports qui ont trait d'une manière toute spéciale à la quantité. Par exemple, ces propositions : *Cinq plus sept égalent douze; La somme des angles d'un triangle égale deux droits*, peuvent en toute rigueur s'énoncer sous la forme suivante : *La quantité douze est l'attribut ou qualité de la somme des nombres cinq et sept; La quantité deux droits est l'attribut ou qualité de la somme des angles d'un triangle.*

La catégorie de *qualité* répond à la question du *quel*, déclare qu'*une chose est telle autre chose*. Il entre donc dans toute représentation de qualité un élément de distinction et un élément d'identification. Mais cette dernière loi, qui est celle du rapport en général, reçoit un caractère et un développement tout nouveaux, étrangers aux catégories précédentes, en tant que la qualité, chose déclarée d'une autre chose, est un *genre;* l'objet qualifié, une *différence,* et leur synthèse, marquée par la copule, une *espèce.*

La distinction, l'identification et la détermination deviennent proprement *abstraction, généralisation* et *spécification,* comme il suit :

Au lieu d'une simple relation, A *est a,* dans laquelle A et *a* sont distingués et identifiés sous des rapports divers, supposons une série de relations de même forme, avec des sujets différents de l'une à l'autre et un même attribut pour toutes :

A *est a,* B *est a,* C *est a,* D *est a,* etc., etc.

A, B, C, D, etc., sont donc des groupes distincts de phénomènes; *a,* un phénomène répété, plus ou moins complexe lui-même, mais défini d'une seule manière dans tous les cas. Il est aisé de voir qu'une telle série n'est que la formule développée de l'une de ces propositions dites universelles qu'on énonce simplement et compendieusement; par exemple : *Les corps sont pesants,* ou *L'homme est animal,* ou *L'animal respire* (ou *est respirant*) : *a* est tantôt la *respiration,* tantôt l'*animalité* ou la *pesanteur;* A, B, C, D, développent l'énumération implicite des éléments de l'un de ces groupes appelés *corps, hommes, animaux,* et auxquels on reconnaît la pesanteur, l'animalité, la respiration, pour attributs.

Cela posé, il est arbitraire logiquement de regarder *a* ou A, *a* ou B, etc., comme abstraits par rapport aux synthèses *a* et A, *a* et B, etc., et de caractériser l'un ou l'autre de ces termes en tant que *différences.* Mais, afin de définir les rapports constituants de la catégorie dont il s'agit ici, nous conviendrons d'affecter, suivant l'usage, au terme commun *a* le nom de terme abstrait, et aux termes A, B, C, D, réunis en un seul, soit α, en tant qu'autres que *a*, le nom de *différence*. Ainsi, le caractère de l'abstraction, dans la proposition attributive décomposée en un nombre indéfini d'autres propositions, consiste à déterminer certain rapport extrait tout à la fois de plusieurs groupes, quelconques d'ailleurs, et en cela identiques. Il est clair que la différence α est par là même posée, du moins relativement à *a*.

La *généralisation* est attachée à l'*abstraction* ainsi entendue; elle a lieu expressément quand on identifie dans un terme tel que *a*, quand on assume dans une représentation unique le phénomène commun aux groupes A, B, C, D, phénomène qui d'ailleurs apparaîtrait multiplié comme ces groupes eux-mêmes. Le terme *a* que nous avons nommé abstrait est un *genre*. L'autre terme, abstrait en sens inverse, α, la différence, se présente à son tour sous forme générique, si nous supposons que A, B, C, D, de même qu'ils ont un commun rapport par où ils sont identiques avec *a*, ont encore un autre commun rapport par où ils en diffèrent. Cette supposition, qu'il est inutile d'expliquer longuement, comprend aussi le cas où α est un terme relativement simple et qu'on ne décompose point; elle se vérifie dans toute proposition aussi bien que dans les exemples précédents, et je n'exclus pas ici les propositions dites particulières. Nous arrivons maintenant au point de vue de la synthèse, qui est la détermination de l'*espèce*.

Spécifier, c'est considérer tout à la fois le genre et la différence : le genre, par quoi un système de rapports est identifié avec d'autres, le plus souvent en nombre indéfini; la différence, qui le pose à part. L'espèce est donc une *synthèse de la différence et du genre*. L'autre et le même, dont la synthèse générale est le *rapport*, donnent, sous ce point de vue, l'*espèce*, comme nous avons vu, pour d'autres ordres de représentations, l'*unité* et la *pluralité* donner la *totalité*; le *point* et l'*espace*, l'*étendue*; l'*instant* et le *temps*, la *durée*.

La synthèse de spécification est marquée dans la proposition par la copule. Le genre ou terme générique est l'attribut, et par conséquent celui-ci ne saurait avoir moins d'extension que le sujet de la proposition, mais il peut n'en avoir pas davantage : nous rencontrerons en son lieu ce cas particulier que la définition du genre comporte, *a* pouvant appartenir à d'autres groupes encore que A, B, C, D, ou exclusivement à ces derniers (voy. p. 288, aux propositions réciproques). Enfin, le sujet exprime la différence; mais il est important de remarquer que la proposition est inséparable de la synthèse qu'elle énonce, en sorte que l'attribut et le sujet sont tous deux relatifs à l'espèce, et se fixent dans la représentation comme termes synthétiques eux-mêmes : le sujet, notamment (ex. : *l'homme*, dans la proposition *l'homme est animal*) se pose comme une espèce, avec sa différence et dans son genre.

Les termes différence, genre, espèce, ne représentent que les rapports qui servent à les définir. Or, le même groupe qui est genre eu égard à des groupes différents formant espèce par synthèse avec lui, sera sans difficulté différence eu égard à quelque autre groupe, et, par synthèse avec celui-ci, formera espèce à son tour. Le terme considéré d'abord comme différence deviendra genre par une opération régressive analogue, en tant que les éléments dont il se compose offrent un caractère commun. Cette extension du rapport spécifique se prolongera dans un sens jusqu'à ce qu'on parvienne à un attribut ou qualité qui ne puisse être dit la différence de rien, et dans l'autre sens jusqu'à ce qu'on parvienne à un sujet qui ne puisse être dit attribut ou qualité, ni par conséquent genre de rien (si ce n'est identiquement de lui-même). Il est clair, d'après cela, que le genre suprême est le phénomène indéfini, l'être, la chose. La différence dernière n'est point réciproquement le phénomène le plus distingué possible, indivisible et simple, parce que la représentation n'admet point de phénomène séparé de cette sorte; mais l'individu logique se trouve atteint dans tout groupe déterminé que beaucoup d'autres qualifient et qui n'en qualifie aucun, le même que l'individu physique ou organique auquel nous avons appliqué le nom de tel être (§ XXII et suivants), Paul, Jacques, cette pierre, cet arbre, etc.

On a longtemps agité la question de savoir lequel est *réel*, ou *le plus réel*, de l'individu ou du genre. Il résulte de l'analyse de la loi de qualité que le genre et la différence ont un sens tout relatif à l'espèce qui est leur synthèse. Ainsi fixés dans les rapports qui les constituent, le genre et la différence sont incontestablement réels, et le sont également. Mais veut-on parler de cette réalité que la représentation envisage dans les sujets clairement et complétement définis pour elle? Alors c'est aux espèces que la réalité appartient, pourvu que leur composition apparaisse déterminée et descende jusqu'aux individus; c'est à ces individus eux-mêmes. D'autre part, il faut savoir que ni l'individu ni l'espèce ne subsistent séparés de leurs attributs, d'où il suit que dans leur réalité celle des genres est impliquée. On remarquera que ces considérations très simples dénouent la question plutôt qu'elles ne la tranchent. Il n'y a plus pour nous de problème. Ce que la philosophie a produit de logomachies sur ce sujet se rattache à la doctrine de la substance, hors de là s'évanouit.

Maintenant continuons notre analyse. Soit G un genre, D une différence; à la proposition *D est G*, qui détermine une espèce, on peut joindre progressivement et régressivement, suivant ce qui a été dit, une série de propositions de même forme :

... D″ est D′, D′ est D, D est G, G est G′, G′ est G″...

Par exemple : *le Français est Européen, l'Européen est homme, l'homme est animal, l'animal est organisé, l'organisé est corps*. Or, malgré la diversité originelle des notations, tous les termes de la série, genres de ceux qui les précèdent immédiatement, différences de ceux qui les suivent, doivent être ramenés à un seul et même point de vue, qui ne saurait être que celui de la synthèse. Chaque terme, complet dans la représentation, est une espèce; la série, une série d'espèces qui commencerait à l'individu, la plus déterminée de toutes, pour finir ar genre dernier, la plus indéterminée. Ces termes extrêmes ne constituent pas une dérogation à la loi, car l'individu et le genre dernier peuvent être à volonté considérés comme différences, genres et espèces d'eux-mêmes : la différence devient nulle et la proposition subsiste, réduite à la pure identité. La série est définitivement de la forme suivante, avec un premier terme variable et un dernier terme toujours le même, quelle qu'elle soit :

$$i \text{ est } i, \text{ est } e_1, \text{ est } e_2, \ldots, \text{ est } e_n, \text{ est } g, \text{ est } g.$$

Cela posé, comparons deux termes consécutifs, deux espèces, l'une genre de l'autre, et celle-ci différence de celle-là. Quelle que soit la nature concrète des termes, il résulte de la définition même du rapport spécifique, que la représentation envisage, pour former le genre, un certain nombre de groupes de phénomènes, et, pour former la différence, un certain autre nombre. Ces nombres, quelque indéterminés qu'on les pose actuellement, sont cependant tels que le premier surpasse en général le second, et tout au plus puisse lui être égal; car si l'attribut comportait moins de groupes que le sujet, il y aurait des groupes de ce dernier qui n'admettraient pas l'attribut, ce qui est contre l'hypothèse. On voit qu'il existe entre la différence et le genre un rapport numérique ou de contenance, et c'est ce que le sens commun, sans analyse, a toujours reconnu. La catégorie de quantité est donc applicable, dans une certaine mesure, à la catégorie de qualité. Mais la théorie mathématique de l'espèce ne portera jamais que sur des nombres indéterminés; vrais nombres d'ailleurs et toujours entiers, dont les unités, constituées par abstraction, ne sont pas divisibles en parties homogènes.

Les exemples les plus clairs de la réduction de la qualité au nombre (réduction sous un point de vue seulement et sans confondre les catégories) se tirent de l'histoire naturelle et des classifications propres à cette science. Ainsi, les différences *quadrumane, rongeur, cétacé,* etc., elles-mêmes divisées en leurs propres différences, sont des nombres dont la somme est le nombre *mammifère*; et chacune d'elles est une partie de ce nombre. La différence *rongeur* est elle-même, comme nombre, la somme des nombres correspondants aux différences *rat, lièvre, castor,* etc., etc. La division s'arrête aux différences individuelles ou qui n'offrent plus rien de spécifique, en un mot aux êtres déterminés, comme *tel lapin,* auxquels on ne reconnaît plus d'identité partielle qu'avec les autres de la même famille. Les individus sont donc les unités dont se forme tout genre envisagé comme nombre, et l'on fait alors abstraction de leurs différences propres.

Au fond, quels que soient les sujets et les attributs qu'il plaise de poser, la représentation n'a point d'autres lois pour le maniement de la catégorie de qualité. Les propositions comme celles-ci : *la plante croît, le peuple est opprimé, la justice est belle,* analysées sous le rapport de spécificité, signifient que, dans la supposition où l'on fixerait d'une part tels ensembles plus ou moins indéfinis de phénomènes : les *actes justes,* des *hommes en société,* les *plantes;* de l'autre part, d'autres ensembles : les choses quelconques dont on peut dire qu'elles sont *belles,* ou *opprimées,* ou *croissantes,* on reconnaît que ces dernières, en tant que sommes, admettent respectivement pour parties les premières. La proposition catégorique, c'est-à-dire qui exprime une simple relation de sujet à attribut, si complexe que soit ce dernier et si étranger de lui-même à toute définition numérique, autorise toujours ce point de vue. Les termes provenant d'une catégorie quelconque se subordonnent à la catégorie de nombre, en ce sens et sous toutes réserves, en même temps qu'à la catégorie de qualité.

MODES D'ATTRIBUTION DE LA QUALITÉ, OU THÉORIE DE LA PROPOSITION. — Je me bornerai à l'analyse rapide des quatre sortes de propositions simples et de leurs réciproques. Pour plus de clarté, je suivrai l'usage, en substituant à la dénomination de *rapport de la différence au genre*, que j'ai affectée jusqu'ici, celle de *rapport de l'espèce au genre* : on se rend compte aisément de cette synonymie en observant que la différence n'est mise en rapport avec le genre que sous la notion de l'espèce qui est leur synthèse.

Jusqu'ici nous avons spéculé sur la proposition *affirmative universelle* : affirmative, c'est-à-dire rapportant une espèce à son genre; universelle, c'est-à-dire rapportant cette espèce en totalité, et non pas seulement une partie des espèces ou des individus compris sous cette même espèce. Dans ce dernier cas, la proposition est *affirmative particulière*. Exemples : Tout homme est chevelu; Quelques hommes ont les cheveux noirs. Mais, au lieu de poser le rapport de l'espèce au genre entre deux termes, on peut l'exclure, et alors la proposition est, comme on sait, *universelle négative* ou *particulière négative*, selon que le sujet dont l'attribut est nié (l'espèce exclue comme telle d'un certain genre) est pris en totalité ou borné à l'une de ses propres espèces. Exemples : Nul homme n'est heureux; Quelques hommes ne sont pas justes.

C'est à bon droit que la scolastique a désigné les caractères d'universalité ou de particularité du sujet sous le nom de *quantité de la proposition*, puisque nous avons vu que l'espèce et le genre ont un rapport de quantité. Mais le caractère affirmatif ou négatif de l'attribution fut moins heureusement défini *qualité de la proposition*, car le genre et la différence, sans lesquels il n'y a pas de qualification possible, reposent l'un sur une affirmation, et l'autre sur une négation, également essentielles à toute constitution de qualité. Qu'ensuite le rapport de l'espèce au genre soit exclu au lieu d'être posé : la nature ou qualité de la proposition catégorique en elle-même n'est pas pour cela changée. En effet, la proposition négative, quelle qu'elle soit, équivaut toujours rigoureusement à une certaine proposition affirmative. On peut traduire *Nul homme n'est heureux, Quelques hommes ne sont pas justes*, par *Tout homme est malheureux, Quelques hommes sont injustes* : injuste, malheureux, termes très positifs de signification; et la pensée se prête toujours à cette traduction, sinon le langage habituel. Plus généralement, les propositions *Nul m n'est q, Quelque m n'est pas q*, comme expressément et purement négatives, reviennent à *Tout m est non q, Quelque m est non q*. Dans ces nouveaux énoncés, *non q* est le genre formé de tous les *autres que q; m* ou *quelque m* sont posés espèces de ce genre, c'est-à-dire identiques avec lui sous ce point de vue, et différents sous un autre. On voit donc que la proposition négative est réductible à l'affirmative, et se constitue avec les mêmes éléments; l'attribut, seulement, au lieu d'être défini comme genre par un terme donné, est défini par l'ensemble de ce qui est autre que ce terme. Nous verrons, en effet, que les propriétés de la proposition négative se déduisent aisément de celles de l'affirmative.

La fausse désignation du caractère affirmatif ou négatif sous le nom de qualité de la proposition paraît avoir occasionné l'une des erreurs saillantes du système des catégories kantiennes (voy. ci-dessus, p. 133-134).

NOTATIONS. — La proposition universelle affirmative sera nettement représentée par l'équation $m = eq$, qu'il faut énoncer *m est espèce de q*, et expliquer ainsi au point de vue de la quantité : *m, comme nombre total de ses individus composants, égale eq, nombre d'individus d'une certaine espèce du genre q*. Sous cet aspect mathématique, eq signifie une certaine partie aliquote de q.

La proposition particulière affirmative aura pour

équation $em = eq$, *une espèce de m est une espèce de q*. La fraction *e* n'est pas supposée la même de part et d'autre, mais ici, et dans ce qui suit, nous ne ferons usage que d'une seule et même lettre, en nous souvenant qu'elle marque une espèce variable et un nombre indéterminé.

La proposition universelle négative peut s'écrire : $m = e$ (non q), *m est espèce de tout l'autre que q*; et cet énoncé doit s'interpréter, au point de vue mathématique, comme le précédent : *le nombre total des individus composants de m égale le nombre des individus d'une certaine espèce du genre formé de tous les autres que q*.

Enfin la proposition particulière négative a pour équation $em = e$ (non q), *une espèce de m est espèce de tout l'autre que q*.

Il est clair que les sens qualitatif et quantitatif s'accompagnent dans ces expressions, et s'accompagneront dans toutes les modifications qu'on pourra leur faire subir.

Réciprocité des propositions. — Deux propositions qui lient q et m par un rapport de qualité sont réciproques quand on peut passer de l'une à l'autre en changeant q en m et m en q. Si la proposition est négative, et par exemple renferme non q et m, c'est encore q à m et m à q qu'il faut substituer, et non pas non q à m et m à non q, pour avoir la proposition réciproque.

Réciproques de l'universelle affirmative. — De l'équation $m = eq$, on ne peut conclure $q = em$, à moins que la fraction e ne s'élève à l'unité dans les deux cas. En d'autres termes, la réciproque de l'universelle affirmative n'est pas vraie généralement, mais seulement lorsque le sujet et l'attribut présentent, l'un comme espèce, l'autre comme genre, le même nombre d'individus. Or cette circonstance se rencontre : 1° dans la proposition identique pure (*Tout animal est animal*); 2° dans celle où l'attribut et le sujet sont des espèces qui coïncident l'une avec l'autre dans un genre commun (exemple scolastique : *Tout homme est risif, Tout risif est homme*; sous-entendez *parmi les animaux*; ou encore : *La droite est la plus courte, La plus courte est droite*; sous-entendez *entre les lignes*). On sait que l'attribut est alors une propriété du sujet, qu'il le caractérise et en fournit une définition. C'est abusivement que le mot *propriété* s'étend hors de ce cas.

Mais la réciproque est toujours vraie, pourvu que l'attribut devenu sujet soit pris particulièrement, c'est-à-dire réduit à une de ses espèces. En effet, si $m = eq$, à plus forte raison $em = eq$, et cette dernière équation donne par un simple renversement $eq = em$. Il faut se rappeler que e n'est pas déterminé selon ce mode de notation. (Exemple de cette réciproque : *Tout homme est animal, Quelque animal est homme*.)

Une autre réciproque toujours vraie s'obtient en prenant négativement le sujet et l'attribut renversés. En effet, si m est espèce de q, non q (tout l'autre que q) doit être espèce de *non m* (de tout l'autre que m); si *tout homme est mortel*, il est clair que *tout l'autre que mortel est autre que homme* : la signification des deux propositions est la même. Ainsi à la formule $m = eq$, on peut toujours rattacher celle-ci : $non\ q = e\ (non\ m)$.

Les scolastiques donnaient à ces trois réciproques les noms de *conversion simple, conversion par accident*, et *conversion par contre-position*.

Réciproque de la particulière affirmative. — Elle est évidente : en effet $eq = em$, une *espèce de q est une espèce de m*, équivaut à $em = eq$, une *espèce de m est une espèce de q* (exemple : *Quelques vertébrés sont mammifères, Quelques mammifères sont vertébrés*). C'est ici une réciproque simple. Quant à la réciproque avec généralisation de l'attribut devenu sujet, elle peut être vraie, mais elle n'est point vraie généralement.

Réciproques de l'universelle négative. — La proposition étant $m = e\ (non\ q)$, sous forme affirmative, on peut en prendre une réciproque par contre-position : savoir $non\ (non\ q) = e\ (non\ m)$, laquelle revient à $q = e$

(*non m*), attendu que le *même* et *tout l'autre* que *tout l'autre* sont identiques. Ainsi la réciproque simple de l'universelle négative est toujours vraie. (Exemple : *Nul animal n'est pierre, Nulle pierre n'est animal.*

La réciproque de cette même proposition est encore vraie lorsque l'attribut devenu sujet est pris particulièrement, car de $m = e\,(non\ q)$, on tire comme ci-dessus : $q = e\,(non\ m)$, d'où à plus forte raison : $eq = e\,(non\ m)$. (Exemple : *Nul animal n'est pierre, Quelque pierre n'est pas animal.*)

Réciproque de la particulière négative. — L'équation est $em = e\,(non\ q)$. La réciproque simple $eq = e\,(non\ m)$ n'est pas généralement vraie, et de ce qu'une espèce de m est espèce de l'autre que q, on ne saurait conclure qu'une espèce de q soit espèce de l'autre que m. Mais la réciproque par contre-position est vraie, quoique inutile, car elle donne $e\,(non\ q) = e\,(non\,(non\ m)) = em$, ce qui nous ramène à la même équation. (Exemple : *Quelques hommes ne sont pas menteurs, Quelques non-menteurs sont hommes.*)

Du principe de contradiction quant aux espèces. — L'énoncé général du principe d'alternative et d'identité est : *Un terme est ou le même ou l'autre, sous quelque rapport, qu'un autre terme donné ; il n'est pas à la fois le même et l'autre que ce terme, sous un même rapport* (sous-entendez toujours *sans succession*). Au point de vue de la qualité, nous dirons : *Une espèce est espèce de A, ou espèce de non A, et n'est point à la fois espèce de A et espèce de non A.* En effet, l'espèce de A n'est que l'identique de A sous un certain rapport, et l'espèce de non A est précisément un autre que A sous ce même rapport. Enfin, au point de vue de la quantité, il est facile de voir que le même principe doit s'énoncer ainsi : *Un nombre est égal à un autre nombre donné, ou plus grand, ou plus petit que ce nombre, et n'est point à la fois égal et plus grand, égal et plus petit, plus petit et plus grand.*

Des propositions contradictoires. — Lorsque deux

propositions sont telles qu'on ne puisse les poser toutes deux ensemble, ni les exclure toutes deux, elles sont contradictoires. Ce rapport existe entre l'universelle affirmative et la particulière négative; on peut le démontrer en se fondant sur le principe de contradiction. En effet, poser simultanément $m = eq$ et $em = e \,(\text{non } q)$, c'est admettre qu'une certaine espèce de m est à la fois espèce de q et espèce de $\text{non } q$, car la première proposition implique $em = eq$, quel que soit em. En second lieu, exclure $m = eq$, c'est poser $em = e \,(\text{non } q)$ que l'on voudrait exclure aussi (puisque l'espèce qui ne se rapporte pas à q doit appartenir à $\text{non } q$); et exclure $em = e \,(\text{non } q)$, quel que soit em, c'est poser $m = eq$ que l'on voudrait exclure aussi (puisque toute espèce qui ne se rapporte pas à $\text{non } q$ doit se rapporter à q). On voit que si l'universelle affirmative est affirmée ou niée, la particulière négative, qui a pour sujet et pour attribut les mêmes termes qu'elle, est par là même niée ou affirmée, et réciproquement. On voit aussi, si l'on se rappelle la définition donnée ci-dessus (§ XXVIII) des *termes contradictoires* et des *termes contraires*, que dans les *propositions contradictoires* les attributs respectifs ne sont pas des *termes contradictoires*, mais bien des *contraires*, c'est-à-dire qui expriment chacun *tout l'autre que l'autre*.

Ce même rapport de contradiction existe entre l'universelle négative et la particulière affirmative, savoir $m = e \,(\text{non } q)$, $em = eq$. Même démonstration.

Exemple du premier cas : *Tout homme est mortel, Quelques hommes ne sont pas mortels*; exemple du second : *Nul homme n'est mortel, Quelques hommes sont mortels*. A l'égard de chacun de ces systèmes de propositions, si l'une des deux est vraie, l'autre est fausse; et, réciproquement, si l'une des deux est fausse, l'autre est vraie.

Cette réciprocité fait défaut quand il s'agit de l'universelle affirmative et de l'universelle négative, qui, d'ailleurs, sont encore contradictoires en ce qu'elles ne peuvent être simultanément posées. On peut voir de la même manière que précédemment, que $m = eq$ et $m = e$ (*non q*) ne subsistent pas ensemble; mais ces deux propositions peuvent être simultanément exclues, car en excluant la première, on pose $em = e$ (*non q*), et en excluant la seconde, on pose $em = eq$, ce qui n'est point incompatible, *em* n'étant pas le même des deux parts. Les scolastiques distinguaient les propositions contradictoires sans réciprocité en les nommant simplement *contraires*.

Exemple : *Tout homme est prudent*, *Nul homme n'est prudent*. Si l'une de ces propositions est vraie, l'autre est fausse; mais si l'une est fausse, l'autre n'est pas pour cela vraie.

La contradiction ne s'étend à aucun autre système de propositions. La particulière affirmative et la particulière négative peuvent être affirmées ou niées respectivement, savoir, l'une en même temps que l'universelle affirmative, et l'autre en même temps que l'universelle négative, car ces propositions comparées ne modifient que leurs quantités. La scolastique donnait aux deux groupes qu'elles forment le nom de *propositions subalternes*. Enfin l'affirmative particulière et la négative particulière (dernière combinaison que nous ayons à nous proposer et qui forme le groupe des *sous-contraires* de la scolastique) présentent le cas inverse de l'affirmative universelle et de la négative universelle : $em = eq$ et $em = e$ (*non q*) peuvent être vraies simultanément, et en conséquence ne sont point contradictoires; mais elles ne peuvent être simultanément fausses, car l'exclusion de l'une donne $m = e$ (*non q*), et l'exclusion de l'autre $m = eq$, deux propositions que nous avons vu ne point subsister ensemble. Le tableau suivant résume les principaux rapports qui viennent d'être établis.

Affirmative universelle. *Négative particulière.* *Négative universelle.* *Affirmative particulière.*	CONTRADICTOIRES.	Ne sont ni vraies simultanément, ni fausses simultanément. (Si l'une vraie, l'autre fausse, avec réciprocité.)
Affirmative universelle. *Négative universelle.*	CONTRAIRES	Peuvent être fausses simultanément, mais non vraies simultanément. (Si l'une vraie, l'autre fausse, sans réciprocité.)
Affirmative particulière. *Négative particulière.*	SOUS-CONTRAIRES.	Peuvent être vraies simultanément, mais non fausses simultanément. (Si l'une fausse, l'autre vraie, sans réciprocité.)
Affirmative universelle. *Affirmative particulière.* *Négative universelle.* *Négative particulière.*	SUBALTERNES	Peuvent être vraies simultanément, et fausses simultanément. (Sans rapport aucun d'exclusion l'une par l'autre.)

Les développements où je viens d'entrer pourront sembler oiseux, tout au moins excessifs, aujourd'hui que l'étude de la logique est tombée dans le mépris; mais je crois que tout ce qui touche aux premiers principes de la connaissance est digne d'intérêt, et je ne m'écarte pas de mon sujet, qui est l'exposition des catégories, c'est-à-dire des lois fondamentales, en poussant la recherche jusqu'aux dépendances immédiates de ces lois. C'est pourquoi je joindrai encore à la théorie de la proposition la théorie du raisonnement, qui reçoit de la catégorie de *qualité*, telle que je la présente, une forme nouvelle. (Voyez le chapitre suivant.)

DE LA QUALITÉ EN TANT QUE CONSTANTE OU VARIABLE. — La loi de qualité a pu être exposée indépendamment des modes *substantif* ou *adjectif*, *essentiel*, ou *nécessaire* ou *contingent*, du rapport de l'attribut au sujet dans la proposition : aucun d'eux n'est partie intrinsèque de cette catégorie, et il s'en faut d'ailleurs qu'on doive leur accorder la même valeur. Les deux premiers n'ont été distingués que sous l'influence de la doctrine de la substance. Les deux derniers sont importants.

Lorsque l'attribut et le sujet sont liés d'une manière fixe, indépendante du temps et du devenir, soit que l'expérience ou quelque synthèse attachée à la représentation les établissent tels, la proposition est dite nécessaire (exemples : *Les corps pèsent, La droite est la plus courte, Le juste ne ment pas*, etc.). Lorsque le rapport se pose sous des conditions de temps, ou du moins sans les exclure, et comme pouvant changer ou cesser d'être, sans qu'aucun trouble soit apporté à notre représentation des phénomènes en général, on dit que la proposition est accidentelle ou contingente (exemples : *Cette pierre tombe, La terre tremble, Paul est bon*). On voit que le nécessaire, en ce sens, n'est que le constant, une loi affirmée, et que l'accidentel n'est qu'un nom des phénomènes variables qu'on regarde comme assemblés actuellement sans loi permanente connue.

Le nécessaire et l'accidentel s'entendent aussi, l'un, des rapports qui sont amenés dans le temps en vertu d'une cause antécédente donnée, l'autre, de ceux qui se produisent actuellement sans qu'on leur assigne une cause antérieure prédéterminante. Nous retrouverons, sous une autre catégorie, ces termes étrangers à la relation spécifique.

On qualifie de *modale* la proposition qui exprime une relation affectée d'un certain coefficient, particulièrement d'un coefficient de nécessité ou de possibilité, sous la forme *Il est nécessaire que A soit B, Il est possible que A soit B*, ou sous toute autre forme accessoire. Ces sortes de modifications sont à examiner dans la théorie du raisonnement, où elles causent quelques embarras, et aussi dans une autre catégorie où nous les retrouverons. (Voy. ci-après, § xxxviii.)

Le sens du mot *essentiel* appliqué au rapport de l'attribut au sujet, se confond souvent avec celui du mot *nécessaire*, mais en s'appliquant plus expressément au cas d'une loi supérieure à l'expérience. On appelle aussi attribut essentiel celui qui est une propriété du sujet, c'est-à-dire qui lui est rapporté par une proposition universelle dont la réciproque est vraie : par exemple, il est essentiel au triangle d'avoir la somme de ses angles égale à deux droits, et la raison est essentielle à l'homme entre les animaux.

La théorie de l'universel, que les commentateurs d'Aristote et les scolastiques après eux ont fondée sur les définitions du *genre*, de l'*espèce*, de la *différence* et de l'*accident*, se retrouve dans la catégorie de *qualité* telle que je viens de la déduire, au moins quant à ceux de ses éléments qui appartiennent véritablement aux lois de la connaissance, et avec les différences qu'entraînent nécessairement l'exclusion de la substance métaphysique et la réduction des notions de genre et d'espèce à leur valeur relative, la seule qui soit intelligible.

Observations et développements.

A. Sur la théorie scolastique du genre et de l'universel.

La doctrine des universaux est abandonnée depuis longtemps, et quoique ses rejetons végètent encore, elle n'appartient plus qu'à l'histoire des systèmes. Je ne consacrerai donc pas cette note à l'examen de l'hypothèse *réaliste*, mais à l'exposition très brève des principes logiques habituellement reçus, bien que fort négligés et peu ou point enseignés, qui furent le terrain commun où toute cette ontologie prit naissance. On comparera ces principes à ceux que j'établis.

Le *genre* et l'*espèce* des scolastiques sont des attributs *substantifs* et *essentiels* (*prædicata in quid*), et ne diffèrent qu'en ce que l'espèce (qu'il ne faut pas confondre avec le sous-genre) se compose immédiatement d'individus, au lieu que le genre se compose d'espèces. La *différence* est un attribut *adjectif* et *essentiel* (*prædicatum in quale quid*), et par conséquent une véritable espèce, mais sans substance. Le *propre* est un attribut adjectif, non pas essentiel, mais simplement *nécessaire* (*prædicatum in quale necessario*). Enfin, l'*accident* est un attribut *adjectif contingent* (*prædicatum in quale contingenter*).

Par exemple, l'animal est un genre, l'homme une espèce, le

raisonnable une différence, l'admiratif ou le risif un propre, l'admirant ou le riant un accident.

Il faut savoir, quant à la distinction du nécessaire et de l'essentiel, que le premier de ces termes exprime *ce sans quoi le sujet ne peut être*, et le second, *ce sans quoi le sujet ne peut être ni être conçu*.

Le fameux *arbre de Porphyre*, reproduit dans les accolades suivantes, est un résumé de cette théorie appliquée à la nature :

$$\text{Substantia} \begin{cases} \text{corporea} \\ \text{(corpus)} \begin{cases} \text{animatum} \\ \text{(vivens)} \begin{cases} \text{sensitivum} \\ \text{(animal)} \begin{cases} \text{rationale —} \\ \text{(homo) —} \\ \text{Petrus.} \\ \text{irrationale.} \end{cases} \\ \text{insensitivum.} \end{cases} \\ \text{inanimatum.} \end{cases} \\ \text{incorporea.} \end{cases}$$

Les adjectifs sont des différences, les substantifs des genres, sous-genres et espèces, depuis la substance *genre suprême* jusqu'à l'individu. (*N. B. Vivens* est un substantif.) Une différence ajoutée à un genre forme un sous-genre ou une espèce. Il n'est pas difficile de voir dans cette classification, qui distingue si précieusement l'universel substantif de l'universel adjectif, un élément logique de l'édifice du réalisme qui a couvert le moyen âge, et dont les débris se rencontrent partout.

Aristote n'était certes pas ce qu'on appela plus tard un réaliste, lui qui combat à outrance les essences platoniciennes et qui déclare nettement que l'existence appartient aux seuls individus ; mais Aristote appelle aussi les individus des *essences premières*, il admet des *essences secondes*, traite de l'*essence* en général, et s'attache à des formes de langage qui favorisent la superstition de la substantialité. Faute d'avoir compris toute la portée de la catégorie de relation, cet esprit très positif manqua la réforme du vocabulaire philosophique, s'exprima comme avaient fait ses devanciers et comme firent ses successeurs, en pensant autrement qu'eux ; et de ses métaphores la postérité se fit des idoles.

Ainsi la logique de l'école est défigurée par des éléments étrangers, par de fausses notions ontologiques. Le rapport fondamental de spécificité n'y est pas clairement et correctement défini. On ne l'y trouve que masqué par des distinctions qui seraient oiseuses alors même qu'elles seraient vraies.

La forme adjective de l'attribut et la forme substantive du sujet ne sont pas ce qu'il faudrait qu'elles fussent pour justifier la classification scolastique et le sens attaché à *l'arbre de Porphyre*. Je veux dire qu'elles ne sont pas liées invariablement aux termes qui jouent ces deux rôles dans une proposition. Le genre, l'espèce et la différence ne demeurent pas fixés aux mêmes représentations. Le sujet et l'attribut sont corrélatifs, et expriment des synthèses diversement constituées. Ordinairement la composition est envisagée dans le sujet. Supposons celui-ci donné par l'expérience comme un de ces groupes cohérents et très distincts auxquels appartient le nom d'êtres : c'est là le véritable substantif de la grammaire. Alors l'attribut comprend certains phénomènes constitutifs du sujet, abstraits de ce même sujet et aussi de divers autres : sa forme doit être adjective; on ajoute, en attribuant, ce que l'abstraction et la généralisation ont séparé. Mais si le point de vue est inverse, si la composition est envisagée dans l'attribut, groupe qui comprend le sujet en un autre sens, le terme naguère adjectif peut devenir substantif dans une autre proposition. Nous disions : *Pierre est homme*; nous dirons : *L'homme est animal*; puis : *L'animal est sensible*, etc. Il n'est pas d'adjectif qu'on ne substantive, ni de substantif qu'on n'adjective à volonté dans une proposition convenable. L'individu et le genre dernier font exception à cette loi : l'un parce qu'il n'admet point d'espèces et l'autre parce qu'il n'admet point de genre. L'individu seul est donc toujours substantif, et le genre vraiment dernier, si nous pouvions en assigner un qui ne fût pas indéterminé, serait toujours adjectif dans la proposition, quoique la scolastique et le panthéisme aient vu dans celui-ci la substance par excellence. Mais cette exception n'empêche pas que l'individu et le genre dernier ne se rangent sous le rapport de spécificité, car chacun d'eux se redouble par la proposition identique. D'ailleurs on ne saurait se représenter l'individu à part de ses genres, ni le genre dernier sans ses espèces. (Voy. §§ xx et xxxiii.)

Les notions de sujet et d'attribut, de substance et de qualité, ou encore d'inhérence, comme on disait autrefois, ne sont intelligibles que dans le rapport de deux termes. Elles s'expliquent positivement par le fait de la distinction et de l'identification partielle des phénomènes diversement composés dans la représentation. Enfin le genre, l'espèce et la différence sont les lois suivant lesquelles cette opération s'effectue, ou les éléments du jugement.

La différence, considérée scolastiquement comme espèce ou genre, fait double emploi dans la logique. Aussi ai-je donné ce nom à l'un des deux éléments nécessaires de la loi de qualité. L'espèce est une synthèse de la différence et du genre.

Le propre n'a pas rang de principe; il résulte d'un cas particulier de la proposition universelle (ou de la singulière), le cas de réciprocité ; exemple : l'homme est risif, le risif est homme. La faculté du rire est propre à l'homme, et c'est la convertibilité de la proposition qui exprime logiquement cette propriété. Remarquons cependant que le langage ordinaire entend souvent par *propriété*, l'attribut qui n'est point propre au sujet, caractéristique du sujet. Mais c'est un langage relâché.

L'accident, si l'on désigne par ce nom le phénomène imprédéterminé, est une notion dont la définition dépend de l'étude d'une loi bien différente de la loi de qualité. Si l'on n'entend parler que des attributs qui ne se présentent pas constamment tels, encore que leur existence puisse être parfaitement déterminée et prédéterminée quand ils existent (ex. : cet homme chante, la terre tremble, etc.), c'est encore une autre considération qu'on introduit, celle du devenir. Mais il suffit, pour l'analyse de la catégorie de qualité, que le jugement soit posé d'une manière simplement actuelle, et abstraction faite de ce qu'on nomme sa modalité.

B. Des notions universelles dites nécessaires.

La question de tout temps et de plus en plus controversée de savoir si les termes de certaines propositions sont des concepts propres à l'entendement, que nulle expérience n'est apte à contenir et à représenter, et si certaines propositions lient aussi leurs termes de telle manière que l'expérience ne puisse d'elle-même en fournir la relation, qui se pose aprioriquement universelle, est une question dont la partie polémique appartient à la psychologie. Je puis dire que je l'étudie et que je la résous, autant que l'exigent une analyse générale des éléments de la connaissance, un établissement du sens et de la nécessité mentale des catégories. Mais je voudrais, à l'occasion des explications précédentes sur les fondements de la logique, examiner ici quelques thèses de l'école expérimentale touchant l'existence en nous de ces universaux, concepts ou jugements, qui sont les derniers termes et les premières prémisses où remontent nos opérations déductives. Les idées mathématiques me serviront tout d'abord d'exemples, ainsi qu'à Stuart Mill, qui s'est très expressément appliqué, dans sa logique, à en définir la nature, exclusivement empirique suivant lui. On ne saurait trouver des exemples plus clairs ni qui doivent être plus concluants en un sens ou en l'autre une fois que la théorie en est bien éclaircie. Occupons-nous ici des notions simples ; nous aborderons plus loin les propositions axiomatiques.

Le caractère de nécessité attribué aux sciences mathématiques et même leur caractère tout particulier de certitude, ce dernier sous certaines réserves, sont traités d'illusions par Mill. Les conclusions de la géométrie se tirent, dit-il, des définitions, ou, pour mieux dire, de la supposition d'existence de choses correspondantes aux définitions. Mais, en ce cas, de telles choses n'existent nullement, car il n'y a ni points sans étendue, ni lignes sans largeur, etc. Non seulement il n'y en a point, mais il ne peut même pas probablement y en avoir, autant que nous sommes capables de juger de la « constitution physique » de notre planète et de l'univers. La nécessité ordinairement concédée aux notions géométriques, devient donc, pour Mill, une impossibilité « physique », il est vrai, mais les possibilités et existences de nature intellectuelle ne comptent pas pour lui. Il doit donc les résoudre en d'autres éléments. Voyons lesquels. Les points, les lignes, dit-il, les cercles et les carrés que chacun a dans l'esprit sont « de simples copies de ceux qu'il a connus en son expérience ». Notre idée d'un point est celle de la plus petite portion de surface « que nous puissions voir ». Les lignes que nous avons dans nos esprits (in our minds) sont des lignes larges (possessing breadth). Nous ne pouvons pas concevoir (cannot *conceive*) une ligne sans largeur. Ce mot souligné, *concevoir*, signifie évidemment ici percevoir ou imaginer, et la théorie soutenue implique la parfaite synonymie du mode général de l'entendement avec le mode réalisé dans l'exercice (ou dans la mémoire de l'exercice) du sens externe. Que va faire pourtant le philosophe qui la soutient? Est-il possible qu'en expliquant comment nos esprits arrivent à se proposer, quand ce ne serait que grâce à ce qu'on appellerait une illusion, des lignes sans largeur, des points inétendus, des cercles à rayons *exactement* égaux, des carrés à angles *exactement* droits, que ne connaît pas la nature, ce philosophe ne rétablisse pas, sous un nom ou sous un autre, ce qu'il lui a plu de nier sous le nom de conception? « Une ligne telle que les géomètres la définissent, est tout à fait inconcevable. Nous pouvons raisonner sur une ligne, comme si elle n'avait pas de largeur, parce que nous avons un pouvoir, qui est le fondement de tout le contrôle que nous pouvons exercer sur les opérations de nos esprits, un pouvoir, quand une perception est présente à nos sens, ou une conception à nos intellects, de *faire attention* à une partie seulement, au lieu du tout de cette perception ou conception. » Mill nous ramène, on le voit, sous la forme d'une faculté d'attention (power of attending), la même en ce cas que l'*abstraction* du commun des philosophes, et accompagnée de la *généralisation*, sans laquelle on ne serait admis à parler en géométrie, que des lignes particulières avec leurs longueurs, largeurs et profondeurs particulières (pourquoi ne mentionne-t-il pas les profondeurs?), nous ramène, dis-je, cela précisément qu'avec un autre langage on appelle la fonction de formation des universaux dans l'entendement. Je ne puis, quant à moi, apercevoir aucune différence réelle entre la doctrine qui suppose dans l'esprit une fonction de ce genre, apte à opérer sur les données particulières de l'expérience, et la doctrine qui affirme l'existence des universaux, produits de cette fonction, en n'attribuant à ces universaux qu'une existence mentale.

Il est intéressant de voir un des principaux représentants d'une école résolue à n'admettre au monde que des données empiriques avec des associations mentales de ces données, conduit pour se tirer d'embarras à adopter, à définir dans les termes les plus crus une de ces *facultés* dont le trop facile emploi a ridiculisé une certaine école psychologique. Il ne tiendrait dès lors qu'à Mill de reconnaître comme rationnel l'usage que les géomètres font des lignes qui ne sont que longues, et de la justifier en remarquant qu'ils se servent pour cela du « pouvoir de *faire attention* à une partie seulement de leurs perceptions *ou conceptions* ». Auguste Comte l'entendait certainement ainsi, lui qui ne pouvait ignorer les conditions de la démonstration géométrique. (Voy. le *Cours de philosophie positive*, 10ᵉ leçon.) Mais Mill a d'autres idées, qui sont bien étranges. Immédiatement après avoir dit qu'en conséquence du pouvoir de l'attention, « le postulat impliqué dans la définition géométrique d'une ligne est l'existence réelle non de la longueur sans largeur, mais purement de la longueur, » il ajoute : « c'est-à-dire des objets longs ! » Et il s'explique : « C'en est assez pour porter toutes les vérités de la géométrie, puisque toute propriété d'une ligne géométrique est réellement une propriété de tous les objets physiques qui possèdent la longueur. » Voilà une erreur véritablement énorme. Les propriétés des lignes, dans la géométrie euclidéenne, s'établissent, non pas sur l'*objet long*, mais sur l'objet *qui n'est que long*. Cette dernière condition est essentielle ; autrement, des lignes droites, par exemple, ont autant de points communs que l'on veut ; on ne sait et on ne peut savoir où finit le point, où commencent la ligne, la surface et le volume ; où finissent la ligne et la surface, qui deviennent surface et volume ; ce que c'est qu'un angle, dont on ignore où doit se prendre le sommet ; un côté de polygone, qui coupe le côté contigu avec une intersection de surface et même de volume, et comment on doit concevoir l'égalité et l'exacte superposition de lignes qui n'ont ni une description nette ni des extrémités tranchées; et, d'un autre côté, si la condition est observée de ne raisonner sur la ligne qu'en lui supposant une dimension sur trois, et en négligeant les conséquences dues aux deux autres dimensions de cette ligne qui n'est pas une *longueur purement longue*, il est absurde de penser que les *longueurs larges et profondes*, les objets matériels posséderont *réellement*, comme le dit Stuart Mill, les propriétés des lignes géométriques.

Il y a dans l'histoire de la philosophie le cas instructif d'un penseur illustre, qui, dans son imperturbable logique, a construit une géométrie des sensibles pour remplacer la géométrie des idéaux, et soutenu à ce sujet de terribles polémiques contre les mathématiciens ses contemporains. Hobbes définit le point comme *divisible*, quoique, dit-il, on ne doive pas en considérer de parties dans la démonstration, et, malgré les objections de Huyghens, à qui il reproche de *faire usage du principe que le point n'est rien*, il présente et persiste à présenter des solutions des problèmes insolubles de la géométrie euclidéenne, tels que la quadrature du cercle. (Voy. les œuvres de Hobbes, et particulièrement *De principiis et ratiocinatione geometrarum*, c. i et xxi.) Il est clair qu'on ne peut pas même accorder l'existence des incommensurables avec cette manière de voir. Mill ne croit pas sans doute que la commune mesure du côté et de la diagonale d'un carré soit bien difficile à trouver avec un mode de mensuration sensible. Puisque l'idée d'un point est, selon lui, l'idée d'une dernière étendue visible (our idea of a point, I apprehend to be simply our idea of the *minimum visibile*), on ne voit pas ce qui l'empêcherait de prendre le point pour la commune mesure de toutes les lignes et de toutes les dimensions possibles! En tout cas, l'incommensurabilité n'est pas une propriété recevable des *objets longs*, des objets physiques. Il faut renoncer à la géométrie telle que depuis vingt-quatre siècles se la transmettent les géomètres, ou accepter de leur tradition et de la raison les essences géométriques.

Une pierre d'achoppement pareille à celle qu'offrent les concepts de point, ligne, etc., se rencontre dans les définitions rigoureuses de figures quelconques; ou plutôt c'est précisément la même difficulté, car une ligne comme pure ligne, une droite comme droite exacte, une surface qui n'est que surface, etc., sont des figures idéales auxquelles la notion de l'exact et du rigoureux ne s'applique ni plus, ni moins, ni autrement qu'à une circonférence dont les rayons sont conçus comme *absolument égaux*, à un rectangle dont les côtés sont *parfaitement* perpendiculaires, etc., etc. Cependant Mill se trouve ici plus empêché.

Ne voulant ni admettre ni rejeter les définitions d'objets qui ne sont pas dans la nature, mais sans lesquels il voit clairement qu'il n'y a plus de géométrie, il a recours à l'induction. L'induction, comme tout à l'heure l'attention, est appelée à constituer les mêmes idées et purs concepts qu'on se refuse à recevoir en qualité de formes ou créations de l'entendement, et que pourtant l'expérience ne donne pas, qui ne se réalisent pas exactement dans les objets physiques. Mais si l'induction n'est pas en pareil cas l'entendement créateur, qu'est-elle et quelle est donc son œuvre? Et si elle est l'entendement créateur, comment ne voit-on pas que l'on concède, en la concédant, l'équivalent exact des idées ou formes que l'on nie? Il faut citer :

« Puisque ni dans la nature, ni dans l'esprit humain, dit Mill, il n'existe d'objets exactement correspondants aux définitions de la géométrie, et qu'on ne peut supposer pourtant que cette science porte sur des non-entités, il ne reste qu'à dire qu'elle s'occupe des lignes, angles et figures tels qu'ils existent réellement, et que les définitions, comme on les appelle, sont au nombre de nos premières et de nos plus claires généralisations concernant ces objets naturels. L'exactitude de ces généralisations *comme* telles est parfaite : l'égalité de tous les rayons d'un cercle est vraie de tous les cercles, autant qu'elle est vraie d'un cercle particulier, mais elle n'est exactement vraie d'aucun cercle particulier ; elle est seulement près d'être vraie, si près, que nulle erreur de quelque importance ne résultera pratiquement de la supposition qu'elle est exactement vraie... Tant qu'il n'y a pas nécessité pratique de tenir compte des propriétés de l'objet, autres que ses propriétés géométriques, ou des irrégularités de ces propriétés, il convient de les négliger et de raisonner comme si elles n'existaient pas : aussi annonçons-nous formellement, dans les définitions, que nous entendons procéder sur ce plan : Pour la convenance scientifique, nous feignons les objets dépouillés de toutes propriétés, hormis celles qui importent à notre dessein et en vue desquelles nous entendons les considérer. » Il m'est impossible de comprendre ce passage, à moins d'en dégager une contradiction implicite ; j'essayerai de la faire saisir.

Quand l'auteur parle d'un cercle, objet véritable du géomètre, il ne désigne pas par ce mot une figure à rayons égaux ; autrement nous ferions sortir d'une de ses phrases, en substituant l'idée au mot, cette pensée plus que bizarre :

L'égalité des rayons d'une figure à rayons égaux est vraie de toutes les figures à rayons égaux, autant qu'elle est vraie d'une figure particulière à rayons égaux, mais elle n'est exactement vraie d'aucune figure particulière à rayons égaux, etc., etc. » Non, mais Mill entend par un cercle, objet véritable du géomètre suivant lui, une figure à rayons à peu près égaux : il nous le dit aussi clairement que possible. Je ne m'arrêterai pas à lui demander de combien il doit s'en falloir ou ne s'en pas falloir que les rayons soient égaux pour que la figure ne soit pas un cercle ou qu'elle en soit un. Mon but est au delà de cette question indiscrète. Mill établit, peu de lignes après, que toutes les propriétés et irrégularités, qui sont des perturbations, en quelque sorte, à l'égard des pures *propriétés géométriques*, sont à négliger pour la *convenance scientifique*; que ces dernières propriétés sont à considérer seules, et qu'il est formellement *déclaré par les définitions* qu'on entend procéder sur ce plan (we formally announce in the definitions tha we intend to proceed on this plan). N'est-ce pas là professer aussi clairement qu'on le peut faire, quand ce n'est pas en termes exprès, que les propriétés purement géométriques et les définitions qui les posent dans l'abstrait, l'exact et le rigoureux, sont les objets propres de la géométrie comme science? Comment concevrait-on que l'objet de la science fût l'objet naturel et complexe, et non celui que fournit l'induction de Mill, savoir ce pur concept, ce produit d'abstraction et de généralisation que lui-même reconnaît être envisagé dans les définitions et être indispensable au plan de la science? Mill est ramené à l'opinion commune, suivant laquelle, d'une part, l'induction, comme il la nomme, est employée à constituer l'*objet géométrique* et non à s'en éloigner, et, d'une autre part, le raisonnement seul sert à développer, avec les propriétés pures de cet objet, les propriétés approximatives de l'*objet naturel*, dans la mesure où l'expérience montre ce qui est sensible assimilable à ce qui est idéal.

En résumé, Mill ne parvient pas à remplacer les universaux et les exactes relations, sur lesquels repose la géométrie; et l'usage qu'il fait de l'attention, de la généralisation et de l'induction pour éviter l'existence des concepts, n'aboutit qu'à mettre un nom d'opération au lieu d'un nom de produit d'opération dans l'entendement, sans dispenser en aucune façon d'envisager ce produit et son emploi sous un nom ou sous un autre. Il en serait de tous les universaux possibles comme de ceux des géomètres. On les constate dans l'acte même de les combattre. En arithmétique, par exemple, science hypothétique et inductive aussi bien que toute autre, au dire de Mill, la notion générale du nombre s'impose dès les premiers mots. Cette science est hypothétique, dit ce philosophe, en ce qu'elle suppose les unités égales, qui peuvent ne pas l'être! Mais comment peut-on supposer les unités égales? et pourquoi Mill sait-il comme moi ce que c'est que de supposer des unités égales? C'est que nous avons tous l'idée du nombre abstrait, du nombre tout court. Cette idée générale, on ne gagne rien à faire observer qu'elle s'obtient par généralisation; cette idée abstraite, par abstraction; cette idée envisagée dans les cas particuliers, par induction. Le fait est que nous l'avons, étant capables de l'avoir, et qu'elle est le principe de l'arithmétique, science mentale sans hypothèse. Cette science est inductive, dit encore Mill, quand elle admet, par exemple, que $3 = 2 \times 1$, en quelque ordre que les unités soient rangées. Mais il n'y a nulle induction en cette affaire : il y a la simple définition abstraite du nombre *trois* : savoir, le nombre *deux* augmenté d'une unité, *en quelque ordre que les unités soient rangées*, parce que dans le concept du nombre il est fait abstraction de toute idée d'ordre des unités. La considération des objets nombrés, de leur nature, de leur position, etc., est tout à fait hors de la question; on doit les supposer quelconques sous tous ces différents rapports. La fondation de l'arithmétique est à ce prix. (Voy. A *system of logic*, t. I, p. 168 sq, 254 sq, 289 sq., 5ᵉ édit.)

Nous n'avons pas ici le dernier mot de l'école empirique. L'objection est : la fonction de généralisation, que vous ne pouvez nier, équivaut à la position des universaux dans l'intellect, à laquelle vous vous refusez. On y répondrait si l'on parvenait à montrer l'origine et l'engendrement de cette fonction, sans invoquer quoi que ce soit de l'esprit, hormis l'expérience, dont il est le théâtre. Entre l'ancien sensisme et la doctrine des lois de l'entendement telle que la propose Kant, le long débat est fini, la question est réellement vidée, à l'avantage de ce dernier, du moment qu'il est bien convenu qu'il n'y a point d'idées innées qui se formulent indépendamment de toutes données sensibles; que les lois de la nature ne se préjugent pas; que celles de l'esprit, nécessaires pour l'interprétation de l'expérience, sont produites à la rencontre et dans le déroulement même des phénomènes, et qu'enfin cet esprit (ou ses lois) sont la seule chose, comme le disait déjà Leibniz, qui se trouve dans l'esprit (ou dans ses lois) sans y être entrée par des canaux de perception. Le vrai problème, comme il se pose à l'école nouvelle, ou associationniste, devrait être d'expliquer les lois mêmes, c'est-à-dire de les ramener aux faits, et cela sans supposer d'autres lois d'aucun genre antécédentes aux faits et conçues pour les gouverner. Pesons les termes, songeons à la nature de l'esprit, à la nature d'une science quelconque, œuvre de l'esprit : le problème à résoudre paraîtra sans doute une étrange gageure ; aussi faut-il pour s'y attaquer sérieusement quelque grande ressource dont ne dispose pas la simple psychologie associationniste. Celle-ci change tout au plus les dénominations des lois intellectuelles, et vise à les faire rentrer toutes dans une loi plus simple. Elle ne saurait en tous cas justifier la prétention de les réduire strictement aux faits.

Je prends en effet l'exposition des fonctions de la raison chez le représentant le plus complet et le plus profond de la doctrine de l'association psychique, M. Bain (*The senses and the intellect*, 2ᵉ édit., p. 525 et suiv.) : La *classification*, l'*abstraction*, la *généralisation*, la *définition*, désignent, dit ce philosophe, une opération, la même en substance, qui consiste à identifier, par un trait commun, nombre d'objets différents, et à saisir et marquer ce trait comme un sujet distinct de pensée. Cette identification est « un pur effet de similarité », c'est-à-dire un effet de l'association des idées semblables, grâce à une sorte d'attraction mutuelle qu'elles sont en possession d'exercer. Prenons pour exemple les corps ronds. Ils s'assemblent dans la pensée par « l'attraction de l'identité (*attraction of sameness*) ». Leur réunion en une classe les éclaire les unes par les autres et les rend substituables les unes aux autres pour des usages pratiques. Nous confirmons l'opération en prenant un cas comme représentant ou type de tous, et l'idée que nous avons de ce cas, nous la nommons *idée abstraite* ou *générale*. Dans l'exemple que nous avons choisi, et dans d'autres analogues, une méthode plus raffinée est à notre disposition et nous porte encore plus loin. Nous pouvons tracer une esquisse circulaire, dépourvue de substance solide et ne présentant qu'une forme nue à l'œil, de manière à isoler ainsi le trait commun et à laisser de côté les traits par où les corps circulaires diffèrent, ce qui est une abstraction d'ordre plus élevé que celle que nous obtiendrions en prenant pour spécimen quelque objet circulaire tel qu'une roue. Le diagramme mathématique est donc une idée abstraite plus parfaite que l'idée d'un universel ordinaire, tel qu'une rivière, une montagne, etc. Enfin, de la conception abstraite, ou du diagramme, nous passons à la définition en termes descriptifs. Nous pouvons combiner cette dernière avec les conceptions précédentes, ou la prendre à leur place, dans tous les cas : c'est en fait la plus haute forme de l'idée abstraite, et celle à laquelle nous revenons toujours comme à un critère ou modèle pour éprouver ou vérifier les admissions à faire dans la classe.

Pour compléter cette exposition de la fonction rationnelle, il faut joindre à l'espèce précédente une autre espèce d'identification. L'*induction*, dit M. Bain, diffère de l'abstraction en ce qu'elle identifie deux propriétés distinctes, au lieu de réunir des propriétés en une unité collective. Par exemple, si l'idée abstraite est celle d'une rivière, l'induction sera qu'une rivière use ses bords, ou qu'elle forme un delta à son embouchure, etc., phénomènes observés touchant des rivières particulières. De là naît la *proposition*, ou *affirmation*, ou *jugement*, ou *croyance*, qui forme cette conjonction de propriétés. L'existence uniforme des deux faits ainsi réunie dans la *généralisation inductive* est une *loi de la nature*. L'impulsion d'identification (*identifying impetus*) est tout autant réclamée pour les généralisations inductives que pour les abstractions ; il y a seulement plus de complexité. Les faits liés s'offrent à notre expérience une fois, puis deux fois, la seconde rappelant la première, « et le système entier que contient la mémoire s'assemble sous l'œil de l'esprit. Voici le premier moment d'une découverte inductive, la suggestion d'une loi de la nature, qu'il s'agit maintenant d'exprimer et de vérifier. La liaison commune à tous les cas est indiquée à l'esprit par les exemples qui concourent ainsi en une vue unique, et de là nous tirons une affirmation générale, comme tout à l'heure une idée générale. Mais une affirmation générale par le langage constitue en ce cas une proposition, non une définition, requiert un verbe pour s'exprimer, et apporte une loi ou une vérité, quelque chose à croire et à faire. »

Toutes ces opérations dépendent, selon M. Bain, de la *seconde propriété fondamentale de l'intellect*, appelée *conscience de l'accord* ou *similarité*. C'est un *pouvoir de reproduction mentale* dont la formule est : « Les actions, sensations, pensées ou émotions présentes tendent à raviver leurs semblables, parmi les impressions ou états antécédents. » (P. 463.) La première des deux grandes propriétés est la loi de *contiguïté*, qui ne s'emploie pas ici, et il faut compter, en outre des deux, la *conscience de la différence*, sans laquelle il n'y a point d'intelligence possible. Maintenant la similarité, l'attraction des semblables, expliquent-elles la généralisation et l'induction autrement que d'une explication toute nominale? Il y a des parties de l'exposé de M. Bain, mythologie à part (car il y a la mythologie des nouvelles facultés comme il y a celle des anciennes), qui décrivent les opérations de la raison clairement et d'une manière toute conforme au point de vue communément adopté. Mais décrire n'est pas expliquer.

Plaçons une remarque préliminaire. M. Bain parle comme la plupart des psychologistes de l'intellect et de ses propriétés, de l'esprit et de ce qui s'y passe, etc., etc. Si ce sont là plus que des mots, et s'il existe une essence dont le philosophe prétend seulement décrire des manières d'être et d'opérer, il est clair que ces manières d'être conçues d'une manière générale, et comment les concevoir autrement? équivalent aux formes ou lois aprioriques, peu importe le nom, que l'école empirique veut éliminer de la science. La première objection revient dans toute sa force. Si, au contraire, l'esprit ne désigne qu'un théâtre vide, une *tabula rasa*, comme on l'a dit longtemps dans cette école, il est impossible de s'en faire la moindre idée et de lui prêter un rôle quelconque. La doctrine doit revenir au fond, toutes métaphores écartées, à un phénoménisme assez semblable à celui que j'accepte moi-même, et qui seul, je le crois, se contient dans les bornes de notre réelle connaissance de nous-mêmes à laquelle il imprime un caractère scientifique. C'est dans ce dernier sens, trop peu indiqué dans les définitions préliminaires du traité de M. Bain, mais, selon mon interprétation, le seul intelligible et conséquent, que je prends la psychologie associationniste, et il s'agit de savoir si, ainsi comprise, il lui est permis de se dire affranchie de la thèse des lois aprioriques enveloppant les phénomènes particuliers, ou même d'éviter de créer des équivalents pour celles des formes intellectuelles qu'elle se propose formellement d'expliquer.

Si les termes d'*esprit*, de *pensée*, au sens générique du mot, et les autres de même portée, n'ont qu'une valeur de métaphore, utile pour le discours, à plus forte raison devons-nous sans doute nous dispenser de prendre à la lettre ces manières de parler : l'attraction de l'identité, l'impulsion identifiante, l'effet de la similarité, la tendance des impressions ou états à raviver leurs semblables, etc. Au cas où il se fût agi d'une vraie dynamique psychique, dans laquelle les impressions de différentes natures : actions, sensations, pensées, émotions, tiendraient lieu des molécules de la dynamique physique, un auteur aurait pris la peine de définir et d'élucider l'hypothèse, ainsi que Herbart, par exemple, l'a fait en se plaçant à un point de vue moins expérimental. Mais puisque M. Bain s'est borné au procédé descriptif, c'est que les forces attractives ne sont pour lui que des images. Mais à ce compte rien n'est *expliqué*, rien même n'est *exprimé* qu'à la condition, pour le lecteur, de comparer mentalement les phénomènes de conscience à lui connus aux figures par lesquelles on tâcherait sans cela inutilement de les lui dépeindre. Tout d'abord cette comparaison doit se faire, pour l'*association des semblables*, dans les cas simples où l'on aurait à se représenter par son secours les fonctions reproductives d'imagination ou de mémoire; puis chaque espèce plus complexe d'association décrite, pour être comprise, a besoin qu'on la rapproche de la fonction déjà connue à laquelle il faudrait pouvoir la substituer. La loi de généralisation, ou celle du jugement (d'induction, comme préfère la nommer M. Bain), ne sont pas expliquées par l'association des semblables; c'est au contraire cette association, dans les cas en question, qui réclame l'intelligence de ces lois pour offrir à l'esprit des images claires.

Il y a quelque chose de spécifique en effet dans la fonction d'assembler deux phénomènes, un nombre indéfini de phénomènes différents, sous une idée commune et un nom commun correspondants à un trait commun. Ce n'est pas suffisamment en rendre compte que de se référer vaguement à la similarité et à l'attraction. Pourquoi la différence, aussi réelle et non moins reconnue que l'identité, n'est-elle pas un obstacle au fait de l'agglomération des semblables? et pourquoi l'identité aperçue n'empêche-t-elle pas les différences de ressortir et de constituer des espèces? Parce que c'est là la généralisation même, une fonction de conscience active que nul procédé mécanique ne représente, qui différencie le même et identifie le différent, ou, pour parler le langage de l'associationnisme, associe les dissemblables et dissocie les semblables.

M. Bain conçoit et expose nettement la nature du diagramme géométrique et de la définition abstraite et précise. Avec lui, nous semblons être loin des idées de Mill sur ce sujet, quoiqu'il approuve la thèse de ce dernier sur l'inférence tirée « du particulier au particulier » (p. 532). Mais mieux nous comprenons l'essence et le rôle de cette « forme la plus haute de l'idée abstraite », la définition, plus il devient difficile de renfermer les sciences et leurs principes dans le fait d'une « tendance des impressions à raviver leurs semblables ». Évidemment les conséquences dépassent les prémisses.

De même pour le jugement : il y a quelque chose de spécifique dans la fonction d'assembler deux idées en tant que l'une se rapporte à l'autre, en est l'attribut, la qualité; sans parler d'autres particularités encore du jugement, celle d'affirmer (je dis d'affirmer et non pas seulement de se représenter), et celle de croire. La qualification, à elle seule, diffère de la simple association, et n'y est pas renfermée, non plus que ne l'est, on l'a vu, la constitution de l'idée abstraite. En un mot, les notions générale et les affirmations et croyances ne rentrent dans l'*association des semblables* que comme dans un genre très vaste, qui pourtant ne les contient pas exclusivement, puisque l'*association des différents* à son tour les contient, et l'explication qu'on en tire est illusoire, car on est obligé d'envisager, dans l'association qu'on invoque, tels modes particuliers d'associer dont la connaissance implique la propre fonction dont on veut rendre compte.

Pour obtenir un essai réel d'explication, il faut passer sur le terrain de doctrines tout autres que psychologiques. Et il ne suffirait pas d'unir à la psychologie la physiologie humaine. Ce que M. Bain a joint de cette science à son ouvrage y est un véritable hors-d'œuvre, un exposé à côté, dont on ne trouve à peu près aucun emploi quand on arrive aux problèmes philosophiques. Ce qu'il faut, c'est de dépasser l'étude de la conscience dans l'homme, et de poursuivre les principes de la connaissance au delà du domaine de l'expérience individuelle ; c'est du moins en traitant ce sujet, de traiter en même temps de la conscience de l'animal, et de l'histoire universelle de l'expérience de l'animal, acquise et transmise dans la série des générations et des races au travers desquelles il atteint l'existence. Si l'on peut espérer de ramener réellement les lois aux faits, et à l'expérience les règles et les conditions de l'expérience, ce doit être en agrandissant ainsi le champ de recherche, de manière à embrasser l'explication du monde. M. H. Spencer a clairement aperçu la nécessité de l'œuvre, pour atteindre les fins de doctrine de son école ; et il a cru l'accomplir, ne laissant qu'une place, déjà remplie par ses soins, à ce qu'il a nommé l'incognoscible. Ce philosophe est à la fois le méthaphysicien et le naturaliste de l'empirisme, le Hegel de la psychologie associationniste. Son génie ne craint pas cette comparaison, son génie, que ne diminuent pas les grandes erreurs où il est tombé, selon moi, car la gloire du penseur réside en bonne partie dans le courage d'affronter, quelles qu'elles soient, les conséquences de ses principes. Tant pis sans doute s'ils sont faux ; mais même alors il y a utilité à construire spéculativement l'édifice qu'ils supportent.

M. Spencer professe qu'il n'y a pas de différences spécifiques entre la raison de l'homme et la raison de la brute, pas plus, dit-il, qu'entre la faculté rationnelle de l'Européen cultivé et celle du sauvage ou de l'enfant. (*The principles of psychology*, first ed., p. 575). Cette opinion ne doit pas arrêter particulièrement chez un philosophe qui a pour système de n'admettre, en quoi que ce soit, rien de spécifique. Autrement on observerait que la différence spécifique est entre la brute, qui n'a ni en acte ni en puissance ce qu'on nomme la raison, d'une part, et, de l'autre, l'Européen cultivé, qui l'a en acte, et l'enfant, qui l'a en puissance, et le sauvage, qui l'a de même ; ou qui, s'il ne l'a pas, l'a perdue, et l'idiot, chez qui elle est atrophiée congénitalement ou par accident. Mais M. Spencer admet une évolution universelle et continue des fonctions et des êtres, dans laquelle la croissance de la vie de l'esprit, d'individus à individus et de races à races, est assimilée au développement de chaque organisme individuel. Cette opinion se concilie sans peine avec une autre que je n'ai point à combattre, de la transmissibilité et, par suite, de l'innéité des instincts et des notions fondamentales, comme au surplus de toutes sortes d'aptitudes particulières. En réunissant les deux thèses on se place au point de vue voulu pour expliquer les fonctions rationnelles. Citons un passage caractéristique :

« Tout mon ouvrage implique une adhésion tacite à l'hypothèse du développement, à l'hypothèse que la vie, dans ses incorporations nombreuses et infiniment variées, s'est élevée, des plus bas et des plus faibles commencements, par des pas aussi gradués que ceux qui conduisent d'un germe microscopique homogène à un organisme complexe... Que ceci est une hypothèse, je l'admets; que ce ne sera jamais rien de plus, il semble probable.... Mais excepté pour ce qui reste de partisans du mythe hébreu, ou pour la doctrine des créations spéciales qui en dérive, il n'y a point d'alternative entre cette hypothèse et point d'hypothèses... Je l'adopte jusqu'à plus ample informé... et elle me fournit une solution de la controverse entre les disciples de Locke et les disciples de Kant.

» Si en effet nous joignons à cette hypothèse la loi universelle qui consiste en ce que la cohésion des états psychiques est proportionnée à la fréquence avec laquelle ils se sont suivis les uns les autres dans l'expérience, et si nous ajoutons seulement à cette loi, pour supplément, que les successions psychiques habituelles introduisent dans ces mêmes successions une certaine tendance héréditaire qui va s'accumulant de génération en génération, nous avons ce qu'il faut pour expliquer tous les phénomènes psychologiques et entre autres celui qu'on nomme des *formes de la pensée*. De même qu'on se rend compte de l'établissement de ces actions réflexes composées que nous appelons des instincts, sur ce principe que les relations internes sont, grâce à une perpétuelle répétition, organisées en correspondance avec les relations externes, ainsi précisément s'explique l'établissement de ces relations mentales consolidées, indissolubles, instinctives, qui constituent nos idées d'espace et de temps. Si avec des relations externes dont l'expérience est fréquente pour la vie d'un simple organisme, s'établissent en correspondance des relations internes qui deviennent bientôt automatiques... en vertu de la même loi, avec des relations dont l'expérience existe pour tous les organismes quelconques, à tous les moments de leur vie de veille, et pour toutes les sortes d'expériences, et qui sont absolument constantes et universelles, et données entre des éléments très simples, il s'établira en correspondance, graduellement, dans l'organisme, des relations absolument constantes et universelles. Nous avons dans l'espace et le temps de telles relations. Comme elles sont de l'expérience commune de tous les animaux, l'organisation des relations correspondantes doit s'accumuler non dans chaque race seulement, mais à travers les races successives, et se consolider, par conséquent, plus que toutes les autres. Comme cette expérience se retrouve en toute action de chaque créature, ces relations correspondantes doivent, toujours pour la même raison, être plus indissolubles ; et comme son objet est uniforme, invariable, impossible à écarter, à renverser ou à détruire, il doit être représenté aussi par des connexions immodifiables et indestructibles d'idées. Au substratum de toutes les relations externes doivent correspondre des conceptions qui soient le substratum de toutes les relations internes. Enfin les éléments constants et indéfiniment répétés de toute pensée doivent revenir des éléments automatiques de toute pensée, des éléments de la pensée dont il soit impossible de s'affranchir, *des formes de la pensée*.

» Telle est, ce me semble, l'unique conciliation possible entre l'hypothèse de l'expérience et celle des transcendantalistes : ni l'une ni l'autre ne peut se soutenir par elle-même. J'ai déjà indiqué plusieurs difficultés insurmontables que présente la doctrine kantienne. La doctrine antagoniste, prise séparément, en offre qui ne me paraissent pas moindres. S'en tenir à cette assertion sans réserve que l'esprit, avant l'expérience, est une feuille de papier blanc (mind is a blank) c'est ignorer les questions si essentielles : d'où sort le pouvoir d'organiser les expériences? d'où proviennent les différents degrés de ce pouvoir possédé par les différentes races d'organismes et par les différents individus de la même race? S'il n'existe rien à la naissance, hormis une réceptivité passive pour les impressions, pourquoi un cheval ne serait-il pas éducable aussi bien qu'un homme? ou, si l'on prétend que le langage fait la différence, pourquoi le chien et le chat, qui reçoivent les mêmes expériences domestiques, n'arrivent-ils pas par ce moyen à la même espèce d'intelligence, et au même degré? Prise avec sa forme courante, l'hypothèse qui donne tout à l'expérience individuelle implique l'inutilité de la présence d'un système nerveux défini, comme s'il n'y avait nul compte à tenir d'un fait de cette espèce! C'est cependant le fait qui importe essentiellement, celui qu'indiquent en un sens les critiques de Leibniz et autres... Les partisans de cette hypothèse, ignorants qu'ils sont de l'évolution mentale due au développement autogène du système nerveux, se trompent aussi grossièrement que s'ils voulaient rapporter toute la croissance du corps à l'exercice, sans rien emprunter de la tendance innée à revêtir la forme adulte... »

« En ce sens qu'il existe dans le système nerveux certaines relations préétablies, correspondantes aux relations données dans le milieu, il y a de la vérité dans la doctrine des *formes de la pensée*; non pas la vérité que soutiennent ses défenseurs, mais une vérité parallèle. En correspondance avec les relations externes absolues, des relations internes absolues sont développées dans le système nerveux : savoir développées avant la naissance, antérieurement aux expériences individuelles et indépendamment d'elles, constituées automatiquement, avec les premières connaissances mêmes... Ces relations internes préétablies, quoique indépendantes des expériences de l'individu, ne sont pas, selon moi, indépendantes des expériences en général : elles ont été constituées par les expériences accumulées des organismes précédents... Le cerveau représente une infinité d'expériences reçues durant l'évolution de la vie en général. Les plus uniformes et les plus fréquentes de ces expériences ont été léguées successivement, le principal avec les intérêts, et se sont lentement élevées jusqu'à la haute intelligence qui réside latente dans le cerveau d'un enfant, que l'enfant dans le cours de sa vie exerce, et ordinairement fortifie ou complique encore, et, avec de légères additions, lègue aux générations futures. C'est ainsi qu'il arrive que le cerveau de l'Européen dépasse de vingt ou trente pouces cubes celui du Papou; ou que la faculté musicale, à peine existante chez les races humaines inférieures, devient congénitale chez les supérieures. C'est ainsi qu'il arrive que de ces sauvages incapables d'atteindre en comptant le nombre de leurs doigts, et qui parlent un langage composé de noms et de verbes seulement, proviennent à la fin nos Newtons et nos Shakspeares. » (P. 577 et suiv.)

Nous avons maintenant ce qu'il faut pour saisir l'application des théories de M. Spencer aux fonctions rationnelles, et tout d'abord aux deux grandes fonctions de la sensibilité dont il vient d'être question : l'espace et le temps. Ce n'est pas le lieu d'examiner l'hypothèse de l'évolution, la doctrine des *correspondances*, ni la moindre partie de ce qui s'y rattache de problèmes; admettons-les, et demandons-nous seulement si elles renferment l'explication annoncée des formes de la pensée.

Je dois ici énoncer une distinction indéniable et profonde, sous une apparence de subtilité. Supposons un agent sensible mis en présence d'un certain nombre d'objets qu'il lui est donné de percevoir, soit simultanément, soit en succession, mais alors de manière à garder, en percevant les unes, la mémoire des autres. Nous concevons également bien que cet agent pense à ces objets sans penser expressément qu'ils sont plusieurs, ou qu'il y pense en les prenant formellement comme nombre. Prenons ce dernier cas ; il peut arriver encore, selon que cet agent sera placé à un degré plus ou moins reculé de l'évolution physique et intellectuelle de M. Spencer, ou qu'étant placé à un degré très avancé, il sera simplement inattentif, ou distrait, ou somnolent, ou, au contraire, éveillé et appliqué à compter; qu'il n'ait qu'une idée de pluralité obscure et confuse, ou qu'il se représente avec la plus parfaite clarté un nombre déterminé. Imaginons les différentes stations qu'un entendement peut occuper ainsi, comme pouvoir de numération; je demande, et c'est la définition que je réclame, s'il faut dire que, les sujets externes étant là plusieurs, l'idée de nombre qu'on suppose n'exister d'abord d'aucune manière, va, non s'éclairant, mais se créant dans chaque représentation qui s'en fait plus nette, et devient enfin une notion abstraite; ou plutôt s'il faut dire que les sujets externes étant objectivés en une représentation, si élémentaire qu'on la suppose, y sont par là même distingués et par là même nombrés en puissance, de sorte que le nombre ne réside pas à proprement parler dans le sujet pur, mais bien dans le sujet objectivé par un entendement quelconque, et que les progrès de la pensée consistent à élucider la notion sans avoir jamais à la créer élément par élément non plus que de toutes pièces.

Qu'on y réfléchisse bien. En adoptant cette dernière vue, on prend l'entendement, la représentation, comme une donnée dont on peut sans doute étudier des formes et des degrés, mais non raconter la création et concevoir l'origine. En adoptant la première, celle de M. Spencer, on se condamne à expliquer les commencements premiers et absolument élémentaires de la représentation, en partant des sujets purs que l'on suppose, dans leur existence originelle, étrangers au monde et aux formes de la pensée. En effet, ce que je dis du nombre, je le dirais également de toute autre catégorie. M. Spencer est obligé d'en fixer l'origine à toutes au sein de quelque chose qui n'a rien de commun avec elles. C'est là d'abord une grande illusion, car ce quelque chose ne saurait être pensé par nous autrement qu'à l'aide des formes mêmes dont il y voudrait atteindre les antécédents. C'est ensuite une prétention métaphysique exorbitante, celle d'expliquer les fonctions objectivantes par l'existence d'un sujet brut.

Au fond, le faux principe de continuité cause tout le prestige. Il semble qu'en affaiblissant une notion de proche en proche, à mesure qu'on remonte à des antécédents de plus en plus imparfaits des cas où elle se témoigne, en rattachant chacune de ses manifestations échelonnées à un certain état d'organisation, qui lui-même est en correspondance avec un milieu physique, on va arriver à expliquer cette notion par l'évolution supposée de l'organisme auquel elle se rapporte. De deux choses l'une, pourtant : ou ce procédé régressif doit conduire à un commencement absolu de la notion, je veux dire à la position absolue d'un premier terme des éléments dont elle est appelée à se composer; ou la régression est réellement sans fin, et le nombre des termes qui la composent est un *nombre sans nombre*. Dans cette dernière hypothèse, outre la contradiction qu'elle implique, et que j'ai eu d'autres occasions de faire ressortir, il faut avouer qu'on perd toute idée arrêtée des degrés de l'évolution de la notion; ils ne sont pas finis et déterminés; la différence d'un terme au terme consécutif immédiat cesse d'être assignable; on n'a plus de phénomènes mentaux distincts à quoi s'attacher. Supposons donc qu'il existe dans l'évolution totale de l'organisme, à certain moment de l'expérience, un premier terme de la notion à produire. Je pose ce nouveau dilemme, en reprenant mon exemple du nombre : oui ou non, le premier terme peut-il s'appeler déjà la notion du nombre? S'il le peut, comme nous ne trouvons rien dans le monde physique comme tel, rien dans l'organisme comme tel, rien dans l'objet externe de l'expérience, qui soit la forme propre de l'expérience interne, c'est-à-dire du phénomène psychique, nous sommes obligés de dire que ce dernier se témoigne spontanément et qu'il y a dès l'abord une forme de la notion dont il s'agit, une *forme de la pensée*. Mais c'est ce qu'on nie. Le premier terme n'est donc pas encore la notion de nombre. Quand donc apparaîtra, dans le passage d'un terme au suivant, le passage d'un état psychique qui n'est pas une idée de nombre, à un autre état qui en est une? Intelligiblement, jamais ; ce serait ce commencement absolu qu'on a déjà rejeté, puisque par hypothèse il n'y aurait dans le moment antécédent rien de semblable à ce qu'il y aurait dans le suivant. La conclusion est que la notion ne peut pas être expliquée au moyen de sa formation par éléments accumulés, à moins de s'introduire par pétition de principe, dans l'idée de l'un d'eux ou dans celle de leur accumulation.

Qu'on ne s'y trompe pas. Mon argument n'a que l'apparence

de l'argument célèbre du *Tas*, autrement dit du *Chauve*, lequel passe à très bon droit pour sophistique. Ce qui fait le sophisme, dans ce dernier, c'est que l'idée d'un tas comparativement à un nombre de grains de blé, par exemple, ou d'une tête chauve, comparativement à un nombre de cheveux fixe, sont des idées vagues, qui de leur nature excluent la précision numérique. De là vient que demander combien de grains ou de cheveux en plus ou en moins font ou ne font pas le tas ou la calvitie, c'est demander quel nombre déterminé d'objets il faut pour constituer un total dont l'idée répond à un nombre indéterminé. La question est donc absurde. Au contraire, s'il s'agissait de l'idée même du tas, on serait fondé à demander si oui ou non elle appartient à une représentation donnée. On pourrait la concevoir pensée plus ou moins obscurément, pensée par un homme qui veille ou par un homme qui s'endort, mais enfin on la concevrait toujours pensée ou non pensée. Une doctrine qui aurait pour but de montrer comment on arrive à penser un tas en commençant par ne pas le penser du tout et en traversant une série d'états pour aucun desquels il n'est possible de dire que l'on commence réellement à le penser, serait une doctrine peu raisonnable. Je n'ai rien à ajouter; le tas c'est précisément le nombre, et ce que je voulais prouver c'est que la notion peut s'éclaircir ou se déterminer à bien des degrés, une fois formée ou supposée, mais non se former proprement par degrés quand elle n'est point d'abord supposée à quelque degré.

Ceci paraîtra encore plus concluant, si je ne me trompe, en revenant aux exemples de l'auteur, qui sont l'espace et le temps. Nous comprenons parce que nous l'éprouvons, et nous éprouvons probablement à tous les degrés possibles, depuis le plus bas jusqu'à un très élevé, le pouvoir de poser l'objectif, soit dans le temps, soit dans l'espace. En conséquence nous comprenons que ce pouvoir s'élève ou s'abaisse selon quelque évolution que ce soit. Mais nous ne comprenons pas qu'il se forme de quelque chose qui n'est pas lui-même. A quelque humble degré que nous le considérions, c'est encore lui, comme c'est lui, au plus haut, que nous connaissons par le fait. Nous sommes obligés de le prendre pour donné. C'est seulement en le supposant à certain degré que nous sommes aptes à en imaginer une évolution progressive ou régressive, liée d'ailleurs à tant d'autres phénomènes qu'il en faut. Mais le concevoir à certain degré, c'est toujours le concevoir. Nous sommes obligés de le concevoir pour concevoir l'expérience, nous ne pouvons donc pas concevoir qu'il se produise à la suite de l'expérience.

M. Spencer pense, il est vrai, que notre impuissance à nous

séparer des représentations du temps et de l'espace, tient à ce qu'une expérience invariable et constante les a suggérées; non l'expérience de nous-mêmes seulement, mais de nos auteurs et des auteurs de nos auteurs, durant l'évolution totale et pour tous les phénomènes quelconques de la vie. Mais avant de spéculer ainsi sur la multitude des expériences indéfiniment prolongées, pour rendre compte de l'inséparabilité de la représentation et de l'une de ses principales formes constituantes, il faudrait résoudre l'étrange problème logique de montrer comment une *expérience quelconque* peut expliquer *une représentation quelconque dans l'espace ou dans le temps*, alors que l'on *suppose cette représentation pour comprendre cette expérience*. Voilà ce que M. Spencer n'a pas senti.

Ce n'est pas encore tout : on admettrait que le premier degré de l'évolution mentale se comprend sans recourir à une *forme de la pensée*; on accorderait que la transition d'un degré à l'autre est parfaitement intelligible; il resterait à se rendre compte de l'ensemble de ces degrés, de leur loi et de leur synthèse, en tant que phénomène complexe de l'univers. On retrouverait inévitablement sous ce nouveau point de vue une *forme de la pensée*. Mais j'ai développé l'argument à propos de la théorie du temps. Je n'y insisterai pas ici.

Il n'y a maintenant que peu de mots à ajouter sur l'explication des fonctions rationnelles. M. Spencer croit toujours qu'il suffit de poser le sujet externe d'une certaine expérience plus ou moins avancée, puis une correspondance convenable, dans l'organisme apte à cette expérience, et que la forme intellectuelle qui s'y rapporte se trouve expliquée sans autre difficulté. « Les correspondances vont croissant en spécialité, les attributs variables des choses se dissocient graduellement les uns des autres. » Il n'en faut pas davantage pour comprendre que des notions abstraites et générales se constituent. Il y a des attributs « pour ainsi dire désintégrés dans la conscience de l'organisme » et applicables à des groupes de différentes classes, tandis que d'autres, qui conservent des relations constantes, aboutissent à l'établissement de relations constantes aussi dans l'organisme (p. 443). « L'acte de généraliser est en réalité une intégration des différentes connaissances séparées que la généralisation contient; c'est la réunion de ces connaissances en une simple connaissance. Après qu'il s'est formé une accumulation mentale de phénomènes offrant une certaine communauté de nature, rappelés d'abord comme faits isolés, puis, grâce à l'expérience prolongée, rassemblés comme faits ayant quelque ressemblance, il se produit soudainement, à l'occasion peut-être de quelque exemple typique, une connaissance de la relation de coexistence ou de succession commune à tout le groupe : les faits particuliers qui n'étaient d'abord agrégés que par un lien lâche, cristallisent tous à la fois en un fait général, sont en un mot intégrés. » (P. 479). Si c'était là une simple description des circonstances dans lesquelles opère la fonction de l'entendement, on n'aurait rien à remarquer. Mais si M. Spencer a voulu rendre compte du phénomène, et, comme on dit, le déduire, il n'a fait certainement que donner, sous le déguisement de son vocabulaire propre et l'enveloppement de ses principes favoris, l'explication bien connue des enfants : *Pourquoi? — Parce que.* La connaissance qui se produit soudainement à la suite d'un exemple typique pour intégrer des connaissances diverses, est une de ces formes de la pensée que M. Spencer refuse de reconnaître. L'intégration et la cristallisation dont il parle sont la raison même, c'est-à-dire l'homme en tant qu'agent rationnel.

C. Des propositions axiomatiques et de ce qui est dit *inconcevable*.

C'est encore de la question de l'apriorisme et des thèses de l'école expérimentale que je vais m'occuper : non pas pour rechercher s'il existe des propositions nécessaires en ce sens qu'il soit impossible à un homme en état de raison et bien informé de leur refuser son assentiment, mais seulement pour examiner l'opinion des philosophes qui attribuent à l'expérience exclusivement nos liaisons d'idées, nos jugements, quelle qu'en soit la nature et quelle qu'en soit la force. Je vais toucher sans doute au problème des fondements de la croyance et de la certitude, parce que les auteurs dont je parle l'ont fait, mais ce ne sera nullement pour l'examiner. La question étant réservée pour moi dans tout le cours de cet ouvrage, je me bornerai à dire ici, afin d'éviter de fausses interprétations, que tout en soutenant l'origine intellectuelle et l'existence apriorique de plusieurs classes de propositions (apriorique, j'entends comme l'entendement lui-même ou ses propriétés, ni plus ni moins), je ne pense pas qu'il y en ait une seule qui reste inniable par le fait, quand il arrive qu'un penseur est amené par voie indirecte ou par un intérêt quelconque à la mettre en doute. L'histoire de la philosophie me semble même en cela confirmer assez ma manière de voir. Si l'enseignement qu'elle donne, touchant la réelle étendue de la *liberté des opinions*, n'est pas mieux mis à profit, c'est encore parce qu'on lui refuse l'attention voulue.

Le plus intrépide des philosophes qui nient que le principe de liaisons des idées puisse être ailleurs que dans l'expérience, est certainement Stuart Mill. M. Herbert Spencer étend, comme nous l'avons vu, l'histoire de l'expérience humaine au delà, infiniment au delà du champ des perceptions individuelles, ce qui lui permet l'usage d'une sorte d'apriorisme, eu égard à l'état actuel des choses. Les associations inséparables d'idées sont dues, pense-t-il, à l'accumulation des expériences constantes, héréditairement transmises des races aux races et des individus aux individus. Chacun de ces derniers, s'il trouve une de ces associations établies *par correspondance* dans son organisme, et, par suite dans sa conscience, a par là même un critère tout trouvé de la vérité d'une proposition. Le critère est l'inséparabilité des idées que cette proposition lie affirmativement, en d'autres termes, l'*inconcevabilité de la négative*.

Prenons pour exemple l'axiome que deux droites ne peuvent enclore un espace. C'est, selon Mill, une association toute puissante, tirée de l'expérience, et de l'imagination suite de l'expérience, qui nous montre les lignes s'infléchir dans les cas où elles doivent se rencontrer, les droites diverger indéfiniment, quand elles se sont une fois croisées. S'il y avait expérience constante et non contredite de deux droites parallèles et de leur double rencontre, vue en perspective, pour un homme qui n'aurait point les moyens de diriger l'illusion optique, il y aurait pour cet homme-là association inséparable, et croyance, en conséquence, que deux droites peuvent enfermer un espace. On eût voulu demander à Mill ou à « l'ingénieux penseur » qu'il cite à cette occasion (voy. l'*Examen de Hamilton*, trad. franç., p. 320) quelle notion l'homme supposé se ferait, en admettant qu'il fût un peu géomètre, de ces deux droites qui tantôt seraient équidistantes et tantôt non, puisqu'à la fin elles se rencontreraient, et comment il parviendrait à construire une théorie des parallèles. Pour laisser le parallélisme et ne penser qu'à deux droites, qu'est-ce qui lui apprendrait qu'il a affaire à des droites vraiment droites, et que devrait-il exiger en fait de condition de rectitude? De telles thèses sont à vrai dire une réduction à l'absurde de l'associationnisme, car elles sont la négation de l'exactitude mathématique. L'erreur consiste essentiellement à ne pas voir que, en fait de géométrie, l'imagination aidée de la rigueur des définitions domine l'expérience. Elle ne la précéderait pas pour lui imposer des règles aprioriques, qu'elle la surpasserait encore en vertu de ces définitions absolues que l'école empirique explique par l'induction, en n'expliquant pas l'induction, autre nom dans ce cas de cet apriorisme qu'elle nie. Si les questions géométriques devaient se décider par l'expérience, qui empêcherait de tracer des droites *sensibles* et très longues capables d'enclore un espace? Il n'y a ni œil ni mesure au monde qui pussent assigner une différence quelconque entre une portion de droite et une portion de grand cercle d'une sphère comme le soleil, en les supposant toutes deux *tracées* sur un plan sensible. Quelques myriamètres de développement suffiraient pour amener la rencontre des parallèles les plus soigneusement orientés sur le terrain, puis prolongées au moyen de la règle la mieux faite [1].

Dans une de ses polémiques soutenues contre le docteur Whewell, répondant à l'argument bien connu qui se tire de la « nécessité et universalité » de certaines relations envisagées par l'esprit, spécialement en mathématiques, Mill observe que la plus grande force qu'on puisse prêter à cette allégation de nécessité et d'universalité, ne va jamais, quoi qu'on fasse, au delà de dire ceci : qu'il y a des propositions dont la négative est non seulement fausse, mais inconcevable. Or, il est avéré que beaucoup de choses inconcevables, ou que longtemps on a cru inconcevables, ont fini par être généralement admises. (Voy. *A system of logic*, t. I, p. 268.) Cette dernière assertion réclame, au sujet de l'inconcevable, des distinctions que je ferai tout à l'heure ; mais je ne saurais accepter comme exacte la manière dont Stuart

---

1. Mill croyait avoir une réponse à ces sortes d'arguments : le recours à l'induction. Si, par exemple, il s'agit de l'axiome que *deux droites ne peuvent enfermer un espace*, « l'observation, dit-il, fait voir que plus les lignes sont près de n'avoir plus ni largeur ni flexuosité, plus leur aptitude à enfermer un espace approche de zéro. La conclusion que si elles n'avaient absolument ni largeur ni flexuosité elles n'enfermeraient pas d'espace du tout est une correcte inférence inductive de ces faits. » (Voy. la note ajoutée au *Système de logique*, 6ᵉ édit., trad. par M. Peisse, t. I, p. 264). Je proposerai donc un dilemme. Ou Mill entend que la géométrie traite des lignes idéales; dans ce cas il rétablirait avec d'autres mots, au moyen de l'induction, c'est-à-dire de la propriété que possède l'esprit de porter des généralisations sans mesure au delà de l'expérience, les *aprioris* qu'il nie, les vérités nécessaires et supérieures à l'expérience. Mais telle n'est pas sa pensée, car il affirme nettement que l'objet propre de la géométrie est l'objet matériel (*ibid*., p. 256), et que les suppositions desquelles cette science, dit-on, découle nécessairement, *ne sont pas vraies* (p. 259). Ou bien Mill entend que la géométrie ne traite pas des lignes idéales. C'est ce qui semble d'après ce que je viens de dire. Mais alors l'axiome en question n'est pas plus vrai pour la science que dans la nature, et la *correcte inférence* qui y conduit est la correcte inférence d'un non-sens. Que devient la géométrie, quels sont ses principes réels et ses preuves, et de quoi nous occupons-nous en cherchant à en découvrir la nature logique?

Mill présente le fait intellectuel de certaines liaisons nécessaires d'idées. Ce fait, dans ces cas les plus frappants, consiste, non en ce que tel attribut se conçoit comme inhérent à tel sujet, *vi concepti*, en telle sorte que si l'attribut tombe, le sujet le suit et ne peut se maintenir. Ce n'est pas seulement la négative qui se trouve inconcevable, c'est toute affirmative sur le même sujet, l'esprit étant vidé aussitôt que cette négative y prend place. On voit que je parle des propositions analytiques. Par exemple, il y a nécessité pour un géomètre de penser que dans un triangle isocèle, les angles opposés aux côtés égaux sont égaux, non pas simplement parce que le contraire est inconcevable pour lui, mais parce que s'il conçoit le contraire, savoir que les angles ne sont pas égaux, il doit concevoir, en vertu d'une démonstration, que les côtés non plus ne sont pas égaux ; que dès lors, en vertu d'une définition, le triangle n'est pas isocèle : et ainsi le sujet tombe dès que la fausse propriété est admise.

Mais je prendrai un exemple où n'entre aucun travail de déduction : pensons à l'espace. Supposons, ce que Mill estime possible à la rigueur, comme pour prouver que tout peut se dire et se croire même au besoin, supposons qu'il existe un *bout de l'espace* et qu'un observateur capable de s'y transporter trouve en effet l'espace borné, ce qu'auparavant il ne croyait pas, mais ce que désormais il croira, averti qu'il sera, pense Mill, par quelque impression d'une espèce tout à fait inconnue dans notre état présent. (Voy. l'*Examen de Hamilton*, p. 94.) Dans cette supposition, il ne serait pas juste de dire que l'espace est autre qu'on croyait. Le véritable énoncé concevable à l'hypothèse c'est que l'espace n'est pas l'espace; ou quelque autre formule contradictoire avec la nature de notre représentation. Les noms se rapportent aux représentations et doivent aller et venir avec elles. Nous avons l'idée générale de l'extension; conformément à cette idée, si nous pensons à une étendue particulière, nous pensons à une autre étendue au delà de celle-ci, et, comme ce prolongement a lieu quelle que soit l'étendue conçue d'abord, nous concluons, par un raisonnement rigoureux, que l'extension qui est dans nos idées n'a pas de fin, en d'autres termes que l'espace est sans bornes, autant qu'existe réellement ce que nous nommons l'espace. Il résulte de là, selon moi, ce que j'ai montré ailleurs, que l'espace est une représentation et non un sujet en soi; mais penser que l'espace existe, et peut avoir des bornes, c'est penser qu'il existe et peut en même temps ne pas exister.

La thèse de Mill est donc destructive, au profit de l'expérience, du fondement même des jugements analytiques et du principe du raisonnement. Au reste, elle est logique de sa part, car il estime que le principe de contradiction est simplement « une de nos premières et plus familières généralisations tirées de l'expérience, fondée sur ce que la croyance et la non-croyance sont deux états mentaux différents et qui s'excluent mutuellement ; chose que nous apprenons par la plus simple observation de nos esprits ». L'observation des phénomènes externes, ajoute-t-il, nous montre ensuite des phénomènes positifs et négatifs, qui ne sont jamais simultanément présents ; et la *maxime* en question est une généralisation de l'ensemble de ces faits. (*A system of logic*, t. I, p. 309.) Il aurait fallu, ici, éviter de confondre entre l'observation des faits externes, exclusifs l'un de l'autre, mais qui ne sont tels qu'empiriquement, même quand ils le sont constamment, leur liaison possible ou non étant en elle-même indifférente à l'entendement, et l'observation de faits internes dont la relation d'exclusion réciproque a la valeur d'une loi impossible à écarter sans qu'on renonce à penser. La confusion que fait Mill est surtout remarquable en ce que, essayant de désigner des phénomènes extérieurs contradictoires, et reconnus contradictoires grâce à l'expérience externe, ainsi que sa thèse le voudrait, il en trouve en réalité que de ceux qui dépendent de l'expérience interne. Je les rapporterai dans un moment.

L'incompatibilité de l'affirmation et de la négation du même attribut d'un même sujet (au même instant, sous le même rapport) est dans la conscience un fait qui ne saurait se poser pour la réflexion sans se poser comme général, puisque nous apercevons clairement que l'exercice de l'entendement n'est possible qu'en l'impliquant, quel que soit le sujet, quel que soit l'attribut dont il s'agit. Dire que ce fait s'observe, dire qu'il s'observe constamment, dire qu'il est une loi de l'esprit, une forme radicale de la pensée, c'est sans doute user de mots différents, mais pour rendre un seul et même sens. Or, ce sens n'est pas autre pour les cas de phénomènes externes incompatibles que M. Mill allègue seuls à cette occasion : « lumière et obscurité, bruit et silence, mouvement et repos, égalité et inégalité, antériorité et postériorité, succession et simultanéité. » La contradiction n'existe pour de tels phénomènes pris deux à deux qu'à titre de perceptions qui s'excluent réciproquement, ou dont chacune a *dans sa signification même* la négation de l'autre. C'est donc dans l'expérience interne que la contradiction se place.

Si, au lieu de ces cas, Mill avait songé à des faits externes dont l'incompatibilité n'est réellement que d'expérience constante, sans que la loi de la représentation s'y trouve en jeu, il n'aurait pas pu les appeler correctement contradictoires. Par exemple, le rayonnement solaire à la surface du sol et une atmosphère chargée de vapeurs qui se condensent sont des phénomènes incompatibles; la non-transparence de ces sortes de nuages est un fait naturel aussi constant qu'il puisse y en avoir probablement; mais le contraire n'implique pas contradiction à nous connue, et nous concevons fort bien, malgré l'expérience, que nous pourrions, eu égard aux conditions de notre représentation, sentir tout à la fois la condensation d'une masse de vapeurs atmosphériques et un soleil brillant à travers une pluie diluvienne. Il est de même de toutes les lois de la nature quand les liaisons qu'elles permettent ou ne permettent pas, quoique invariables, n'intéressent point le principe de contradiction. La pesanteur est une des plus grandes : qu'une pierre soit sans support et qu'elle ne tombe pas, voilà deux phénomènes qui « ne sont jamais simultanément présents »; mais il n'est pas de ceux dont la généralisation peut conduire au principe de contradiction. On voit qu'il n'est pas permis au logicien de confondre l'exclusion mutuelle fondée sur l'expérience externe, si constante et universelle soit-elle, avec l'incompatibilité de l'affirmation et de la négation du même dans l'entendement.

Je viens de parler des vérités dites nécessaires, dont la négative n'est pas seulement *inconcevable*, comme le dit Mill, mais est telle, que *nous concevons* qu'une pensée qui la concevrait est une pensée qui ne peut pas exister. Ensuite viennent les jugements, non plus analytiques, mais synthétiques aprioriques, qui portent sur les relations fondamentales constitutives de la chaîne des catégories, qui lient d'une manière générale la quantité, par exemple, avec la position, ou la position avec la succession, le devenir avec la causalité, etc., etc. L'école associationniste attribue ces sortes de jugements, aussi bien que les autres, à l'expérience constante et non contredite d'une liaison immédiate d'impressions, et à l'impossibilité qui s'ensuit de les séparer. Cependant l'inséparabilité, ainsi fondée sur l'expérience, n'est pas entière, selon Mill, qui proteste contre l'opinion qu'un philosophe lui impute, qu' « une association inséparable produit nécessairement la croyance ». (*Examen de Hamilton*, p. 314.) Je me garderai de combattre Mill sur ce point, et je ne crois pas non plus que les *propositions* ou *vérités nécessaires*, avec la nature que je leur attribue, soient *absolument* indéniables. La question est alors de savoir si celles des liaisons d'idées que tout le monde rapporte à l'expérience seule sollicitent l'assentiment avec la même force que des énoncés axiomatiques tels que celui-ci : la ligne droite est la plus courte entre deux quelconques de ses points. Je dis la question; mais toute la question n'en dépend pas, car la nature apriorique des catégories, pour laquelle j'ai donné de tout autres arguments, entraîne celle des relations essentielles qu'ils ont entre eux.

C'est prendre pour la thèse associationniste une position avantageuse que de mettre l'apriorisme au défi de citer une liaison constante, immédiate et non contredite de faits du domaine expérimental, et qui n'engendre pas une association aussi inséparable qu'il en puisse exister; car les liaisons de cette sorte ont grande chance d'être en même temps des vérités d'ordre mental, à cause de l'harmonie donnée en toute hypothèse entre les lois de la nature et celles de l'esprit. Et naturellement Mill a droit d'exiger que l'exemple apporté d'une telle association séparable ne soit emprunté ni à une de ces illusions des sens que d'autres sens corrigent (les réfractions, les perspectives trompeuses), ni à des faits de consécution invariable, mais non immédiate (la succession du jour et de la nuit), ni à des liaisons que l'imagination rompt sans peine par comparaison avec d'autres analogues ou différentes (le feu qui brûle, une pierre qui enfonce dans l'eau, etc.) (*loc. cit.*, p. 316 et suiv.). Il ne me semble pourtant pas impossible de satisfaire aux conditions imposées. S'il y a quelque part une coexistence constante, invariablement et immédiatement perçue partout où se produit un phénomène de sensibilité ou de pensée, c'est celle des organes corporels avec les faits de l'ordre mental. Cette loi en faveur de laquelle on peut faire ainsi valoir la plus forte des inductions est cependant niée par de nombreuses écoles anciennes et modernes, qui, soutenant la séparabilité de l'intelligence et de la matière, sont parvenues à faire de leur manière de voir un dogme et un article de catéchisme à l'usage des enfants. Dira-t-on que c'est là une opinion de philosophes, c'est-à-dire de gens qui sont voués par état à séparer mentalement les inséparables des autres hommes; mais que ceux-ci, le vulgaire, tout en répétant au besoin les formules serinées, n'imaginent point en réalité la séparation en question et ne la conçoivent nullement? Je distinguerai entre les termes de l'objection. Imaginer, concevoir, ne sont pas synonymes. Si l'associationnisme se contente de prouver que l'imagination est impuissante à désunir ce que l'expérience unit de la manière que nous définissions tout à l'heure, la thèse n'est ni intéressante ni neuve. On sait assez que les composés de la fonction reproductive se forment exclusivement par la combinaison des données de la perception et de la mémoire. Concevoir, au contraire, ou former un concept, c'est comparer deux idées en admettant, à un titre quelconque, en *croyant* que l'une peut réellement s'affirmer ou se nier de l'autre. En ce sens, je dis que tout homme capable de concevoir arrive à séparer sans peine, que ce soit d'ailleurs à tort ou à raison, la pensée et le corps, unis par une expérience constante et indémentie. Il me suffit de m'adresser à la bonne foi, et de demander si le philosophe qui nie la matière comme antécédent nécessaire de la pensée doit se donner la même entorse mentale que ferait celui, s'il existait, qui nierait la qualité de la droite d'être la plus courte ou la propriété de trois et un de faire quatre ?

Le premier de ces philosophes nie simplement une proposition synthétique apostériorique ; il conteste comme essentielle ou nécessaire en tout état de choses une relation que fournit constamment l'expérience, mais l'expérience seule. Le second aurait à nier, dans un cas, un jugement synthétique apriorique, dans l'autre, une proposition analytique ; ici, une relation faute de laquelle admettre il ne peut même attacher aucun sens aux mots que cependant il emploie ; là une autre relation tellement inhérente à ses propres modes de représentation mentale, que, encore qu'il puisse en penser les termes l'un sans l'autre, il ne peut les penser l'un et l'autre sans les unir. Le premier philosophe est un homme comme il s'en trouve aisément, d'une hardiesse de pensée commune ; le second serait jugé faire violence à sa conscience ; et même, dans certains cas, tels que ceux que j'ai cités, il passerait pour fou et devrait passer pour quelque chose de plus que fou, à cause du nombre des fous qui raisonnent bien. On voit, si je ne me trompe, quelle clarté la classification kantienne des jugements apporte dans la question que je discute. Les exemples suivants achèveront la démonstration.

Les corps sont pesants ; voilà une proposition synthétique apostériorique. Sans doute elle ne répond point à une association d'idées inséparable, car on a cru longtemps, sur la foi d'une expérience imparfaite ou mal interprétée, qu'il existait des corps naturellement légers ; mais elle est actuellement aussi confirmée que possible pour quiconque a reçu la moindre instruction scientifique. Il serait probablement peu sage de la nier, puisqu'elle a une forte induction en sa faveur. Toutefois il reste toujours vrai que les corps peuvent être conçus sans la qualité de la pesanteur, les autres qualités telles que l'étendue, la figure, la motilité, et les propriétés physiques comme la chaleur, la lumière, etc., étant suffisantes pour déterminer un vaste concept. Et même, s'il plaisait à un penseur d'imaginer des corps exclusivement conformes à ce dernier concept et de les croire réels, on ne pourrait pas lui démontrer qu'il se trompe.

Un autre exemple sera hypothétique sans être moins concluant. Je suppose que le corps humain fût tel et nous fût si bien connu jusqu'en ses intimes ressorts, même par perception immédiate, que nous eussions conscience d'une vibration déterminée de la matière nerveuse comme antécédent invariable de chaque phénomène psychique spécial. Je suppose de plus que la corrélation ou, comme on dit, mais en termes moins corrects, la *transformation* mutuelle des forces physiques, chimiques et vitales fût dûment établie et calculée. Dans cette hypothèse, d'ailleurs toute conforme à ce qu'il est permis d'attendre du progrès des sciences, il semblerait que l'opinion des philosophes qui pensent que l'*esprit* est un *produit* ou un *mode* de la *matière* dût être singulièrement renforcée. Il n'en est rien pourtant, car on pourrait continuer à soutenir, et je soutiendrais énergiquement que les deux ordres de phénomènes désignés par ces mots *esprit*, *matière*, sont étroitement liés, que l'un d'eux conditionne toujours l'autre, et que néanmoins, à cause de leur totale dissemblance, on n'a le droit d'envisager entre eux ni le rapport qualitatif que le mot *mode* exprime, ni le rapport *causal* avec le sens réel attaché à l'idée de *production*; qu'il faut se borner, en bonne logique, à constater des rapports constants soit de concomitance, soit de consécution immédiate, en un mot une harmonie, un ensemble de rapports, d'ailleurs inexplicable en son principe comme le monde lui-même. Ainsi l'hypothèse établit la plus étroite et la plus constante union de phénomènes imaginable, et en même temps la logique maintient une séparation idéale et permet de concevoir une séparation réelle possible à l'encontre de l'expérience. La raison de cette liberté laissée à l'entendement et à l'opinion, c'est précisément qu'il s'agit d'une liaison fondée sur l'expérience et non sur les lois de la représentation.

Je prends maintenant le *principe de causalité*: tout ce qui commence d'être a une cause. Si ce jugement devait signifier d'une manière absolue, que tout est précédé et prédéterminé, il ne serait pas licite à ceux qui le portent de croire que certaines causes ou déterminations partielles de causes partent de la conscience, ou s'y arrêtent en remontant, au lieu de dépendre intégralement de causes antérieures qui elles-mêmes dépendent d'autres causes, et ainsi de suite sans fin. Ni la croyance à la liberté des résolutions, ni celle qui nie l'éternité du monde, ne seraient possibles à moins de violer une loi de la représentation, aussi impérieuse que certains axiomes mathématiques. Il n'en est pas ainsi selon moi, mais l'office de la synthèse apriorique n'est ici que de lier entre eux les phénomènes externes par la notion de force, dont le type est donné exclusivement dans les actes représentatifs; elle transporte la causalité au dehors et l'applique à une multitude de faits divers du devenir. De là à affirmer l'existence intégrale, avec régression à l'infini, du rapport de cause entre un phénomène quelconque et un phénomène antérieur toujours donné, il y a un abîme. On le franchit par voie de généralisation ou d'induction en prenant un point de départ dans les phénomènes naturels dont l'enchaînement rigoureux et constant est le plus avéré. Je tombe d'accord en ce point avec Mill, tout en niant formellement que la loi de causalité, ainsi conçue, puisse invoquer une expérience que nulle exception n'infirme, et se fonder en conséquence sur la plus forte de toutes les inductions, sur une induction dont il est permis de regarder pratiquement la certitude comme absolue [1]. Je crois cette induction incorrecte, cette expérience incomplète et en partie impossible. Je m'explique ainsi ce qui autrement serait incompréhensible pour moi, que les mêmes hommes qui posent le prétendu principe, songeant comme ils font alors au nombre immense et à la continuelle expérience des liaisons fixes et uniformes de phénomènes, soient conduits ensuite à le retirer, soit formellement, soit en termes implicites, quand il s'agit d'appliquer des jugements ou de motiver des passions, relativement aux actes de leurs semblables ou à leurs actes propres. Les causes ne leur semblent pas alors être situées hors de la sphère des déterminations actuelles de la conscience de l'agent, et devoir se poursuivre en un déroulement indéfini en arrière. Ce n'est pas qu'ils aient ni qu'ils puissent obtenir une expérience proprement dite de leur libre arbitre, ou du point d'arrêt des causes dans certaines de leurs résolutions présentes, mais ils ont l'expérience des jugements spontanés et des affections qui témoignent de la croyance naturelle où ils vivent à cet égard. Malgré cette croyance universelle, impossible à écarter pratiquement, un philosophe comme Leibniz a vu dans la loi absolue de causalité une vérité nécessaire, la seule que sous le nom de principe de la *raison suffisante*, il ait appelée avec le principe de contradiction à porter le poids de la philosophie en tant que science déductive.

---

1. *A system of logic*, b. III, chap. XXI. « To the law of the causation, we not only do not know of any exception, but the exceptions which limit or apparently invalidate the special laws, are so far from contradicting the universal one, that they confirm it. » Et plus loin : « We may... regard the certainty of that great induction as not merely comparative but for all practical purposes, absolute. » Je dois dire que Mill exclut de la causalité l'idée de force, pour n'envisager que la relation invariable, absolument uniforme, de l'antécédent au conséquent. Mais ceci ne change rien à mes remarques qui portent expressément sur cette prétendue loi de causation universelle et absolue.

Et malgré la lacune immense (que l'induction ne saurait légitimement combler) des vérifications expérimentales de l'enchaînement absolu des causes, Mill à son tour a fait de cet enchaînement le principe suprême des connaissances humaines, au nom de l'expérience !

J'ai maintenant parcouru et examiné plusieurs cas de jugements dans lesquels se formulent des vérités dites nécessaires, réelles ou prétendues. Les jugements analytiques et les jugements synthétiques aprioriques (ces derniers bornés aux rapports les plus généraux que l'entendement pose entre les diverses catégories) sont ceux qui fournissent à la conscience les relations dont elle peut le moins se dépouiller, encore que spéculativement tout soit possible. Il n'est pas vrai qu'ils procèdent d'associations d'idées *inséparables* formées par l'expérience, car, au contraire, la conscience ne peut aborder sans eux l'expérience et percevoir des rapports entre les objets sensibles. Elle les suppose comme règles, ils la supposent seulement comme condition de développement. Les faits dont l'expérience établit une liaison invariable et immédiatement aperçue peuvent ne donner lieu ni à des associations inséparables, ni par suite à des jugements joignant nécessairement ces faits et énonçant des *vérités nécessaires*. J'ai cité des exemples de jugements formés sous ces conditions : ils sont contestables et parfois contestés. A plus forte raison est-il facile et ordinaire de mettre en doute ceux qui, ne portant pas sur une base d'expérience aussi étendue ou aussi claire, s'obtiennent par induction. Le dernier que j'ai avancé est dans ce cas, ainsi que d'autres à mon avis plus probables. Mais peu importent leurs valeurs relatives, qu'il ne s'agit pas de comparer. Ils se réclament de l'expérience, ils ne sont donc pas pensés comme nécessaires; ils ne peuvent pas être pensés non plus comme absolument universels.

Dans le règne de l'opinion, ces différents jugements correspondent à autant de cas de ce qu'on appelle l'*inconcevable*, car toutes les fois qu'on énonce une proposition que l'on croit fondée ou sur le principe de contradiction, ou sur quelque axiome, ou sur une expérience invariable immédiate, ou même simplement sur une expérience supposée claire et constante grâce à l'induction qui la complète, on a l'habitude de dire que le contraire de cette proposition est inconcevable. Je n'ai plus, je crois, à ajouter à ces cas, pour en achever l'énumération, que celui où l'inconcevable n'est que l'inimaginable ou, pour parler plus exactement, ce dont les habitudes intellectuelles de tel homme ou de telle époque empêchent la représentation de se former facilement. Par exemple, l'existence des antipodes a passé longtemps pour inconcevable, quoique la station et la marche de ceux qui vivent à un bout de l'un des diamètres terrestres dont nous habitons l'autre bout soient pareilles aux nôtres, identiques en relation et pas plus difficiles à imaginer. Mill cite un autre exemple des plus intéressants, celui de Leibniz voulant qu'il fût besoin d'une intervention spéciale de la Divinité, d'un miracle, qu'on ne doit jamais supposer, pour faire que deux corps agissent l'un sur l'autre à distance, ainsi qu'on l'admet dans la théorie de l'attraction. Le disciple, encore que souvent infidèle, de Descartes, opinait d'après le préjugé cartésien du plein, du continu et de l'impulsion par continuité, sans songer que le fait de la communication du mouvement entre molécules ne s'explique pas mieux dans l'hypothèse du contact qu'en les supposant séparées par des vides. Enfin, dans une foule d'occasions plus vulgaires, il est clair que l'inconcevable n'est qu'un autre nom de l'inaccoutumé. Bien imprudent celui qui se ferait fort de les distinguer toujours sans autre guide ou critère que l'expérience, qui précisément ne peut, de sa nature, instituer que l'habitude !

Rien de ce qui est d'expérience ou de fait n'étant ni concevable, ni inconcevable, car ces noms n'appartiennent proprement qu'aux rapports que la représentation a le droit de contrôler comme siens, il ne faudrait appeler inconcevables que les propositions contraires soit à des jugements analytiques, soit aux aprioris que toute expérience invoque pour règles. L'inimaginable aussi ne devrait s'entendre que de ce qui contredit les lois de l'imagination proprement dite, c'est-à-dire de ce qui viole les lois géométriques, les axiomes, ou altère les définitions fondées sur les images idéales. Ainsi ni l'expérience, ni l'imagination dans le sens le plus commun du mot, laquelle est toujours subordonnée à l'expérience, n'ont aucune fonction à remplir dans l'interprétation et la critique des concepts, même de ceux qui y ont entièrement leur origine. Dans ce cas, en effet, les concepts, en tant que l'expérience seule lie les termes dont ils se composent, demeurent particuliers en toute rigueur et ne dépassent ni le lieu, ni le moment, ni les circonstances où ils apparaissent. Au contraire, les relations qui dépendent de la représentation et qui la constituent tiennent d'elle toute la généralité qu'elle crée et ne peut faire autrement que de s'attribuer.

M. Spencer, avec ses opinions réalistes sur l'espace et le temps, commet la faute logique d'attacher à l'expérience et à l'imagination la vertu de produire des concepts à objets réels, indépendamment de toute critique appliquée à la recherche de la véritable place et du véritable sens de la réalité. C'est ainsi que, trouvant dans la représentation le pouvoir d'objectiver l'étendue et la durée avec les phénomènes coexistants ou successifs, il conclut, par son principe de l'*inconcevable*, que ces formes objectives sont elles-mêmes ce qu'elles servent à représenter, c'est-à-dire des sujets réels externes, au lieu de croire simplement cela seul que la foi dans la conscience exige, qu'il existe des sujets réels dont la représentation externe implique ces objets internes, l'espace ou le temps. Au reste, le critère de l'inconcevable repose lui-même sur l'expérience, d'après M. Spencer. C'est l'expérience accumulée des races et des âges qui aurait décidé à la longue de ce qui est devenu inconcevable pour nous. Ce critère et celui de Mill se rencontrent donc, à la fin du débat soulevé entre ces deux philosophes. Et tous deux soutiennent la grande thèse de leur école, sur laquelle je ferai une dernière remarque pour conclure. Les associations d'idées dites inséparables, si nous les considérons chez les ignorants, peuvent bien tenir de l'expérience leur inséparabilité, mais non aucune validité. La philosophie s'applique par le fait, on l'accorde, à détruire plusieurs de ces liaisons, et y réussit très souvent. Sa tâche en cela n'est probablement pas encore terminée. Quand nous pensons ensuite à envisager les associations inséparables chez les savants et les philosophes, nous trouvons que ce sont gens capables de les séparer. Alors des règles d'interprétation et de critique que l'expérience d'elle-même n'implique pas viennent s'ajouter à l'expérience. Les apostérioristes disent bien que les nouvelles associations d'idées (les associations réfléchies, les associations libres, puisqu'elles ne sont plus inséparables) qui conduisent aux jugements motivés, aux systèmes scientifiques, aux doctrines philosophiques, sont encore ou doivent être des produits de l'expérience, et de l'induction que l'expérience autorise. Mais il n'est pas moins vrai que ces philosophes usent inévitablement, dans la manière dont ils consultent l'expérience ou la comprennent, et dont ils pratiquent l'analyse et l'induction, usent, dis-je, des notions et des propositions en litige, les supposent pleinement connues, et les manient par un libre procédé de pensée et de spéculation tout pareil à celui de leurs adversaires. Ils ne peuvent pas, M. Spencer ne peut pas plus que d'autres, malgré son système de la continuité physico-psychique, qui n'est qu'une sorte d'histoire naturelle de l'esprit, vague, hypothétique et sans ombre de preuve, expliquer sérieusement la formation graduelle des idées et des jugements par l'œuvre seule de l'expérience, depuis l'entendement commençant, où tout se résout en quelques associations spontanées d'impressions élémentaires, jusqu'à l'esprit du penseur qui critique, amende, réforme, institue artificiellement au besoin et subordonne à la raison cette expérience dont on voudrait qu'il fût le pur produit; qui se forme les notions idéales ou absolues et porte les jugements nécessaires dans lesquels cette même expérience est dépassée, du moins en prétention, et qui possède, par-dessus tout, ce pouvoir de méditation et de libre réflexion où tout le reste est maîtrisé, jusqu'aux jugements qui déjà maîtrisent l'expérience. En somme, l'aposteriorisme est impuissant à rendre compte des formes de la pensée, de leur formation et de leur développement, sans que l'œuvre de l'expérience, qui est censée les produire, et l'œuvre de l'analyse et de l'induction, qui est censée les expliquer, les supposent. Il est vrai que l'apriorisme, de son côté, ne montre pas comment les formes de la pensée pourraient exister et se concevoir indépendamment de toute expérience. Mais l'école criticiste a abandonné cette prétention de la façon la plus formelle. L'école psychologique associationniste devrait à son tour répudier la chimère des lois nées de l'expérience, et par conséquent d'un monde né, formé et développé de degré en degré par des *faits sans lois*. On aurait posé alors les bases d'une entente entre ces deux grandes écoles.

D. De la géométrie non-euclidéenne.

J'ai dit que pas une vérité n'était absolument à l'abri d'être mise en doute. L'exemple le plus étonnant qui puisse illustrer cette thèse est l'opinion où des penseurs et des géomètres paraissent être arrivés, que peut-être il est possible de mener par un point, sur un plan, une infinité de droites qui ne rencontrent pas une droite donnée. A la vérité le principe d'Euclide : Deux droites qui font avec une transversale deux angles intérieurs dont la somme est moindre que deux droits se rencontrent, est vérifié par l'expérience. Mais la sphère de notre expérience est très bornée. Un triangle, observé dans nos limites, a la somme de ses angles égale à deux angles droits; mais cette somme pourrait se trouver à la fin moindre que deux angles droits si l'on considérait des côtés de l'ordre de grandeur des distances des étoiles fixes. En partant de ces possibilités, fondées sur ce que le principe d'Euclide n'est pas démontré analytiquement à l'aide des autres notions fondamentales de la géométrie, et sans songer que parmi ces dernières il en est aussi qui ne sont pas démontrées, de très habiles géomètres ont ingénieusement construit toute une géométrie *non-euclidéenne*. C'est un problème logique comme un autre que celui de tirer les conséquences d'un système de vérités, dans l'hypothèse où une certaine autre vérité ne serait pas vraie; et celui-ci s'est trouvé être un exercice intéressant et piquant. Les uns ont nommé cette géométrie *géométrie imaginaire*; d'autres veulent qu'elle s'appelle simplement *abstraite*; un plus hardi a proposé de l'appeler *astrale*. L'illustre Gauss a donné sa très sérieuse approbation à ces travaux, dont il paraît même avoir le premier conçu l'idée. A quel point cela est sérieux, on peut en juger par le passage suivant de sa correspondance : « La géométrie *non-euclidéenne* ne renferme en elle rien de contradictoire, quoique à première vue beaucoup de ses résultats aient l'air de paradoxes. Ces contradictions apparentes doivent être regardées comme l'effet d'une illusion, due à l'habitude que nous avons prise de bonne heure de considérer la géométrie euclidéenne comme *rigoureuse*. » (Voy. *Etudes géométriques sur la théorie des parallèles*, par N. I. Lobatschewsky, trad. de l'allemand par J. Hoüel, p. 40.)

Ce mot *habitude* vaut ici le système empirique associationniste tout entier. Et ce qu'il y a de curieux c'est que, dans ce cas de la théorie des parallèles, le grand moyen de l'induction, qui sert, dans la logique de Mill, à donner aux axiomes géométriques la seule rigueur à laquelle ils puissent prétendre, cesse absolument d'être de mise. En effet la vérification expérimentale du postulat d'Euclide ne peut être le point de départ d'aucune induction sur ce qui arriverait si l'on avait affaire à des droites de développement *astral*, et non plus terrestre, quand la nouvelle géométrie est précisément fondée sur l'hypothèse que la somme des angles d'un triangle ne commencerait à différer sensiblement de deux angles droits que pour l'observateur qui opérerait sur ces sortes de distances.

Voilà donc où l'on arrive dans l'empirisme : à nier, au moins hypothétiquement, la vérité de l'un de ces jugements synthétiques aprioriques, ainsi que l'autre doctrine les nomme, qui semblent le mieux identifiés avec la nature de la pensée, et cela dans l'ordre le plus clair et le plus désintéressé de l'entendement, dans l'ordre géométrique. Si quelque intérêt, quelque passion entrait en jeu, on passerait facilement de la négation hypothétique à la négation absolue. Mais pourquoi s'arrêter là, pourquoi ne pas s'attaquer à d'autres axiomes? Pourquoi ne pas mettre en doute la possibilité de mener, par un point d'une droite, une droite unique formant deux angles égaux avec la première? Car enfin cette construction n'est pas établie analytiquement, sur la base de propositions démontrées, et l'expérience, si elle était poussée aussi loin dans le petit que la géométrie *astrale* la suppose poussée dans le grand, pourrait bien trouver en un point d'une droite plusieurs perpendiculaires, si tant est qu'il y en ait jamais une seule! Peut-être la curiosité mathématique a rencontré moins d'aliment dans cet autre doute; ou plutôt l'*habitude* qu'on a de regarder l'axiome de la paralléléité comme plus mal établi que celui de la perpendicularité aura borné la hardiesse des *non-euclidéens*.

Cependant les suites mêmes de la spéculation non-euclidéenne sur le parallélisme ont conduit nos géomètres imaginaires à s'attaquer à l'axiome du droit et plus court, et enfin à la conception d'un espace à trois dimensions, ce qui naturellement ruine tous les axiomes de la géométrie à la fois. Partant de ce principe que les notions géométriques primordiales sont des produits de l'expérience, ils ont remarqué que des êtres intelligents vivant sur une surface (et non dans un espace à trois dimensions) pourraient (pourquoi pas devraient?) être supposés insensibles à tout ce qui est hors de leur habitat, et incapables de rien percevoir de ce qui n'y est pas rigoureusement appliqué. Ils se formeraient des concepts appropriés à la nature de leurs perceptions. Leurs axiomes différeraient des nôtres selon l'espèce de surface qui les contiendrait et qui ne permettrait pas les mêmes expériences touchant la possibilité de superposer des figures, touchant la possibilité de tracer une ou plusieurs lignes de moindre distance entre deux points, et touchant la possibilité de mener des lignes parallèles, ou d'en mener une ou plusieurs par un même point. Mais pourquoi l'homme lui-même n'habiterait-il pas une surface, au lieu de cet espace libre, indéfini, qu'il imagine en vertu de l'incompréhensible pouvoir qu'il a de spéculer sur ses perceptions? L'expérience, critère unique de vérité, peut-elle l'assurer qu'il n'en est pas ainsi? Et comment? Est-ce parce que nous pouvons construire partout des figures superposables, les transporter sans déformation d'aucune de leurs parties? Mais les surfaces sphériques et certaines autres, dites *pseudosphériques*, satisfont à cette condition; et même ces dernières, en les supposant flexibles, pourraient, quoique limitées, fonctionner comme si elles étaient indéfinies en tous sens. Est-ce parce qu'on ne peut tracer plus d'une ligne de moindre distance entre deux points quelconques? La même propriété appartient aux pseudosphères. Est-ce enfin parce qu'on ne peut pas conduire par un point plus d'une ligne de moindre distance et ne rencontrant pas une autre semblable ligne? Il est vrai que les surfaces pseudosphériques admettent tout un faisceau de ces lignes, et c'est la seule différence appréciable entre ces surfaces et notre soi-disant espace indéfini dans toutes les directions; mais il n'est pas prouvé que le postulat d'Euclide soit fondé en fait.

J'emprunterai à un illustre mathématicien et physicien la conclusion de ces spéculations si ingénieusement absurdes :

« Les axiomes sur lesquels notre système géométrique est basé ne sont pas des vérités nécessaires, dépendant seulement des lois irréfragables de notre entendement. Au contraire, divers systèmes de géométrie peuvent se développer analytiquement avec une consistance logique parfaite. » Cet *au contraire* n'est pas logique, il faut s'arrêter un moment pour le faire remarquer. Une condition manque pour le justifier; c'est que les *divers systèmes de géométrie* puissent être construits, je ne dis pas sans faire un usage formel, mais je dis sans supposer à tout moment dans l'esprit de l'auteur et du lecteur la connaissance de ces vérités que l'on nie comme nécessaires, mais dont l'absence rendrait certainement toute pensée géométrique impossible : le lieu universel a trois dimensions, la droite et sa loi, le parallélisme et sa loi. Je continue la citation :

« Nos axiomes sont en réalité l'expression scientifique d'un fait d'expérience très général, à savoir que, dans notre espace, les corps peuvent se mouvoir librement sans altération de leur forme. De ce fait d'expérience il suit que notre espace est un espace de courbure constante » (tel qu'un plan, une sphère ou une pseudosphère), « mais la valeur de cette courbure ne peut être trouvée que par des mesures directes. M. Riemann » (un auteur non-euclidéen), « il est vrai, termine son travail par cette conclusion, qui paraîtra peut-être paradoxale, que les axiomes d'Euclide pourraient bien n'être qu'approximativement vrais. Ils ont été vérifiés par l'expérience, jusqu'au degré de précision que la géométrie et l'astronomie pratiques ont atteint jusqu'à ce jour, et par conséquent, il n'y a aucun doute que le rayon de courbure de notre espace soit infiniment grand, si on le compare aux dimensions de notre système planétaire. Mais nous ne sommes pas absolument assurés qu'il serait trouvé infini si on le comparait avec les distances des étoiles fixes ou avec les dimensions de l'espace lui-même. » Voyez H. Helmholtz, article traduit dans la *Revue des cours scientifiques*, 9 juillet 1870.

On devrait beaucoup de reconnaissance aux philosophes qui portent les conséquences des principes faux jusqu'au dernier degré de l'affirmation possible (ou impossible), si ce n'était que la confiance qu'ils ont dans leurs travaux, et que certains aussi leur accordent, fait faire de tristes réflexions sur la difficulté que les hommes trouvent à s'entendre dans l'exercice de la raison, et sur l'indispensable besoin d'une autorité quelconque, acceptée pratiquement par les esprits, dans les choses mêmes où la liberté semble être la première de toutes les conditions.

XXXVI

THÉORIE DU SYLLOGISME. — SYLLOGISME DU NOMBRE. — SYLLOGISME DE LA QUALITÉ.

PRINCIPE GÉNÉRAL. — Nous avons reconnu, en traitant de la réciprocité des propositions, que dans certains cas, une proposition étant posée, une autre proposition était donnée par là même. Voyons maintenant comment de deux propositions posées résulte une troisième proposition. C'est ici la question du raisonnement déductif, dont nous aurions pu regarder la loi de réciprocité comme une première branche.

Supposons trois termes, q, m, p, qui entrent deux à deux dans deux propositions, de telle sorte que la première énonce un rapport de q à m et la seconde un rapport de m à p. La troisième proposition, qu'il s'agit de déterminer, sera, par la nature de la question proposée, un rapport des deux premières, c'est-à-dire un rapport des rapports qu'elles expriment. Le principe sur lequel nous nous fonderons pour cette déduction est contenu dans la notion même du rapport. Nous pouvons l'énoncer ainsi :

Deux termes relatifs à un troisième sont relatifs entre eux.

Le terme désigné par m est le *moyen*, ou terme de comparaison. Il disparaîtra de la proposition cherchée, laquelle devra nous donner un rapport de q à p. L'ensemble des trois propositions est un *syllogisme*. Les deux premières se nomment *prémisses* et la troisième *conclusion*.

REMARQUE SUR LES RAPPORTS DE RAPPORTS. — Le troisième rapport ne s'ensuit pas d'une manière constante de la connaissance des deux premiers. Par exemple,

q et m sont liés par un rapport d'action ou d'affection ; un semblable rapport est donné entre m et p ; en général, on ne pourra pas pour cela le poser entre q et p : l'ami de l'ami n'est pas l'ami ; le fils du fils n'est pas précisément le fils ; Paul qui bat Pierre qui bat Jean ne bat pas Jean, etc. Au contraire, chacun sait que si q est égal à m, ou équivalent à m, ou d'un genre dont m est une espèce, et si d'autre part m se rapporte pareillement à p, il faut que q et p soient aussi dans un semblable rapport.

A plus forte raison lorsque les rapports donnés diffèrent entre eux, q qui soutient avec m un rapport autre que celui que m soutient avec p, ne soutiendra pas toujours l'un de ces rapports avec p : q estime m, m est compatriote de p, q peut ne pas estimer p et n'être pas son compatriote. Quelquefois cette diversité des rapports proposés n'est pas un obstacle ; ainsi q connaît m, m est un tout dont p fait partie, et dès lors q connaît p. Il est vrai que dans ce cas les deux rapports peuvent être ramenés à la forme des rapports de genre.

Il arrive donc, tantôt que l'un des rapports donnés est transférable au troisième, que cette substitution détermine, et tantôt qu'il ne l'est point. Les cas où la substitution n'a pas lieu fournissent des propositions composées dont le caractère déductif est incontestable : q est le fils du fils ou l'ami de l'ami de p ; q estime le compatriote de p, etc. Ces propositions supposent les propositions simples par lesquelles q et m d'une part, m et p de l'autre, sont liés ; il serait donc licite de les nommer des raisonnements, mais l'usage a borné l'application de ce mot aux cas où la substitution se fait ; et il est vrai que le raisonnement dans les sciences et même dans la vie, dès qu'il a quelque portée, roule tout entier sur des substitutions. Ce dernier procédé est le *syllogisme*. Il nous reste à en étudier les conditions.

Cas de l'identité. — Rappelons-nous le principe général : *deux termes relatifs à un troisième sont relatifs entre eux.* Si la relation de q à m et celle de m à p sont des identités pures, ou sans condition, ce même rapport se transporte entre q et p, car toute représentation de termes identiques revient analytiquement à celle de termes substituables à volonté les uns aux autres. Notre principe devient : *deux termes identiques à un troisième sont identiques entre eux*, et, en conséquence, nous disons : q est identique à m, m est identique à p, donc p est identique à q. Ce syllogisme, qui semble si vain, est le type dont tous les autres se rapprochent plus ou moins et d'où procède leur justification.

CAS DE L'ÉGALITÉ, DE L'ÉQUIVALENCE ET DE LA SIMILITUDE. SYLLOGISME DU NOMBRE. — Au lieu de l'identité totale des trois termes pris deux à deux, supposons une identité par abstraction des différences. Des *quantités égales* sont précisément identiques en ce sens, identiques abstraction faite des conditions de lieu, de temps, d'origine, et de toutes autres qui peuvent ne leur être pas communes. Le principe, appliqué au cas de l'égalité ainsi définie, devient : *deux quantités égales à une troisième sont égales entre elles*. Cet axiome des géomètres est en quelque sorte le syllogisme des syllogismes mathématiques, l'unique fondement de cette série de substitutions à laquelle se réduit presque toute la méthode des sciences exactes. C'est syllogiser, en effet, que substituer le symbole de la quantité p au symbole de la quantité q lorsque m, troisième quantité, est numériquement identique à chacune des deux premières. Une équation, $A = B$, est un syllogisme abrégé, puisqu'elle exprime l'identité relative de A et de B, diversement obtenues et composées, lorsque, mesurées au moyen des unités convenues, ces quantités représentent séparément un même nombre C.

Euclide, et après lui quelques compilateurs d'éléments de géométrie, ont rangé parmi les axiomes les propositions suivantes : *Si à deux quantités égales on ajoute des quantités égales, les sommes sont égales*; *Si de deux quantités égales on retranche des quantités égales, les restes sont égaux*, et quelques autres encore, toutes démontrables au moyen de l'axiome fondamental et des définitions d'une *somme* et d'une *différence*.

Ce que nous venons de dire de l'égalité s'applique sans difficulté à l'*équivalence* géométrique, qui n'est qu'une égalité de mesure sous des figures non superposables, et à la *similitude*, savoir en tant que définie par des rapports d'égalité formés avec les éléments correspondants de figures données. Mais s'il s'agissait d'une de ces ressemblances ou de ces analogies qui ne reposent point sur la constatation de parties communes et identiques, sous quelque point de vue, entre les objets dits semblables ou analogues, la substitution deviendrait impossible. Il est donc aisé de voir en quel cas et sous quelles conditions peut être vrai le syllogisme suivant : *Deux objets analogues à un troisième sont analogues entre eux*. L'usage de l'analogie n'est que rarement rigoureux et scientifique. On sait à quelles rêveries il se prête.

SYLLOGISME DE LA QUALITÉ. CAS DE L'ÉQUIPOLLENCE. — Des termes donnés qui ne sont pas comparés quant au nombre (directement), peuvent l'être quant à la qualité. Or, nous savons que la qualité se définit par le rapport de l'espèce au genre : le genre est une identité des différents, l'espèce une différence des identiques. La même abstraction qui permet d'envisager une espèce dans son genre autorise un nouvel ordre de substitutions et de syllogismes.

Arrêtons-nous d'abord au cas le plus frappant et le moins éloigné de l'identité ; c'est celui que nous offrent les rapports exprimés par des propositions universelles à réciproques vraies. Le sujet et l'attribut sont alors des espèces rigoureusement coïncidentes dans un genre unique (ex. : la *droite* et la *plus courte*, parmi les lignes tirées entre deux points ; la *liberté* et la *responsabilité*, dans l'homme). Soient donc trois termes q, m, p, *droit, plus court, plus vite parcouru*[1], ou encore *libre, responsable, qui doit peser ses actes*, nous dirons : *q est m, or m est p, donc q est p*. La substitution se fonde sur l'identité des trois termes pris deux à deux ; et, en dehors du point de vue de la composition spécifique, où cette identité a lieu, le syllogisme serait impossible ou plutôt n'aurait aucun sens.

En appliquant le nom d'*équipollence* à l'identité relative de deux termes qui s'accompagnent mutuellement et invariablement dans la représentation, je n'ai d'autre but que de marquer un degré de cette énumération des cas du syllogisme. Si l'on voulait envisager ici les termes équipollents comme quantités, et en tant que composés d'un même nombre d'unités individuelles, on écrirait $q = m = p$, et le syllogisme deviendrait rigoureusement numérique.

Cas de contenance. — Passons au genre proprement dit. Soient les deux rapports donnés $m = eq$, $p = em$, dont les termes sont des quantités. En désignant par e une fraction variable, indéterminée, nous tirons de ces prémisses un troisième rapport $p = eq$, qui est la conclusion du syllogisme. Au point de vue propre de la qualité, nous nous rendrons facilement compte de la substitution qui nous conduit au même résultat. Soient, par exemple, q le vertébré, m le mammifère, p le singe. Le mammifère présente des caractères dont les uns lui sont particuliers, les autres communs avec un vertébré quelconque ; abstraction faite des premiers, nous énonçons la proposition : *Le mammifère est vertébré* ; de même, n'envisageant du singe que ce qu'il a de commun avec le mammifère quelconque, et laissant de côté la différence, nous disons : *Le singe est mammifère*. Enfin nous traitons ces deux propositions comme des identités, en nous rappelant sous quelle condition, au moyen de quelle abstraction elles sont telles, et nous

---

1. On suppose ici la constance du rapport entre l'espace parcouru et le temps mis à le parcourir.

posons par substitution la conclusion de notre syllogisme : *Le singe est vertébré*. Cette abstraction est violente, à la bien considérer ; pourtant elle est essentielle à la représentation et au langage. Sans supposition d'identité, point de syllogisme. Aussi le même signe, la copule : *est*, exprime et l'identité pure et l'identité relative.

Appliqué à ce cas, notre principe général de la substitution des rapports devient :

De deux termes donnés, lorsque l'un est genre et l'autre espèce d'un même troisième terme, le premier est genre du second. Autrement : *L'espèce de l'espèce d'un genre est espèce de ce genre.* (N. B. L'espèce peut descendre jusqu'à l'individu).

En tant que des caractères de nature quelconque se prêtent à une classification semblable à celle que je viens d'exposer, les termes qui les expriment s'identifient pareillement, et il est clair que le rapport de l'espèce au genre s'étend à des notions très composées et de toute nature. Mais il faut que les termes soient définis avec précision, pour que l'ordre de généralité apparaisse clairement et que les éléments à identifier ressortent bien des propositions.

L'ordre de généralité est aussi ordre de contenance, car le genre contient l'espèce arithmétiquement. Il la contient au sens propre du mot, quand les termes proposés sont des représentés naturels, *animal, homme*, etc. Il la contient représentativement, par assimilation, quand il s'agit de notions telles que *vertu, justice*, etc. Cette proposition : *La guerre est un malheur*, suppose un genre, le malheur, composé d'autant d'assemblages qu'on voudra de phénomènes auxquels la qualification de malheureux peut convenir, et une espèce, la guerre, formée à son tour des divers assemblages, ce sont les luttes à main armée, qui font tous numériquement partie des premiers. C'est donc avec pleine rigueur que le syllogisme du genre peut toujours être exprimé par la formule mathématique : $m = eq$, $p = em$, $p = eq$.

L'ordre de la contenance arithmétique correspond à celui de quantités concrètes quelconques, géométriques, par exemple; et de là vient que le géomètre Euler a pu proposer une théorie du syllogisme fondée sur la comparaison d'espaces circonscrits contenants et contenus, symboles du genre et de l'espèce.

A ce point de vue, le principe du syllogisme prend la forme suivante : *Le contenu du contenu est contenu dans le contenant.*

Syllogisme négatif. — On a coutume d'établir un principe spécial pour le syllogisme négatif, c'est-à-dire pour celui dont l'une des propositions composantes est négative, soit *nul m n'est q*. Mais nous avons vu que cette sorte de proposition pouvait s'énoncer sous la forme *m est espèce de non q* (de tout l'autre que q) et s'écrire arithmétiquement $m = e \, (non \, q)$, ce qui est affirmatif. D'après cela, nous pouvons établir, sur la règle commune, le syllogisme suivant : $m = e \, (non \, q)$, $p = em$, $p = e \, (non \, q)$ (ex. : Le mammifère n'est pas poisson, la baleine est mammifère, la baleine n'est pas poisson). En un mot le principe invoqué dans les traités de logique, comme que l'on veuille l'exprimer : *Le contenu du non-contenu dans un contenant proposé n'est pas contenu dans ce contenant,* ce principe se démontre par le syllogisme affirmatif en substituant à l'énoncé du *non-contenu* celui du *contenu dans le tout l'autre.* Il est vrai qu'il faut admettre que ces deux énoncés reviennent à une seule et même représentation; mais on ne saurait le nier sans violer un principe toujours et partout supposé. (Voy. § xxvii.)

Si les deux rapports donnés sont négatifs, savoir : $m = e \, (non \, q)$, $p = e \, (non \, m)$, il n'y a point de syllogisme, parce que la représentation qui donne q et p comme sans rapport déterminé d'espèce avec m, et rien de plus, ne les donne pas comme ayant entre eux un semblable rapport. Quelque autre qu'un autre que q est autre que q, ou le même indifféremment. Il est à remarquer pourtant, ce qu'on ne fait jamais, que si le premier rapport, $m = e$ (*non q*), équivalait à une identité, soit : $m = non\ q$, au lieu du résultat de la substitution, $p = e\ non\ (e\ non\ q)$, qui n'apprend rien, on aurait $p = e$ (*non non q*), c'est-à-dire $p = eq$. Exemple : *Nul simple n'est divisible, or l'espace n'est pas simple, donc l'espace est divisible.* Mot à mot et pour la rigueur : *Le simple est le non-divisible, or l'espace est non simple, donc l'espace est non non-divisible.* Mais ce n'est là qu'un cas particulier, et d'ailleurs l'identité revient toujours à une proposition affirmative.

Le cas négatif du syllogisme du nombre se ramène constamment aussi au cas affirmatif. L'inégalité des termes q et m s'exprime par l'égalité $m = q \pm r$, et si l'on y joint cette autre proposition $p = m$, on a par substitution $p = q \pm r$. Les trois formules équivalent au syllogisme : *m n'est pas égal au nombre q, or p est égal au nombre m, donc p n'est pas égal au nombre q.* La conclusion se tire donc sans que la différence r soit donnée. Mais si les deux propositions sont négatives de l'égalité, $m = q \pm r, p = m \pm r'$, la formule $p = q \pm r \pm r'$, qui vient par substitution, ne fait rien connaître sur la relation de p à q, parce que, r et r' n'étant pas connus, la somme $\pm r \pm r'$ peut être additive, soustractive ou nulle. D'ailleurs, si r et r' étaient connus, les propositions cesseraient d'être purement négatives.

SYLLOGISME A PROPOSITIONS PARTICULIÈRES. — Nous n'avons considéré jusqu'ici dans le syllogisme que des propositions universelles. On peut en faire, et d'affirmatifs et de négatifs, dont la conclusion et l'une des prémisses soient des propositions particulières. Il suffira d'en citer deux exemples. Prenons les deux syllogismes établis ci-dessus, l'un affirmatif ($m = eq, p = em, p = eq$), l'autre négatif $m = e$ (*non q*), $p = em, p = e$ (*non q*); il est clair que si l'on substitue dans l'un et dans l'autre ep à p, partout où ce dernier terme se trouve, on aura deux nouveaux syllogismes, savoir : $m = eq, ep = em$,

$ep = eq$, et $m = e$ (non q), $ep = em$, $ep = e$ (non q), pourvu que l'espèce désignée par ep soit supposée la même pour chacun dans les prémisses et dans la conclusion. Et en effet ce qui est vrai de p est identiquement vrai d'un terme quelconque placé dans les mêmes rapports. (Ex. : *Tout bon est aimable, quelque homme est bon, quelque homme est aimable, Nul méchant n'est aimable, quelque homme est méchant, quelque homme n'est pas aimable*. Ces syllogismes sont vrais de *quelque homme*, parce qu'ils le seraient d'un terme générique quelconque propre à vérifier la seconde prémisse.)

Deux propositions particulières ne donnent pas en général de conclusion, car des deux rapports $em = eq$, $ep = em$, on ne tire un troisième rapport pour former le syllogisme que dans le cas où em est le même de part et d'autre. Si l'un de ces deux rapports est négatif, soit le premier, que nous remplacerons alors par $em = e$ (non q), l'identité des deux em est encore indispensable. Si c'est le second, $ep = e$ (non m), toute substitution est impossible, et il en est de même si les deux rapports sont négatifs.

Remarquons enfin que la conclusion d'un syllogisme doit être négative quand l'une des prémisses est négative, particulière quand l'une des prémisses est particulière, car la substitution de m fonction de q dans p fonction de m ne fait pas disparaître le caractère soit négatif, soit particulier, du rapport de m à q ou de celui de p à m. Par une raison semblable, deux prémisses affirmatives donneront toujours une conclusion affirmative comme elles, la substitution ne devant pas changer la nature des rapports donnés. Mais deux prémisses universelles peuvent donner une conclusion particulière, soit du fait même de la substitution (comme dans les cas de $m = eq$ et $m = ep$, d'où l'on tire $ep = eq$), soit parce que nulle conclusion universelle ne peut exister sans qu'il en existe par là même de particulières indépendamment de la nature des prémisses.

FIGURES ET MODES DU SYLLOGISME DU GENRE. — Sur ces principes, il est aisé de fonder un système d'énumération et de classement de tous les syllogismes qui peuvent se former avec les quatre sortes de propositions. Tous se démontrent à l'aide des deux syllogismes universels, affirmatif et négatif, proposés comme types, et de la règle de la réciprocité des propositions.

OBSERVATIONS. — L'identité que nous avons reconnue comme le principe du syllogisme est désignée par quelques auteurs sous le nom d'*identité partielle*. Cependant il n'y faut point voir une *partie d'identité*, ce qui serait absurde, mais plutôt une *identité des parties*, car les éléments identifiés de deux termes dont l'un est genre ou espèce de l'autre sont toujours des phénomènes envisagés dans les ensembles que ces termes représentent, et propres à les constituer plus ou moins partiellement. Au surplus, toute comparaison procédant à la fois par distinction et identification, il faut tenir compte et de la différence et de l'identité des choses, et le syllogisme n'aurait aucun sens si on le considérait comme une pure application de la loi d'identité.

On a coutume de rapporter tous les syllogismes à un type unique fondé sur la notion de genre. Ce procédé est arbitraire, car si d'une part le *syllogisme du nombre* envisagé dans son type ($A=B=C$) peut s'interpréter en considérant les quantités A, B, C, comme espèces, et le nombre en général comme genre, nous avons vu d'une autre part que le *syllogisme du genre*, analysé rigoureusement, implique certaines relations numériques, et la notation que j'ai employée met ce fait en évidence. Mais puisque toute la théorie repose sur un principe commun, l'identité, il est naturel de classer les syllogismes, et de les expliquer, suivant qu'ils offrent une application plus ou moins prochaine de la loi de laquelle tout dépend. Le rapport d'*égalité* et celui que j'ai nommé d'*équipollence* s'éloignent moins du rapport d'identité pure que ne fait le rapport quelconque d'une espèce à son genre.

Quelles qu'aient été jusqu'ici les prétentions de la logique à exister comme science faite et parfaite, il est constant que les traités spéciaux présentent de notables divergences de formules, et surtout des notations vagues ou mal justifiées, pour la réduction du procédé déductif en général au syllogisme.

Observations et développements.

A. De la classification des figures et modes du syllogisme.

Quatre sortes de propositions peuvent s'arranger trois à trois de soixante-quatre manières différentes. En regardant ces arrangements comme autant de syllogismes, vrais ou faux, on s'est proposé de rechercher quels sont ceux dont les prémisses justifient les conclusions; et l'on a établi pour cela des principes. D'autres, et Aristote d'abord, se sont contentés d'examiner les seize dispositions auxquelles donnent lieu les prémisses, en se demandant à chaque fois s'il y a conclusion, et laquelle. Aristote s'est même contenté d'une simple exposition pour opérer ce discernement. On a donné le nom de *modes* aux divers syllogismes concluants.

Mais les prémisses ne sont pas suffisamment déterminées en tant qu'universelles ou particulières, affirmatives ou négatives, puisque dans chacune de ces sortes de propositions on peut prendre un terme quelconque tantôt pour attribut et tantôt pour sujet. On a donc établi une division préliminaire, qui est celle des *figures*, fondée sur l'ordre des termes comme sujets ou attributs l'un de l'autre. C'est à chacune de ces figures considérées successivement qu'on a dû appliquer l'analyse distributive des modes.

Enfin, chaque mode a reçu un nom tellement forgé, qu'il devint aisé de reconnaître immédiatement auquel des quatre, admis comme primitifs ou *complets*, on pouvait le ramener par démonstration, et de quelle manière la réduction devait se faire. Malgré l'esprit ingénieux que les commentateurs grecs ou scolastiques ont porté dans une théorie si longuement élaborée, il est certain qu'ils n'en ont point donné la construction définitive et vraiment scientifique. L'énumération même des modes est erronée, ou tout ou moins entachée d'arbitraire, et l'on a longtemps disputé sur le nombre des figures.

Il faut exposer brièvement cette classification, aujourd'hui si peu étudiée, pour établir le droit de la rejeter et d'en introduire une meilleure.

Les voyelles *a*, *e*, *i*, *o*, désignent les quatres propositions, universelle affirmative, universelle négative, particulière affirmative, particulière négative. Cette notation fera comprendre le tableau suivant, où sont portés les dix-neufs modes généralement reçus. Par exemple *eio* est, selon la figure, le syllogisme : *Nul m n'est q, or quelque p est m, donc quelque p n'est pas q*; ou *nul q n'est m, or quelque p est m, donc quelque p n'est pas q*; ou *nul m n'est q, or quelque m est p, donc quelque p n'est pas q*.

1ʳᵉ FIGURE.

Le moyen est sujet d'une prémisse et attribut de l'autre.	Modes indirects de la 1ʳᵉ figure.
aaa *barbara*.	aai *baralipton*.
eae *celarent*.	eae *celantes*.
aii *darii*.	aii *dabitis*.
eio *ferio*.	aeo *fapesmo*.
	ieo *frisesomorum*.

2ᵉ FIGURE.	3ᵉ FIGURE.
Le moyen est deux fois attribut.	Le moyen est deux fois sujet.
eae *cesare*.	aai *darapti*.
aee *camestres*.	eao *felapton*.
eio *festino*.	iai *disamis*.
aoo *baroco*.	aii *datisi*.
	oao *bocardo*.
	eio *ferison*.

Les noms des dix-neuf modes composent quatre vers techniques et mnémoniques. Ceux qui se rapportent à la première figure commencent tous par des consonnes différentes, tandis que ceux des autres commencent par quelqu'une de ces mêmes consonnes, à savoir chacun par celle d'un mode auquel il est réductible. Par exemple, *baroco* se ramène à *barbara*, *disamis* à *darii*, *ferison* à *ferio*, etc. Les lettres *s* et *p*, dans la composition des mots artificiels, indiquent l'une la conversion simple, l'autre la conversion par accident, au moyen desquelles on peut opérer la réduction de chaque mode à l'un de ceux de la première figure; et ces lettres suivent les voyelles correspondantes aux propositions dont il faut opérer la conversion. La lettre *m* réclame une interversion des prémisses. Enfin la lettre *c* signifie que la réduction d'un mode a lieu par l'absurde et non par conversion; cette lettre suit celle des prémisses dont on pourra obtenir la contradictoire comme conclusion d'un syllogisme formé de l'autre prémisse et de la contradictoire de la conclusion qu'on suppose contestée [1].

Ainsi, le syllogisme en *disamis* (*quelque m est q, or tout m est p, donc quelque p est q*) se ramènera à *darii* (*tout m est q, quelque p est m, quelque p est q*) en prenant les réciproques simples de la majeure et de la conclusion, puis changeant *p* en *q* et *q* en *p* et l'ordre des prémisses. La syllogisme en *baroco* (*tout q est m, quelque p n'est pas m, quelque q n'est pas q*) se prouvera ainsi : la conclusion niée donnerait *tout p est q* ; on aurait donc un syllogisme en *barbara* (*tout q est m, tout p est q, tout p est m*) dont la conclusion est contradictoire avec la prémisse accordée, *quelque p n'est pas m*.

Pour comprendre ce qui va suivre, il est indispensable d'avoir sous les yeux le tableau ci-contre des syllogismes eux-mêmes.

La distinction des modes directs et des modes indirects de la première figure est fondée sur ce que l'*ordre naturel* des termes n'est pas observé dans ceux-ci, où le genre paraît comme sujet et l'espèce comme attribut de la conclusion. Le sujet, disait-on, doit y être regardé comme un véritable attribut, et l'attribut comme un véritable sujet. Mais, à ce compte, il n'y aurait de mode vraiment direct dans la première figure que *barbara*, attendu que *darii* est aussi bon dans la supposition de *p* genre de *q*, que dans celle de *q* genre de *p*, et que les deux modes négatifs excluent précisément *q* comme genre de *p*. Dans les autres figures, *darapti, disamis* et *datisi* admettent aussi bien que *darii* les deux suppositions ; et les autres modes, tous négatifs, sont encore exclusifs de *q* genre de *p*. Au reste, quand bien même on voudrait considérer les conclusions des modes négatifs comme des *espèces niées directement de certains genres proposés*, il faudrait toujours regarder *baroco* et *bocardo* comme deux modes indirects, attendu qu'on peut les appliquer à trois termes ayant tous des rapports de contenance deux à deux, sans aucune exclusion totale, et que le terme *p*, en vertu de la conclusion même, est alors un genre qui enveloppe *q*, et non point une espèce. Exemple en *baroco* : Tout singe est mammifère ; or quelque vertébré n'est pas mammifère ; donc quelque vertébré n'est pas singe.

---

[1] S vult simpliciter verti, P vero per accid.
  M vult transponi, C per impossibile duci.
Reductio per impossibile fit sumendo in antecedenti contradictorium conclusionis negatæ cum alterutra præmissa jam concessa, et inferendo in modo perfecto conclusionem incompatibilem cum una ex præmissis concessis.

1re FIGURE.	MODES INDIRECTS.	2º FIGURE.
Barbara.	*Baralipton.*	*Cesare.*
tout *m* est *q*.	tout *m* est *q*.	nul *q* n'est *m*.
tout *p* est *m*.	tout *p* est *m*.	tout *p* est *m*.
tout *p* est *q*.	quelque *q* est *p*.	nul *p* n'est *q*.
Celarent.	*Celantes.*	*Camestres.*
nul *m* n'est *q*.	nul *m* n'est *q*.	tout *q* est *m*.
tout *p* est *m*.	tout *p* est *m*.	nul *p* n'est *m*.
nul *p* n'est *q*.	nul *q* n'est *p*.	nul *p* n'est *q*.
Darii.	*Dabitis.*	*Festino.*
tout *m* est *q*.	tout *m* est *q*.	nul *q* n'est *m*.
quelque *p* est *m*.	quelque *p* est *m*.	quelque *p* est *m*.
quelque *p* est *q*.	quelque *q* est *p*.	quelque *p* n'est pas *q*.
Ferio.	*Fapesmo.*	*Baroco.*
nul *m* n'est *q*.	tout *m* est *q*.	tout *q* est *m*.
quelque *p* est *m*.	nul *p* n'est *m*.	quelque *p* n'est pas *m*.
quelque *p* n'est pas *q*.	quelque *q* n'est pas *p*.	quelque *p* n'est pas *q*.
	Frisesomorum.	
	quelque *m* est *q*.	
	nul *p* n'est *m*.	
	quelque *q* n'est pas *p*.	

3º FIGURE.

Darapti.	*Disamis.*	*Bocardo.*
tout *m* est *q*.	quelque *m* est *q*.	quelque *m* n'est pas *q*.
tout *m* est *p*.	tout *m* est *p*.	tout *m* est *p*.
quelque *p* est *q*.	quelque *p* est *q*.	quelque *p* n'est pas *q*.
Felapton.	*Datisi.*	*Ferison.*
nul *m* n'est *q*.	tout *m* est *q*.	nul *m* n'est *q*.
tout *m* est *p*.	quelque *m* est *p*.	quelque *m* est *p*.
quelque *p* n'est pas *q*.	quelque *p* est *q*.	quelque *p* n'est pas *q*.

Il est donc manifeste que la distinction introduite dans la première figure ne dépend point d'une propriété des modes considérés en eux-mêmes, et que le genre et l'espèce se présentent tantôt comme sujets, tantôt comme attributs dans toutes les figures. Mais Aristote avait compté trois figures et quatorze modes. A la suite d'une analyse incomplète, quoique très remarquable, il avait signalé en outre certains modes à termes renversés, particulièrement deux (*fapesmo* et *frisesomorum*). Ses successeurs en ajoutèrent trois, qui sont des cas immédiatement dérivés des trois premiers de la première figure, et c'est ainsi que les modes indirects s'établirent.

A la rigueur, et la classification et la dénomination auraient pu subsister si l'on avait bien voulu ne voir dans le renversement des termes qu'une différence de forme, insignifiante au fond. Les modes indirects reçus faisaient bien partie de la première figure, dès qu'on était convenu de prendre pour le caractère de celle-ci le rôle du moyen, sujet de l'une quelconque des prémisses et attribut de l'autre. Mais il se trouva, et l'on tarda peu à remarquer qu'un simple changement de notation (l'interversion des prémisses avec substitution de p à q et de q à p) donnait aux modes indirects la forme suivante :

Baralipton.
tout q est m.
tout m est p.
quelque p est q.

Dabitis.
quelque q est m.
tout m est p.
quelque p est q.

Frisesomorum.
nul q n'est m.
quelque m est p.
quelque p n'est pas q.

Celantes.
tout q est m.
nul m n'est p.
nul p n'est q.

Fapesmo.
nul q n'est m.
tout m est p.
quelque p n'est pas q.

Ces modes, dont il était dès lors à propos de changer les noms, pouvaient se constituer en une figure à part (ce fut la quatrième), opposée à la première en ceci que si l'une observait l'ordre mq, pm, dans ses prémisses, l'autre affectait l'ordre qm, mp.

La question débattue entre les partisans de la quatrième figure et ceux des modes indirects semblait donc se réduire à une dispute de mots. Il s'agissait de savoir si l'on voulait donner le nom de figure à chacune des quatre combinaisons des termes p et q avec m dans les prémisses, ou s'il plaisait de réunir en une seule celles où le moyen se présente tantôt comme attribut, tantôt comme sujet. Je ne parle pas des critiques tels que Gassendi, qui prétendait trouver d'autres figures encore par de simples transpositions d'où ne résultent pas même des modes nouveaux.

Ainsi la classification demeurait arbitraire à quelques égards, indice certain d'un vice caché. Toutes ces difficultés de mots tenaient à un défaut radical dans la méthode. Dès l'origine, Aristote n'avait pas rencontré le principe naturel et nécessaire d'une bonne coordination des modes du syllogisme. En effet, le moindre changement qu'un mode donné puisse subir est l'interversion des rôles des termes comme sujets ou attributs dans quelqu'une des prémisses, rien n'étant si simple que de prendre la réciproque d'une proposition particulière ou négative ; or, c'est précisément ce caractère si variable, le moyen pris pour sujet, le moyen pris pour attribut, qu'on faisait servir à la définition des figures et il en résultait que des modes très peu différents (exemple : *celarent* et *cesare*, *darii* et *datisi*, etc.) se trouvaient rapportés à différentes figures. Au contraire, une même figure enveloppait des modes, les uns affirmatifs, les autres négatifs, les uns tout universels, les autres aussi particuliers que possible. Un procédé aussi arbitraire ne pouvait rien produire de bien déterminé, et les questions soulevées accessoirement devaient dès lors être purement verbales.

De là provenait encore une confusion fâcheuse, et dont il y a trace dans toutes les logiques, celle du moyen quant au sens de contenance, comme dans *barbara*, et celle du moyen en tant que terme attribut de deux autres ou sujet de deux autres. Ce dernier sens, qui convient à deux figures, n'entraîne pas un rapport nécessaire et unique de genre entre m d'une part, et p et q de l'autre, ce qui est un grave défaut d'harmonie dans les définitions. En outre, l'ordre de contenance q, m, p, auquel Aristote s'est attaché exclusivement pour définir le moyen dans la première figure, ne s'applique exactement ni aux modes négatifs, puisque la négation même supprime cet ordre, ni aux modes particuliers qui en permettent un autre[1]. La confusion que je relève ici, touchant la signification du moyen, s'étend à celles du *majeur* ou *grand extrême*, et du *mineur* ou *petit extrême*. Ces noms se rapportent à la notion de contenance, tandis que les définitions proprement dites contiennent tout autre chose. Entre tant d'hommes qui ont pâli sur la théorie du syllogisme, comment aucun n'a-t-il songé à baser la division des figures sur les différentes modifications que subit l'ordre de contenance, principe unique de toutes ces spéculations ? Les esprits les plus disposés à la critique étaient esclaves de l'autorité comme les autres.

L'arbitraire scolastique s'est étendu jusqu'à l'énumération des modes. On en comptait dix-neuf seulement, en dépit des réclamations de quelques logiciens téméraires ; et Leibniz encore jeune en confirma cinq nouveaux en les soumettant à une méthode d'énumération exacte. Ce sont ceux que l'on obtient en

1. La *Logique* de Port-Royal évite ces inconvénients en donnant du moyen une définition trop générale, et qui dépasse la portée du syllogisme technique. Aristote en a une pour chaque figure, et celle de la première est vicieuse.

prenant certaines réciproques valables des conclusions dans les modes *barbara*, *celarent*, *celantes*, *cesare* et *camestres*. Ce n'est pas qu'on n'eût déjà soupçonné l'existence de ces modes, mais on prétendait, du moins à l'égard de *barbara*, que la conclusion la plus *noble* devait seule entrer en ligne de compte; et cependant on admettait dans *baralipton* un cas tout semblable à celui que l'on négligeait, et l'on ne se faisait point faute d'accepter des modes qui ne diffèrent les uns des autres que par la réciproque simple de la conclusion (exemple : *darii* et *dabitis*, *datisi* et *disamis*); il est vrai qu'il fallait faire un léger changement de notation pour s'en apercevoir, et la scolastique était peu familière avec la méthode des combinaisons.

Je n'ai si longuement insisté sur la critique d'une théorie très oubliée, mais toujours très vantée, que pour montrer, dans l'endroit le plus fort, la faiblesse profonde d'une école de philosophie d'où sont directement descendus nos préjugés les plus invétérés et les plus funestes. Il me reste à exposer une méthode rigoureuse d'énumération, de classification et de démonstration des modes du syllogisme du genre. Je me servirai des notations expliquées ci-dessus dans la théorie de la proposition.

Il faut distinguer d'abord des modes affirmatifs et des modes négatifs.

Chacun de ces groupes peut se diviser en *figures*. Une figure sera l'ensemble des modes qui impliquent les mêmes rapports de genre. Ces rapports s'établiront pour chaque mode entre un même terme et deux autres pris successivement. Le premier se nommera le moyen; les autres seront dits majeur et mineur, eu égard à l'ordre convenu pour la comparaison.

Soient m le moyen, q le majeur, p le mineur. Il y a quatre combinaisons possibles, en supposant toutes les propositions affirmatives, et, de plus, universelles, savoir :

$$1\begin{cases} m = eq \\ p = em \end{cases} \quad 2\begin{cases} m = eq \\ m = ep \end{cases} \quad 3\begin{cases} q = em \\ p = em \end{cases} \quad 4\begin{cases} q = em \\ m = ep \end{cases}$$

La troisième ne donne lieu à aucun syllogisme, car en posant p et q comme espèces de m, séparément et sans autre indication, on ne détermine entre eux aucun rapport de genre. La première et la quatrième sont identiques, au changement près de p en q et de q en p, lequel peut se faire arbitrairement en changeant l'ordre des prémisses, puisque le sens de ces deux lettres est uniquement relatif à cet ordre. Il y a donc deux figures de syllogismes affirmatifs à prémisses universelles, et elles correspondent aux deux combinaisons : $m = eq, p = em$; $m = eq, m = ep$. Celle-là donne immédiatement le syllogisme type dont la conclusion est $p = eq$ (*barbara*); et celle-ci donne par substitution $ep = eq$ (*darapti*), ou, indifféremment, $eq = ep$, mais le mode est unique à cause de la symétrie de p et de q dans les prémisses.

Particularisons maintenant les propositions, et nous obtiendrons tous les modes dérivés possibles (affirmatifs) des deux figures. Nous pouvons conserver la majeure $m = eq$ comme toujours universelle, attendu que les prémisses ne sauraient être particulières toutes deux (*Théorie générale*, § xxxiv, ci-dessus), et que le cas de la majeure particulière avec une mineure universelle rentre dans celui de la majeure universelle avec une mineure particulière, par le changement de p en q et de q en p. Dès lors l'énumération des modes dérivés se fera en particularisant la mineure et la conclusion de toutes les manières possibles. Voici le tableau des modes concluants, au nombre de six, dont deux dépendent de la première figure, et quatre concurremment de la première et de la seconde. Ceux-ci forment une sorte de figure moyenne, en ce que, grâce à la particularité de la mineure, ils s'accommodent et de la supposition $p = em$ (1° figure), et de la supposition $m = ep$ (2° figure)[1] :

PREMIÈRE FIGURE.	MODES MOYENS.	SECONDE FIGURE
Barbara. Barbari. Baralip.	Darii. Dabitis. Datisi. Disamis.	Darapti
$m = eq$ — —	— — — —	$m = eq$
$p = em$ — —	$ep = em$ — $em = ep$ —	$m = ep$
$p = eq$ $ep = eq$ $eq = ep$	$ep = eq$ $eq = ep$ $ep = eq$ $eq = ep$	$ep = eq$

Tous ces modes se déduisent aisément du premier de la première figure, savoir : *baralipton* et le mode *barbari*, que la scolastique omettait, par la simple remarque que les conclusions $ep = eq$, $eq = ep$, sont impliquées par $p = eq$; *darii*, par la substitution de ep à p, partout où ce terme se trouve; les trois suivants, par les réciproques simples de la mineure et de la conclusion prises ensemble ou séparément; enfin *darapti*, par un

---

1. Les formules de ces quatre modes sont également satisfaites par la substitution à q, m, p, de termes tels que *végétal, arbre, chêne*, d'une part, ou tels que *arbre, chêne, végétal*; *végétal, chêne, arbre*, d'une autre part, tandis que la première figure n'admet que le premier de ces deux ordres de termes, et la deuxième n'admet que les deux autres.

à *fortiori* de *datisi*. Les dénominations techniques deviennent inutiles, mais je les rappelle ici pour faciliter la comparaison du système que j'expose avec l'ancien. (Il est bon d'observer que certains modes exigent, pour leur assimilation aux anciennes formules, un changement de p en q et de q en p avec interversion des prémisses.)

Je dis maintenant que l'énumération est complète. En effet, la première figure comprend toutes les conclusions possibles, excepté $q=ep$; mais, si l'on avait simultanément : $p=em$, $q=ep$: on aurait aussi : $q=em$, c'est-à-dire que la majeure serait simplement réciprocable, ce qu'il ne faut pas supposer en général. La figure moyenne présente toutes les conclusions possibles, particulières, et l'on a vu qu'elle ne saurait en recevoir d'universelles. Enfin, la seconde figure ne peut donner ni $p=eq$, ni $q=ep$: en effet, si elle donnait l'une de ces conclusions, elle donnerait nécessairement l'autre, les deux syllogismes ainsi posés s'identifiant par le changement de p en q et de q en p ; or, la conclusion $p=eq$, par exemple, rapprochée des prémisses $m=ep$, $m=eq$, fournit la matière d'un syllogisme en *barbara*; d'où il résulterait que p est moyen de contenance entre m et q; mais les prémisses n'autorisent pas plutôt cette supposition que celle de q, compris entre m et p. Reste la conclusion particulière $eq=ep$, qui n'apporte rien de nouveau à cause de la symétrie en p et q du mode que nous examinons.

Passons aux modes négatifs. Ils sont distincts des précédents, puisque l'on a vu dans la théorie générale qu'une prémisse négative entraîne une conclusion négative, et réciproquement. Nous savons aussi que la négation ne doit porter que sur l'une des prémisses, pour qu'il y ait syllogisme. Soit q le terme dont est nié le moyen; c'est-à-dire que m appartient au genre de *tout l'autre que* q. Il n'y a que deux combinaisons possibles quand on suppose les prémisses universelles :

$$m = e\,(\text{non } q). \qquad m = e\,(\text{non } q).$$
$$p = em \qquad\qquad m = ep$$

On trouve ainsi deux figures entre lesquelles la particularisation de la mineure fait reconnaître un certain nombre de modes moyens, comme dans les syllogismes affirmatifs. De plus, la proposition négative étant toujours simplement réciprocable, il en résulte des modes nouveaux, quatre desquels étaient négligés dans la théorie scolastique, tandis que d'autres se trouvaient répartis dans diverses figures. Enfin la particularisation de la majeure fournit encore un mode de chaque figure. Voici le tableau :

PREMIÈRE FIGURE.		MODES MOYENS.		SECONDE FIGURE
Celarent.	Celaro[1].	Ferio.	Ferison.	Felapton.
$m=e\,(non\,q)$	—	—	—	$m=e\,(non\,p)$
$p=em$	—	$ep=em$	$em=ep$	$m=ep$
$p=e\,(non\,q)$, $ep=e\,(non\,q)$		$ep=e\,(non\,q)$, $ep=e\,(non\,q)$		$ep=e\,(non\,q)$
Celantes.	Celanto.			Fapesmo.
$m=e\,(non\,q)$	—			$q=e\,(non\,m)$
$p=em$	—			$m=ep$
$q=e\,(non\,p)$, $eq=e\,(non\,p)$				$ep=e\,(non\,q)$
Cesare.	Cesaro.	Festino.	Frisesomorum.	
$q=e\,(non\,m)$	—	—	—	
$p=em$	—	$ep=em$	$em=ep$	
$p=e\,(non\,q)$, $ep=e\,(non\,q)$		$ep=e\,(non\,q)$, $ep=e\,(non\,q)$		
Camestres.	Camestros.			
$q=e\,(non\,m)$	—			
$p=em$	—			
$q=e\,(non\,p)$, $eq=e\,(non\,p)$				
Baroco.				Bocardo.
$eq=e\,(non\,m)$				$em=e\,(non\,q)$
$p=em$				$m=ep$
$eq=e\,(non\,p)$				$ep=e\,(non\,q)$

On démontrerait, par la méthode déjà suivie ci-dessus, que l'énumération des modes est complète, et que ceux-là seuls sont rejetés que ne permettent pas les règles posées dans la théorie.

1. Je me sers des mots *celaro*, *celanto*, *cesaro*, *camestros*, que je trouve tout forgés, ainsi que *barbari* ci-dessus, dans l'ouvrage curieux et peut-être trop oublié de Leibniz : *Dissertatio de arte combinatoria*. — Je rappelle, à propos des mots techniques et mnémoniques, que si je reproduis ces mots dans mes tableaux, c'est pour faciliter les rapprochements ; mais certains d'entre eux auraient besoin d'être modifiés légèrement, si on voulait qu'ils conservassent le sens que la scolastique leur donnait. Par exemple, *baroco* devrait s'écrire *baraco*. De plus, son assimilation avec le *baroco* de la table commune exige un changement de notation : savoir que *p* et *q* soient réciproquement substitués l'un à l'autre et que l'ordre des prémisses s'intervertisse. Il est à peine utile de remarquer qu'un tel changement, loin de pouvoir engendrer un mode nouveau, ne fait que constater une identité.

générale. Il est aisé de s'assurer d'ailleurs que tous se déduisent du premier, *celarent*, et par conséquent peuvent s'y réduire, ou par des réciproques, ou par des substitutions, ou par un *à fortiori*. Le premier mode lui-même se démontre, comme nous savons, par le mode affirmatif *barbara*, qui est le type de tous les syllogismes du genre.

Il existe en tout vingt-quatre modes, dont huit affirmatifs et seize négatifs; douze relèvent de la première figure, quatre de la seconde, et huit sont des modes moyens qui ne supposent pas plus l'une que l'autre. En adoptant la notation scolastique des propositions, on peut résumer la classification dans le tableau suivant :

	PREMIÈRE FIGURE.		SECONDE FIGURE.	
Modes aff.	aaa	2aai	4aii	aii
		oao		oao
Modes nég.	4eae	4eao	4eio	2eao

Je donne une place à part aux modes *oao* (*baroco* et *bocardo*), parce qu'ils se prêtent à la substitution de termes avec ou sans négation totale, indifféremment, soit, pour *baroco*, *q vertébré*, *m mammifère*, *p homme*; soient *q mollusque*, *m mammifère*, *p homme*.

B. De la valeur du syllogisme comme preuve de sa conclusion.

La nouveauté de la marche et des notations et le désir de fixer une théorie où l'on croit à tort que la scolastique a tout dit et bien dit, m'ont engagé à exposer avec assez de développements un sujet que j'appellerais de curiosité pure si, après tout, des lois de la connaissance pouvaient jamais passer pour tout à fait inutiles. Ce qui serait inutile, ou plutôt nuisible, c'est la pratique d'une argumentation en règle et minutieuse, surtout, avec l'emploi de tant de modes syllogistiques, à tournure forcée, qui peuvent toujours être remplacés par de plus naturels. Mais ce qui est utile et nécessaire, c'est l'éclaircissement des conditions de la preuve par analyse; et s'il se trouve qu'au delà des règles les plus générales de la combinaison des propositions pour constituer la déduction, il y a une suite de formes particulières auxquelles conduit l'application de ces règles, on ne peut en éviter l'examen et la classification, quelque opinion qu'on ait d'ailleurs de l'usage qui peut en être fait. J'ajouterai que l'abandon des études logiques a été poussé en France à un tel point, que la théorie du jugement n'y est pas plus étudiée que celle du syllogisme, et que si l'étude des mathématiques et en partie celle du droit n'apportaient pas quelque remède à ce mal, on trouverait peu de gens instruits qui sussent bien manier la réciproque par exemple, et n'eussent pas l'habitude de semer leur conversation de paralogismes grossiers.

Je voudrais maintenant, à propos du syllogisme, entreprendre une tâche bien différente de la première et examiner les objections auxquelles sa valeur ou sa portée, quant à la démonstration et à la méthode des sciences, ont été en butte à notre époque. M. Herbert Spencer et Stuart Mill ont traité ce sujet. Je m'attacherai à l'examen de leurs thèses, qui résument suffisamment toute la question et ses accessoires.

La source des querelles, je ne peux guère les appeler d'un autre nom, qu'on a faites à la théorie du syllogisme, réside évidemment dans le désir d'enlever un dernier retranchement de la méthode aprioristique en philosophie et dans les sciences. Le syllogisme est en effet l'instrument des déductions, pour quiconque croit posséder des principes de connaissance apriorique; et il est lui-même, par la force avec laquelle il s'impose comme preuve, un exemple capital des vérités qui ne semblent pas nous être apportées par l'expérience. Mais quoique les deux questions de la légitimité du syllogisme et de la possibilité de la méthode aprioristique soient liées, elles ne le sont pas si nécessairement que le syllogisme ne dût point rester en possession de toute sa valeur logique, alors même qu'il serait acquis et reconnu sans contestation que tous les principes possibles pouvant lui servir de prémisses sont d'origine exclusivement empirique. Voilà le premier point que je voudrais établir en acceptant pour un moment la thèse des adversaires sur l'origine des connaissances.

Stuart Mill pense, avec les adversaires de la théorie syllogistique, que « dans tout syllogisme, considéré comme un argument prouvant une conclusion, il y a une pétition de principe ». Les logiciens accordent, dit-il, qu'il n'entre rien dans la conclusion légitime d'un raisonnement qui ne fût déjà renfermé dans les prémisses; comment dès lors peuvent-ils prétendre inférer de ces prémisses quelque chose qu'ils n'aient pas déjà supposé en les admettant? La distinction qu'ils font entre ce qui est compris implicitement dans les prémisses, et ce qui s'y trouve explicitement énoncé, ne vaut rien pour justifier la conclusion, car de quel droit l'auteur du raisonnement a-t-il pu poser la vérité d'une prémisse en tant que proposition générale, s'il n'en a pas connu expressément tout le contenu? Cette vérité d'une proposition générale est-elle donc autre chose que la vérité de toutes les propositions particulières dont elle est l'énumération et la somme? Si l'une de celles-ci manque à la revue, le tout, comme tout, n'est-il pas infirmé? Si l'on introduit subrepticement par la forme de l'énoncé, le syllogisme est-il autre chose qu'un piège où l'on vous fait tomber? (*Système de logique*, livre II, chap. III).

En vérité, la réponse à cette grande objection me paraît fort simple. Les hommes pensent des propositions générales; c'est un fait. Ils en obtiennent d'une manière ou d'une autre; ils y croient à tort ou à raison, avec ou sans examen suffisant : ce sont d'autres questions; mais ils en admettent, et c'en est assez pour expliquer et justifier le syllogisme, soit quand un homme l'emploie pour se convaincre lui-même d'une vérité particulière, ou pour en découvrir quelqu'une, soit quand des hommes, logés tous à la même enseigne, s'en servent pour s'amener mutuellement à leurs manières de voir sur tel ou tel sujet et s'arracher de celles où ils sont. « Je demande, dit Stuart Mill, qu'on explique ce paralogisme évident d'apporter en preuve de la *mortalité du duc de Wellington* une assertion générale qui la présuppose : la *mortalité de l'homme en général*. Ne trouvant dans aucun traité de logique la solution de cette difficulté, j'ai essayé d'en donner une. » Il me semble que les logiciens ont suffisamment paré à la difficulté en remarquant tous et sans cesse que les prémisses étaient, au point de vue exclusivement logique, des hypothèses; que, les prémisses admises ou supposées vraies, la vérité des conclusions était nécessaire; que les prémisses n'étant pas garanties, la vérité des conclusions était conditionnelle; qu'enfin la rigueur absolue du syllogisme et sa qualité de preuve résidaient dans le lien de la conclusion et des prémisses, celles-ci fussent-elles absurdes. La conséquence de cette théorie est que la *mortalité* de l'homme en général est apportée en preuve de la *mortalité du duc de Wellington*, sans paralogisme, à ceux qui acceptent n'importe à quel titre la première proposition, et demandent qu'on leur prouve la seconde. De savoir ensuite si l'on a raison de croire la première sans avoir reconnu la seconde, et s'il y a ou non des cas dans lesquels la connaissance d'une conclusion suit effectivement la connaissance d'un principe, au lieu d'être censée la précéder, c'est ce qui ne concerne plus la théorie du raisonnement. Mais fût-il vrai que le principe suppose toujours la conclusion quant à l'ordre d'acquisition de nos connaissances réelles, le principe aurait toujours cela pour lui de porter la forme d'un principe, la forme de l'universel, ce dont nulle proposition particulière n'est capable, et de servir ainsi de fondement à la déduction. La déduction n'aurait jamais alors qu'une valeur hypothétique, *matériellement* parlant, et ne laisserait pas d'être inattaquable *formellement*.

Mill n'admet, en « essayant de donner une solution de la difficulté », ni l'existence *formelle* de la proposition générale dans l'entendement, ni la déduction *formelle* de la proposition particulière impliquée dans la générale. Il ne veut pourtant pas, quoiqu'il accuse la preuve syllogistique de pétition de principe inhérente, être de ceux qui traitent toute la théorie d'*inutile* et de *futile* sur ce motif. Comment donc peut-il éviter la conséquence qui le choque? Ce philosophe voit dans la prémisse majeure d'un raisonnement déductif un fait d'*annotation* et d'*enregistrement*, une mention portée au *garde-notes*, un *registre* de faits observés par nous ou par autrui, un *memorandum* que le raisonnement a pour fonction d'interpréter selon ce qui a été jugé antérieurement pouvoir être inféré, induit de ces faits. La proposition générale n'ayant ainsi rien en propre que les inférences faites dont elle est le recueil et la formule, la conclusion se tire non de la formule, en vertu de la formule, mais bien des faits « conformément à la formule ». Le syllogisme, réduit à néant, comme preuve, ne peut manquer de devenir *inutile* et *futile* aux yeux de ceux qui étaient habitués à l'estimer un parfait synonyme de la preuve. Mais Mill lui conserve un rôle qu'il juge essentiel, celui d'appendre, par ses règles, à « consulter correctement le registre ». Voici ce qu'il entend et ce qui revient, s'il m'est donné de le comprendre, à rétablir la méthode syllogistique dont il a contesté la rigueur.

« Lorsqu'on argue d'un nombre de cas connus à un autre cas supposé analogue (inférence qui, selon Mill, est le fond commun de l'induction et du syllogisme), il est toujours possible et généralement utile de faire passer l'argument par le canal circulaire de l'induction des cas connus à la proposition générale, et de l'application subséquente de la proposition générale au cas non connu. Ce second moment de l'opération... pourra se résoudre en un syllogisme, ou en une série de syllogismes, dont les majeures seront des propositions universelles embrassant des classes de cas tout entières, et dont chacune doit être vraie dans toute son extension, si l'argument est tenable. » Ce n'est rien de moins que ce que les logiciens ont toujours demandé. C'est seulement quelque chose de plus, et de superflu pour la méthode déductive, car la vérité de la majeure est une question, et le bien tiré de la conclusion en est une autre. Mill reconnaît le procédé syllogistique, sous le nom de *second moment de l'opération*; il estime *toujours possible et généralement utile* de donner aux arguments des propositions générales pour majeures, et pour mineures aussi dans certains cas, je suppose. Je ne vois pas qu'il y ait à lui demander d'autres concessions, si ce n'est pourtant de renoncer à voir une pétition de principe dans un procédé qu'il est obligé de recommander et dans lequel les inventeurs ou vrais interprètes n'ont jamais prétendu faire entrer la garantie des propositions générales admises à titre de prémisses.

« La valeur de la forme syllogistique et des règles de sa juste application, continue Mill, ne consiste pas en ce que cette forme et ces règles sont celles auxquelles se conforment nécessairement ou même usuellement nos raisonnements; mais en ce qu'elles nous fournissent le mode d'expression dans lequel ces raisonnements peuvent toujours être présentés, et qui est admirablement propre, s'ils sont non concluants, à mettre à découvert ce défaut de conséquence. Une induction des faits particuliers aux faits généraux, suivie d'une déduction syllogistique des faits généraux à des faits particuliers, est une forme dans laquelle nous pouvons toujours à volonté exposer nos raisonnements. Ce n'est pas la forme dans laquelle nous *devons*, mais dans laquelle nous *pouvons* raisonner, et dans laquelle il est indispensable de présenter notre raisonnement lorsqu'il y a quelque doute sur sa validité. » Négligeons la mention de l'induction dans ce passage, afin de séparer de la question du procédé déductif celle de savoir comment les propositions générales s'obtiennent; laissons de côté pour un moment la thèse qui prétend que nos raisonnements n'ont pas pour forme usuelle le syllogisme, et nous trouverons l'opinion exprimée en ces termes par Mill d'une parfaite orthodoxie logique. Nous serons étonnés seulement qu'une forme d'argument que l'on nous dit être vicieuse, en tant que démonstration, soit celle-là même dont on déclare l'emploi indispensable pour assurer la légitimité du raisonnement, alors que cependant on a paru se refuser à la distinction de la forme et du fond de la preuve.

M. Herbert Spencer condamne le syllogisme avec plus de rigueur que Mill. Il ne lui laisse ni un rôle réel, ni à proprement parler l'existence, car s'il lui concède encore de représenter le procédé suivant lequel nos inférences sont vérifiées par la réflexion, s'il en est besoin, ce n'est que d'une manière approximative (only approximately). (Voyez *The principles of psychology*, 1re édition, p. 153.) La forme véritable du raisonnement est à ses yeux, comme nous l'expliquerons plus loin, une proportion à quatre termes. Les motifs de la condamnation méritent d'être traduits textuellement.

« Que tant de logiciens aient prétendu que le syllogisme est l'expression du procédé de la pensée par lequel nous raisonnons habituellement, on ne se l'expliquerait pas, n'était l'immense influence de l'autorité sur les opinions des hommes. Ne parlons pas de l'objection générale qui porte que le syllogisme implique une *pétition de principe*, et ne saurait par conséquent représenter un mode de parvenir à des vérités nouvelles; un examen même rapide suffira pour montrer que le syllogisme est une impossibilité psychologique. Lorsque je dis : *Tous les cristaux ont des plans de clivage; ceci est un cristal; donc ceci a des plans de clivage*, et qu'on assure que c'est l'expression du procédé mental par lequel j'ai obtenu la conclusion, une question se présente tout d'abord : Qu'est-ce qui m'a conduit à penser à « tous les cristaux »? Ce concept « tous les cristaux » est-il venu à mon esprit par l'effet de quelque accident heureux au moment où j'allais avoir une inférence à tirer touchant un cristal particulier? Nul ne soutiendra une pareille absurdité. Il faut donc que la conscience du cristal particulier, identifié par moi comme tel, ait été antécédente à ma conception de « tous les cristaux ». Mais c'est là, dira-t-on, une objection purement formelle; on n'a pour la lever qu'à mettre en premier la prémisse mineure. J'en conviens, mais cette objection n'a fait qu'en préparer une plus fatale. L'esprit étant nécessairement occupé, nous le voyons, du cristal particulier avant d'être occupé de la classe, il se présente deux questions : 1° Pourquoi, ayant eu conscience du cristal individuel, ai-je été penser dans ce cas particulier à la classe des cristaux de préférence à toute autre chose? 2° Pourquoi, quand je pense à la classe des cristaux, penserais-je à eux comme ayant des plans de clivage, au lieu de les penser angulaires, brillants, pourvus d'axes ou doués de quelque autre attribut? Est-ce aussi par un heureux accident que, après l'individu, la classe vient s'offrir à mon esprit, ou encore que la classe m'est rappelée comme ayant l'attribut particulier que je vais énoncer? Personne ne sera assez fou pour le soutenir. Comment donc arrive-t-il que, après la pensée : Ceci est un cristal, cette autre pensée naisse : Tous les cristaux ont des plans de clivage, au lieu de l'une quelconque des mille pensées qui pourraient être suggérées aussitôt? Il y a une réponse et une seule. *Avant d'affirmer consciemment que tous les cristaux ont des plans de clivage, il m'est déjà venu à l'esprit que ce cristal a un plan de clivage.* » (Principles, p. 150.)

Cette réponse, soulignée par l'auteur, me semble, je l'avoue, parfaitement arbitraire. Elle signifie que je ne puis avoir un objet sous les yeux, plus une idée générale antérieurement acquise de cet objet, et penser alors que cet objet doit posséder quelque propriété qui fait partie des attributs de cette idée, sans que je connaisse préalablement cette propriété comme une propriété de cet objet en particulier. C'est la négation et de la puissance déductive de l'entendement, et du fait intellectuel de l'usage des *universaux*; et sur quel fondement, je ne puis le voir. L'auteur accorde ceci, je continue à citer le texte sans interruption : « Sans doute c'est l'expérience enregistrée que j'ai eue sur le clivage des cristaux qui me *détermine* à penser à ce cristal comme ayant un plan de clivage. » Pourquoi n'admet-il pas aussi, comme tout le monde, que cette association d'idées est motivée par la conscience claire ou obscure que nous avons d'une notion : savoir, que *l'objet doit posséder les propriétés de sa classe*? Ce serait la réponse à la question qu'il a posée, une autre réponse, à la place de celle qu'il dit l'unique possible et que je me permettrai d'appeler ridicule. Je sais bien que M. H. Spencer est parfaitement décidé en toutes rencontres à ne reconnaître aucune notion ou loi intellectuelle apriorique de l'exercice de l'entendement. Mais ce parti pris n'est pas une raison, et il ne suffit pas d'ajouter immédiatement : « Mais cette expérience enregistrée n'est pas présente à mon esprit *avant* que l'attribution spéciale soit faite, encore que je puisse après en prendre conscience. » Souligner n'est pas prouver. M. H. Spencer n'a pas le droit de conclure ainsi qu'il fait à l'instant même : « Le procédé de la pensée que le syllogisme *cherche* à décrire (ici c'est moi qui souligne le mot *cherche*) *n'est pas celui par lequel l'inférence est obtenue, mais celui par lequel elle est justifiée.* » J'ai déjà remarqué la distinction entre le vrai procédé de l'inférence, selon M. Spencer, et le syllogisme. Ce n'est pas même du syllogisme, dans le fait, mais c'est du *vrai procédé*, selon lui, qu'il entend tirer la justification de l'inférence : en quoi il s'éloigne notablement de Mill. (Voyez ci-dessous sous la rubrique de la lettre C.)

La pensée de M. H. Spencer achèvera de s'éclaircir pour nous, si nous joignons à sa manière de voir sur le syllogisme, celle qu'il oppose au principe même de la déduction et à tout axiome qu'on voudrait énoncer en vue d'en libeller le mode. Déjà Mill avait traité de puéril le principe appelé par les scolastiques *dictum de omni et nullo*, et proposé pour le remplacer une autre forme, à son avis plus sérieuse. Je reviendrai sur cela. M. H. Spencer est allé bien plus loin, et on peut croire, quoiqu'il ne le dise pas, que Stuart Mill est à ses yeux, sur ce point, un suivant de la méthode idéaliste et apriorique.

« Il semble, conformément à une impression indéfinissable, mais générale, qu'une certaine vérité abstraite, qu'on dit être enveloppée dans tout syllogisme, soit ce que l'esprit reconnaît en en composant un, et que la reconnaissance de cette vérité abstraite, sous quelque forme particulière, soit l'acte ratiocinatif réel. Cependant ni le *dictum de omni et nullo*, — tout ce qui est affirmé ou nié d'une classe peut être affirmé ou nié de toute chose enfermée dans la classe; — ni l'axiome développé par Mill, — que tout ce qui a une marque a ce dont elle est la marque ; — ni aucun axiome qu'il soit possible de construire ne peut exprimer l'acte du raisonnement. Pour ne rien dire des objections spéciales à pousser contre ces propositions ou autres de même sorte, elles prêtent toutes, en tant qu'elles prétendent embrasser les lois de la pensée logique, à une objection fondamentale : elles sont des vérités existantes perçues par la raison, et non le mode de la perception rationnelle. Chacune d'elles décrit un fragment de la connaissance et non un procédé pour connaître. Chacune généralise une grande classe de cognitions, mais n'approche pas pour cela davantage de la nature de l'acte cognitif. Considérez les axiomes : Des choses égales à une même chose sont égales l'une à l'autre; Des choses coexistantes avec une même chose coexistent l'une avec l'autre; et ainsi de suite. Ce sont des actes de connaissance rationnelle, tous de la même famille, et nul d'entre eux ajouté à la liste ne peut répondre à la question : Quelle est la commune nature de ces actes intellectuels ? » Jusquelà M. Spencer se contente de nier, sans raison appréciable pour nous, l'existence d'une formule propre aux aperceptions raisonnées. En continuant il va nous donner son vrai motif et sa pensée radicale, qui est qu'il n'y a point en nous telle chose que le raisonnement formel, qu'on puisse distinguer de la perception vague de ressemblance et de dissemblance, donnée à tous les animaux, et que les axiomes plongent, avec toutes les formes de perception possibles, dans la nature variable des objets perçus, d'où ils ne peuvent être dégagés.

« Nul d'entre eux ne peut répondre à la question : Quelle est la commune nature de ces actes intellectuels ? quel est le procédé de la pensée par lequel les axiomes viennent à être connus? Les axiomes appartiennent exclusivement à la matière, à l'objet matériel sur lequel nous raisonnons, et non à la raison elle-même. Ils supposent implicitement des cas où une uniformité objective détermine une uniformité subjective, » c'est-à-dire où l'ordre des rapports externes détermine celui des modifications intellectuelles. « Toutes ces uniformités subjectives ne sauraient non plus se réduire à une seule que le peuvent les objectives. Tout ce qu'une analyse de la raison est capable de faire, c'est de découvrir la *forme de l'intuition* (l'auteur souligne) par laquelle ces vérités et toutes les autres vérités connues médiatement sont discernées : or, nous la tenons dans la perception interne de la ressemblance ou dissemblance des relations. Voilà ce qui constitue en quelque sorte le commun type des cognitions rationnelles, axiomatiques ou autres, et ce type n'est évidemment point susceptible d'une expression axiomatique, non seulement parce qu'il varie avec chaque variation dans l'objet matériel de la pensée, mais parce que le *procès* universel de l'intelligence rationnelle ne saurait se solidifier en un simple *produit* de l'intelligence rationnelle. » (*Principles*, p. 156-7.)

On voit qu'avec M. Spencer il ne s'agit plus de logique, ni même à proprement parler de psychologie. Nous croyions étudier une loi de la pensée; on nous met en face d'un *type* qu'on avoue n'en être pas un, et d'une *forme de l'intuition* assez vague pour comprendre les modifications que la conscience de l'homme et les consciences des plus bas animaux subissent en conséquence des changements survenus dans l'objet matériel de la perception!

C. Des nouvelles formules proposées pour exprimer le principe du syllogisme.

Le *dictum de omni* des scolastiques : *Ce qui peut être affirmé d'une classe peut être affirmé de tout ce qui est renfermé dans la classe*, est l'axiome même que, dans mon exposition de la théorie syllogistique, j'ai énoncé en ces termes : *L'espèce de l'espèce d'un genre est une espèce de ce genre*; ou, sous une forme symbolique : *Le contenu du contenu est contenu dans le contenant*. En effet, dire que A est espèce de C, parce que A est espèce de B, et que B est espèce de C, c'est même chose exactement que de dire que C peut-être affirmé de A, parce que C peut-être affirmé de B, et que B est une classe renfermant A. Ce sont des formes identiques, aux mots près, du principe impliqué dans le syllogisme : *Tout A est B, or tout B est C, donc tout A est C;* ou, sous l'énoncé qu'Aristote préférait : *B est attribué à tout A, or C est attribué à tout B, donc C est attribué à tout A.*

Mill regarde ce principe comme une « solennelle futilité ». A l'époque, dit-il, où dominait la doctrine réaliste, c'était énoncer quelque chose que d'énoncer l'identité partielle de nature d'une *essence première*, d'un individu, avec l'*essence seconde*, l'universel réel, dont elle participait, croyait-on. Aujourd'hui, le même axiome dépouillé de cette valeur de théorie, pour nous qui savons qu'une classe n'est rien de plus ni de moins que les substances individuelles placées dans la classe, signifie seulement que tout ce qui est vrai de certains objets est vrai de chacun de ces objets (whatever is true of certain objects is true of each of those objects). Et ce n'est donc qu'une identité puérile. Mill prend une licence que le logicien de la vieille école ne peut lui concéder. Dans la formule *ce qui est vrai d'une classe est vrai de tout ce qui est renfermé dans la classe*, il substitue aux mots *une classe* les mots *certains objets*, attendu qu'une classe n'est rien, à son sens, hormis les objets contenus en elle (the class is nothing but the objects contained in it); et plus haut : « Il n'y a rien là de réel excepté ces objets, le nom commun qu'ils reçoivent et les attributs communs indiqués par le nom. » Il y a quelque chose de plus, qu'il ne plaît pas à Mill d'apercevoir, et que le reste implique pourtant ; il y a l'acte de l'entendement qui, assemblant les attributs communs sous le nom commun, compose à son usage un groupe que la nature ne suffirait pas à distinguer, délimiter, et définir toute seule. La *classe* n'est donc pas *certains objets* seulement, mais certains objets sous une vue de l'esprit. Cette rectification faite, l'identité accusée par Mill est loin d'être futile, car elle est l'expression de l'acte par lequel, après s'être construit la représentation d'une espèce, l'entendement attribue à tout individu porteur des caractères voulus, et qu'il n'a point compris expressément et sciemment dans cette espèce formée, les propriétés que cet individu doit posséder s'il fait réellement partie de cette espèce.

C'est ce qui deviendra encore plus frappant si, au lieu de faire porter l'axiome sur un groupe et ses individus composants, on le fait porter sur un genre et une espèce, une classe et une autre classe, pures créations de l'entendement l'une et l'autre, ainsi qu'on peut le voir dans des milliers de syllogismes. Mais je n'insiste pas. Comment, au reste, Mill n'a-t-il pas vu que si l'axiome est futile, les syllogismes quels qu'ils soient doivent ne l'être pas moins, puisque l'axiome est leur type commun à tous? Et si c'était assez pour traiter de puérile une proposition générale, de montrer que les concepts qu'elle joint sont identifiés par la définition même des termes qui l'expriment, tous les jugements analytiques pourraient être bannis comme ridicules. Cependant le géomètre appelé à justifier une conclusion pour laquelle, au lieu de prouver l'égalité des deux quantités, il a prouvé leur égalité respective à une troisième (procédé continuellement employé), est obligé d'en appeler à l'axiome, tout analytique qu'il est, ou équivalent à une identité. L'esprit est ainsi fait et se rend ainsi compte de ses opérations.

Mill n'entend pas, au fond, bannir le syllogisme, et ne refuse pas de lui chercher un principe. Il expose sur un exemple, et sans s'éloigner beaucoup des autres auteurs, le sens à attacher à un syllogisme, et il ajoute ce qui suit : « Si nous généralisons le procédé et si nous cherchons le principe ou la loi impliqués dans toute telle inférence, et présupposés dans tout syllogisme dont les propositions ne sont pas purement verbales, nous trouvons non pas l'insignifiant *dictum de omni et nullo*, mais un principe fondamental... qui a une ressemblance frappante avec les axiomes des mathématiques... qui est que les choses qui coexistent avec la même chose coexistent l'une avec l'autre. » (*A system of logic*, 5ᵉ édit., t. I, p. 202.) Je retranche ici du texte ce qui se rapporte au type des syllogismes négatifs, parce que le type affirmatif suffit à mes remarques et que le surplus est aisé à suppléer. Si maintenant j'examine le principe énoncé par Stuart Mill, je trouve qu'il n'est pas clair; que, tel qu'on le formule, il n'est le principe d'aucun vrai raisonnement, et qu'enfin le seul fondement qu'on puisse lui trouver en le rectifiant est identique à ce *dictum de omni* qu'on déclare insignifiant.

En effet nous ne devons pas prendre le mot *coexister* à la lettre et croire qu'il s'agit d'une coexistence dans le temps ou simultanéité. M. H. Spencer, qui a pris ce sens, a mal entendu Mill, au dire de ce dernier (*ibid*., p. 204, en note). Il ne s'agit pas non plus d'une coexistence locale, qui ferait penser aux cercles contenants et contenus dont se servait Euler pour symboliser le *dictum de omni*. Il s'agit du fait que certains attributs *sont conjointement les attributs du même sujet* (the coexistence meant is that of being jointly attributes of the same subject.) Faisons donc ce qu'on appelle en algèbre une substitution; mettons dans l'axiome de Mill, au lieu du mot coexister, la définition de ce mot donnée par Mill; voici ce qui vient :

Les choses qui sont les attributs du même sujet conjointement avec la même chose, sont conjointement les attributs du même sujet.
Il saute aux yeux dans cette formule que des choses qui sont attributs conjointement sont attributs conjointement. La puérilité, si puérilité il y avait, ne serait pas moins sensible pour l'énoncé de Mill que pour l'*insignifiant dictum de omni*.

J'applique maintenant le nouveau principe en le traduisant dans le vocabulaire des notions de classe, ce qui doit m'être permis. A et B (soient *homme* et *mortel*, je prends l'exemple de Mill, p. 202) sont attributs du même sujet; ce sujet est donc une espèce X, de laquelle A et B sont des genres, et je peux poser la proposition : X est A et B; il y a quelque sujet, quelque individu ou espèce, en quoi les attributs *homme* et *mortel* sont réunis. Voilà la majeure d'un syllogisme interprété par Mill. D'une autre part, A et C (*homme* et *roi*) sont attributs du même sujet que ci-dessus, afin que les deux choses B et C (*mortel* et *roi*) soient conjointement avec la chose A (*homme*) des attributs d'un même sujet. Je peux donc poser la proposition : X est A et C; *homme* et *roi* sont réunis dans le même sujet, sont genres de la même espèce que *homme* et *mortel*; voilà la mineure du syllogisme interprété par Mill. La conclusion est que *roi* et *mortel* sont donc attributs d'un même sujet, et je peux poser la proposition X est B et C. Je réunis les trois termes du syllogisme ainsi compris et je trouve :

X est A et B, or X est A et C, donc X est B et C.

Mais ces trois propositions sont des propositions complexes que l'analyse oblige à décomposer chacune en deux autres. Les prémisses ont pour unique sens le sens composé des quatre propositions divisées : X est A, X est B, X est A, X est C; la conclusion à son tour signifie simplement X est B, X est C; nous avons donc en tout trois propositions différentes, deux desquelles figurent à la fois sans changement dans les prémisses où elles sont posées et dans la conclusion qu'elles constituent tout entière. C'est dire qu'il n'y a point d'inférence, point de syllogisme, mais seulement une pure identité, cette fois bien réellement *insignifiante*. Nous avons pris pour accordé que *homme* et *mortel* d'un côté, *roi* et *homme* d'un autre côté étaient des attributs d'un certain sujet; nous trouvons en conséquence, sans raisonnement, par la simple analyse de ce que nous disons, que *roi* et *mortel* sont les attributs d'un certain sujet, le même, ce qui ne nous apprend rien sur la relation de la royauté avec la mortalité, car il se pourrait qu'un sujet fût à la fois roi et mortel, sans que nous eussions le droit d'en conclure que tout roi est mortel.

Telle est la faute grave de logique qui a échappé à Mill en formulant le principe de l'inférence déductive. Elle est trop élémentaire pour qu'il ait pu la commettre dans le passage même où il développe le sens du syllogisme pris pour exemple : « Tous les hommes sont mortels, tous les rois sont hommes, donc tous les rois sont mortels. » Là il s'exprime correctement : « La prémisse mineure affirme, dit-il, que les attributs dénotés par la royauté existent seulement conjoints à ceux que le mot homme signifie. La majeure affirme que ces derniers attributs ne se rencontrent jamais sans l'attribut mortalité. La conclusion est que partout où les attributs de la royauté se trouvent, ceux de la mortalité se trouvent aussi. » Le syllogisme est irréprochable, mais alors, pour en dégager le principe, il ne faut pas parler, comme fait Mill aussitôt après, de « choses qui coexistent avec une même chose », c'est-à-dire, suivant sa propre explication, de *choses qui sont les attributs du même sujet conjointement avec la même chose*; il faut ajouter cette condition, qui ne va pas de soi, que les groupes d'attributs s'impliquent les uns les autres dans un certain ordre. Par exemple, il ne suffit pas que X soit

A et B (pour reprendre la notation ci-dessus); il faut encore que X soit A et B, en telle sorte que tout A soit B ; que *homme* et *mortel* entrent en un même sujet de manière que *tout homme soit mortel*, ou, comme parle Mill, de manière que les attributs que le mot homme signifie ne se rencontrent jamais sans l'attribut mortalité. Mais s'il en est ainsi, la considération du sujet indéterminé X est superflue et nuit à la clarté. C'est la relation de A à B, d'*homme* à *mortel*, qui seule importe, et nous sommes nécessairement ramenés à l'interprétation ordinaire du syllogisme et au fameux *Dictum de omni* qui en fait réellement l'essence.

Mill ne se tient pas lui-même à l'exposition théorique, si malheureusement conçue, que nous venons d'examiner. A peine a-t-il cru l'établir qu'il en apporte une seconde, destinée à satisfaire aux « exigences pratiques ». Sous le nouveau point de vue la formule qu'il propose pour le syllogisme est celle-ci :

« L'attribut A est la marque de l'attribut B ; l'objet donné a la marque A ; donc l'objet donné a l'attribut B ; exemple : les attributs de l'homme sont la marque de l'attribut mortalité, les attributs d'un roi sont la marque des attributs de l'homme, donc les attributs d'un roi sont la marque de l'attribut mortalité. »

Cette nouvelle formule amène à son tour un axiome nouveau, que Mill énonce en ces termes :

« Tout ce qui possède une marque possède ce dont cette marque est la marque : (whatever possesses any mark possesses that which it is a mark of) » ; ou, pour le cas où tous les termes sont universels : « Tout ce qui est la marque d'une marque est une marque de ce dont cette dernière est la marque : (whatever is a mark of any mark is a mark of that which this last is a mark of). » Constater l'identité de ces axiomes avec les précédents, ajoute l'auteur, est un soin laissé au lecteur intelligent (*loc. cit.*, p. 204-5).

Je regrette que Mill n'ait pas donné cette démonstration d'identité, et je crains même un peu qu'il ne l'ait pas cherchée. Pour ma part je ne puis voir que différences entre l'axiome des *coexistants* et l'axiome des *marques*. Le premier est insignifiant et n'est pas le principe du syllogisme, on vient de le voir ; le second est bien le principe du syllogisme, mais ne fait que rendre, à la clarté près qui est moindre, le sens même du *Dictum de omni* dédaigné par Mill.

En effet, je ne trouve pas de définition expresse du mot *marque* dans les passages dont je m'occupe, mais je ne crois pas me tromper en pensant que *marque* et *attribut* ont le même sens ; je ne puis en apercevoir aucun autre, et cette synonymie m'est confirmée par la comparaison de la formule avec les exemples de l'auteur. S'il en est ainsi, l'emploi du mot *marque* n'est bon qu'à obscurcir la formule tant que ne se fait pas la substitution à ce mot du mot *attribut*. Au contraire, faisons la substitution; la formule énoncée pour le cas des termes tous universels, il suffit de s'occuper de celle-là, devient :

Tout ce qui est l'attribut d'un attribut est un attribut de ce dont ce dernier est l'attribut; c'est-à-dire très précisément : *L'attribut de l'attribut d'un sujet est un attribut de ce sujet*; soit, dans la terminologie des notions de classe : *Le genre du genre d'une espèce est un genre de cette espèce*; et, par conséquent, vu la valeur toute relative que nous donnons aux mots *espèce* et *genre* pour exprimer les classes enveloppées et enveloppantes : *L'espèce d'une espèce d'un genre est une espèce de ce genre*. C'est la formule de ma propre exposition. Et c'est le *Dictum de omni*, que j'ai montré, en commençant cette note, en être l'expression en d'autres termes : *Le contenu du contenu est contenu dans le contenant; ce qui peut être affirmé d'une classe peut être affirmé de tout ce qui est renfermé dans la classe*.

M. H. Spencer ne vise pas mieux que Mill à détruire le principe propre de la déduction, afin de ramener l'esprit tout entier à l'expérience et à l'induction, mais il va plus loin en ce qu'il veut supprimer radicalement la forme du syllogisme et la remplacer par une autre où il n'entre plus rien qu'une comparaison de quatre termes deux à deux, avec une inférence inductive.

« Il est admis universellement (dans l'école à laquelle j'appartiens, devrait ajouter M. Spencer) que, dans l'évolution du raisonnement, l'induction doit précéder la déduction, et que nous ne pouvons descendre du général au particulier, que nous ne nous soyons d'abord élevés du particulier au général. Le fait que je veux remarquer maintenant est que ceci n'est pas vrai seulement du raisonnement considéré en son ensemble, mais aussi dans l'application et pour chaque raisonnement particulier... Chaque acte de déduction proprement dite présuppose un acte préparatoire d'induction... Dans tous les cas de déduction il y a, soit une induction faite sur l'excitation du moment, ce qui est souvent le cas, soit un retour rapide de la pensée à une induction antérieurement faite. » (*The Principles of psychology*, p. 154-5.)

Voilà ce qui s'appelle nier, avec un sans-façon qui semblera bien arbitraire à tout autre qu'à un adepte, un fait beaucoup plus universellement admis : savoir, que l'esprit ayant à tort ou à raison donné l'entrée à des propositions générales, alors même qu'on supposerait qu'il a dû les former par une simple inférence *tirée*, comme on dit, de l'expérience, et sans rien posséder de son chef qu'on puisse appeler forme de jugement apriorique, que l'esprit, dis-je, a tout ce qu'il faut pour appliquer ces propositions aux cas particuliers qu'elles régissent, et n'est point obligé de répéter, chaque fois qu'il lui plaît de conclure le particulier du général, une opération préalable propre à conclure le général du particulier! Quoi qu'il en soit, voici comment M. Spencer conçoit le mouvement syllogistique. On commencerait par former l'« inférence primaire ou provisoire » d'une certaine relation *a est à b* entre deux objets particuliers. Il s'agit pour cela d'un « acte simple et spontané de la pensée, dans lequel, et à l'occasion de la présentation de quelque objet *a*, il est suggéré à l'esprit un certain attribut *b* qu'on ne voit pas et qui serait possédé par cet objet. Cet acte simple et spontané n'est pas produit par un *souvenir* que nous aurions de ce qui nous est antérieurement connu, et par exemple d'une relation *A est à B* entre deux termes généraux correspondants aux précédents, mais il est dû exclusivement à l'*influence* que ces choses, en tant qu'expériences passées, exercent sur l'association des idées. » Il est donc bien entendu que rien de ce qu'on pourrait appeler rapport conçu universellement entre termes universels n'existe dans l'entendement pour y servir à quelque chose. Il y a seulement, *il est suggéré*, une association particulière entre *a*, sujet, et *b*, attribut, par l'effet de certaines autres associations particulières que l'expérience a déjà formées entre tels autres termes particuliers semblables. Cela posé, « l'inférence ainsi déterminée nous suffit communément, continue M. Spencer, et nous passons de suite à quelque autre pensée. Mais si un doute vient à être suggéré du dedans ou du dehors, les actes de la pensée représentés par le surplus du symbole s'offrent et se succèdent, et nous avons un processus de raisonnement conscient. »

Il est inutile de reproduire ici la disposition typographique que M. Spencer appelle le symbole et qui n'éclaircit rien; mais en voici le sens. Après que la relation particulière *a est à b*, qui exprime ici le rapport d'un sujet à un attribut, s'est posée dans l'esprit comme *inférence primaire ou provisoire*, et qu'un doute est survenu, la relation *A est à B* entre termes semblables aux précédents, mais généraux, c'est-à-dire qui représentent des groupes de termes particuliers dont l'expérience a précédemment établi ce rapport, se présente; et, redescendant de *A est à B* à *a est à b*, comme nous montons de *a est à b* à *A est à B*, nous nous mettons à penser que *la relation A est à B est semblable à la relation a est à b*, laquelle devient alors, d'inférence primaire ou provisoire qu'elle était, *inférence secondaire ou vérifiée*. C'est ce qui constitue le raisonnement (p. 154).

Il y a donc quatre termes, selon M. Spencer, et non pas trois seulement, dans la partie de l'acte mental ci-dessus décrit qui répond au syllogisme. Syllogiser, c'est reconnaître que la relation établie entre deux termes généraux A et B est *semblable* à la relation de deux termes particuliers *a* et *b*. Par exemple, la relation *homme* à *mortel* est pensée semblable à la relation de *Socrate* à *mortel*, et M. Spencer a soin de nous faire observer que le terme *mortel* n'est pas identique dans les deux cas, vu que la mortalité de Socrate n'est pas celle d'un homme quelconque. Nous avons chacun la nôtre qui n'est que *semblable* à celle d'autrui, non identique! C'est à propos de l'axiome adopté par Mill, que M. Spencer entreprend de rappeler tous les logiciens du monde à une rigueur qu'ils n'ont pas connue : « La signification littérale des mots, celle qui leur est attachée dans l'axiome de M. Mill, comporte ceci, que Socrate possède des attributs, non pas *exactement semblables* à ceux que comporte le mot *homme*, mais les *mêmes* attributs. Grâce à cette interprétation seulement, les éléments du syllogisme sont réductibles à trois : 1° le groupe d'attributs possédé par tous les hommes et par Socrate; 2° la mortalité des autres hommes; 3° la mortalité de Socrate. Mais n'est-il pas clair qu'en affirmant que Socrate possède les attributs possédés par les autres hommes, en appelant les attributs qui le constituent homme les *mêmes* que ceux par lesquels les hommes en général sont distingués, on commet un abus des mots pareil à celui qui fait dire que deux personnes sont malades de la *même* maladie? Les personnes dites avoir la même maladie sont celles qui offrent des groupes similaires de phénomènes spéciaux non présentés par les autres personnes. Les objets dits avoir les *mêmes* attributs (comme ceux de l'humanité) sont ceux qui offrent des groupes similaires de phénomènes spéciaux non présentés par les autres objets. Et si le mot *même* est impropre dans un cas, il est impropre dans l'autre. Ceci admis, il s'ensuit inévitablement que les éléments du syllogisme ne sauraient se réduire à moins de quatre : 1° le groupe d'attributs caractérisant l'un ou chacun des objets antérieurement connus qui sont unis dans une certaine classe; ce groupe doit être représenté dans la conscience ou (pluralement) comme possédé par chaque échantillon de la classe qui peut être rappelé, ou (singulièrement) comme possédé par quelqu'un d'eux en particulier que l'esprit se figure en manière de type de la classe; il ne peut donc pas être compté pour moins d'*un* élément, quoiqu'il puisse être compté pour *davantage*; 2° l'attribut particulier qui est affirmé dans la majeure comme accompagnant toujours ce groupe d'attributs, et qui, selon que nous sommes supposés le penser comme possédé par différents échantillons qu'on se rappelle de la classe, ou par un échantillon typique, peut être compté pour plusieurs éléments ou pour un, mais jamais pour moins d'un ; 3° le groupe d'attributs présenté par l'individu (ou sous-ordre) nommé dans la mineure, lequel groupe étant essentiellement semblable (non pas identique) au premier groupe désigné, l'individu est reconnu comme membre de la première classe désignée ; 4° l'attribut particulier inféré comme accompagnant ce groupe essentiellement semblable d'attributs. » (P. 127).

Les quatre éléments sont, pour revenir à l'exemple : 1° l'*homme* (un ou plusieurs, suivant que l'on forme ou non une certaine unité symbolique avec le groupe d'attributs plus ou moins semblables qui composent un homme) ; 2° la *mortalité de l'homme* (une ou plusieurs, suivant que l'on pense au type susdit ou aux réalités mêmes) ; 3° *Socrate*, reconnu homme par similitude et non par identité d'attributs ; 4° la *mortalité de Socrate*, inférée de cette similitude. Ainsi se forme cette sorte d'induction par voie de quatrième proportionnelle, comme on pourrait la nommer, que M. Spencer substitue au syllogisme absolument renié. La ressemblance de Socrate à tous les hommes que je peux me rappeler, sous tels et tels rapports, est *semblable* à la ressemblance entre la mortalité de Socrate et la mortalité de ces hommes. Cette théorie supprime net la déduction et toute démonstration logique, supprime les universaux, c'est-à-dire les termes abstraits et généraux susceptibles d'une définition rigoureuse, supprime enfin l'identité qu'on peut établir par définition entre ces sortes de termes, et remplace le tout par des représentations intellectuelles flottantes dont la similitude variable lie de proche en proche les produits de l'expérience dans les trois règnes. Le grand avantage que M. Spencer trouve à remplacer l'identité par la similitude, et par cette similitude vague qui, ne se ramenant pas à l'identité de certains éléments, n'a point de définition exacte, c'est de bannir la précision, et de faciliter par là l'exposition d'un système fondé sur la continuité de toutes choses objectives et subjectives et la confusion universelle.

Pour la réfutation de cette étonnante distinction entre la similitude et l'identité des attributs, je renverrai le lecteur à Mill (*A System of logic*, t. I, p. 203 en note), qui cette fois mieux qu'en d'autres rencontres s'est rendu compte de la nature et de l'usage des notions abstraites, et a refusé d'abandonner la vieille logique. J'ajouterai seulement que cette divergence met entre sa théorie et celle de M. Spencer, dans la voie de l'empirisme, un plus large intervalle qu'il ne voudrait (His theory of the syllogism coincides with all that is essential of mine, dit-il). Et toutefois M. Spencer ne me semble pas non plus être allé au bout de son chemin. Qu'est-ce que ces types qu'il conserve encore, qui lui permettent de réunir dans une fictive unité les attributs principaux de tous les hommes? C'est un symbolisme trompeur. Il n'y a, au point de vue d'un empirisme rigoureux, que des individus en quantité indéterminée, qui n'ont ni des attributs identiques, ni des attributs rigoureusement semblables; car tout varie en nombre, lieu, temps, degré, etc. Les notions générales sont de purs mensonges, quand on veut y voir autre chose que des impressions ou imaginations vagues sans objets réels; et par conséquent le syllogisme n'a pas plutôt quatre termes que trois, mais il a un nombre indéfini de termes et ne peut être constitué.

Une école qui a si grandement erré sur la nature du raisonnement déductif n'a pu manquer de se tromper aussi en distinguant les classes de syllogismes. Toute l'opération de syllogiser se fonde sur une manière d'envisager les qualités sous le point de vue de la quantité. Former des espèces, puis des genres, en faisant abstraction des différences, ce n'est rien autre que cela, puisque cette sorte d'abstraction aboutit à considérer une espèce comme un nombre d'individus identifiés, un genre comme un nombre d'espèces identifiées, etc. Tous les logiciens ont compris cette vérité, qui ont par le langage ou par des symboles géométriques, comme Euler, exprimé le rapport de l'espèce au genre à l'aide du rapport du contenu au contenant, de la partie au tout, du multiple à l'unité. C'est ce dernier, le rapport arithmétique franc, que j'ai employé dans mes notations, pour la première fois, à ma connaissance. Je lui trouve entre autres avantages celui de mettre en relief la signification mathématique du procédé formel de la déduction. Les classes qu'on peut distinguer parmi les syllogismes doivent donc dépendre uniquement de ce que le principe du nombre y intervient d'une manière plus ou moins directe, et que la quantité est le sujet même, ou seulement l'instrument du raisonnement. De là les cas que j'ai distingués ci-dessus par les noms d'identité, d'égalité, de similitude exacte, d'équipollence et de contenance. Les noms importent peu, mais ce qui importe c'est l'unité du point de vue qu'ils supposent, c'est le fait que la *coexistence des attributs*, pour employer ici le vocabulaire de Mill, tire toute sa signification de cette forme d'entendement qui *compose* des ordres et sous-ordres, à l'aide des identités partielles des sujets individuels ou généraux susceptibles d'être définis. Et cette composition est vraiment numérique : une chose *bonne*, une chose *mortelle*, une chose *animale*, etc., étant des unités identiques, par l'effet de l'abstraction, autant que peuvent l'être des individus homonymes qui ne sont eux-mêmes numériquement assimilables et comparables que moyennant l'abstraction de leurs différences propres. L'application simple et rigoureuse de l'idée de composition permet d'éviter entièrement l'emploi de la distinction scolastique de l'*extension* et de la *compréhension*. Aussi n'ai-je fait aucun usage de ces termes dans mon exposition.

Il y a donc un vice profond dans toute théorie logique qui admet des « raisonnements qualitatifs », des « raisonnements quantitatifs », ajoutons et des « raisonnements relationnels », avec une acception de ces mots propre à faire disparaître la commune essence de tous les syllogismes possibles. Cette tripartition du raisonnement appartient à un philosophe anglais, M. J. D. Morell, qui se déclare particulièrement redevable à M. H. Spencer, quant à la logique. Le raisonnement *quantitatif* de M. Morell est tout simplement un syllogisme d'identité, que cet auteur dit être fondé sur l'idée d'espace, universelle mesure, et avoir pour but d'établir des égalités absolues. Il est clair que c'est là, quant à la forme, le syllogisme même réduit à sa plus simple expression : A = B = C ; et la forme rationnelle seule est à considérer dans ces questions. D'ailleurs il importe peu que l'auteur juge à propos de fixer ses idées par des images, des notions d'étendue, au lieu de les porter, par la notion du nombre, au plus haut degré d'abstraction possible.

Le raisonnement *relationnel* de M. Morell est encore un syllogisme, cette fois des plus ordinaires, dans lequel il ne s'agit que de démêler les termes propres à remplir les rôles spécifiques. Il a pour objet non plus la coexistence des qualités, comme le raisonnement *qualitatif*, mais « l'estimation des intensités relatives dans les différents objets. Ainsi, si je dis : Toutes les substances sont pesantes, l'air est une substance, donc l'air est pesant ; mon raisonnement est qualitatif, puisqu'il s'agit de la coexistence d'un certain attribut dans la substance air ; mais si je dis : L'eau est plus pesante que l'huile, l'huile est plus pesante que l'alcool, donc l'eau est plus pesante que l'alcool ; je ne touche pas la question de la coexistence d'un attribut avec un autre, mais simplement la question de leurs intensités relatives dans divers objets[1]. »

Pour la valabilité de la distinction ainsi introduite il faudrait

---

1. Voy. Th. Ribot, *La psychologie anglaise contemporaine*.

que le raisonnement *relationnel* ne pût pas se ramener à la forme du syllogisme commun ou qualitatif. Malheureusement la réduction est aisée. Soit A l'eau, B la classe des choses plus pesantes que l'huile, et C la classe des choses plus pesantes que l'alcool, le syllogisme ordinaire : A est de la classe B, B est de la classe C, donc A est de la classe C, donne la conclusion que M. Morell va demander à un raisonnement *sui generis*[1]; et l'on « touche à la question de la coexistence d'un attribut avec un autre » : savoir, de l'attribut déterminant la classe C avec celui ou ceux qui composent le sujet désigné par A. La vraie doctrine logique est, on le voit, facile à rétablir. Il est à regretter que la passion d'appliquer des systèmes nouveaux à des choses qu'on devait croire affranchies de tout système, ramène ainsi sur le terrain litigieux des vérités acquises, et diminue le terrain déjà trop étroit de la science universellement reconnue.

Quant au syllogisme qualitatif de M. Morell, celle des trois classes de cet auteur dont je n'ai encore rien dit, elle renferme à elle seule l'induction, la déduction et un troisième mode de raisonnement, donné pour la racine commune des deux autres : « le mode qui va du particulier au particulier. » On reconnaît à cette confusion des procédés inductif et déductif les idées de Mill et de M. Spencer, que j'ai examinées. Ces deux derniers ont admis aussi, et M. Bain avec eux, « le mode qui va du particulier au particulier », mode étrange en vérité, signe étonnant de la tendance à réduire à rien le rôle des universaux dans l'entendement. C'est le point sur lequel il me reste à présenter quelques observations.

Toute inférence personnelle, selon Mill, a lieu du particulier au particulier : « All inference is from particulars to particulars » (*A System of logic*, t. I, p. 218), et il en est de même de presque tout raisonnement, car il est très rare que nous érigions nos observations en maximes générales, à moins que nous ne raisonnions en nous fondant sur la tradition, le témoignage et l'autorité. L'enfant, et l'animal, aussi capable que lui d'inférence à cet égard, évitent le feu qui les a brûlés une fois, car une fois suffit, et n'ont

---

1. C'est comme si, en algèbre, on voulait invoquer un principe spécial de raisonnement pour prouver que si on a : $a > b > c$, on a aussi : $a > c$. Point du tout, mais, la proposition d'inégalité se démontrera par des égalités, conformément à la définition de ce qu'on appelle *plus grand* ainsi qu'il suit : $a = b + h$; $b = c + h'$; donc $a = c + h' + h$, ce qui forme un vrai syllogisme de l'espèce mathématique. On peut mettre ici pour a, b, c, les densités de l'eau, de l'huile et de l'alcool.

pas besoin pour cela de s'être formulé la proposition : Le feu brûle. Les hommes pratiques en tout genre se dispensent si bien d'employer des prémisses régulières pour conclure avec sûreté, que tout au contraire, ils sont forts sujets à se tromper quand on exige d'eux qu'ils en allèguent. Enfin les sciences exactes mêmes se passent de recourir aux vérités générales pour établir des vérités nouvelles. Dugald Stewart a remarqué que l'appel aux axiomes n'est pas formellement nécessaire en géométrie. Au lieu de conclure de là que les définitions sont les vrais principes, il aurait pu approfondir sa remarque et reconnaître également que les démonstrations d'Euclide peuvent se donner sans les définitions : « Every demonstration in Euclid might be carried on without them, » car le géomètre ne démontre jamais réellement que des cas particuliers sur des figures particulières : « The enunciation as it is called, that is the general theorem which stands at the head of demonstration is not the proposition actually demonstrated. One instance only is demonstrated. » (Loc. cit., p. 209-218).

Stuart Mill fait aux partisans des jugements généraux une concession importante, en leur accordant l'emploi utile et nécessaire de ces sortes de jugements dans tous les cas où les prémisses du raisonnement sont empruntés à l'autorité (à la loi, à la coutume, au témoignage, etc.). Ces cas s'étendent fort loin et sur des sujets essentiels à l'exercice de la raison individuelle, non moins qu'à la vie et à la société. Mill admet en outre que le service qu'il appelle d'enregistrement et de garde-notes, dû aux propositions générales, est essentiel à la constitution rationnelle des connaissances ; il faudrait ajouter et à l'assiette de l'esprit, et aux communications intellectuelles, et aux débats et aux plus simples conversations. Comment les adversaires du syllogisme à prémisses aprioriques ne s'aperçoivent-ils pas que chacun de nous, indépendamment des autorités de toute sorte qui lui fournissent ouvertement des notions et des propositions de forme universelle, a par devers lui tout un arsenal de semblables prémisses, bien ou mal justifiables, qui lui servent à mettre de l'ordre dans ce qu'il croit, c'est-à-dire après tout, dans ce qu'il pense, et sans lesquelles son raisonner intérieur tomberait en décomposition ! Ces jugements et ces préjugés ne sont pas le fruit de l'expérience seulement, car qu'est-ce donc que l'expérience toute seule ? mais du travail bien ou mal fait de l'entendement sur l'expérience, sur le témoignage, sur les raisonnements d'autrui, sur le pêle-mêle des notions en litige et des sentiments excités dans toute société dont la vie morale est tant soit peu développée. On ne niera pas que les hommes apportent beaucoup,

beaucoup trop d'affirmations universelles et de jugements absolus dans leurs controverses; on ne devrait pas nier davantage que tous, depuis le savant de profession jusqu'aux intelligences les plus humbles, raisonnent entre eux en s'objectant mutuellement de vrais syllogismes, non pas en forme sans doute, mais faciles à mettre en forme, et construits sur des prémisses formulées d'une manière générale. Les débats sont nécessaires autant que continuels et inévitables en fait, et d'autant plus que le plus grand nombre des opinions, et même des vérités qui passent pour le mieux établies, ne sont en définitive que des croyances : l'école empirique le sait bien. Cela dit, que se propose-t-on quand on discute? De deux choses l'une, ou de s'accorder à la fin dans une affirmation, ou de reconnaître le fondement d'une dissidence, afin de la détruire, s'il se peut, ou de la mettre en réserve jusqu'à ce que de nouveaux moyens de conviction puissent être produits. Le fondement de l'accord ou du désaccord ne sera pas une thèse particulière, au même degré que celle qui faisait le premier objet du débat; cette façon de raisonner sur exemples serait inconcluante. On cherchera donc de part et d'autre une thèse plus générale. C'est dire que chacun proposera plus ou moins distinctement un syllogisme pour mettre à l'épreuve sa propre opinion et celle de son adversaire. Supposons qu'il s'agisse de politique et qu'on veuille apprécier telle mesure légale : on trouvera, en controversant, que celui qui la condamne fait dépendre ses motifs d'approuver ou de blâmer de la raison, de la liberté; l'autre, qui la justifie, de la tradition et de l'autorité; c'est en produisant des arguments syllogistiques et remarquant leurs prémisses, que se fera cette constatation qui pourra devenir à son tour un point de départ pour de nouveaux syllogismes destinés à faire remonter ailleurs la dissidence. Tout cela suppose des conclusions tirées, de ce que chacun a admis antérieurement et désire maintenir, à ce qu'il prétend et doit dès lors prétendre à présent être la vérité. Il faut joindre aux inférences qui entrent ainsi dans les raisonnements qu'on s'oppose les uns aux autres, celles que produit *in petto* pour lui-même tout esprit désireux de coordonner ses connaissances et d'éviter la contradiction. Elles ne se tirent pas non plus *du particulier au particulier*, puisque leur objet est de vérifier si les déductions des vérités ou hypothèses admises jusque-là concorderont avec celles qu'il serait maintenant question de recevoir.

L'argument que Mill cherche en faveur des inférences du particulier dans l'inaptitude des hommes pratiques à formuler et à transmettre les principes de leurs actes, me semble bien faible, en ce que ce fait, dans les limites où on peut le constater, s'explique très simplement d'une autre manière. Je dis dans les limites, car il ne manque pas, je crois, d'hommes pratiques et instruits qui sont en état de justifier leurs jugements ou leurs procédés lorsque leurs jugements ou leurs procédés comportent facilement un établissement déductif. Mais il y a des cas où la nature du sujet veut que la règle d'agir tienne exclusivement à des données empiriques et à des habitudes prises, sans qu'il soit possible d'extraire des unes ou des autres un équivalent rationnel. On ne peut pas exiger alors que l'agent ou l'opinant se décident sur des motifs généraux inassignables dans l'espèce, et toutefois il n'est pas exact de dire qu'ils concluent du particulier au particulier ; ils concluent plutôt au cas présent de ce qu'ils estiment avoir été bien rencontré dans des cas semblables, et souvent ils sont déterminés par l'habitude pure et le sentiment, l'instinct même, où n'entre nulle conscience d'inférence. Il y a d'autres cas dans lesquels l'équivalent rationnel d'une décision toute pratique est possible, mais difficile à obtenir, à cause de la complexité du sujet et des jugements ou raisonnements qu'il demande. S'il se trouve alors un homme pratique qui soit en même temps exercé aux investigations scientifiques et à démêler ses propres mobiles, celui-là pourra justifier sa manière de penser ou de faire, en tirant des inférences du général au particulier. On comprend que ce ne soit pas là ce qui se trouve le plus communément. Mais d'ordinaire ces hommes qu'on appelle pratiques et qui méritent ce nom dans un sens plus élevé que le commun des agents de routine, sont des hommes qui tiennent compte de beaucoup d'éléments divers dans leurs appréciations et leurs actes, au lieu de déduire les conséquences d'un petit nombre de principes absolus, comme font les jeunes gens inexpérimentés ou trop ardents. Ils débrouillent rapidement des questions complexes, et traversent des séries de comparaisons et de conclusions syllogistiques dont ils n'ont pas la conscience claire et distincte, malgré la sûreté de leurs opérations. Le vice de cette sorte d'esprits, inverse du vice de logique imperturbable de la jeunesse, est de ne pas donner volontiers en de certains sujets la prééminence voulue à des motifs simples et dominants, que le devoir, par exemple, ou la pure vérité exigent. Ils n'infèrent point pour cela *le particulier du particulier*, mais ils comparent les conclusions de beaucoup de raisonnements rapides dont ils empruntent les prémisses à leurs connaissances antérieures de tout genre, et concluent en faisant un choix ou des compromis dont la responsabilité s'attache encore à d'autres principes, ou, ce qui revient au même, aux habitudes qu'ils se sont créées dans un temps où ils en consultaient.

Le point essentiel de la question est de savoir comment se font les inférences les plus simples, celles de tous les instants, et chez les enfants, par exemple, dont l'observation est instructive, parce qu'ils sont placés à la limite des déterminations animales et de l'esprit qui réfléchit sur ses actes. Forment-ils des idées générales, c'est-à-dire marquent-ils de très bonne heure une forte tendance à grouper mentalement les phénomènes de leur expérience, les caractères qu'ils sont aptes à saisir des choses, et à leur affecter des signes, et cela spontanément d'après les impressions que nous leur causons et les moyens que nous leur suggérons, mais d'une manière qui leur est propre et qui nous surprend? Ce procédé établit-il dans l'esprit quelque chose de tout différent des vagues images qui accompagnent, elles aussi, les concepts universels? Suppose-t-il des déterminations mentales précises, une clarté toute spéciale, en contraste avec l'obscurité de l'opération imaginative dans les mêmes cas? La finesse des distinctions intellectuelles et la nature abstraite des objets distingués et nommés sont-elles des caractères frappants de l'intelligence humaine, dès ses premiers exercices? A ceux qui hésiteraient sur la réponse affirmative à faire à ces questions je signalerai, s'ils ne leur sont déjà connus, les admirables premiers chapitres d'un livre écrit en harmonie avec les doctrines que je combats, mais qui en même temps s'en écarte beaucoup en ce que l'abstraction y est ajoutée à l'expérience, en tant que moyen de connaissance[1]. M. Taine s'est bien parfois servi de termes dénotant une certaine velléité de réduire les idées et concepts à quelque chose de moins que ce que l'école aprioriste a toujours entendu. Je crois pourtant qu'en somme une idée générale est pour lui une idée générale, et nul philosophe, que je sache, n'a porté l'observation et l'analyse psychologique au degré de précision et de profondeur qu'il l'a fait en expliquant comment les petits enfants conçoivent et comment ils parlent, et en quoi la formation spontanée de l'idée générale est chez eux la condition même de la pensée et de la parole.

Si M. Taine a ainsi démontré une vérité méconnue de ceux qui confondent l'*âge de raison*, chez l'homme, avec l'*âge de raisonnement* il a évidemment prouvé du même coup que les enfants syllogisent, et que les prémisses des raisonnements enfantins sont, comme nos prémisses, des propositions générales. En effet, les idées générales mènent ordinairement avec elles des juge-

---

1. *De l'intelligence*, par H. Taine. Voyez sur le dissentiment de M. Taine à l'égard de Mill une note de ce dernier à la fin du vingt-et-unième chap. du l. III de sa *Logique*.

ments généraux dont elles sont les termes; l'un ne va guère sans l'autre; et ces jugements, à quoi serviraient-ils sinon à être les antécédents de ceux que nous appelons particuliers, et dont nous tâchons de former des circonscriptions exactes? les antécédents ou les suppléants, car la proposition proprement particulière est la moins accessible de toutes à l'esprit de l'enfant. L'observation montre que ses jugements ont toujours toute l'extension possible que ne contredit pas une expérience acquise. C'est la généralisation qui lui est naturelle, non la distinction et l'exception, non la détermination précise, fruits de l'expérience et de la réflexion. Ses raisonnements diffèrent de ceux de l'homme fait ordinaire, en ce qu'ils sont plus confiants, moins bornés, bâtis sur des concepts que fournissent les inductions les plus rapides et les analogies les premières venues. Ils diffèrent en outre de ceux de l'homme fait, instruit et intellectuellement exercé, en ce que les termes n'en sont pas démêlés et définis par une exacte réflexion, ni les prémisses et la conclusion clairement discernées pour devenir des objets de critique. Et ils diffèrent de ceux de la bête, en ce qu'ils se forment néanmoins de véritables termes abstraits et généraux, tandis qu'il y a tout lieu de croire que les inférences des animaux, presque toutes réduites à des sujets qui intéressent un petit nombre de besoins et de passions simples, se tirent directement de la mémoire, de l'imagination et de la prévision, à l'aide d'une faculté intuitive où des objets antérieurs ou présents s'assemblent avec des objets appétés ou redoutés dans le futur, et où des fins imaginées particulièrement se lient à des moyens imaginés de même, et les déterminent.

Que dit maintenant Stuart Mill? Que l'enfant et l'animal évitent le feu qui les a brûlés une fois, et n'ont pas besoin pour cela de penser la maxime générale : *Le feu brûle*. Laissons l'animal. Il est probable que l'association mentale des sensations que le feu lui procure à quelque distance et de la douleur qu'il lui cause au contact suffit pour lui dicter sa conduite et le dispense d'une inférence proprement dite, même de celle qu'on appelle du particulier au particulier. Je ne vois pas la place de celle-ci. En effet si l'animal se bornait à penser, sentant la brûlure, que le feu le brûle, on dirait fort exactement qu'il pense une proposition particulière, mais non pas qu'il tire une inférence. Et si, ayant été brûlé une fois et voyant le feu, il pensait maintenant que le feu le brûlera, il tirerait certainement une inférence, mais il ne penserait pas une proposition particulière. Il y a induction, il y a donc aussi généralisation. Comment serait-il possible qu'une proposition concernant le futur fût particulière dans l'esprit? N'étant pas et ne pouvant pas être fondée sur une impression, sur un phénomène donné, il faut qu'elle appuie le phénomène futur et l'impression attendue sur le phénomène et l'impression généralisés. En un mot, où il n'y a pas d'inférence du tout, ou l'inférence est du particulier au général : *Le feu brûle*; d'où ensuite : *Le feu me brûlera*.

On me demandera peut-être pourquoi, si l'animal peut se passer d'inférence, l'enfant ne s'en passerait pas aussi? Je crois qu'il s'en passerait, et qu'il s'en passe effectivement dans d'innombrables cas, et que nous nous en passons comme lui, toutes les fois que nous opérons à simple titre animal. Ne sommes-nous pas des animaux? Mais la question est de savoir si l'enfant tire des inférences et si nous en tirons, et si elles suivent la double marche rapide, mais nécessaire, du particulier au général et du général au particulier, quand il s'agit de conclure consciemment d'un fait empirique à un autre fait empirique du même genre dont les conditions de production paraissent réunies. La proposition : *Le feu brûle*, ne demande pas plus d'une expérience pour s'établir. Si c'était une raison pour la nier sous cette forme, et pour y substituer l'incompréhensible inférence du particulier au particulier : *Le feu m'a brûlé, le feu me brûlera*, ou mieux alors la pure association, dénuée d'inférence, entre une sensation et une imagination prévisive, d'où tirerait-on et l'origine et l'immense développement, l'importance dans l'esprit de ces propositions générales qui sont les mères de toutes nos vérités et de toutes nos erreurs? Le fait est que non-seulement la généralisation est une de nos puissances, mais que la généralisation à outrance, avancée précipitamment et à tout propos, est naturelle à tout entendement que l'expérience, ou l'étude, ou l'une et l'autre à la fois n'ont pas discipliné. Et ce n'est pas tant la croyance formelle à l'ordre, à la stabilité des lois de la nature, comme on le dit ordinairement dans les théories de l'induction, qui porte l'homme à affirmer la reproduction attendue des mêmes phénomènes, dans les mêmes circonstances réalisées, que ce n'est la forme même de son intelligence qui l'oblige à lier entre eux les phénomènes et à les classer par catégories : ordre et classification qui ne peuvent obtenir et conserver un sens que dans la supposition où des termes particuliers et des propositions particulières se groupent sous des termes généraux et des propositions générales, l'expérience se montrant d'ailleurs consentante à vérifier cet enveloppement inductif et ce développement déductif des phénomènes envisagés dans l'ordre mental.

D. *De la place du syllogisme dans les raisonnements mathématiques.*

Dans toutes les parties des mathématiques, aussi bien que des autres sciences quelconques, on fait un emploi direct du raisonnement déductif. On pose des thèses, ou hypothèses, c'est-à-dire des prémisses; on tire des conséquences, on opère des disjonctions, des réductions à l'absurde, etc. La place que le principe de contradiction et les syllogismes formels occupent dans tout cet appareil scientifique commun est la même que dans les usages les plus familiers de la pensée communiquée, quand celle-ci est correcte, et on n'a d'autre peine à la découvrir que celle de restituer dans le raisonnement les intermédiaires omis assez nombreux à la vérité, et quelquefois trop nombreux pour la rigueur, lorsque celui qui raisonne n'est pas tenu et guidé, comme l'est le mathématicien, par la lisière des notations.

On a trouvé quelque peu plus de difficulté à réduire à la forme syllogistique les procédés propres de la déduction mathématique. Pourtant la question est assez claire, en ce qui concerne l'ensemble de l'analyse (la géométrie élémentaire étant écartée pour un moment). Quand on a séparé d'une exposition mathématique : 1° les raisonnements communs dont je viens de parler; 2° les définitions de notions et de relations; 3° l'établissement des notations qui représentent ces notions et relations exactes; 4° les axiomes et les faits d'intuition et de description, dans lesquels entrent des jugements et des actes d'imagination sans raisonnement; il ne reste plus à considérer qu'une chose : tous les problèmes sont ramenés à l'étude et au maniement des équations, qui reviendraient elles-mêmes à de simples identités si, chaque quantité étant remplacée par sa valeur numérique abstraite pure, on effectuait tous les calculs indiqués; et ces équations ne sont rattachées les unes aux autres que par le procédé de la substitution de quantités égales à quantités égales. Or la substitution repose sur un véritable syllogisme : A est B, B est C, donc A est C, dans lequel l'attribution de B à A et les attributions de C à B et à A, par la copule *est*, désignent des égalités. Le *est* signifie *est égale*, dans ce cas particulier, signifie en d'autres termes que si B et A étaient remplacés par des nombres voulus, conformément aux conventions qui ont été posées, ces nombres seraient un même nombre; et ainsi des autres. On voit donc clairement en quoi la partie déductive de l'analyse mathématique est une dépendance de la logique et de la théorie du syllogisme.

Le cas de la *géométrie élémentaire* est peut-être plus clair encore, mais l'excès même de la clarté est un obstacle à ce qu'on se rende bien compte de ce que l'emploi du syllogisme a de sérieux et d'essentiel dans une démonstration faite sur la figure. Quand on retranche d'une exposition géométrique les éléments logiques que j'énumérais tout à l'heure et qui se retrouvent dans toutes les parties des mathématiques, quand on en sépare expressément les *constructions*, en tant du moins qu'elles ne s'appuient pas sur des raisonnements, il reste un mode d'argumenter qui revient et se continue sans cesse : telle figure a telle propriété (antérieurement démontrée); or cette figure est telle figure, dont cette figure a telle propriété. C'est bien là un syllogisme, mais qui tout d'abord semble puéril comme une identité pure, tant on a l'air de dire ainsi que les attributs d'une chose sont les attributs de cette chose. Pour en juger autrement il faut se rendre compte de la manière dont on arrive, par ce procédé, en passant par de nombreux intermédiaires, à une démonstration qui était bien loin de paraître inutile et trop claire. Je recourrai pour exemple à la proposition de la somme des angles d'un triangle, en prenant pour accordées les propriétés des droites parallèles coupées par une transversale, et en m'attachant à n'absolument rien omettre des éléments de la preuve rationnelle.

Figurons un triangle quelconque, non pas un triangle particulier, comme l'entend Mill, dont j'aurai à relever à cette occasion une étonnante hérésie mathématique, mais un symbole graphique particulier qui servira à la démonstration à titre de triangle quelconque : et disons de triangle en général, en ce que *cette démonstration devra valoir indépendamment de toute hypothèse possible sur les grandeurs et les directions des côtés*. Menons par un sommet quelconque de ce triangle une droite indéfinie parallèle au côté opposé. Le triangle sera situé tout entier d'un même côté de cette droite, laquelle formera un *angle* avec chacun des deux côtés du triangle qui se rencontrent à ce sommet. Arrêtons-nous ici; nous avons à considérer : 1° une construction; 2° un appel à l'intuition pour remarquer la position du triangle, par rapport à la droite construite, et l'agencement des trois angles formés par ce triangle et par cette droite, à celui des sommets où elle est menée; 3° six syllogismes, pas moins, pour dégager de l'intuition ce qu'elle contient de démonstratif, savoir que la droite construite ne peut avoir avec le périmètre du triangle aucun point commun outre le sommet indiqué. Afin de les présenter en forme, désignons par *d* la droite construite, par *b* et *c* les côtés du triangle situés respectivement à gauche et à droite de l'observateur qui, placé sur *d*, ferait face au troisième côté *a*. Premier syllogisme : Une droite parallèle et une droite transversale par rapport à une même droite ne coïncident pas;

d est parallèle à *a*, et *b* est transversale à *a* (par construction et par hypothèse) ; donc *d* et *b* ne coïncident pas (c'est-à-dire ne forment pas une seule et même droite). Deuxième syllogisme : Deux droites différentes qui ont un point commun n'ont aucun autre point commun ; les droites différentes *d* et *b* ont un point commun (par construction) ; donc ces droites n'ont aucun autre point commun (ne se rencontrent plus). Troisième et quatrième : ils sont pareils aux précédents en substituant le côté *c* au côté *b*. Cinquième : Deux droites parallèles ne se rencontrent pas ; *a* et *d* sont parallèles (par construction), donc *a* et *d* ne se rencontrent pas. Sixième : celui-ci assemble les conclusions des précédents : une droite qui ne rencontre qu'en un point une figure convexe fermée ne traverse pas cette figure ; la droite *d* n'a qu'un point commun avec le périmètre du triangle dont les côtés sont *a*, *b*, *c* ; donc la droite *d* ne traverse pas ce triangle (c'est-à-dire le laisse tout entier d'un même côté du plan qu'elle partage).

Après ces préliminaires liés à la construction, et qui amèneraient d'intolérables longueurs si la géométrie devait les détailler, fût-ce sans syllogismes en forme, dans tous les cas où elle en suppose d'analogues, vient la démonstration proprement dite. Septième syllogisme : Deux angles alternes internes formés par deux parallèles et une transversale sont deux angles égaux ; deux angles formés par *a* et *b*, d'une part, et *b* et *d*, de l'autre, sont alternes internes de cette manière ; donc ces deux angles sont égaux. Huitième : il est pareil au précédent en remplaçant le côté *b* par le côté *c*. Neuvième : Les sommes faites de quantités égales sont égales ; le triangle proposé a ses trois angles égaux respectivement aux trois angles énumérés, formés d'un côté de la droite *d*, au sommet du triangle (l'un desquels angles est un des angles mêmes de ce triangle, et les deux autres sont égaux aux siens en vertu des deux syllogismes précédents) ; donc la somme des angles du triangle est égale à la somme des angles énumérés sur *d*. Dixième : La somme des angles consécutifs formés en un même point, du même côté d'une droite, est égale à deux angles droits ; la somme des angles énumérés sur *d* est une somme d'angles consécutifs formés au même point, du même côté d'une droite ; donc la somme des angles énumérés sur *d* est égale à deux angles droits. Onzième et dernier : La somme des angles du triangle est égale à la somme des angles énumérés sur *d* ; la somme des angles énumérés sur *d* est égale à deux angles droits ; donc la somme des angles du triangle est égale à deux angles droits.

En portant l'attention sur ces syllogismes on s'assurera aisément qu'il n'en est pas un qui ne soit invoqué tacitement dans la démonstration, une des plus simples pourtant qu'il soit possible de choisir. Il est visible aussi que, bien que les données et la conclusion dernière soient séparées dans la pensée par un intervalle considérable, tout le procédé du raisonnement qui les lie consiste à affirmer d'un cas particulier, et puis d'un autre, ce qui est connu antérieurement pour un cas général, et puis pour un autre; et cela à propos de figures, où nous regardons nous-mêmes le cas particulier comme identifié constamment par l'esprit avec le cas général dont il est le parfait symbole; en sorte que l'on semble répéter toujours la même chose; et cependant on avance. L'étonnement que ce fait peut provoquer cessera, si je ne me trompe, et en même temps quelque lumière sera jetée sur la vraie nature de l'emploi du syllogisme dans les sciences et dans les raisonnements les plus usuels, si nous faisons cette simple remarque : les cas particuliers, les figures particulières auxquelles nous rapportons des propriétés établies en général, ne sont pas simplement des cas particuliers, des figures particulières; ce sont des cas liés à d'autres cas, des parties de figures construites et que nous tenons en relation avec d'autres parties. Il arrive de là que les propriétés générales s'affirment de ces parties comme relatives, eu égard à leurs relations. La *figure particulière* correspond, on peut s'en assurer, aux *moyens* à trouver dans la construction comme dans les syllogismes pour obtenir la démonstration, ce qui est précisément conforme à la doctrine d'Aristote sur la *recherche des moyens*. De moyen en moyen et de conclusion en conclusion on se trouve porté loin du point de départ. J'ajoute maintenant que les formules pédantesques de syllogismes tels que ceux que j'ai pris la peine de mettre en forme sont suppléées en géométrie par la substitution mentale très rapide et à peine consciente de la propriété d'une figure *qu'on tient en relation avec une autre figure*, c'est-à-dire qu'on *aperçoit sous des rapports particuliers*, à la propriété générale connue de cette même figure que l'on *considérerait isolément et en elle-même*. Il ne faudrait pas moins recourir à la formule pour justifier la substitution si elle était contestée. C'est en quoi le syllogisme est le fond de la méthode de démonstration en géométrie, tout comme de l'argumentation enveloppée dans les conversations familières.

Nous avons vu ci-dessus Stuart Mill assurer que les géomètres ne démontrent jamais que des cas particuliers sur figures particulières, et que les définitions pas plus que les axiomes ne sont nécessaires pour les démonstrations. La pensée de Dugald Stewart à ce sujet était que les définitions sont les vrais *prin-*

cipes de la géométrie, non les axiomes, sans lesquels tout raisonnement deviendrait impossible, il l'avoue, et dont on est obligé de revendiquer la vérité si elle est niée, mais qui ne peuvent d'eux-mêmes donner directement aucune conséquence (voy. *Éléments de la philosophie de l'esprit humain*, traduction française, t. III, 1825, p. 14, 22 sq.). Cette opinion est incompréhensible, si ce n'est contradictoire dans les termes, car en mettant les démonstrations en syllogismes on trouve tantôt des axiomes, tantôt des définitions, ou d'autres données, parmi les prémisses; les conclusions sont donc les conséquences des uns aussi bien que des autres, et aussi directement obtenues. Mais cette opinion est un développement naturel d'une idée de Locke qui prétendait qu'aucune conséquence ne peut être déduite d'un axiome, attendu que la vérité d'un axiome est d'abord perçue dans une application particulière et ne peut comme proposition générale être fondée que sur une induction. Voilà l'un des premiers germes de la doctrine de l'école empirique anglaise et écossaise sur les idées générales et sur la nature du raisonnement. Dugald Stewart la pousse, en traitant de la logique des mathématiques[1], seulement jusqu'à supposer que l'élève en géométrie commence par croire que les démonstrations ne valent que pour les figures particulières qu'on lui met sous les yeux. Sa timidité l'arrête là. Il comprend d'ailleurs, guidé par Hobbes, dont il cite un passage à ce propos, que le jugement de l'élève se rectifie par cette simple remarque : que ceux des attributs de la figure qui sont impliqués dans la démonstration sont les seuls sur lesquels celle-ci porte; si bien que la preuve est valable pour toute figure conforme à la définition générale, indépendamment des caractères propres de celle qu'on emploie à donner un corps aux idées (*loc. cit.*, p. 59 sq.) Il attribue en outre aux

---

[1]. Pour donner une idée du degré d'avancement des philosophes de cette école, en mathématiques, je citerai deux traits de jugement, l'un de Dugald Stewart, l'autre de Locke, endossé par Dugald Stewart. Ce dernier, voulant montrer que toute démonstration mathématique se résout dans des hypothèses ou dans des définitions, affirme que « ces simples équations arithmétiques $2+2=4$, et $2+3=5$, et autres propositions élémentaires de la même sorte, sont de pures définitions parfaitement analogues à celles qui se trouvent en tête de la géométrie » (*Loc. cit.*, p. 73); et il ne s'aperçoit pas que les propositions de *cette sorte* sont tenues de s'accorder les unes avec les autres, en d'autres termes qu'elles doivent être démontrées toutes au moyen de celles d'entre elles qu'on a réellement le droit de prendre pour des définitions et qui sont : $1+1=2$, $2+1=3$, $3+1=4$, $4+1=5$, etc. Au reste, Dugald Stewart, en débitant cette ânerie

définitions le mérite qu'il refuse aux axiomes, d'être des thèses générales établies dans l'abstrait, dont la réalisation n'a besoin que d'être supposée, et qui sont les principes générateurs de propriétés rigoureusement enchaînées, en nombre indéfini. Stuart Mill renverse tout cela, et reprenant Dugald Stewart sur son inconséquence, n'accorde aux démonstrations géométriques aucun privilège sur les faits d'expérience constatés dans des cas particuliers, et qui doivent à l'induction toute la généralité dont ils sont capables. Cependant comme son intention n'est pas de faire une géométrie nouvelle (encore qu'il en eût le droit, je l'ai montré ailleurs en traitant des *idées* géométriques), mais de donner une nouvelle interprétation de l'ancienne géométrie, il se borne après tout à appliquer le nom d'induction au procédé qu'on désigne ordinairement comme déductif. Tel ne paraît pas au premier abord le sens de ce passage :

« Toutes les inductions impliquées dans la géométrie, dit Mill, se réduisent à ce peu d'inductions simples qui sont formulées dans les axiomes, et à quelques-unes seulement de celles qu'on nomme des définitions. Le surplus de la science se compose des procédés employés pour ramener à ces inductions les cas imprévus, ou (en langage syllogistique) pour prouver les mineures propres à compléter les syllogismes dont les définitions et axiomes sont les majeures. C'est dans les définitions et axiomes que résident toutes les marques par l'adroite combinaison desquelles on est parvenu à découvrir et à prouver tout ce qui se prouve en géométrie. Les marques étant si peu nombreuses, et les inductions qui les fournissent étant si évidentes et si familières, toute la difficulté, il faut même dire le corps entier de la science, sauf une exception insignifiante, consistent à relier différentes marques ensemble, opération qui constitue

---

ne prend même pas la peine d'expliquer *de quoi* les propositions qu'il cite sont des définitions. Quant à Locke, voici ce qu'il écrit en voulant montrer l'inutilité des axiomes (*Loc. cit.*, p. 16) : « Qu'un esprit distingué ait une connaissance plus parfaite que personne de toutes les maximes générales qui ont cours dans les mathématiques, qu'il mesure leur étendue, qu'il poursuive leurs conséquences aussi loin qu'il le voudra, à peine avec leur secours pourra-t-il arriver jusqu'à savoir que le carré de l'hypoténuse est égal aux carrés des deux autres côtés ; il pourra pâlir éternellement sur les axiomes sans qu'il aperçoive jamais une lueur de plus des vérités mathématiques. » Locke paraît avoir cru qu'il fallait de bien autres ressources à l'entendement pour pousser la géométrie au delà de la fameuse proposition du carré de l'hypoténuse qu'il n'en est requis pour arriver jusqu'à ce pont aux ânes.

les déductions ou chaînes de raisonnements. Et c'est ainsi que la géométrie est une science de déduction. » (*A System of logic*, t. I, p. 247.) En s'exprimant en ces termes, Mill semble partager l'opinion commune sur la déduction et sur les principes de la géométrie, réserve faite de l'opinion philosophique à se former sur l'origine de ces derniers. A la vérité j'ignore pourquoi il veut borner à un petit nombre les définitions aptes à servir de majeures dans les syllogismes, et comment il peut ne pas s'apercevoir que des propositions quelconques, antérieurement prouvées, jouent continuellement ce rôle de majeures; mais enfin il paraît bien regarder la science comme *réductible* à quelques principes, et par conséquent la considérer comme *déduite*, suivant le sens ordinaire de ce mot *déduire*. Et cependant, à la fin de ce même passage, il affecte le nom de déduction spécialement aux chaînes de raisonnements. C'est qu'à ses yeux, il faut se le rappeler, le syllogisme simple est, sous peine de cercle vicieux, une induction et non pas une déduction. Quand il traduit à sa manière une proposition d'Euclide en syllogismes, on verra tout à l'heure comment il appelle inductions les pas successifs du géomètre au cours d'une démonstration.

Mais s'il en est ainsi, si les raisonnements simples sont des inductions, se peut-il que les chaînes de raisonnements (trains of reasoning) obtenues en liant des marques (ou inductions) les unes aux autres (connecting of several of them together) soient d'une autre nature? Chaque syllogisme de la série a dans ses prémisses quelque conclusion d'un syllogisme antécédent. Cette conclusion est regardée par Mill comme inductive, en dépit de la forme déductive convenue du syllogisme simple; pour le même motif on devrait étendre ce caractère inductif, s'il était réel, aux conclusions ultérieures qui dépendent de celle-là. En d'autres termes, la seule raison dont argue Mill pour ne voir qu'une induction dans un syllogisme, c'est que la majeure est selon lui postérieure à la conclusion dans la connaissance, et que la conclusion est tirée inductivement et d'une manière directe de quelque expérience. A ce compte, il aura beau enchaîner des syllogismes, les conclusions successives seront viciées, en tant que déductions, par les conclusions antécédentes qu'elles supposent, et qui ne sont que des inductions. Mill, pour être pleinement conséquent, devrait soutenir qu'il n'y a point au fond de déduction, et que toute science est exclusivement faite d'inductions. De deux choses l'une, ou les enchaînements de syllogismes sont des inductions, parce qu'ils se composent d'inductions, ou un syllogisme est tout autre chose qu'une induction, quelque opinion qu'on ait à se former touchant le titre que sa majeure peut avoir à entrer dans la connaissance. Mais Mill n'accepte pas ce second terme du dilemme ; il est donc obligé de subir le premier. Son école n'admet aucune déduction scientifique, si ce n'est dans les mots.

Quand Mill en vient à définir la *méthode déductive*, telle qu'il la comprend, et à laquelle il attribue pour le développement des connaissances scientifiques une extrême importance, il la compose de trois phases ou moments. Le premier de ces moments est l'*induction*, qui détermine les causes ; le troisième et dernier est l'*expérience*, appelée à vérifier les conclusions que le raisonnement tire des causes induites. On peut déjà s'étonner qu'une méthode dite déductive comprenne l'expérience et l'induction parmi ses procédés. Mais le second moment lui-même, le moment intermédiaire, n'est encore qu'inductions, d'après ce qu'on vient de voir, dût-il être entièrement formé d'algèbre et de géométrie. (Voy. le chap. xi du liv. III du *Système de logique*).

Je ne veux dire qu'un mot de la tentative que Mill a faite pour mettre en forme de sa logique une proposition d'Euclide. Elle a été assez malheureusement conçue pour devenir, entre les mains d'un mathématicien peu bienveillant, un exemple propre à illustrer l'*inaptitude mathématique des métaphysiciens*. (Voy. M. W.-R. Smith dans *Revue des cours scientifiques*, 19 février 1870). Et il faut bien avouer que si toute vérité se prouvait au fond par des exemples, comme le pense précisément Mill, la thèse de M. Smith, appuyée par d'autres membres de la Société royale d'Édimbourg, aurait de bons commencements de preuve en sa faveur. Voici le fait : Mill a jeté un dévolu sur la cinquième proposition d'Euclide, établissant l'égalité des angles opposés aux côtés égaux dans un triangle isocèle, et il a entrepris d'en modifier la démonstration afin de la rattacher directement aux premiers principes, et de mieux signaler les inductions qui, à son sens, la composent. A cet effet, il a eu besoin de prouver l'égalité de certains angles par la voie de la superposition, et il a cru, victime de je ne sais quel éblouissement, que la possibilité de superposer des figures dépendait de l'égalité de leurs éléments linéaires, sans avoir égard à l'inclinaison mutuelle de ces éléments [1]. Il a supposé, si l'on veut, que deux triangles sont égaux si seulement ils ont chacun deux côtés respectivement et séparé-

---

1. *A System of logic*, t. I, p. 245 et 246. Remarquez particulièrement la *seconde formule*. — N.-B. Il s'est glissé à ce dernier endroit, dans la traduction française de M. L. Peisse, une faute typographique qui rend le passage inintelligible : savoir *DE et BG*, au lieu de *D et E et B et C*, que donne le texte anglais.

ment superposables à deux côtés de l'autre. Cette faute, impossible à qualifier, ne prouve après tout que l'extrême difficulté que les plus grands esprits, non seulement les plus universels, mais les plus pénétrants, Mill aussi bien que Hegel, éprouvent à manier, d'une manière tant soit peu sûre, des notions et des procédés dont l'acquisition coûte plusieurs années de travail exclusif et assidu à ceux qui veulent s'en rendre maîtres à titre d'écoliers seulement. Au demeurant, il est bon de signaler les erreurs des grands hommes, et mauvais d'en triompher. La réprimande de M. Smith aurait pu être plus modeste.

E. D'une définition plus précise des degrés d'universalité dans le syllogisme.

Un habile géomètre anglais, A. de Morgan, a proposé une nouvelle analyse des syllogismes qui constituerait toute la théorie à l'état demi-logique, demi-mathématique. Mais ce résultat même est défavorable à l'invention de l'ingénieux auteur, parce que l'objet de la doctrine du raisonnement déductif est de déterminer la forme exacte et rigoureuse des procédés réels de l'entendement ordinaire qui raisonne, et non celle que prendrait l'entendement s'il donnait aux prémisses et aux conclusions un certain sens précis qu'il ne leur donne pas. Si l'on passe condamnation sur cette critique, l'analyse de A. de Morgan est parfaitement juste et a son intérêt de curiosité, d'exercice logique et de problème.

Imaginons que deux propositions étant notées comme dans mon étude du syllogisme : $m = ep$, $m = eq$, au lieu de désigner par e une fraction indéterminée qui suffit pour traduire le sens du syllogisme de qualité en un sens quantitatif symbolique, propre au raisonnement (voy. ci-dessus, p. 338), mais non pas pour spécifier un vrai rapport numérique qui le plus souvent n'existe nullement; imaginons, dis-je, que nous considérons des fractions distinctes et déterminées, ε et η; les propositions $m = \varepsilon p$, $m = \eta q$, signifieront que les m (tous les m) forment telle proportion du nombre des p; et que les m (tous les m) forment telle proportion du nombre des q; et dans ce cas nous pourrons tirer une vraie conclusion arithmétique sur la proportion où les p entrent dans le nombre des q. Cette relation quantitative exacte est trop étrangère à la logique et ne nous mène à rien d'intéressant. Mais prenons des propositions moins déterminées. Supposons que nous sachions que *la plupart des m sont des p* et que *la plupart des m sont des q*, ces prémisses intermédiaires entre des prémisses arithmétiques et des prémisses logiques ordinaires nous fourniront une conclusion logique, savoir : *quelques p sont des q*. Si maintenant le *la plupart* se précise un peu plus et devient un *tant pour cent au moins*, la conclusion aussi pourra devenir plus déterminée. A. de Morgan s'est occupé de ces sortes de propositions et de plusieurs autres analogues, affirmatives ou négatives, dans lesquelles le degré d'universalité des termes reçoit plus ou moins de détermination, et a recherché, en s'aidant de notations spéciales, quelles conclusions, ou positives, ou simplement probables, pouvaient se tirer de leur rapprochement. (Voy. A. de Morgan, *Formal Logic, or the Calculus of inference necessary and probable*.)

Hamilton a eu une idée semblable qu'il a poussée moins loin, et qui sans avoir plus d'utilité que la précédente pour représenter et décrire les opérations logiques de l'esprit, est dépourvue du mérite propre de celle-ci, qui est un exercice logico-mathématique sur des raisonnements particuliers. D'après Hamilton, la vraie forme des quatre propositions fondamentales de l'ancienne logique serait : *Tout A est quelque B*; *Quelque A est quelque B*; *Nul A n'est un B*; *Quelque A n'est pas un B*. Cet amendement des formes consacrées obligerait l'esprit, sans nécessité, à se représenter avec précision, ce qui ne répond pour lui, dans la plupart des cas, qu'à une idée vague et à une utilité symbolique, je veux dire à penser l'attribut, ou genre, en tant que *tel nombre d'espèces*. Il suffit pour la proposition, et pour le syllogisme qui lie deux propositions, que le sujet soit pensé comme renfermé dans l'attribut, comme partie de l'attribut, sans qu'on se dise expressément que cet attribut contient encore d'autres parties, outre celle que constitue le sujet. Bien plus, il peut en contenir ou n'en contenir pas d'autre, et c'est un procédé vicieux que de choisir une forme de la proposition qui bannit le cas où l'attribut et le sujet sont *coextensifs*. Toute personne habituée aux méthodes exactes sentira qu'il faut laisser aux formules toute la généralité qu'elles comportent; or, la forme consacrée de la proposition universelle, *Tout A est B*, comprend également le cas où *Tout A est tout B* et celui où *Tout A est quelque B*. De même pour la proposition *Quelque A est B* : il est inutile et partant nuisible de spécifier si l'on entend que *Quelque A est tout B* ou que *Quelque A est quelque B*; on peut penser l'un ou penser l'autre, ou ne penser ni l'un ni l'autre et s'en tenir à l'idée générale qui les comprend comme possibles. On fera de pareilles remarques sur les propositions négatives.

Aux quatre formes amendées, Hamilton en ajoute trois, savoir : *Tout A est tout B*, *Quelque A est tout B*, *Nul A n'est quelque B*, dont les deux dernières lui sont fournies par la conversion des précédentes. Mais ces formes n'ont aucune valeur, parce que chacune d'elles réunit deux propositions. Par exemple, *Tout A est tout B* implique deux assertions plus simples : 1° *Tout A est B*; 2° la réciproque de celle-ci : *Tout B est A*. Et ainsi des trois autres. Ce n'est pas merveille si Hamilton réussit à faire un mérite à sa théorie de ce que toutes les propositions, telles qu'il les conçoit, sont simplement convertibles. Je le crois bien! Il les formule de manière que leurs réciproques soient vraies. Alors leurs réciproques sont vraies, mais aussi chacune d'elles en vaut deux pour l'analyse, et l'analyse, avec ce procédé, n'avance pas, mais recule. Les autres avantages prétendus de la nouvelle classification ne peuvent subsister sur ce mauvais fondement, et l'énumération qui augmente le nombre des modes syllogistiques et le porte à trente-six, pèche également par la base.

Une autre innovation de Hamilton en logique a consisté à distinguer des syllogismes *en compréhension* et des syllogismes *en extension*. En cela aussi ce philosophe proposait ce qui ne pouvait qu'embarrasser les formules, en compliquer sans utilité la signification, telle que le logicien doit la prendre, et faire reculer la science formelle. Il est vrai, sans doute, que la proposition *A est B* se présente dans la pensée ordinaire tantôt avec ce sens : un sujet A se conçoit par la réunion d'une certaine masse d'attributs, l'un desquels est B; tantôt avec cet autre sens : un sujet A fait partie d'un ensemble de sujets du même genre compris sous la dénomination de l'attribut B. Le premier sens est celui qu'on appelle *compréhension du sujet*; exemple : *Le ciel est bleu*; on ne va point penser qu'il y a des sujets dits bleus, en nombre plus ou moins grand, et dont le ciel est un; mais plutôt que le ciel est un sujet où plusieurs qualités sont réunies, entre autres celle que désigne le mot *bleu*. Exemple du second sens ou de l'*extension de l'attribut* : *Le scarabée est coléoptère*; ici on ne se représente pas l'être coléoptère comme un des attributs groupés sous le concept du scarabée; on pense plutôt à ce dernier comme à l'un des sujets, une espèce dans ce cas, qui composent un sujet plus vaste, la classe des coléoptères. Au reste, le point de vue sur cela pourrait varier selon les dispositions ou habitudes d'esprit de chacun, et il est facile aussi de trouver des exemples où chacune des acceptions de la proposition aurait sa raison d'être et son tour de s'offrir à l'esprit naturellement. Celui qui dit que l'*Australien est homme* peut très bien entendre ou que l'humanité est un attribut de cette race dégradée (pensée toute morale), ou que dans le nombre des tribus humaines figure la tribu australienne (pensée ethnologique). Ce dernier exemple est propre à me conduire où j'en veux venir, savoir à remarquer que, quel que soit celui des deux sens qu'on entend donner à la proposition catégorique, le second, celui de l'extension, est toujours formellement possible. On peut toujours envisager l'attribut comme un nombre de sujets ou d'espèces dont le sujet de la proposition fait partie comme sujet particulier ou espèce particulière. Cette relation, systématiquement appliquée à tous les cas, est celle qui imprime à la logique déductive son caractère d'exactitude et de rigueur. Elle suffit pour tout noter et tout établir. Elle est nécessaire pour noter exactement et conclure rigoureusement. On ne peut donc que faire rétrograder la logique et amoindrir son caractère de précision mathématique en retirant de la théorie entière, si bien fondée sur l'*extension*, une branche qu'on peut affecter au rapport de *compréhension*, c'est-à-dire à celui des deux qui concerne exclusivement la qualité et se prête le moins à mettre en relief ce que l'ancienne logique a nommé la *quantité de la proposition*.

Voyez au surplus, pour la réfutation des malheureuses tentatives de Hamilton en logique, les remarquables chapitres XXII et XXIII de la *Philosophie de Hamilton* par M. J. St. Mill, traduction de M. E. Cazelles.

FIN DU TOME PREMIER

TABLE DES MATIÈRES

Avant-propos v
Préface de la première édition 9
  I. Aperçu du plan de ce traité. 1

PREMIÈRE PARTIE
DE LA REPRÉSENTATION EN GÉNÉRAL
[Les phénomènes sont les éléments de la connaissance].

  II. Définition de la *représentation* et du fait ou *phénomène*. 5
      Observations et développements : Du sens du mot *représentation* à propos d'une objection de M. Vacherot. 7
  III. Première analyse de la représentation 9
      Observations et développements : Des mots *objectif* et *subjectif* dans le vocabulaire philosophique. . 11
  IV. De la représentation en moi et hors de moi. . . . 14
      Observations et développements : Le *cogito* de Descartes. Le principe de l'*inconcevable* de M. Herbert Spencer. 17
  V. La représentation n'implique rien que ses propres éléments. 21
      Observations et développements : De la qualification d'*idéaliste*. 25
  VI. Qu'il n'existe pas de *chose en soi* pour la connaissance. Sens de cette proposition 25
      Observations et développements : De l'argument de Kant en faveur des *noumènes* 27

VII. Suite : Principe invoqué pour le développement de la démonstration   28

    OBSERVATIONS ET DÉVELOPPEMENTS : Sur le *principe du nombre* et les moyens ordinaires de l'éluder.   30

VIII. Suite : Preuve quant à *l'espace*.   31

    OBSERVATIONS ET DÉVELOPPEMENTS : Sur l'absurdité du *nombre infini*   34

IX. Suite : Preuve quant au *temps*   36

X. Suite : Preuve quant à la *matière*   38

XI. Suite : Preuve quant au *mouvement*   40

    OBSERVATIONS ET DÉVELOPPEMENTS : Discussion des arguments de Zénon d'Élée   42

XII. Suite : Preuve quant aux *représentés* quelconques sous des conditions d'espace et de temps   49

XIII. Suite : Preuve quant aux *faits représentatifs*   52

XIV. Suite et fin : Preuve quant à la *somme totale des phénomènes*   57

XV. Récapitulation : le fétichisme en philosophie   59

DEUXIÈME PARTIE

REVUE ÉLÉMENTAIRE DES PHÉNOMÈNES

[Les lois des phénomènes sont les fins de la connaissance.]

XVI. Définition des mots *réalité* et *vérité*.   63

    OBSERVATIONS ET DÉVELOPPEMENTS : De la définition commune de la *vérité*   65

XVII. Composition des phénomènes. Principe du *relatif* . .   65

    OBSERVATIONS ET DÉVELOPPEMENTS : De l'origine historique et du sens de ce principe ; Hamilton et Stuart Mill   72

XVIII. Définition générale d'une loi de phénomènes : ordre objectif.   77

XIX. Suite : Ordre subjectif   80

XX. Définition du *sujet* et de l'*attribut*. Définition générale de la *fonction*   84

XXI. Définition de l'*être* et des *êtres*.   88

XXII. Des êtres quant aux phénomènes matériels   92

XXIII. Des êtres quant aux phénomènes vitaux   97

XXIV. Des êtres quant aux phénomènes représentatifs . . . 101
XXV. Définition de la *Science* et des *sciences* 106

TROISIÈME PARTIE

ANALYSE DES LOIS FONDAMENTALES.
CATÉGORIES.
LOGIQUE FORMELLE.

XXVI. Définition des *catégories*. Distribution préliminaire . 117
   OBSERVATIONS ET DÉVELOPPEMENTS.
     A. De quelques systèmes de catégories 123
     B. Des catégories kantiennes 133
     C. Hamilton et les catégories 144

XXVII. Loi générale de *relation* : *Distinction, identification, détermination.* — De la proposition catégorique et de ses deux espèces 146
     Propositions analytiques 150
     Propositions synthétiques 152
   OBSERVATIONS ET DÉVELOPPEMENTS : Remarque sur la terminologie précédente 154

XXVIII. Loi régulatrice des relations constantes. Principe d'*identité* ou de *contradiction*. Principe de l'*alternative* 155
   OBSERVATIONS ET DÉVELOPPEMENTS : Sur l'unité fondamentale de ces principes diversement dénommés . 161

XXIX. Loi de *nombre* : *Unité, pluralité, totalité*. Rapports de grandeur et de quantité : Mesure. Principes de l'arithmétique 162
   OBSERVATIONS ET DÉVELOPPEMENTS : De la loi de génération des fonctions numériques et du sens général de ces fonctions :
     1. Fonctions abstraites directes 167
     2. Définitions de l'algèbre et de l'arithmétique. 170
     3. Fonctions abstraites inverses 171
     4. Fonctions concrètes 174
     5. Principe d'homogénéité 175

XXX. Loi de *position* : *Point, espace, étendue*. Analyse des trois dimensions. Principes de la géométrie . . . 183
   OBSERVATIONS ET DÉVELOPPEMENTS : Discussion des arguments de l'esthétique transcendantale et de ses adversaires : Stuart Mill, M. Herbert Spencer, M. Bain. De la prétendue dérivation de l'idée d'étendue 195

TABLE DES MATIÈRES

XXXI. Loi de *succession* : *Instant, temps, durée* 212

    OBSERVATIONS ET DÉVELOPPEMENTS : De la réduction de l'espace au temps dans l'école associationniste, et de l'origine de l'idée de temps selon M. Herbert Spencer 216

XXXII. Mesure de la position par le nombre : valeurs positives et négatives. Mesure du continu par le nombre : les fractions, les incommensurables, les limites. Question de l'infini 224

    OBSERVATIONS ET DÉVELOPPEMENTS :

        A. De la théorie des valeurs négatives 237
            1. Sens général du symbole négatif 237
            2. Valeurs négatives en géométrie 239
            3. Examens de quelques difficultés 241
            4. Du changement de signe des grandeurs continues 245
            5. Valeurs symboliques dites imaginaires . 247
            6. Exposants négatifs 248

        B. Théorie de l'indéfini et des limites 248
            1. Signification et lois de la fraction . . . 248
            2. Calcul de l'incommensurable en général. 251
            3. Application à la géométrie élémentaire . 253
            4. Problèmes des tangentes 256
            5. Problèmes des rectifications et des quadratures 258
            6. Principes généraux du calcul de l'indéfini. 261
            7. Auguste Comte et la philosophie des mathématiques 265

XXXIII. Loi de *qualité* : *Différence, genre, espèce*. Théorie de la proposition 279

    OBSERVATIONS ET DÉVELOPPEMENTS.

        A. Sur la théorie scolastique du genre et de l'universel 295
        B. Des notions universelles dites nécessaires . . 298
        C. Des propositions axiomatiques et de ce qui est dit *inconcevable* 317
        D. De la géométrie *non euclidienne* 330

XXXIV. Théorie du syllogisme. Syllogisme du nombre. Syllogisme de la qualité 334

    OBSERVATIONS ET DÉVELOPPEMENTS :

        A. De la classification des figures et modes du syllogisme 344

B. De la valeur du syllogisme comme preuve de sa conclusion. Théories de Stuart Mill et de M. Herbert Spencer. 354
C. Des nouvelles formules proposées pour exprimer le principe du syllogisme. Stuart Mill, M. Herbert Spencer, M. Morell. 362
D. De la place du syllogisme dans les raisonnements mathématiques. Dugald Stewart, Stuart Mill, etc. 380
E. D'une définition plus précise des degrés d'universalité dans le syllogisme. A. de Morgan, Hamilton 388